Bibliothek
des 18. Jahrhunderts

AUGUST HEINRICH JULIUS LAFONTAINE

Clara du Plessis und Clairant

Eine Familiengeschichte französischer Emigrierten

Verlag C. H. Beck München

Herausgegeben, erläutert und mit einem Nachwort
von Evi Rietzschel

Die ›Bibliothek des 18. Jahrhunderts‹ erscheint
in der Verlagsgruppe Kiepenheuer, Leipzig und Weimar,
und im Verlag C. H. Beck, München.

ISBN 3 406 31028 1
Lizenzausgabe für die Bundesrepublik Deutschland, Berlin-West,
die Schweiz und Österreich
Verlag C. H. Beck, München 1986

Gesamtherstellung: Offizin Andersen Nexö,
Graphischer Großbetrieb, Leipzig
Schrift: Baskerville-Antiqua
Gestaltung: Walter Schiller
Printed in the German Democratic Republic

Die Welt hält jetzt ihre Blicke auf den französischen Adel geheftet. Die Stimmen sind darüber geteilt, ob man diesen Haufen von Unglücklichen mehr fürchten oder bemitleiden müsse. Man kann ihnen sein Mitleiden nicht versagen; denn ist es nicht für sie ein großes Unglück, ihr Vemögen, ihr Vaterland, ihre Gewohnheiten, Lebensart, Sitten, ihre Sprache sogar zu verlieren; gleichsam in eine ganz neue Welt ohne Unterstützung, ohne Schutz, ohne Mittel, beides zu erwerben, mit dem Hasse des Volks beladen, das sie ausstieß, von dem Mißtrauen des Volks empfangen, das sie aufnimmt, einzutreten? Wahrlich, das Glück hat viel zu tun, wenn sie ihren Verlust vergessen sollen. Aber wieviel einzelne mögen nicht unter ihnen sein, denen auch die Hoffnung fehlt, daß das Glück für sie je etwas tun kann; bei denen Vermögen, Vaterland, Gewohnheit das wenigste war, das verlorenging; die bei der Auswanderung sich selbst, ihre teuersten Gefühle, ihre schönsten Verbindungen verloren, welche Liebe, Freundschaft, Natur und Tugend geschlossen hatten; die mit dem ersten Schritte, den sie über die Grenze ihres Vaterlandes taten, fühlten, daß die feinsten Fasern der Zufriedenheit in ihrer Seele für immer zerrissen! Wieviel Unschuldige mag ihr Unstern nicht mit in den allgemeinen Fall ihres geächteten Standes verwickelt haben, für die vergebens das Herz und jedes Gefühl um Schonung ruft! Mit Wollust wird man Tränen über das Geschick manches Unschuldigen unter ihnen vergießen; Tränen, deren Gerechtigkeit bei dem Benehmen des ganzen Standes manchem noch zweifelhaft scheint.

Wenn ich der Welt einige Begebenheiten von einzelnen ausgewanderten französischen Familien erzähle, so darf sie nicht glauben, daß es Romane sind. Leider nein! und wenn sie mich hier an meinem Schreibetische sitzen sähe, die Dokumente dieser Begebenheiten vor mir, meine nassen Blicke sähe, mit welchen ich die Papiere durchlaufe: sie bedürfte keines andern Bürgen der Wahrheit dieser Begebenheiten als dieses Anblicks; und hätte sie, wie ich, von den Lippen des Unglücklichen die rührenden Geschichten, die ich hier abschreibe, selbst angehört, sie würde sehr leicht meiner Erzählung davon entraten können. Denn kann der größte Dichter je so erzählen wie ein gebrochenes Herz, wie ein Auge voll Tränen, wie Blicke voll Gram? Ach, ich fühle es, ein Seufzer, ein langsames, kummervolles Kopfschütteln, ein Händefalten, ein nasser Blick in die Wolken gekehrt sind ganz andere Figuren, als welche die Rhetorik lehrt.

Wo du jetzt auch bist, mein guter Clairant, diese Blätter sind dir geweiht. Zwar würdest du nur mit Mühe die Sprache verstehen, die deine Schicksale beschreibt; allein meine mitleidigen Blicke, meine Seufzer, meine geduldige Stille, meine leidende Gelassenheit, mit der ich dich so oft deine Schicksale erzählen hörte, verstandest du gewiß genau: und diese Worte, die ich hier schreibe, sind nur schwache, nachhallende Töne jener rührenden Empfindungen. Verstand ich doch auch nicht jedes deiner Worte. Ich erzähle der Welt deine Schicksale. Helfen konnte ich dir nicht; auch die ganze Welt kann dir nicht helfen. So laß uns beide dran genügen, wenn die Welt mit uns weint; und weinen wird sie gewiß, wenn ich ihr deine Begebenheiten ganz ungekünstelt, ganz ohne Schmuck erzähle; und das ist mein fester Entschluß. Wer also einen Roman zu finden hofft, wer keinen Geschmack findet an den kleinen unbedeutenden Begebenheiten des häuslichen Lebens, welche durch Liebe und Freundschaft so bedeutend, so rührend werden, der werfe getrost dies Büchlein beiseit. Für den war es nicht geschrieben.

Rechts an der Heerstraße, die von Luxemburg nach Verdun führt, liegt die Abtei Châtillon, mitten in einem Gemische von reizenden Wiesen, Kornfeldern, Weinbergen, grünen Hügeln, schattigen Tälern und kleinen Gehölzen. Nie hatte wohl der Aberglauben einem Manne mit mehr Unrecht verboten, Vater zu sein, als dem Prior der Abtei; denn kein Mann auf der Welt liebte Kinder so sehr und hatte die Liebe aller Kinder in einem so hohen Grade als der Prior. Er grüßte alle Menschen mit einer freundlichen Höflichkeit; aber einer schwangern Frau begegnete er allemal mit einer Art von Achtung, die an Verehrung grenzte; denn, sagte er, um diese Achtung gegen seine Freunde zu verteidigen: was tut der Mann, der, um sein Vaterland zu retten, sich in Todesgefahr stürzt, mehr, als ein Mädchen, das sich entschließt, Mutter zu werden? Er redete von der Ehe als von dem heiligsten Sakramente; die Hälfte aller seiner Predigten handelte vom Ehestande und von der Kinderzucht; und jedesmal, wenn er die römischen Dekretalen auf der Bibliothek durchblätterte und das Dekret von dem ehelosen Stande der Geistlichkeit fand, schüttelte er mit dem Kopfe und seufzte tief auf: und das hätte er getan, wenn auch der Erzbischof von Verdun gegenwärtig gewesen wäre. Sowie ein Bursche in den wenigen Hütten, die zu der Abtei gehörten, achtzehn Jahre alt war, so war es des Priors angelegentlichstes Geschäft, den Burschen zu einer Heirat mit einer hübschen Bäuerin aus Pillon oder Mangienne, zwei Dörfer seines Kirchspiels, zu bereden. Die wenigen Hütten um die Abtei her wimmelten von Kindern, und von gesunden starken Kindern; denn der Prior sorgte für das Fortkommen der jungen Eheleute ebensosehr als für die Ehe selbst.

War der Prior nicht auf der Bibliothek oder in Amtsgeschäften, so saß er gewiß im Schatten einer schönen Allee von italienischen Pappeln, welche ganz Châtillon umgeben, zwischen einem Haufen von Kindern, mit einem so vergnügten Gesicht, wie ein König unter den Großen seines Reichs. Neben ihm lag der ›Émile‹ von Rousseau, den er allein von Rousseaus Schriften unendlich liebte, und deshalb er ihm auch alle übrigen Ketzereien von Herzen vergab; und neben ›Émile‹ ein Papier voll Bonbons aus Verdun, die er jedesmal, wenn er ging, unter die Kinder verteilte. Zuletzt heftete sich seine ganze ungeteilte Liebe und sein ganzer Vorrat von Erziehungsplanen auf ein Kind, welches durch das Vermögen seiner Eltern einer bessern Erziehung fähig war.

So eine große Achtung der ehelose Prior gegen den Ehestand hatte, eine ebenso große Abneigung hatte seine verheiratete Schwester dagegen. Diese Abneigung gegen den Ehestand hatte sie ihrer Tochter, einem hübschen, feurigen Mädchen, mitgeteilt. Das Mädchen wollte ins Kloster. Die Mutter sandte sie, um sie den Versuchungen der Stadt zu entziehen, zu ihrem Bruder nach Châtillon; allein er mußte ihr vorher in die Hand versprechen, das Mädchen nicht etwa zum Heiraten zu überreden. Der Alte tat es, und das Mädchen zog auf die Abtei zu ihrem Oheim. Der Alte hielt anfangs Wort; von ungefähr aber sah er einmal über sein Breviar weg zum Fenster hinaus, und er sah neben seiner Schwestertochter den jungen Pächter der Güter, die zur Abtei gehörten, stehen und freundlich mit ihr reden. Der Anblick weckte in seinem Gehirne die Idee der Kopulation, und von dem Augenblicke an wurde die Idee einer Heirat zwischen dem Pächter und seiner Schwestertochter unendlich lebhaft bei ihm. Heimlich kränkte ihn das Versprechen, das er seiner Schwester gegeben hatte; doch endlich fiel ihm eine Auskunft ein, die er auch sogleich einschlug.

Er war mit dem Pächter in der Sakristei der Kirche, wo einige Veränderungen vorgenommen werden sollten. Seine Schwestertochter kam, um ihm etwas zu sagen. Dem Alten fiel bei ihrem Anblick sogleich sein Plan ein. Er verließ die Sakristei, rief beiden zu: »Ich komme sogleich wieder«, verschloß, wie von ungefähr, die Sakristei, und ließ die jungen Leute wenigstens zwei Stunden allein beieinander. Er tat sich bei sich selbst viel auf diese Lust zugute; denn, sagte er: sie sind allein, beide jung, beide hübsch. Es kann nicht fehlen. Es fehlte doch. Die Sakristei erinnerte die hübsche Marie an ihr Kloster. Sie ging also nicht von der Türe der Sakristei weg; und alles, was der junge Mensch sagen konnte, ging an der Ungeduld des Mädchens, mit der sie auf ihres Oheims Wiederkunft harrte, verloren. Wie endlich der Oheim die Türe öffnete, so fiel ihn Marie sogleich mit Vorwürfen an, daß er sie einen halben Tag von den Haushaltungsgeschäften abgehalten hätte. »Mamsell Manon hat entsetzliche Langeweile gehabt«, setzte der Pächter gähnend hinzu; und der Alte runzelte die Stirn. Er veranstaltete auf alle mögliche Weise Zusammenkünfte zwischen beiden. Er sah indes die Vertraulichkeit der jungen Leute nicht wachsen. Endlich mußten beide ihm helfen die ganze Bibliothek umsetzen. Hier ließ er sie unter einem schicklichen Vorwande allein und verschloß, damit Manon nicht entwischen konnte, die Türe. Beide setzten eifrig die angewiesenen Bücher auf. Sie waren fertig. Manon bemerkte, daß sie eingeschlossen waren. Der Oheim war nach Pillon. Der Pächter zog ein Buch mit Kupfern hervor. Manon ließ sich bereden, die Kupfer mit anzusehen, und ihre Gleichgültigkeit war dahin.

Der junge Mensch stand hinter Manon, und um die Kupfer zu besehen, mußte er notwendig sich an das Mädchen anlehnen; sein Arm umfaßte sie. So besahen sie ein halbes Stündchen die Kupfer. Dann erhob sich ein Gespräch von dem wunderlichen Oheim, der sie beide immer einschlösse. Dann nahm der Pächter Manons Hand und betrachtete den runden Arm. Manon errötete, entzog ihm die Hand, ging ans Fenster, sah auf den Weg nach Pillon. Der verzweifelte Oheim kam nicht. Man lachte. Der Pächter wurde dreister, die arme Manon zerstreuet. Der Pächter dankte dem Oheim für das Verschließen; Manon schalt darauf. Man zankte; der Pächter nahm Manon in die Arme und raubte ihren Lippen einen Kuß. Dann wurde Manon böse, der Pächter bat so zärtlich um Vergebung und glaubte an Manons Vergebung nicht eher, als bis er noch einen Kuß hatte. Kurz, wie der Oheim endlich am Abend die Türe aufschloß, so flog Manon, wie ein gejagtes Reh, drei Schritte von ihrem Platze. Der Oheim versicherte nachher, sie habe auf des Pächters Schoß gesessen. Der Pächter stammelte sogar eine halbe Entschuldigung daher, und Manon errötete, sooft ihr Oheim sie ansah.

Von diesem Tage an hatte denn der Oheim die Freude, daß beide junge Leute ihre heimlichen Zusammenkünfte selbst veranstalteten. Ja, sie trieben es itzt so weit, daß seine Suppen oft darüber anbrannten. Kurz, es war Zeit, daß der Oheim sich dazwischenlegte. Er ließ dem Pächter ein schönes großes Haus bauen, gab ihm Manon zum Weibe und hatte dann auch nach einem Jahre die Freude, einen Sohn von Manon auf dem Arme zu halten. Des Priors Freude über den Jungen war beinahe so groß als des Vaters Freude. Er erzählte jedem, was er alles mit dem Jungen zu tun entschlossen sei, wie er ihn erziehen wollte. Dann legte er den Knaben in die Wiege, zog Rousseaus ›Émile‹ aus der Tasche, wiegte aus Leibeskräften und las dabei den erstaunten Eltern die Stellen vor, daß man Kinder nicht wiegen müsse.

Der Knabe wurde des alten Priors Liebling. Rousseaus Grundsätze wurden zwar alle nach und nach beiseitegesetzt; indes verlor der Knabe nichts dabei. Der alte Prior hatte ein so schönes Herz; beide Eltern gehörten ebenfalls zu den gutherzigsten Menschen, und was alle drei an dem Knaben verzogen, das verbesserten die übrigen Kinder in Châtillon. Der Knabe war eigensinnig, stolz, herrschsüchtig; allein seine Spielgefährten ebensosehr. Sein Herz und sein Kopf wurde von seinen Verwandten gebildet und seine Leidenschaften von seinen Spielgefährten gezähmt. Sein Stolz wurde Großmut, seine Herrschsucht Festigkeit: er lernte gehorchen, weil er gebieten wollte; er lernte Menschen ehren, weil er herrschen mochte; und der Prior schlug den ›Émile‹ auf, triumphierte über den glücklichen Erfolg seiner Methode und las den Eltern vor, daß es nicht anders hätte kommen können als so.

So war der Knabe sieben Jahre alt geworden, der Liebling nicht allein des Priors, sondern auch der ganzen Gegend. Er war ein wilder Bursche; und konnte er auf der Wiese ein Pferd loskoppeln und sich hinaufschwingen, so war er den Tag nicht sichtbar, und Reiter und Roß kamen abends beide höchst ermattet wieder. Dagegen konnte der Knabe auch wiederum ganze Stunden bei dem Schulmeister sitzen und, ohne sich zu rühren, sich Gespenstergeschichten erzählen lassen; er sang nie die Romanze von dem armen Heinrich, der von seiner Geliebten, einer Nonne, vergiftet war, ohne daß nicht seine roten Wangen voll Tränen hingen. »Es tut mir weh, lieber Oheim«, sagte er dann mit leiser Stimme, daß ihm das Herz brach; »aber ich will doch lieber so sterben als an der Brustkrankheit, woran der Vater Franz starb; denn Lucie hielt den Ritter Heinrich in ihren weichen Armen und an ihren Lippen und starb auf seinem Grabe.« Der Prior lächelte, legte die Hand auf des Knaben Stirn und sagte freundlich: »Wenn du so zu sterben Lust hast, so laß dich nicht bereden, in ein Kloster zu gehn!«

Um diese Zeit kam der Vicomte du Plessis mit seiner Familie von Paris in Pillon an, wo er ein beträchtliches Gut hatte. Er hatte Paris verlassen, weil der Minister ihn drückte. Er gehörte mit Leib und Seele zu der Partei der Enzyklopädisten, welche damals anfingen, dem Hofe verdächtig zu werden. Der Prior machte schon den Tag nach seiner Ankunft dem Herrn von Plessis seinen Besuch. Die Bekanntschaft zwischen dem Edelmann und dem Prior nahm sogleich einen Grad von Herzlichkeit an; denn der Prior war, ganz von ungefähr, durch die Rousseauischen Schriften halb und halb ein Physiokrat geworden. Was den Prior noch stärker zu dem Edelmann zog, war sein liebenswürdiger Sohn von dem Alter seines kleinen Vetters. Plessis bat den Prior, oft zu kommen. Der Prior ließ sich das nicht zweimal sagen. Die Bekanntschaft zwischen beiden Alten wurde sehr bald eine herzliche Freundschaft. Pillon lag nur einige hundert Schritte von der Abtei entfernt, und so war entweder Plessis mit seinem Sohn bei dem Prior oder der Prior mit seinem Louis bei dem Edelmann. Die Freundschaft der beiden Knaben war ebenso schnell geschlossen wie unter den beiden Alten. Während Plessis auf die Minister schimpfte, sein System auseinandersetzte, der Prior in jeder Pause das Gespräch auf die Ehe und Kinderzucht wandte und die gnädige Frau von der Pariser Opera sprach, schwärmten die beiden Knaben in den Feldern umher; der kleine Louis Clairant erzählte dem kleinen Plessis seine Gespenstergeschichten oder sang ihm seine Romanze von dem unglücklichen Ritter vor und lernte dagegen von Plessis einige Opernarien; sie verliefen sich wohl ins Gehölz, an der Heerstraße, führten mit den Bauernknaben Kriege, und alt und jung war herzlich miteinander zufrieden.

Von Tage zu Tage wurden die Verhältnisse beider Familien fester. Man besuchte sich zu gewissen Tagen. Der junge Plessis nahm teil an dem Unterrichte, den Clairant von seinem Oheim erhielt. Die Freundschaft der Alten blieb, wie sie einen gewissen Grad erreicht hatte, stehen; allein nicht so die Freundschaft der Kleinen. Sie wurde von Tage zu Tage inniger und vertraulicher. Sie konnten nicht mehr ohneeinander leben. Keiner hatte mehr einen geheimen Gedanken vor dem andern; und diese Freundschaft erhielt sogar einen Anstrich von Schwärmerei, je öfter ihnen der Prior von den im Leben und Tode aushaltenden Freundschaften der Alten etwas vorsagte. Erzählte er ihnen von Orest und Pylades, von Damon und Pythias und was ehedem ein Freund, auf seinem Freund gestützt, vermochte, was er wagte, was er forderte von der Freundschaft und wieviel er selbst gab: dann lächelten die beiden Knaben einander zu, schlugen die kleinen Hände fest ineinander; ihre Augen blitzten vor Mut und Entschlossenheit, alles füreinander zu wagen. An einem solchen Tage ging gewiß eine kleine Veränderung mit ihnen vor. Entweder sie teilten ihre Börse miteinander, oder sie wechselten ein Kleidungsstück, oder der gewandtere und dreistere Clairant flog den Berg hinter Pillon in Galopp hinab; Plessis zitterte zwar bei dem Anblick des steilen Berges: doch wagte er es, er stürzte hinter seinem Freunde her, um ihn nicht zu verlassen, und unten fielen sie einander mit einer Art von liebender Wut in die Arme.

Je älter die beiden Knaben wurden, desto mehr Energie erhielt ihre Freundschaft. »Ich«, sagte Plessis, »ich, Herr von Pillon und Mangienne; du, Pächter von Châtillon. Sieh, da leben wir immer zusammen, und du kannst denn bei mir auf meinem Schlosse wohnen, oder ich wohne bei dir in Châtillon.« Sie hatten beide keine Idee von dem Abstande, welchen die Geburt zwischen ihnen gemacht hatte. Der alte Plessis fand es auf die Länge zuweilen wohl ein wenig bedenklich, daß sein Sohn sich mit dieser Gewalt an den Sohn eines Pächters hing; allein man betrachtete ihn mehr wie einen Verwandten des Priors als wie den Sohn eines Pächters. ›Das wird sich schon geben‹, dachte der Vicomte: wenn sie beide erwachsen sind. Die andern Edelleute in der Nachbarschaft verstanden die Jagd, den Ackerbau; allein nicht einer unter ihnen hatte je von den Enzyklopädisten reden hören: und so durfte der Herr von Plessis den Prior, der nach und nach die Staatskunst und das Disputieren darüber ebenso liebgewann als Abhandlungen über den Ehestand, nicht in seinem Verwandten beleidigen; denn er liebte den kleinen Clairant doch mehr als alle Systeme auf der Welt. Der kleine Clairant hatte also die Erlaubnis auf den Fuß eines Freundes des jungen Plessis, auf dem Schlosse aus- und einzugehen; und man kündigte ihn überall unter dem Namen eines Verwandten des Priors der Abtei an, der mit dem jungen Herrn erzogen würde, um Nacheifer bei ihm zu erwecken. Der alte Prior merkte gar nichts von diesem Mißstande. Alles blieb in Ruhe.

Beide Knaben waren vierzehn Jahre alt, wie die zwölfjährige Tochter des Vicomte aus dem Kloster, wo sie erzogen wurde, zu Hause geholt ward. Der Prior hatte so lange aus dem Rousseau gepredigt, daß die Klostererziehung die schlechteste sei, die ein Mädchen, das die Natur zum Heiraten und Mutter zu werden bestimmt hätte, erhalten könnte. Der alte Vicomte hatte ebenfalls einen Anstrich von Enthusiasmus für die Kinderzucht und für die Ehe aus dem Kopfe seines alten Freundes bekommen, so wie dieser von ihm für die Staatskunst. Die Mutter fuhr also weg, ihre Tochter aus dem Kloster abzuholen, und der junge Plessis hörte nun nicht auf, seinem Freunde von seiner Schwester Clara zu erzählen, die er nun seit sechs Jahren nicht gesehen hatte. »Oh, du wirst sie lieben, mein Clairant; gewiß du wirst sie lieben!« rief Plessis mit Eifer, »und dein Oheim soll doch einmal sehen, was er so sehr zu sehen wünscht und was er für das achte Wunder der Welt hält, eine Familie, die ganz einig durch Liebe und Vertrauen ist.« Sie füllten die ganze Zeit, ehe Clara kam, mit Planen aus, wie glücklich sie mit ihr leben wollten; die Ideen dazu, das war nicht zu leugnen, gab ihnen der alte Prior selbst, weil er überall seine Lieblingsidee von der Verbindung beider Geschlechter mit anzubringen gewohnt war.

Endlich kam die kleine Clara du Plessis an. Sie wurde von ihrem Vater aus dem Wagen gehoben. Sie erwiderte kaum ihres Vaters Liebkosungen. Sie warf mit einer befremdeten Schüchternheit furchtsame Blicke auf ihren Bruder, der ihr feurig entgegensprang. Sie verbeugte sich tief und mit einer andächtigen Miene gegen den Prior, und nun blieb sie verlegen unter dem Haufen der ihr liebkosenden Menschen stehen. »Sehen Sie«, flüsterte der Prior dem alten Plessis ins Ohr, »das ist eine Klostererziehung! Lassen Sie das Kind zu sich selbst kommen.« Er ging. Die beiden Knaben folgten. Sie hatten sich einen andern Empfang geträumt. Sie schwiegen beide, und des Priors Plan fing an, in ihrer Vorstellung sehr zusammenzuschrumpfen.

In den ersten Tagen blieb das Verhältnis, wie es war. Es kostete der kleinen Clara Mühe, ihren Bruder recht dreist anzusehen; allein dieser, der bei seinem Freunde nicht unrecht wollte gehabt haben, stürmte so auf das Herz seiner Schwester los, daß er es mehr seinen Bitten als ihrer Empfindung zu danken hatte. Wie dem nun auch war, nach und nach wurden Bruder und Schwester auch vertrauter, und Plessis nützte jetzt das Vertrauen seiner Schwester, sie nach und nach in seine Ideen von Freundschaft hineinzuziehen. Auf jedem Spaziergange redete er mit Claren von seinem Freunde Clairant mit allem dem Enthusiasmus, den Liebe und kindische Eitelkeit geben kann. Clara wurde neugierig, den Freund ihres Bruders zu sehen, den sie in der ersten Zusammenkunft ganz übersehen hatte.

Clairant war itzt vor wie nach alle Tage in Pillon; allein teils war er überall nicht gewohnt, viel im Zimmer zu bleiben, teils wenn er da war, war Clara bei ihrer Mutter; und so hatte er Claren noch nicht wieder gesehen. Jetzt aber nahm Plessis einmal seinen Freund und führte ihn, ohne ihm ein Wort zu sagen, nach seiner Schwester Stübchen. Er öffnete die Türe und rief: »Hier, Clara, ist mein Clairant!« Das Mädchen sprang auf, stand verlegen da; aber noch verlegener war Clairant selbst. Es kostete dem Bruder die äußerste Mühe, nur ein erträgliches Gespräch in den Gang zu bringen.

Clairant heftete von Zeit zu Zeit verstohlen Blicke auf Claren. Die Idee: ›Es ist die Schwester deines Freundes‹, war anfangs alles, was ihm das Mädchen bedeutend machte. Ebenso verstohlen betrachtete auch Clara den Knaben, den ihr Bruder ihr als den besten Menschen so feurig und so oft geschildert hatte. Beide erröteten zu gleicher Zeit, wenn ihre Blicke aufeinander trafen, wahrscheinlich weil ihre Bekanntschaft kein Zufall war. Der Bruder, dem daran gelegen war, das Fremde unter beiden zu endigen, und noch mehr, Freund und Schwester zu heben, bat Claren, auf der Harfe zu spielen. Clara spielte, und spielte die Lieblingsromanze Clairants, die sie von ihrem Bruder erhalten hatte. Clairant mußte sie singen. Man wiederholte die Romanze noch zweimal, man spielte noch einige andre Lieder, und beide blieben dennoch verlegen. Plessis sah auf den Gesichtern seines Freundes und seiner Schwester bestimmte Zeichen, daß man nur seinetwillen beieinander blieb. Er errötete zehnmal, daß es nicht gehen wollte. Man schied endlich voneinander, und Clairant und Clara dankten dem Himmel, daß sie allein waren.

So ein reizendes Mädchen die kleine Clara auch war, so hatte sie dennoch nur einen höchst unbedeutenden Eindruck auf Clairant gemacht. Sie war zu blöde, zu furchtsam gewesen, um schön zu sein. Sie sagte zwar ihrem Bruder auf seine Frage, wie ihr Clairant gefalle, mit einem aufrichtigen Lächeln: »Es ist wahr, dein Clairant ist ein sehr hübscher Mensch«; allein das mußte ihm auch sogar der Neid eingestehen. Die Bemerkung mußte ein jeder machen, der ihn sah. Clara machte sie, wie man sie von einem Gemälde macht. Allein sehr bald bewirkte Clairant einen tiefern Eindruck in ihre Phantasie und in ihr Herz. Der Kammerdiener des Vicomte wies einen Bauern ab, der den Edelmann sprechen wollte. Der Bauer bestand darauf, ihn zu sprechen, und um so mehr, da Clairant seine Partei nahm und den Bauer selbst zu melden drohete. Der Kammerdiener lächelte und sagte dem Bauer sehr spitz: »Nun rat ich dir, sogleich zu gehen, oder es geht nicht gut.« Der Bauer ging nicht, weil Clairant ihn zu melden versprach. Hier verließ den Kammerdiener die Geduld. Er ergriff einen Stock, um den Bauer zu prügeln. Clairant sprang mit blitzenden Augen auf den stolzen Domestiken zu, entriß ihm den Stock, und der Kammerdiener hatte schon ein halbes Dutzend Hiebe, eh er einmal den Angreifer merkte. Jetzt wandte sich die ganze Wut des Domestiken gegen Clairant; allein wie ein Pfeil flog der junge Plessis ihm zu Hülfe, und der Kammerdiener mußte seinen Raub fahrenlassen.

Heulend vor Wut flog der Domestik zu dem Vicomte ins Zimmer. Der junge Plessis, der den Einfluß des Domestiken kannte, bat seinen Freund, dem Ungewitter auszuweichen. Clairant lächelte und ging ruhig in des Vicomte Zimmer. Clara zitterte, wie sie Clairant mit einem heitern, ruhigen Gesicht ins Zimmer treten sah; denn sie hatte eben gehört, daß ihr Vater dem Kammerdiener eine ausgezeichnete Genugtuung versprochen hatte. »Und du Bube«, rief der Vicomte erhitzt, »bist noch trotzig genug, zu mir zu kommen?« – »Weil ich unschuldig bin«, antwortete der Knabe mit einem edlen Ton und mit einem heiteren Gesicht; »weil ich unschuldig bin und verklagt.« – »Wie? du leugnest? hast du nicht den Kammerdiener geschlagen?« – »Ja, das hab ich; weil er ein Unmensch war, Herr Vicomte, ein Unmensch, der einen Ihrer Untertanen anfiel, der sich in seiner Not an Sie wenden wollte.«

Der Ton setzte den alten Vicomte doch in Verlegenheit. Er wollte schmälen, und der Knabe berief sich auf eine Untersuchung. Endlich entschied der Vicomte, Clairant sollte den Kammerdiener um Vergebung bitten. »Ich?« sagte Clairant mit Verachtung, »ich? diesen Menschen? Nimmermehr. Denn, Herr Vicomte, wenn hier diesen Augenblick Ihr Domestik wieder einen Stock gegen einen Ihrer bessern Untertanen aufhöbe, so würde mich nichts abhalten, noch einmal ...« – »Mich zu prügeln?« fragte der Kammerdiener wütend. – »Ja, ihn zu prügeln; denn, Herr Vicomte, der Bauer, der den Tag über für Sie arbeitet und sich quält, damit Sic Domestiken halten können, ist mehr wert als alle Kammerdiener in der Welt. Das haben Sie neulich selbst gesagt.«

Und das hatte der Vicomte wirklich bei Gelegenheit seines Systems. Der Vicomte runzelte die Stirn, jetzt mehr aus Verlegenheit als aus Zorn. Der Kammerdiener warf wütende Blicke auf seinen Herrn. Der Vicomte nahm den Knaben bei der Hand und sagte mit einem freundlichen Ton: »Laß, laß das, und geh und bitt ihm ab.« – »Nimmermehr!« antwortete Clairant kalt. »Ich habe recht getan!« – »Bitt um Vergebung, oder du setzest nie wieder einen Fuß über diese Schwelle. Fort, bitt ab!« – »Nein!« rief Clairant mit blitzenden Augen. – »So geh und laß dich nie wieder sehen!« rief der Alte und stieß ihn an die Türe. Clairant sah den Vicomte von der Seite an und ging schweigend hinaus. »Kommst du je wieder, so bist du unglücklich!« rief der Alte ihm zornig nach. Allein wie groß war sein Erstaunen und Clarens Schrecken, als Clairant nach einigen Augenblicken die Türe öffnete und den Bauer, über den der Zank entstanden war, hineinführte.

»Bösewicht«, rief der Vicomte, jetzt im Ernst böse, »du wagst es?«

»Verzeihen Sie mir, gnädiger Herr; ich hatte es diesem Manne versprochen, ihm Gehör zu schaffen, und ich bin gewohnt, Wort zu halten.«

»Was willst du?« fragte der Edelmann den Bauer.

Der Bauer bat flehentlich um Nachlaß einer kleinen Pacht. »Tun Sie es, gnädiger Herr!« sagte Clairant.

»Ich bin ebenso eigensinnig wie du, Bube!« sagte der Vicomte gelassener; er war nicht ohne alles Gefühl für die Tat des Knaben geblieben. »Der Bauer erhält nicht eher Nachlaß, als bis du um Vergebung bittest.«

»Oh«, rief Clairant, und alle seine Gesichtszüge wurden heiter und freundlich, »ist es nur das, gnädiger Herr?« Er warf sich schnell vor dem beleidigten Bedienten auf die Knie und bat um Vergebung. Dann sprang er auf, umarmte den Bauer, dankte dem Vicomte für seine Güte; und nun, als ob gar nichts vorgefallen sei, sprang er zur

Türe hinaus und erzählte dem jungen Plessis den Ausgang der Sache.

Der Kammerdiener brummte, der Vicomte sagte verdrießlich: »Danke dem Himmel, daß du so weit mit dem Burschen bist, und überdem sah er gar nicht aus, als ob er unrecht hätte.«

»Nein, lieber Vater«, sagte Clara leise, »so sah er gar nicht aus. Er sah aus so – so – ah – so gut.«

Der Eindruck, den Clairant auf Claren gemacht hatte, war nicht gering. Sie hatte kein Auge während des ganzen Vorganges von ihm gewandt. Da stand er so ruhig, so mutig anfangs, die rechte Hand auf die Hüfte gestützt. Auf einmal flogen tausend Blitze in seine Augen, seine Wangen wurden dunkelrot, seine Stimme bewegt. Nie hatte Clara ein paar so blitzende Augen gesehen. Sie zitterte für ihn; sie wünschte, er möchte standhaft sein und nicht um Vergebung bitten, und doch zitterte sie, daß er ihren Vater aufbringen möchte. Sie warf einen Blick voll tiefer Verachtung auf den Kammerdiener, wie er hinausging. Sie erschrak heftig, wie er wieder hereintrat. Sie vergaß sich sogar, sie klatschte in die Hände, wie er vor dem Kammerdiener auf den Knien lag; es verdroß ihr bitter, daß er bei dem ganzen Vorfalle nicht einen Blick auf sie geworfen hatte. Sie ging auf ihr Zimmer, und immer sah sie noch seine blitzenden Augen, und das Gesicht voll unendlicher Freundlichkeit, und dann wieder das Auge voll Trotz. Sie sah ihn mit ihrem Bruder unten im Garten auf und nieder wandeln, und sie war schon ein paarmal willens, mit ihrer Arbeit hinab zu ihnen zu gehen. Sie fürchtete nur, daß er es merken möchte, daß sie sich so lange und so angelegentlich mit ihm beschäftigt hatte.

Dies waren die ersten Fäden, woraus das Schicksal eine Liebe spann, die so lange dauern sollte, als die Herzen dieser beiden Menschen schlugen. Bei der ersten Gelegenheit, und die Gelegenheit fand sich bald, sagte Clara dem Burschen mit den blitzenden Augen, wie vielen Teil sie an seiner Begebenheit mit dem Kammerdiener genommen habe. »O mein Gott«, sagte sie, »Ihre Augen, Clairant, blitzten wie Flammen. Ich würde gebebt haben wie ein Pappelblatt, wenn mein Vater mit mir so geredet hätte; und ich weiß nicht, ich habe mich nie so gefreuet, als wie Sie, trotz den Drohungen meines Vaters, so standhaft blieben. Ja, wenn alle Unglückliche solche Freunde hätten wie Sie!« Clairant hatte nie daran gedacht, daß seine Tat mehr als ganz gewöhnlich sei; er fühlte das jetzt bei Clarens

Lobe anders. Eine sanfte wohltuende Empfindung flog durch seine Seele, und diese Empfindung löste sich in Wohlwollen gegen Claren auf. Er brachte Claren noch einige Male auf diese kleine Begebenheit, an die er noch nicht wieder gedacht hatte, zurück. Clarens Lob tat ihm wohl. »Oh«, sagte der Schmeichler, »ich sah es, wie vielen Teil Sie an dem Unglücklichen nahmen, den ich schützte. Ihr schöner mitleidiger Blick hätte jeden Menschen zu seinem Schutze aufrufen müssen.« Es war die erste Lüge, die er sagte, und er brachte sie nicht ohne Stammeln und Erröten hervor.

Jetzt fing Clairant an, Claren ebensogut aufzusuchen als ihren Bruder; allein hier fand er von seiten des Vicomte mehr Hindernisse, als er erwartet hatte. Clara kam wenig aus der Gesellschaft ihrer Mutter, und das auf ausdrücklichen Befehl ihres Vaters; und so blieb, wenn sie sich sahen, immer etwas Fremdes zurück, das jede Vertraulichkeit hinderte. Auf ihr Zimmer wagte er nicht zu dringen, weil das ausdrücklich verboten war. So gefällig auch der alte Plessis in Absicht seines Sohnes war, so ungefällig war er hingegen in Absicht seiner Tochter; nicht daß er etwa gefürchtet hätte, Clara könnte je ihre Empfindungen dem Sohne eines Pächters zuwenden: daran dachte er nicht; allein er hielt es sogar für unschicklich, seine Tochter in der Gesellschaft dieses Burschen zu wissen. Beide junge Leute würden sich gewiß gänzlich vergessen haben; denn der ganze Eindruck, den sie aufeinander gemacht hatten, hatte nur ihre Eitelkeit in Bewegung gesetzt: allein der Vicomte selbst gab dieser schon absterbenden Eitelkeit wiederum neue Kräfte. Schon fing Clairant an, sich wieder an seine vorige Lebensart zu gewöhnen. Er wartete seine Stunden ab. Der Schloßgarten, den er eine Zeitlang zu seinem Tummelplatze gewählt hatte, wurde ihm wieder zu eben, zu regelmäßig. Er durchflog wieder mit seinem Freunde das Gehölz, wo Berge zu erklettern und Graben zu überspringen waren. Das Bild der kleinen Clara verschwand ganz aus seiner Phantasie. Höchstens fiel sie ihm bei, wenn er den Kammerdiener erblickte.

Eines Tages, da Clairant seinen Freund zu Hause begleitete, trafen sie im Garten, durch den sie gingen, Claren. »Deine Schwester, Plessis!« sagte Clairant, und wollte schon umkehren. Clara verbeugte sich, und Clairant mußte doch einen Augenblick standhalten. Jetzt wollte Plessis beiden ein Beet voll Blumen zeigen. Sie gingen mit ihm, ganz unbefangen, ja vielmehr fremd gegeneinander. Bei dem Umbeugen in eine Allee stand der Vicomte auf einmal vor ihnen.

Clairant bot eben Claren seine Hand, sie trat auf ihre Schürze, weil sie eilten. »Clara«, sagte der Vicomte, »geh auf dein Zimmer! Ich verbiete dir, mit Clairant zu gehen. Ein Mädchen darf ihrem Stande nie etwas vergeben. Geh! geh!« – Alle drei erröteten. Clara ging zurück. Sie fühlte sehr tief, daß Clairant von ihrem Vater beleidigt war. Sie warf einen bittenden Blick auf ihn. Sie sah, wie sie ging, sich noch dreimal nach ihm um, und jedesmal freundlicher. Ihr Vater ging nebenher. Clairant war tief erschüttert. Noch nie hatte er mit Lebhaftigkeit an den Unterschied des Ranges gedacht, der ihn von der Familie des Vicomte trennte. Er fühlte den Abstand auf einmal, und mit einer so höchst bittern Empfindung, daß er die Hand vor die Augen schlug und so einige Sekunden in sich verloren mit dem demütigenden Gefühle der Beleidigung stumm da stand. Endlich sank die Hand langsam vor den Augen weg, aus denen große Tränen hervorfunkelten, er warf einen Blick auf den jungen Plessis. »O Herr du Plessis!« rief er mit einem zerschmetternden Tone, und dann ging er langsam drei Schritte von ihm weg. Plessis' Augen standen voll Tränen. Er flog hinter Clairant her, schloß ihn von hinten in die Arme. »O mein Clairant«, rief er, »ist das deine ewige Freundschaft, die du mir so oft zuschworst? Bin ich mein Vater? lieb ich dich nicht? hab ich dir je etwas verschwiegen? bin ich nicht dein Bruder? O Clairant! Clairant! mein Freund! nenne mich nie wieder so, so verächtlich.«

Clairant schluchzte jetzt an Plessis' Brust. Seine Eitelkeit war zu tief gedemütigt, als daß ihn die Worte seines Freundes beruhigen konnten. Er wollte mit Gewalt fort, er wollte mit Gewalt allen Umgang mit dem jungen Plessis aufheben. »Nein!« rief er, »nein! Mit welcher Empfindung willst du den Menschen deinen Freund nennen, den deine Schwester mit Verachtung behandelt!«

»Meine Schwester? dich? Clairant, sei nicht ungerecht. Sahst du denn den Blick nicht, den sie auf dich warf, da mein Vater die unglücklichen Worte sagte? sahst du denn nicht, wie sie sich noch dreimal nach dir umsah? Waren das Blicke der Verachtung, so ist meine Empfindung gegen dich ebensogut Haß zu nennen. Nein, Clairant, laß den Vater denken, wie er will; die Liebe seiner Kinder hält dich schadlos.«

Eine ganze Stunde brachte Plessis zu, ehe er Clairant beruhigen konnte. Dann schlenderten sie beide Arm in Arm, schweigend, nach dem Schlosse zurück. Clairant ging noch immer in dem Gefühle seiner gekränkten Eitelkeit, das Schnupftuch auf die Augen gedrückt, nach dem Schlosse zu. Clara stand am Fenster. Dem armen gutherzigen Mädchen war die Beleidigung, die Clairant erlitten hatte, sehr nahegegangen. Sie fühlte zwar keinen Verdruß, von seiner Gesellschaft ausgeschlossen zu sein: denn daran war sie schon seit zwei Jahren gewöhnt; allein sie wünschte doch Gelegenheit zu haben, ihres Vaters Unrecht wiedergutzumachen. Jetzt sah sie Clairant in der kummervollen Stellung in dem Arme ihres Bruders daherkommen. Sie wünschte, daß er aufsehen möchte; sie war entschlossen, ihm ein sehr freundliches Gesicht zu machen; allein er sah nicht auf. Seine Stellung erregte ihr Mitleiden noch stärker. Eben gingen sie unter ihrem Fenster durch. Sie wollte nun einmal den Anteil deutlich machen, den sie an Clairant nahm. Rasch warf sie ihm eine Rose, die sie in der Hand hielt, auf den Kopf. Clairant sah auf. Sie lächelte ihm zu mit aller Anmut und Freundlichkeit, der ihr Herz fähig war. Clairant hob die Rose auf, preßte sie an seine Lippen, drückte sie in die wieder hervorquellenden Tränen und steckte sie dann mit sprechender Pantomime an sein Herz. Die tränenvollen Augen des jungen Menschen lockten auch aus Clarens Augen ein paar mitleidige Zähren hervor. Clairant sah es, warf noch einen seelenvollen Blick zu Claren hinauf, schlug die Hand über die Augen, drückte die Rose an seinen Mund und verschwand.

In diesem Augenblicke gerieten alle Kräfte der Phantasie und des Herzens der beiden jungen Leute in Bewegung. Clara blieb den ganzen Abend im Fenster liegen, und ihre Phantasie schwärmte in dem süßen Spiele der befriedigten Eitelkeit umher. Clairants Tränen waren um Claren vergossen. Die Trennung von der reizenden Clara hatte ihn so erschüttert, nicht die Beleidigung ihres Vaters. Die Liebe zu Claren hatte diesen Kummer auf sein Gesicht gepflanzt, nicht die beleidigte Eitelkeit. Ihre Brust schlug stolz bei diesem Gedanken. Sie sah ihn, wie er jetzt zu Hause voll stillen Kummers dasaß, an nichts als Claren dachte, von nichts als von Claren träumte; sie sah ihn, wie der Schmerz, von Claren getrennt zu sein, sein Herz zerriß; sie sah ihn, wie er allein aus ihrem Geschenk, aus ihrer Rose, die einzige Freude sog, der sein Herz fähig war; und zugleich setzte sich in ihrer Brust das unwiderstehliche Verlangen fest, den unglücklichen Jüngling wiederzusehen und, wenn auch nicht von seiner Leidenschaft zu heilen, doch ihn von der Verzweiflung zu retten. Alle Türen, wodurch die Liebe zu den Herzen eingeht, öffneten sich in des unbedachten Mädchens Brust. Der Weg, den der Vater verschließen wollte, war geebnet, war mit allen lockenden Freuden besetzt. Clara träumte nur die Nacht von Zusammenkünften mit Clairant. Tausend Mittel lagen schon in ihrem Kopfe fertig, die Wachsamkeit ihrer Verwandten zu hintergehen, ehe noch ein Wort der Liebe mit Clairant gewechselt war.

Clairant befand sich beinahe in demselben Zustande. Auf dem Wege nach Hause warf er sich unter eine Weide auf der Wiese nieder, seine teure Rose, das kostbare Unterpfand der Liebe Clarens, in seiner Hand. Er hatte die Beleidigung des Vicomte ganz vergessen. Seine Eitelkeit schwärmte auf einer andern Fahrt. ›Sie sah sich um‹, dachte er, ›dreimal mit diesem kostbaren Lächeln; und ich Tor, ich unbesonnener Tor, ich merkte es nicht! schon lange zeichnete mich dieser zärtliche Blick, diese holde Freundlichkeit aus; und ich Blinder sah und hörte nicht. O was mag es dem zarten Herzen des edlen Mädchens gekostet haben, mir ihre Liebe mit diesem teuern Geschenke zu gestehen! O wie dank ich itzt dem stolzen Vater, daß sein Stolz mir diesen Triumph verschaffte! Und ich Blinder, ich merkte nichts, und alle schon hatten ihre aufkeimende Liebe gemerkt. Ihr Vater merkte sie; und ich? ich allein?‹ – Seine Augen blitzten, seine Wangen glühten, seine Brust hob sich gewaltig. Jetzt erinnerte er sich der Worte des Bruders; sie schienen ihm ebenfalls Clarens Liebe zu bestätigen. Er sank in das Gras; schwärmte in die fernste Zukunft hinaus; hielt seine Clara in seinen Armen, küßte ihre roten, frischen Lippen. Sein Auge brannte, seine Seele arbeitete gewaltsam: und aus seiner schöpferischen Phantasie goß sich ein Strom von heißer Liebe in sein Herz.

Spät und triumphierend kam er am Abend zu Hause. Er war fröhlich wie ein König; setzte seine Rose in Wasser, verteidigte das Glas gegen den allerentferntesten Angriff, nahm es mit auf seine Kammer; kurz, er beging alle Torheiten, die jeder junge Mensch, wenn er liebt, einmal begeht. Am andern Morgen war er mit der Sonne auf und in dem Plessisschen Garten. Eine ganze Stunde lang, in der allerunbequemsten Stellung hinter einem Gebüsch sitzend, hatte er seine Blicke auf Clarens Fenster geheftet. Jede neue Minute glaubte er eine Bewegung hinter dem Fenster zu sehen. »Das ist sie!« rief er leise. Sein Blut flog warm in sein Gesicht, sein Atem stockte, und es war nichts. Endlich sah er eine Bewegung. O Himmel! o Erde! sie war es. Sie ging hinter den Fenstern. Er sah ihre Gestalt. Sie war es. Sie kam ans Fenster. Der Busch bewegte sich gewaltig, an dem er sich hielt. Sie öffnete das Fenster. Sie stützte sich in dasselbe auf einem Ellenbogen. O Himmel! war er sonst blind gewesen? denn so – so reizend hatte er sie nie gesehen. Ihre braunen Locken flossen ihr auf den weißen Schultern und verhüllten allein dic jugendliche Brust. So sah er sie lange, immer entschlossen, fest entschlossen, hervorzutreten, und sich immer mehr hinter den Blättern verbergend.

Auf einmal, er wußte selbst nicht wie, wurde er hervorgerissen. Clara erschrak. Sie trat zurück, ohne die Aussicht aus dem Fenster zu verlassen. Endlich kam eine weiße Hand aus demselben hervor und zog es an. Nach einigen Augenblicken flog es wieder wie von einem Stoße auf, und Clara kam nach und nach an dasselbe, aber angekleidet, zurück. Sie warf ein Papier hinaus und machte dann das Fenster wieder zu. Clairant nahm das Papier auf, flog in den hintersten Teil des Gartens, las verstohlen die Worte: ›Gehen Sie, Clairant; man könnte Sie bemerken.‹ Er küßte die Buchstaben, bis sie verschwunden waren. Wie ein Trunkener ging er durch Feld und Wald, stolperte über jede Wurzel, weil er immer noch den Zettel im Gehen las, und kam gegen Mittag erst zu Hause, wo Plessis schon seit zwei Stunden auf ihn gehofft hatte. Letzterer eilte seinem Freunde mit der tröstenden Miene der Freundschaft entgegen. Er hatte alle Beweggründe auf dem Wege hervorgesucht, seinen beleidigten Freund aufzuheitern; aber wie erstaunte er, da Clairant mit allen Zeichen einer wonnevollen Trunkenheit ihm um den Hals fiel und Torheiten trieb, die man nur einem vom Tode Geretteten verzeiht. Plessis fragte nach der Ursache der Freude und erhielt nun keine Antwort als Ausflüchte. Clairant fing sogar an, seinen freudigen Ungestüm zu zwingen; und noch unbegreiflicher wurde er, da er an der Seite seines Freundes in stille Träumereien versank, woraus ihn weder Fragen noch Vorwürfe wecken konnten, bis er endlich von selbst aus den Träumen in fröhliche Possen überging. Nahe vor Pillon sagte er auf einmal: »Aha! eh ich's vergesse. Nimm doch deiner Schwester diese Vergißmeinnicht mit!« – »Meiner Schwester? lieber Clairant!« – »Nun ja; wir stritten neulich über das eigentliche Vergißmeinnicht. Ich versprach, ihr eins zu bringen. Nimm es ihr mit; allein vergiß es nicht.«

Plessis sah seinem Freunde noch lange nach und schüttelte den Kopf. Er brachte Claren das Vergißmeinnicht mit Clairants Auftrag. »Das ist also das rechte?« sagte Clara errötend und verwirrt. Sie nahm es und steckte es allein in ein Glas und verbarg es wie eine Verräterei.

Man kann leicht ermessen, was in Clarens Phantasie für Bewegungen vorgehen mußten. So schmeichelhaft es jedem Frauenzimmer sein muß, geliebt zu sein, um so viel schmeichelhafter mußte es Claren sein, von Clairant geliebt zu werden. Clairant war ein schöner, männlich schöner Jüngling; darüber waren alle weibliche Stimmen in Châtillon, in Pillon und Mangienne eins. »Welch ein reizender Junge!« so hatte Clarens Mutter hundertmal gesagt, wenn Clairant sich sehen ließ. »Oh, oh!« rief die Zofe der gnädigen Frau dann auch und küßte mit Inbrunst die Spitzen ihrer Finger, »zum Küssen, gnädige Frau! Marquisinnen und Herzoginnen würden sich in Paris um ihn reißen!« – »Ach, so einen Mann zu haben!« setzte die zweite Kammerjungfer der Vicomtesse mit einem tiefen Seufzer hinzu und sah mit verliebten Augen hinter Clairant her. Der alte Vicomte blickte den jungen Clairant oft lange und starr an. »Der Bube!« rief er dann, »bei Gott, kein Marschall von Frankreich kann einen stolzern Gang, eine edlere Stellung haben als dieser Pächterssohn.« Der Prior lächelte dann: »Ja, ja, Herr Vicomte, er beherrscht mit einem Blick sein ganzes Geschlecht; allein dafür wohnt auch in seiner Brust ein unendlich edles und stolzes Herz. Ich versichre Sie, er würde auch mit keinem Marschall des Königreichs tauschen.«

Und von diesem Jünglinge war Clara geliebt, von diesem Jünglinge, um den Herzoginnen sich reißen würden, von diesem Jünglinge, der mit keinem Marschall tauschen möchte. O wahrhaftig, man muß es ihr verzeihen, wenn sie da an ihrem Tischchen sitzt, den weißen Arm lässig auf ihre Stickerei lehnt und mit einem triumphierenden Lächeln daran denkt, daß Clairant sie liebt, und das süße Gift der Liebe in das feinste Gewebe ihrer Seele einsaugt. Und wie geliebt? O Himmel! ihr Herz pocht bei diesem Gedanken stolzer als je in ihrem Leben. Dieser Jüngling, der mit keinem Marschall tauschen würde, sitzt, ehe die Sonne aufgeht, in einem Gebüsch verborgen, gegen ihrem Fenster über und harrt geduldig stundenlang auf einen ihrer Blicke. Clarens Lächeln hebt den stolzen Jüngling in den Himmel, ihr Ernst stürzt ihn in die Hölle. Ihre Augen funkeln vor Freude bei diesem Gedanken; ihre Brust fängt sich sanft an zu heben; ihre feinen Lippen öffnen sich, um die Seufzer der Freude und der Gegenliebe leise zu verhauchen. Langsam geht sie zu ihrem Vergißmeinnicht. Sie drückt es an ihren Mund, sie preßt es an ihr wallendes Herz; sie versinkt über diesem teuren Unterpfande seiner Liebe in süße Träume, in welchen sie sich ihm ganz hingibt, in welchen sie in seine Arme, an seine Lippen sinkt. Was kann Clairant noch von ihr bitten? Er hat alles. Sie ist sein. Die Tochter hat ihn an dem Vater gerächt. Sie trägt dem Jüngling, den der Vater verwirft, ihre Liebe, ihr Herz, ihre Hand entgegen. Sie nennt ihre Liebe ihren Stolz, ihren Triumph; sie denkt nur an ihn.

In diesem Augenblick der süßen betäubenden Schwärmereien hört Clara Clairants Stimme im Garten. Sie erschrickt, ihr Herz wallt heftig; sie fliegt ans Fenster, öffnet es. Clarens Blick trifft seinen. Die beiden Blicke vertauschen ihre Herzen ohne Worte. Sie lächelt herab, mit dem sehnsuchtsvollen, freundlichen, matten, wehmütigen Blicke, den nur die Liebe allein machen kann, die erste schwärmerische, jugendliche Liebe eines heißen Herzens. Clairant lächelt hinauf, den Blick der Liebe mit Triumph gemischt, und legt die Hand fest auf sein Herz. Seine Seele liegt in seinen Augen, die er zu Claren emporhebt. Das war ein Augenblick. Dann legt er die Hand auf die Stirn, sein Haupt sinkt auf die Brust. Aus Clarens Augen stehlen sich ein paar Tränen. Sie legt die Hand auch vor die Stirn. Sie seufzt, weil er seufzt, sie weint, weil sie ihn traurig sieht. So sehr eins waren jetzt schon ihre Herzen in ihren Empfindungen.

Am andern Morgen war Clara mit dem ersten Sonnenstrahle auf. Sie flog in ihre Kleidung, dann lauerte sie hinter der Gardine weg durch eine Fensterscheibe. Der liebende Jüngling lag schon in seinem Gebüsch dem Fenster gegenüber. Clara errötete. Sie öffnete langsam das Fenster, legte sich hinein, betrachtete mit Aufmerksamkeit jede Gegend des Himmels und des Gartens, nur den Teil nicht, wo Clairant lag. Sie sumsete ein Liedchen, als ob sie von nichts wüßte, nichts ahnete; ging zurück, tat ein paar Griffe auf der Harfe und setzte sie schnell wieder hin, weil ihr Mädchen fragte: »Mein Gott, sind Sie schon auf?«, stellte sich mit einem Buch ans Fenster, so unbefangen; und die Brust war dem armen Mädchen wie in einen eisernen Reifen geklemmt. Sie wollte umblättern und hätte beinahe das Blatt zerrissen, so wenig war sie ihrer Hand mächtig. Sie schlug das Buch zu, holte ihr Vergißmeinnicht, steckte es am Fenster vor ihren Busen, und alles das in der Absicht, daß Clairant glauben solle, sie merke ihn nicht. Und noch seltsamer. Clairant glaubte das wirklich. Es verdroß ihn, daß sie nicht einen Blick in die Gegend warf, wo er verborgen war. Endlich kam er hervor. Clara winkte mit der Hand weg, riß das Fenster zu und verschwand. Clairant ging und wußte nicht, ob er sich freuen oder betrüben sollte. Er überlegte lange daran, und seine ganze Seele schwamm schon längst in einer unsäglichen Wonne.

Der Herr du Plessis ahnete von allem diesen nichts: denn Clara befolgte ja seine Befehle, und selbst genauer, als er es verlangte. Trat Clairant mit dem jungen Plessis ins Zimmer und Clara war von ungefähr gegenwärtig, so überzog eine hohe Scharlachröte ihr Gesicht. Sie verließ das Zimmer unter dem ersten Vorwande. Ebenso angelegentlich vermied auch Clairant Claren. Desto fleißiger aber wurden die Morgenunterhaltungen fortgesetzt. Kein Sturm, kein Regen, kein Gewitter hielt Clairant zurück. Er war mit Sonnenaufgang auf seinem Posten und Clara am Fenster; und Clara lächelte noch einmal so freundlich, wenn es regnete. Das waren nicht die einzigen Gelegenheiten, wo sie sich sahen. Sonntags fuhr Clara mit ihrer Mutter nach Châtillon in die Messe. Richtig traf Clara allemal ihren Freund an der Kirchentüre. Sie nahm das Weihwasser, und unmittelbar nach ihr Clairant. Er bespritzte sich mit einer Art von Wollust mit dem Wasser, in das Clara ihre schönen Finger getaucht hatte. Dann kniete er bald hinter ihr, bald entfernt zur Seite, rechts und links. Sie hörte hinter sich seine Seufzer, und sie seufzte mit ihm. Sie sah sich von Zeit zu Zeit verstohlen um. Sie machte Fehler über Fehler. Ihre Mutter mußte sie oft derb anstoßen; denn sie blieb stehen, wenn die ganze Gemeinde kniete; ließ das Buch fallen, was ihre Hände hielten, seufzte, statt den Rosenkranz zu bewegen. Sie hatte nichts von allem dem gesehen, was alle Menschen sahen, nicht gehört, was alle Menschen hörten. Fragte ihre Mutter etwas, so sah sie dieselbe starr und mit einem tiefen Seufzer an und antwortete gar nicht oder verkehrt. Das Mädchen hatte nie andächtiger ausgesehen und war nie weniger andächtig gewesen als seit der Zeit, da Clairant immer in der Kirche ihr so nahe war. Nach der Kirche traten Mutter und Tochter einen Augenblick bei dem Prior ab. Auch hier schien Clairant das geliebte Mädchen zu vermeiden. Er wagte es zwar einmal, sie anzureden; allein Clarens Zustand wurde durch die paar Worte, die er ihr sagte, so auffallend, und er selbst wurde von seinen Empfindungen so heftig überrascht, wie er das geliebte Mädchen so nahe vor sich stehen sah, wie ihr Atem seine Wangen berührte, der stille Blitz in ihrem Auge in sein Herz fuhr, daß er das Gespräch sogleich abbrach und nie wieder eins wagte. Er ging nun jeden Sonntag durch das Zimmer, wo Mutter und Tochter standen; legte still einen Blumenstrauß aufs Fenster oder auf den Tisch oder auf den Betaltar des Priors und verließ dann sogleich das Zimmer. Das erstemal legte er den Strauß mit einem bedeutenden Blick auf Claren nieder. Sie verstand den Blick. Sie nahm den Strauß heimlich weg und legte den ihrigen an seine Stelle. So wechselten sie Sonntag vor Sonntag ihre Blumensträuße. Clara und Clairant bewahrten die Sträuße wie Reliquien. Die Mutter fand einmal bei Claren die Menge Sträuße, die einen Kalender der Liebe enthielten. Clara verteidigte ihre verwelkten Blumen aus allen Kräften. Die Mutter lachte und erzählte in Gegenwart des Priors Clarens kindischen Einfall, alle ihre Blumensträuße aufzubewahren. »Das tun fast alle jungen Leute«, antwortete der Prior gutmütig, »denn mein Louis hat eine Sammlung von welken Blumen, die er sogar allen frischen vorzieht.« Clara wurde rot wie eine Purpurrose. Der alte Vicomte lachte sie aus und merkte nichts. Clara dankte dem Himmel, und die Blumen waren ihr seitdem lieber als je. Und wahrlich, diese Blumen gaben allein beider Liebe Nahrung; sie erhielten die Verbindung ihrer Herzen immer lebendig, und jeden Sonntag wurde die Liebe wieder durch frische Blumen angefrischt.

Dennoch hätte endlich diese so sonderbar unterhaltene Liebe sich in sich selbst verzehren müssen, wenn nicht ein Zufall beider Herzen und Phantasien einen neuen und reichen Strom von Nahrung zugeführt hätte. Der Herbst näherte sich. Die fröhliche Weinlese war. Auf der Höhe von Mangienne besaßen die Abtei und der Vicomte einen gemeinschaftlichen Weinberg, den sie verpachtet hatten. Der Pächter lud den Vicomte und den Prior nach der Lese zu einem kleinen Fest, das er seinen Leuten gab, ein. Der Vicomte fuhr mit seiner Familie dahin ab. Der Prior ging mit Clairant auch nach dem Weinberge. Mit Herzpochen zog sich Clara an; denn dort sollte sie ihn sehen, einen ganzen Tag lang sehen und sprechen, ach! und gar vielleicht, wenn es ihr Vater erlaubte, mit ihm tanzen. Sie zog sich sorgfältig und reizend an. Nun saß sie im Wagen; sie redete nicht ein Wort; nur von Zeit zu Zeit brach ein Seufzer, den sie jedesmal, wie Tasso sagt, in der Mitte entzweibrach, aus ihren reizenden Lippen. Das Auge ihrer Mutter hing mit Wohlgefallen auf ihrem Kinde. So schön war Clara noch nie gewesen. Ihre Augen strahlten, ihre Wangen waren in die schönste Rosenfarbe getaucht.

Der Prior ging mit Clairant ab, und er mußte mit jedem zehnten Schritt rufen: »Nun, Louis, mein Gott, lauf nicht so entsetzlich!« Wie sie aber Mangienne, wie sie das Pachthaus erblickten, des Vicomte Wagen sahen, so schlich nun Clairant wieder ebenso entsetzlich, als er vorher gelaufen war. Zitternd stieg er den Weinberg hinan. Er mußte stehen, um Atem zu schöpfen. Clara ging, sobald sie ihn erblickte, in das Pachthaus und drückte mit seltsamen Blicken die Tochter des Pächters in ihre Arme. Mit einer ungewöhnlichen Bescheidenheit grüßte Clairant die Gesellschaft. »Wahrhaftig«, sagte der Vicomte zu dem Prior, »der Bursche, der Clairant, wird alle Tage hübscher. Sehen Sie die lebendigen Farben seines Gesichts und zugleich das Sanfte, das Gütige, das Bescheidene in seinen Augen, das er seit einiger Zeit hat.«

»Er wird ein Mann«, sagte der Prior, »das Knabenfeuer ist verraucht; und Sie kennen ja die Jahre, Herr Vicomte, wo das Herz an zu fühlen fängt. Man sieht aus wie ein Grillenfänger und handelt auch so.«

»Und ist glücklich, lieber Freund, trotz aller Grillenfängerei.«

Der Prior seufzte; er dachte an die Dekretalen Gregors, und er fing eine Abhandlung mit dem Vicomte darüber an. Jetzt, da Clara ihren Vater hinter der Haustüre her mit dem Prior und ihre Mutter mit der Pächterin beschäftigt sah, wagte sie es, mit einer hohen Röte und ungewissen Schritten hervorzutreten. Sie war in einem tiefen Gespräch mit der Tochter des Pächters. Das Mädchen aber antwortete nicht ein Wort; denn sie verstand schlechterdings nichts von allem, was Clara sagte. Sie machte ganz von weitem Clairant eine tiefe Verbeugung. Clairant dankte ebenso aus der Ferne her, ohne sich einen Schritt näher zu wagen.

Sie waren beide schon zwei Stunden zusammen, ohne ein Wort gewechselt zu haben. Clairant schlich sich auf eine seltsame Weise zwar näher; auf eine seltsame Weise: denn er redete auf dem Wege von zehn Schritten, die Clara von ihm entfernt war, wenigstens mit zehn Menschen, redete jeden mit einer Miene an, als ob er eben zuschlagen wollte; ging, ohne eine Antwort abzuwarten, einen Schritt weiter, weil eben der Vicomte nicht hersah. Claren brannten die Fußsohlen. Sie wollte sich ebenfalls gern nähern, und es war, als ob an ihren Füßen Blei hinge. Endlich kam er Claren einen Schritt weit nahe. Da sah gerade der Vicomte her. Clara ging gegen Norden, Clairant gegen Süden, und wieder waren zehn Schritte zwischen beiden. Clairant verzweifelte daran, den Raum zwischen Claren und sich vor abends noch einmal auszumessen. Mutter und Vater merkten nichts; wahrhaftig, sie mußten blind sein. Des Pächters Tochter wollte sich heimlich zu Tode kichern über Clairant und Claren.

Man tanzte endlich. Neue Schwierigkeiten! Clairant hätte seinen Fuß darum gegeben, wenn er einmal mit Claren hätte tanzen können; allein er trauete dem Vicomte nicht, und hatte es Ursach: denn sein Gewissen sagte ihm, daß er ihn betrügen wollte. Er tanzte mit Pächters Susetten, mit einigen Bäuerinnen, und wenn Clara sogar in der Tour mit ihm tanzen mußte, so wagte er es kaum, ihre Hand festzuhalten. – Clara hatte einmal mit des Pächters Sohn getanzt. Der Tanz war geendigt, und sie stellte sich neben ihre Mutter und sah dem Tanze zu. Auf einmal nahm der Vater sie bei den Schultern, drehete sie zu sich um und sagte: »Man muß niemandem die Freude verderben. Du mußt tanzen, Clara! Clairant!« – »O Vater«, sagte Clara errötend. »Was ich dir erlaube, das setzt dich nicht herab. Clairant!« Langsam kam Clairant. Der Vater gab ihm Clarens Hand. »Hier, Clairant, tanze; aber erhitzt euch nicht!«

Wie war in diesem Augenblick dem Jüngling! Er hielt Clarens weiche Hand in seiner; fühlte sie in der seinigen beben, und ein Zittern ergoß sich durch alle seine Glieder. Langsam führte er sie auf den Platz. Man reihete sich, die Musik erhob sich. Clairant nahm Clarens Hand und tanzte. Er wagte sie kaum zu berühren. Mit jedem Takte aber wuchs seine Dreistigkeit. Er drückte ihre Hand und fühlte einen sanften Druck von der ihrigen. Der einzige Druck goß auf einmal Leben in seine Glieder. Jetzt schlang er seinen Arm um ihren schlanken Leib. Clara lehnte sich an seinen Busen, ihre Hand auf seine Schulter gedrückt; so tanzte er langsam und immer langsamer mit seiner schönen Last hinab. Ein Glück war es, daß eben der Vicomte mitten unter den Enzyklopädisten in Paris war und Musik und Gelächter überschrie, um dem Prior zu beweisen, daß es des Adels und der Geistlichkeit Schade nicht sein würde, wenn man sein System einführte; sonst hätte er sehen müssen, was alle sahen und worüber ein so lautes Gelächter entstand, daß diese Tour, die Clairant mit Claren eben tanzte, trotz alles Winkens der andern, kein Ende nehmen wollte. Er hielt Claren in seinen Armen, bewegte keinen Fuß mehr, und die Musikanten wußten nicht, ob sie fortspielen sollten oder aufhören.

Susette schlug ein schallendes Gelächter auf. Clairant besann sich. Der Tanz ging aufs neue an, und Clairant nahm sich, kleine Vergessenheiten abgerechnet, ganz wohl in Obacht. Und dennoch, dennoch, trotz dieser vertrauten Situation, hatten sie noch kein Wort gewechselt. Nach dem Tanze ging Clairant, um sich zu erholen, ins

Gebüsch. Hier warf er sich in dem Übermaß seiner seligen Empfindung auf den Boden. Seine Augen standen starr, sein Körper war ohne Bewegung. Man hätte ihn für eine Bildsäule halten können. Seine Lebenskräfte hatten sich alle in *einen* Punkt gezogen. In seiner Brust war aller Menschen Glück. Wieviel ist eine solche Minute wert!

Clara tanzte noch, wie eine Automate. Die kleinste Veränderung der Tour verwirrte sie. Man zerrte sie mehr, als sie tanzte. Sie warf sich nach dem Tanz auf eine Bank vor dem Hause, lehnte den Kopf hintenüber und verlor sich selbst in einem Sturm von Empfindungen. Da saß sie, teilnahmslos, bis gegen Abend. Es wurde kühl. Die Alten gingen in das Zimmer und schwatzten bei einer Flasche Wein von der Lese: die jungen Leute blieben zusammen in der Küche,* wo sie sich um das Kamin hersetzten, um Märchen und Gespenstergeschichten zu erzählen. Clara saß an dem einen Ende des Kamins, Clairant am andern Ende, noch immer in sich verloren. Man wollte Claren aus ihrer Zerstreuung wecken; und Clara, um die Zerstreuung zu verbergen, nahm das Blasrohr** und blies das Feuer an. Clairant betrachtete sie mit brennenden Blicken, wie sie die schönen Lippen auf das Blasrohr drückte. Er nahm ihr die Röhre aus der Hand, legte seine Lippen, mit einer auffallenden Wollust in seinem Blick, auf den Ort, wo Clarens Lippen geruht hatten. Er preßte seine Lippen auf das fühllose Eisen; schien die Küsse, die Clara dem Eisen gegeben hatte, mit seinem Munde wegzusaugen.

Eine recht schauerliche Gespenstergeschichte, die Plessis erzählte, zog die Aufmerksamkeit der ganzen kleinen Gesellschaft auf sich, nur allein Clarens Aufmerksamkeit nicht. Ihr heiterer Blick war allein auf Clairant gerichtet und auf das süße reizende Spiel seiner erfinderischen Liebe. O wie gern hätte sie die Küsse empfangen, die er dem Eisen gab! Sie nahm ihm die Röhre aus der Hand. Sie warf einen Blick voll holder Freundlichkeit, voll Dankbarkeit auf Clairant, dann drückte sie einen sanften Kuß auf die Spitze der Röhre. Clairant verschlang das Schauspiel mit vor Freude leuchtenden Augen. Er konnte sich nicht mehr halten, er vergaß, daß er Zeugen hatte. Er beugte ein Knie zur Erde nieder. Schnell schüttelte Clara

* Die Küchen in den meisten Häusern in Frankreich aus den untern Ständen sind, was bei uns die Wohnzimmer sind.

** Souffloir, eine eiserne Röhre, das Feuer anzublasen.

mit dem Kopfe und warf einen unruhigen Blick auf ihn. Er beugte sich geschwind über das Feuer, schob einen Brand in die Flamme, der vor Clarens Füßen lag. Mit einem Blick voll Wehmut stand er auf, verließ die Küche und ging, sich von den ihn überwältigenden Empfindungen zu erholen.

Sie haben noch kein Wort geredet, zwanzig Augen bewachen ihre Bewegungen; und dennoch lehrt die Liebe sie unbemerkt Küsse wechseln, die süßer sind als die, welche befriedigte Liebe gibt und empfängt. Jetzt trat der Vicomte in das Zimmer. Der Wagen fuhr vor. Clara nahm Abschied, in einem Winkel gedrückt stand Clairant. Alles begleitete den Edelmann an den Wagen, nur Clairant nicht. Er folgte Claren mit den Augen. Sie sah ihn flüchtig an, seufzte und ging. Langsam schlich er an die Küchentüre. »Mein Fächer!« rief Clara. Sie öffnet die Türe der Küche wieder und steht vor Clairant, der eben hinaus will. »Clara!« seufzt er mit einem so wehmütigen Tone, der sie überwältigte. Sie sah ihn an, scheu, zitternd. Ängstlich hob sie ihre Hand. Er breitete die Arme aus. Sie sank hinein; ihre Lippen berührten sich heiß, flüchtig. Clara stürzte zurück, in den Wagen. Der Wagen rasselte dahin. Clara saß da wie betäubt, und Clairant umfaßte den Türpfosten. Es war, als ob die Erde unter ihm schwankte.

O Natur! wie unerschöpflich ist dein Reichtum! wie vielfach die Banden der Liebe, womit du die Menschen umschlingst! Clara und Clairant kennen sich kaum; sie haben sich kaum dreißigmal gesehen; haben kaum so viel Worte gewechselt, als sonst zwei Menschen nötig haben, um sich als Bekannte zu grüßen: und dennoch sind ihre Herzen eins, ihre Empfindungen ineinander verschmolzen. Clairant würde sich für Claren, die er nicht kennt, in den Schlund der Hölle stürzen, wenn ihr Wink es geböte; Clara würde ihm durch ein stürmendes Meer, durch gräßliche Wellen folgen, wenn er darum bäte. Wie heißt das Band, womit du diese zwei Herzen zusammenknüpftest? Liebe nicht; denn welche Vollkommenheiten kennen sie voneinander? Vertrauen nicht; denn sie wagen es kaum, sich anzublicken. Achtung noch weniger; sie kennen sich fast nicht. Eitelkeit? o nennet diese hingebende Empfindung nicht mit diesem abscheulichen Namen. Clairant würde eine Krone um einen Händedruck von Clarens weicher Hand verschmähen: sie würde mit ihm in eine Wüste fliehen, zufrieden, wenn nur Clairants Stimme sie seine teure Clara nennte. So heiße dies Band denn wie du selbst: Natur oder Menschlichkeit. Sie ist der Stamm, auf dem du die bessere Liebe impfst, die dauernde Freundschaft, das wohltätige Vertrauen, das volle Ergießen der Herzen gegeneinander; ihre Blüten sind Humanität und ihre Frucht Glückseligkeit.

Moralist, tadle diese Empfindung nicht, weil sie so vergänglich ist, weil ein Hauch, ein Wort, ein Blick, ein Tag sie verlöschen kann; ein Hauch, ein Wort, ein Blick, ein Tag sie erzeugte; nenne sie nicht Torheit, weil der Jüngling nicht sagen kann, wie sie entstand, warum sie ihn überwältigte. Sie steht unter dem Schutze der Natur. Sei sie auch ein Rausch, der den Jüngling betört, der ihn nur zu oft unglücklich macht; wes ist die Schuld? Dein, der du der stärksten aller Leidenschaften, wie einer Fabel, spottest; den Jüngling nicht lehrst, Liebe von Sinnlichkeit zu unterscheiden; Sinnlichkeit, Wollust und Liebe in *eine* Klasse wirfst und, wenn du endlich zufällig dem Sturme ans unsichere Ufer des Alters entronnen bist, wie der Pharisäer rufst: Ich danke dir, Gott usw.

Liebe war es nicht, was beide Liebenden aneinander zog. Es war die erwachte Sinnlichkeit, das rege gewordene Herz, es war Natur. Ein Zufall leitete Clairants Empfindung auf Claren; ein Zufall machte Clairant zum Gegenstande von Clarens erwachtem Herzen. Eine Unbesonnenheit des Vaters führte sie zusammen, die Eitelkeit knüpfte das Band, die Furcht vor dem Vicomte befestigte es. Der Kuß, der einzige Kuß, den Clara Clairant gab, erteilte der Empfindung eine undenkliche Stärke. Und dennoch, dennoch würde diese Liebe, so riesenstark sie war, von der Zeit und von der Vergessenheit wieder eingeschläfert worden sein, wenn nicht eine kleine Unbesonnenheit der Mutter oder vielmehr ein Zufall die Liebenden gelehrt hätte, alle Hindernisse, welche der Stand ihrer Liebe in den Weg gelegt hatte, zu übersteigen.

Clairant und Clara sahen sich in mehreren Tagen gar nicht. Zwar brannte der erste Kuß noch immer in ihrer Seele nach; zwar war Clairant noch manchen Morgen im Gebüsch dem Fenster seiner Clara gegenüber. Nicht alle Morgen mehr; denn Plessis hatte ganz leise seinem Freunde zu verstehen gegeben, daß seine Morgenbesuche im Garten die Domestiken des Hauses beschäftigten. Der Gärtner hatte sie gemerkt. Er unterließ sie also und mußte sie unterlassen, da der Busch nicht Blätter genug hatte, ihn zu verbergen. Die sonntäglichen Besuche ausgenommen, sahen sie sich also gar nicht mehr; und diese einzige, diese letzte Hoffnung wurde auch durch den herannahenden Winter zerstört. Je heißer Clairant liebte, um desto mehr fürchtete er den Vater seiner Clara. Er kam seltener mehr nach Pillon. Plessis desto öfter nach Châtillon. Die einzigen Nahrungsmittel ihrer Liebe waren nun ihre stillen Träumereien. Aber wieviel mehr ist ein Blick, ein Händedruck, ein Kuß als Träumereien, die das Herz und die Phantasie nach und nach abmatten! Zwar fand die Liebe beider anfangs in diesen süßen Träumen Nahrung genug. Clara saß ganze Tage auf ihrem Kabinett, an dem Stickrahmen oder an ihrer Nähterei oder an einem Buche, ohne einen Stich zu tun oder einen Buchstaben zu lesen. Sie saß da mit finstern Blicken, das Köpfchen auf die Brust gesenkt, sah auf eine Stelle, redete, wenn sie notwendig reden mußte, mit einem kranken, gelassenen Tone, lachte sehr wenig, verbot ihrem Mädchen zwar nicht, Possen zu treiben; aber sie verzog auch keine Miene zum Lachen. Ebenso für sich ging sie auch in den Alleen des Gartens auf und nieder; sie nahm an nichts teil. Ein neuer Anzug aus Paris kam an, wurde besehen, probiert und weggelegt. Sie konnte sich ja nicht für ihn schmücken. Die Mutter ward besorgt, sie fragte einen Arzt, sie nannte die Krankheit Trägheit und schob sie aufs Wachsen. ›Ach‹, dachte das arme Mädchen lächelnd bei diesem Urteile, ›so gebe Gott, daß ich beständig wachsen mag!‹, denn die Krankheit däuchte ihr so süß. Noch immer brannte Clairants Kuß auf ihren Lippen.

Fast ebenso ging es dem armen Clairant. Hundertmal hörte er täglich Vorwürfe seiner Eltern, des Priors, seines Freundes, daß mit ihm gar nichts mehr anzufangen sei. Er ging wie in einer halben Schlafsucht umher. Seine liebsten Unterhaltungen hatten allen Reiz für ihn verloren. Anfangs glaubte der Prior, er studiere so fleißig, weil Clairant sich ganze Tage auf die Bibliothek verschloß. Er zog auch jedesmal einen Folianten hervor, schlug ihn auf und versank dann in Träume, die niemand störte. Indes ertappte der Prior ihn ein paar Tage hindurch über einen griechischen Kirchenvater, der nur ein Figurant auf der Bibliothek war, weil niemand in Châtillon Griechisch verstand; und nun schüttelte der Prior über Clairant bedenklich den Kopf. Seine Eltern meinten, daß seine Krankheit Gelehrsamkeit wäre. Ach! Gelehrsamkeit war es nun nicht; es war noch immer Clarens Kuß, der ihn krank machte.

Nach und nach ließ denn doch die ermattete Phantasie der beiden die Flügel sinken. Durch sie war alles getan worden, was je in Romanen geschreiben steht. Clairant hatte Claren hundertmal entführt, aus Feuer und Wasser gerettet, sie dem Vater abgetrotzt und abgebettelt, war geadelt, war Minister, Liebling des Königs gewesen, hatte die halbe Welt als Marschall von Frankreich zerstört, Flandern erobert, Länder entdeckt, um Clarens Hand zu erhalten. Clara hatte die Hand von zehn Marquis und Herzögen ausgeschlagen, war schon hundertmal dem Tode aus Liebe nahe gewesen, war schon zwanzigmal wirklich gestorben und hatte dann mit frohem Herzpochen angesehen, wie ihr Vater an der einen Seite ihres Sarges jammerte, ihr Clairant an der andern Seite sich ermordete. Sie war schon dreimal als Bettlerin mit Clairant um die Erde gegangen, hatte schon unendlich oft mit ihm als eine Bäuerin in einer kleinen Hütte, verborgen der ganzen Welt, gelebt. Kurz, die Phantasie konnte nichts Neues mehr erfinden, und die Einsamkeit fing beiden an ein wenig langweilig zu werden. Hätten sie nur einen Vertrauten gehabt, denen sie ihre Opfer, welche sie der Liebe brachten, hätten erzählen können, so wäre die Eitelkeit die Phantasie doch noch eine Zeitlang zu unterstützen imstande gewesen; allein auch der Vertraute fehlte. Die erste Liebe ist so verschwiegen wie das Grab. Clara fand niemanden, dem sie sich mitteilen konnte. Clairant hatte zwar seinen Plessis; er nahm sich wohl vor, ihm seine Liebe zu entdecken; allein das Wort erstarb ihm auf der Zunge, wenn er ohne allen Anlaß davon anheben sollte, und Plessis, jung und leichtsinnig, fragte nicht, weil er nichts ahnete. Kurz, die Flamme, welche der erste Kuß entzündet hatte, fing an schwächer zu werden. Clara hörte auf, so gewaltig zu wachsen, und Clairant, so gewaltig gelehrt zu sein. Eine Reise von einem Jahre würde den ganzen Handel geendigt haben. Das Schicksal hatte es anders bestimmt. An welchen Zufällen hängt Himmel und Hölle auf Erden!

Clairant fing jetzt wieder mit mehr Ruhe an, seine Geschäfte zu treiben. Die Schwärmerei war ihm zwar zur Notdurft geworden, und er ward nun ein Schwärmer in der Freundschaft. Er schloß sich mit immer wachsender Innigkeit an den Bruder seiner Geliebten, die er so selten sah. Sie studierten jetzt eifriger zusammen als jemals. Clairant wollte sich mit Gewalt für jedes Fach geschickt machen, um dem Glücke mit Verdienst und Mühe das abzutrotzen, was die Geburt ihm versagt hatte; denn noch immer lag die Liebe bei ihm im Hinterhalt. Er kam jetzt zuweilen wieder nach Pillon, ohne Claren, als nur höchst selten, zu sehen, und dann doch nur in der fürchterlichen Gegenwart beider Eltern. Der alte Vicomte hatte ihn so liebgewonnen, wie ein Mann aus einer alten Familie den Sohn eines Pächters lieben kann. Er war nicht mehr der stolze, wilde Junge, der dem Vicomte ins Angesicht widersprach: er war ein bescheidener Jüngling, der durch seine Demut und durch einen männlichen Ernst die Ehre verdiente, in dem Hause des Vicomte aus- und einzugehen.

So befand sich einmal Clairant mit dem Prior bei dem Vicomte. »Wer ist denn von euch beiden der größte?« fragte der Vicomte. »Stellt euch einmal Rücken an Rücken; so!« Plessis war zwei Fingerbreit höher als Clairant. In dem Augenblick traten Clara und ihre Mutter ins Zimmer. »Meine Kinder wachsen mir über den Kopf«, sagte der Vicomte, »sowohl Plessis als Clara.« – »Ich glaube, Clara wird dem Clairant nicht viel an Größe nachgeben.« – »Vier Fingerbreit wenigstens«, meinte der Prior. Der Vicomte bestritt das. »Komm her, Clara! Stell dich einmal hinter Clairant, mein Gott! mit dem Rücken gegen ihn!« Clara zögerte. »O Mädchen, fort! ich will euch messen. So! nun recht dicht zusammen.« Er schob sie mit beiden Händen hart aneinander. Ein Schauer durchfloß beide, wie sie sich so nahe in allen Punkten berührten. »Sehen Sie, lieber Prior, sehen Sie: da fehlt gar nichts.« – »Wenn Sie Clarens Frisur mitrechnen«, sagte der Prior. »Nein! nein! ohne Frisur. Dreht euch um, Kinder! nun dreht Euch! Gesicht gegen Gesicht! Nun, zum Henker, stellt euch lieber eine Meile auseinander! Dicht, dicht zusammen! Nun sehen Sie, Prior! die Stirnen dicht zusammen! so steht doch gradauf und dicht zusammen! Sehen Sie, nicht zwei Finger ist er größer als Clara! Nun! nun ist's gut, kleine Närrin! nun ist's gut!«

Allein, Herr Vicomte, es ist nicht gut! es ist wahrlich nicht so gut, wie Sie meinen! Zwei Menschen, deren Herzen noch heimlich füreinander schlagen, in eine solche Stellung zu bringen, daß Stirn an Stirn liegt, Atem mit Atem sich mischt und beinahe ein Kuß wird. In einer solchen Stellung, daß Clairant des Mädchens Herzensschläge mit seiner Brust auffängt, mit seiner Brust, die sich gewaltsam hebt und die Unruhe dem Busen des Mädchens mitteilt. Es ist nicht gut! Wo hatte der Vicomte die Augen, daß er die Veränderung, die mit beiden in diesem Momente vorging, nicht bemerkte? Er setzte sich ruhig wieder zu dem Prior. Clara, mit allen Zeichen einer innern heftigen Bewegung, ging ans Fenster, Clairant drehete sich gegen die Wand und taumelte dann beinahe zur Türe hinaus, in den Garten. Die Mutter warf einen ahnenden Blick auf ihre Tochter. Ihr entging die glühende Röte ihrer Wangen, die dunkel funkelnden Augen, die heftige Bewegung des Flors um ihren Busen nicht. Sie schüttelte wirklich den Kopf mit einer sehr bedenklichen Miene, da sie zwei Stunden nachher ihre Tochter in ihrem Kabinette, den Kopf auf die Hand gestützt, noch mit ebender Farbe, mit ebenden Augen, in ebender gewaltsamen Bewegung, in sich selbst versunken, antraf. ›Ei nun‹, dachte sie eine halbe Stunde drauf, ›es ist nichts, sicher nichts. Sie sehen sich ja kaum jeden Monat einmal, und immer unter meinen Augen.‹ Sie ließ es gut sein und vergaß es. Törichte Mutter!

Ein neuer Sturm ergriff beider Herzen. Die Phantasie erhob die ungeheuren Flügel wieder. Ein reiner, frischer Lebensstrom floß wie zuvor durch die abgestorbenen Gefühle. Clairant saß da, wieder versenkt in neuen Träumen. Er fühlte noch immer Clarens Busen an seinem, ach so lebendig, sich heben. Ihr warmer, liebevoller Atem brannte immer an seinen Wangen. Ach, die Stellung war so schön: seine Phantasie flog umher nach Mitteln, Claren wiederzusehen, sie so wiederzusehen, so an ihre Brust gedrückt, so vertraulich, so eng, so nah. Die Morgenbesuche hoben wieder an, und es war des Vicomte Glück, daß dies im Winter vorfiel. Er mußte früh gehen, um nicht entdeckt zu werden. Ach, es entdeckte ihn niemand; aber auch seine Clara nicht. Die Besuche fielen weg; sie waren vergebens.

Schlag auf Schlag! Ein Monat war hingelaufen seit jenem Tage des Messens, und Clairant war wieder ruhiger. Plessis ist bei Clairant in Châtillon. Clairant sitzt da am Tisch, die Stirn in die Hand gelegt, und träumt. Plessis, um seinen Freund zu erheitern, setzt die Haube von Clairants Mutter auf und treibt Possen. Clairant wird heiter. Plessis beredet Clairant, Weiberzeug anzuziehen. Clairant kleidet sich wie eine junge Bäuerin an. »Exzellent! oh, exzellent!« ruft Plessis: zum Küssen! Man sinnt auf neue Possen. Clairant malt sein Gesicht ein wenig, übt sich einige Augenblicke in der Sprache, in seiner ganzen Rolle, und nun geht er zu dem Prior auf die Abtei hinüber. Er läßt sich bei dem Prior melden. Niemand kennt ihn. Er geht ins Zimmer. »Was willst du, mein gutes Kind?« fragt der Prior. Clairant sagt mit allem möglichen Ernst: »Ich bin aus Languion, Ihre Hochwürden; die Tochter des reichen Maire. Mein Vater will mich zu einer Ehe zwingen mit einem Mann, den ich nicht lieben kann. Überdem, Herr Prior« – Clairant nahm die Schürze vor das Gesicht, um verlegen zu scheinen – »überdem ist mein Herz schon verschenkt an einen jungen Menschen, den ich liebe. Ich bin meinem Vater entflohen, Herr Prior, und ich nehme meine Zuflucht zu Ihnen, weil die ganze Gegend von Ihnen sagt, daß Sie nichts liebers täten als junge Mädchen in Schutz nehmen, die – die – wie ich – verliebt sind.«

Der Prior errötete, wurde verlegen; auf diese Weise in der ganzen Gegend bekannt zu sein, war ihm nicht gleichgültig; aber noch verlegener wurde er, da in diesem Augenblick der Vicomte ins Zimmer trat. Clairant errötete jetzt, er fing an zu zittern. Er hatte den Vicomte ebensowenig erwartet, und das gab seiner Rolle noch mehr Natur. Der Prior räusperte sich, ward rot, schnitt Gesichter; das Mädchen zog sich zurück. Der Vicomte sah bald das Mädchen, bald den Prior an. »Was gibt's hier?« fragte der Vicomte. Der Prior schnitt noch ärgere Gesichter. Clairant sah's und brach auf einmal in ein Gelächter aus.

Der Prior hielt itzt den ganzen Antrag für eine Neckerei seiner Grundsätze. »Bleib, Mädchen!« rief er seinem Neffen zu, der an die Türe wollte. Der Prior war böse. »Bleib!« schrie der Vicomte, der nicht wußte, was alles das bedeutete. Clairant erstickte fast vor Lachen. Der junge Plessis kam ins Zimmer. Er lachte laut auf, da er seinen Vater das Mädchen beim Rock halten sah. »Ich bin ja Clairant, lieber Oheim!« schrie endlich das Mädchen. Man erkannte ihn, und alles brach in ein fröhliches Lachen aus, besonders wie der Prior noch halb böse erzählte, was Clairant gesagt hatte.

»Oh, ein reizendes Mädchen«, rief der Vicomte, »bis zum Erstaunen gut gemacht! Halt! Clairant, mir fällt etwas ein. Clarens Geburtstag ist in einigen Tagen – Ha! wie fangen wir das an!« Man sann und sann, und endlich kam nichts heraus, als: Clairant sollte wie eine Bäuerin aus Mangienne gerade zu Mittage auf Clarens Geburtstage kommen und im Namen der Mädchen aus Mangienne Claren ein Angebinde von Blumen bringen. Clairant wollte nicht daran; denn er fühlte das Gefährliche seiner Rolle. Der Vicomte befahl, bat, bis er einwilligte. Man versprach das strengste Stillschweigen. »Oh, wir wollen dich überraschen, Clärchen!« rief der Vicomte laut lachend im Weggehen.

Der Tag erschien. Clairant stand da, die schönste, die schlankste, die unschuldigste Bäuerin von der Welt; eine schöne Röte, eine kleine Ängstlichkeit machte ihn noch schöner. Der Prior, der ihn besah, eh er nach Pillon ging, tat sogar den Wunsch, daß er wirklich ein Mädchen sein möchte. Die Blumen für Claren hatte er selbst aus dem Gewächshause der Abtei gepflückt, und nach Tische ging er mit kleinen Schritten über die Chaussee hinüber, den Weg nach Pillon zu. Wer ihm begegnete, blieb stehen und sah dem reizenden Mädchen nach, so weit er konnte. Da erblickte er Pillon, da lag das Schloß. Fast wäre er wieder umgekehrt.

Clara ahnete nichts. Man saß um das Kamin her, schwatzte. Plessis stand am Fenster. Jetzt setzte sich Plessis zu seiner Schwester. Die Saaltüre öffnete sich. »Ein Mädchen aus Mangienne will das gnädige Fräulein sprechen«, sagte der Bediente. »Laßt sie kommen!« rief der Vicomte. Clara stand auf, ging dem Mädchen entgegen. Sie erkannte Clairant auf den ersten Blick. Sie wurde weiß wie eine Lilie. Sie zitterte. Clairant errötete; er reichte ihr mit zitternder Hand den Blumenstrauß, und kaum konnte er die wenigen Worte, die er sagen wollte, hervorbringen. Clara hielt es für eine List Clairants, sie heute zu sehen. Sie zitterte, daß man ihn erkennen möchte. Sie hatte Mut genug, mit ziemlicher Besinnung zu sagen: »Zu meinem Geburtstage, mein Kind? Eure Liebe rührt mich. Aber komm, mein Kind, du mußt von mir ein Andenken an den heutigen Tag haben.« Sie drehete sich mit vieler Fassung gegen ihre Eltern. Ihr Mut war während ihrer kleinen Rede gewachsen. Sie verbeugte sich und ging mit Clairant auf ihr Zimmer. Hinter ihr her tönte die Lache des Vicomte. »Wahrhaftig, sie kennt ihn nicht! Sie kennt ihn nicht.« Jetzt erst erfuhr Clarens Mutter ihres Mannes Spaß. Sie schüttelte mit dem Kopfe; denn sie erinnerte sich der Szene des Messens.

Sobald Clara mit Clairant auf ihrem Zimmer war, so wandte sie sich mit einem sanften Vorwurfe in der Miene und mit dem zärtlichen Ausruf: »O Clairant, was machen Sie?« an ihn. Clairant erzählte in ein paar Worten den Zusammenhang, und Clara stand vor ihm, betrachtete ihn mit den allerzärtlichsten Blicken. Die weibliche Kleidung stand ihm so gut. Clairant ergriff ihre Hand, drückte seine Lippen auf die Hand und seufzte mit einem unwiderstehlichen Tone: »O Clara!« Da standen die beiden reizenden Mädchen mit den liebevollsten Blicken gegeneinander über, Hand in Hand, Auge in Auge. Clara vergaß es halb und halb, daß es ein Mann war, der vor ihr stand. »O Clara!« seufzte Clairant noch einmal. Clara trat noch einen halben Schritt näher. Clairant umfaßte sie. Sie versank in seine Arme mit einem Strome von Tränen. So standen sie lange fest aneinander gedrückt, Mund an Mund, Brust an Brust. Der Bund war geschlossen. »O wie lieb ich dich, Clara!« schluchzte Clairant. »Und ich dich!« seufzte Clara. »Wie unglücklich bin ich!« rief Clara und hob Kopf und Augen in die Höhe. »O daß ich jetzt so mit dir versänke!« seufzte Clairant und drückte sie fester an sich.

Ein Geräusch vor der Türe brachte sie zu sich. Clara flog an ihren Schrank. Sie suchte und suchte. Eben öffnete ihr Mädchen die Türe. »Hier, mein Kind«, sagte Clara schon gefaßt zu Clairant, der sich noch immer nicht erholen konnte, und gab ihm ein seidnes Tuch, »das trage zu meinem Andenken, und diesen goldnen Ring trag so lange mir zu Ehren, bis du jemanden findest, den du mehr liebst als mich. Grüße die Mädchen in Mangienne. Adieu, mein Kind.« Clairant verbeugte sich beinahe ohne alle Besinnung.

Clairant flog bestürzt die Treppe hinab, und Clara ging ruhig auf den Saal zurück.

»Wo ist denn das Mädchen, Clara?«

»Eben gegangen. Ich habe ihr eine Kleinigkeit geschenkt.«

»Und wie hat sie dir gefallen?«

»Mir? Sehr wohl. Ich habe nie ein hübscheres Bauernmädchen gesehen.«

Der Vater lachte, und jetzt erfuhr Clara, daß es Clairant gewesen sei. Sie glaubte es nicht eher, als bis ihr Bruder es ihr ebenfalls versicherte. »Mein Mädchen«, sagte Clara lächelnd, »die mit mir und Clairant in meinem Kabinette war, erkannte ihn ebensowenig.« Die Mutter wurde wieder ganz ruhig. Die ganze Welt war mit dem Spaße zufrieden: am meisten aber doch Clairant. Er küßte das Tuch, das Clara selbst getragen hatte; er drückte es auf sein Herz. Er betrachtete mit brennenden Augen den Ring, das Unterpfand von Clarens Treue. Er war jetzt auf einmal über alle Bedenklichkeiten weggehoben und auf diesem Wege schon sicher, Claren zu besitzen. Wie war das anzufangen? »O Himmel!« rief er, »ich Tor! Diese Kleidung gebrauch ich für eine Posse, und ich hätte in dieser Kleidung das schärfste Auge betrügen können.« Er übersann alle Wege, die ihn unerkannt zu Clara führen konnten. Er war jetzt überzeugt, daß sie nichts dagegen hatte. Er verstand sich mit ihr. Sie war nicht allein mehr seine Geliebte; sie war seine Mitverschworene. Die Liebe hält einen Händedruck für das gefährlichste Wagstück. Sie hat ihn gewagt, und alles übrige scheint ihr ein Kinderspiel. Längst hätte Clairant es gewagt, Claren heimlich zu sehen: er fürchtete sie. Das hielt ihn ab. Jetzt, jetzt? Er würde ohne Scheu noch die Nacht ihr Fenster erklettert haben, wenn er nicht gewußt hätte, daß ihr Mädchen bei ihr war. Soweit hatte der Zufall den Jüngling gebracht.

Clara war sich selbst ein Rätsel. Sie begriff es nicht, woher sie den Mut genommen hatte, so dreist zu lügen. Sie bewunderte ihre Gegenwart des Geistes, ihre Fassung. Sie fühlte es, daß sie es jetzt mit ihren Eltern aufnehmen könnte, ohne an dem Siege zu verzweifeln. Und wie weit ist es von dem Gefühle: ›Ich kann tun, was ich wünsche‹, bis zu dem Entschluß: ›Ich will es tun‹? Furchtsam, von ihrem Selbstgefühl niedergedrückt, war sie sonst umhergeschlichen. Kam das Gespräch auf Clairant, so errötete sie jedesmal, schlug die Augen nieder; sie fürchtete, man möchte darin das Geständnis ihrer Liebe lesen. Jetzt aber trug sie ihr Haupt stolz und mutig empor. Sie ging der Gefahr entgegen, weil sie Kräfte fühlte, sie zu überwinden. Sie brachte jetzt selbst das Gespräch auf Clairant. Sie errötete nicht mehr. Sie übte sich darin, von ihm ohne Spannung zu reden. Sie übte sich, die Waffen zu tragen, die sie bald gebrauchen sollte.

Den Sonntag fuhren Mutter und Tochter in die Messe nach Châtillon. Dreist ging Clara auf Clairant ein. Mit einem triumphierenden Lächeln sagte sie zu ihm: »Sie waren das hübsche Bauernmädchen, Clairant? Dem Bauernmädchen schenkte ich ein Tuch. Ihnen bin ich aber meinen Dank noch schuldig.« Sie reichte ihm zärtlich ihre Hand. Das kam, in Gegenwart der Mutter, dem armen Clairant zu schnell. Seine Ideen hatten einen ganz andern Gang genommen. Er errötete, er zitterte. Er stammelte einige Worte, die seine Bestürzung noch deutlicher machten. Clara verwünschte ihren Einfall. Sie wurde selbst verwirrt. Die Mutter machte bei dem Auftritte ein Paar sehr große Augen. Es ging so ab.

Sobald sie aber wieder in Pillon waren, erkundigte sich die Mutter bei Clarens Mädchen, was das hübsche Bauernmädchen mit ihrer Tochter geredet hätte. »Geredet? Gar nichts, gnädige Frau. Es konnte vor Tränen nicht reden, und auch dem Fräulein standen die Tränen in den Augen.« Die Mutter forschte, sprach, fragte so lang, bis sie auch etwas von Clairants Morgenbesuchen erfuhr. Dazu nun das Aufbewahren der Blumen von beiden Seiten, Clarens Krankheit vom Wachstum und Clairants Krankheit von Gelehrsamkeit, deren Umstände sie von dem Prior ganz leise herausbrachte und die Clarens Krankheit so ähnlich war – kurz, die Mutter traf die Wahrheit ziemlich richtig; und doch wußte sie nicht zu helfen. Dem Vicomte es mitzuteilen, das ging nicht. Sie kannte ihn. Nur der leiseste Verdacht würde den armen Clairant und Claren unglücklich gemacht haben. Sie schwieg; sie nahm sich vor, Claren heimlich zu beobachten, ihr jede Gelegenheit abzuschneiden, Clairant zu sehen, und so diese aufkeimende Liebe nach und nach durch die Zeit zu töten. Vorwürfe, offenbare Widersetzlichkeit, das wußte sie selbst aus ihrer Jugend, machten nur die Liebenden vorsichtiger und die Liebe heißer.

Wie richtig ist doch das instinktartige Gefühl der Weiber! Sie hatte recht, die gute Mutter; wenn sie nur so gehandelt hätte, als sie fühlte, daß sie handeln mußte. Die liebe Eitelkeit! Und wer tadelt nicht gern, wenn er Ursach hat! Die Mutter konnte es nicht über das Herz bringen, Claren ganz ohne Tadel durchwischen zu lassen. Das Mädchen hätte ja denken können, die Mutter wäre so blind, daß sie gar nichts merkte, sie hätte sich ja sogar für listiger halten mögen als ihre Mutter. Bei Gelegenheit also machte Mütterchen ganz leise und, wie es schien, ganz unbefangen Anspielungen auf Clarens Liebeshandel. Clara sah Mütterchen an, und dieses hatte das Herz nicht, die Augen aufzuheben, um ja recht unschuldig zu scheinen. Das kam heute, das kam morgen. Dann erzählte Mütterchen ein Geschichtchen von einer ihrer Jugendfreundinnen, die immer in der Messe einen jungen Menschen um sich gehabt habe, vor dem sie nie einen Rosenkranz abbeten konnte usw.

Anfangs war Claren gar nicht wohl bei dergleichen Geschichten zumut. Sie wurde rot, sie wurde blaß. Ein Glück war es, daß Mütterchen es ihr nur wollte anzuhören geben und sie nicht ansah. So erhielt das Töchterchen wieder Mut, und man errötete nun nicht mehr und ward nicht mehr blaß; sondern man war desto mehr auf seiner Hut. Des Morgens ganz früh kam Mütterchen auf Clarens Zimmer, nickte weise mit dem Kopfe, wenn sie Claren im Bette fand, machte leise das Fenster auf und durchflog mit ihren Blicken den Garten, machte noch leiser die Schubfächer Clarens auf, besah nicht etwa die Wäsche, sondern mit Sorgsamkeit jedes Blättchen Papier und schlich dann kopfschüttelnd wieder fort. Schade nur, daß Clara nicht mehr schlief, sondern durch eine feine Öffnung ihrer Augenlider alles mit ansah, was Mütterchen tat, und jetzt, mit den Anspielungen zusammen gehalten, wohl sah, daß Mütterchen ihr auf der Spur war.

Es entstand nichts weiter daraus als ein Wettstreit der List zwischen Mutter und Tochter. Jene glaubte sich im Vorteil, und diese war es wirklich. Clara bedurfte noch eines Stoßes, um ihren Sieg in ein Angriffssystem zu verwandeln. Und auch diesen Stoß gab ihr ein Zufall.

In einem Pakete der neuesten Parlamentsbeschlüsse, das an den Vicomte von Paris kam, lag auch für seine Frau ein Päckchen von Charaden, Epigrammen, Modeneuigkeiten und unter andern auch ein Liedchen für die Harfe, das, nach der Schreiberin Berichte, der Liebling von ganz Paris war. Die Mutter las das Liedchen. Sie stand an, ob sie es ihrer Tochter geben sollte; denn es konnte von übler Wirkung auf ihrer Tochter Herz sein. Allein die Eitelkeit überwog. Ein benachbarter Edelmann wurde auf morgen erwartet. Der Triumph war zu groß, ihn mit dem neuesten Pariser Chanson zu überraschen, als daß die Mutter ihn sich hätte können entgehen lassen. Clara wurde gerufen, erhielt den Chanson, zwar mit einer Moral voll Gegengift; aber sie erhielt ihn doch, mit dem Auftrage, ihn ja bis morgen auf der Harfe einzuspielen.

Clara begab sich in ihr Kabinett, nahm die Harfe, las den Chanson durch, spielte und dachte an nichts. Die Mutter kam, wiederholte ihre Moral noch einmal, und Clara wurde aufmerksam. Mädchen, die mit Claren in einem Falle sind, mögen das Liedchen in den französischen Blumenlesen aufsuchen. Es fängt sich an:

Le doux besoin d'aimer, ma mère! la tendresse,
Ces élans enchanteurs, ce trouble, cette ivresse etc.

Im Deutschen würde es ungefähr so klingen:

Die Tochter an die Mutter:

Mutter, was belaurst du meine Blicke,
Wenn ein schöner Jüngling mir vorübergeht? –
Sieh, die Nadel hier, mit der ich stricke,
Sieh, das Röschen, wenn ich es zerpflücke,
Selbst die Feder, die auf meinem Hute weht,
Reden deutlicher als meine Blicke. –
Wenn die Liebe reden will:
Oh, die schafft den Worten Tor und Brücke,
Aug und Lippe bleiben mäuschenstill!
Ja! wenn ich nicht selbst mein Herz bewache,
O so hilft kein Argus und kein Drache.

Sag doch nur, was sollen denn die Riegel,
Welche deine Hand vor meine Kammer schiebt? –
Amor, Mutter, hat ja leichte Flügel,
Seine Hand von Wolle stößt die Riegel

Leise von der Türe, wenn man liebt;
Und mit stillem, seidnen Filz bedecket
Er der Liebenden geheimen Pfad;
Keine Diele knarrt, und kein Geräusch erwecket,
Wenn man Amors Socken an den Füßen hat.
Drum, wenn ich nicht selbst mein Herz bewache,
O so hilft kein Argus und kein Drache.

Darum, Mutter, darum bitte! bitte!
Laß mich unbelaurt und unbewacht!
Folge mir nicht mehr auf jedem Schritte!
Ungesehn sind Amors Zephyrstritte,
Seine Wege tiefe, dunkle Nacht.
Hast du tausend Augen, tausend Ohren,
Amor macht sie alle blind und taub.
Darum laß mich! ich bin doch verloren,
Ist mein armes Herz erst Amors Raub.
Denn wenn ich nicht selbst mein Herz bewache,
O so hilft kein Argus und kein Drache.

Doch noch eins. Laß dich mit dem begnügen,
Was ich sage; frag mich nicht so aus.
Denn sieh, Mutter, *will* ich dich betrügen,
Ja, dann finge Amor an, mit mir zu lügen,
Und da fändest du dich nicht heraus.
Darum wach und schlafe ohne Sorgen,
Sieh mich nicht stets so bedenklich an!
Heute ist mein Herz noch *frei* – ach! aber morgen?
Nun, ich will ja wehren, was ich kann.
Denn wenn ich nicht selbst mein Herz bewache,
O so hilft kein Argus und kein Drache.

Nach Tische schon spielte Clara ihrer Mutter das Liedchen ohne Anstoß mit einer sehr listigen Miene vor. Clara hatte nicht übel Lust, das Lied wahr zu machen, Amors seidne Socken anzuziehen und seine leichten Flügel ihm abzuborgen. »Denn ach!« sagte sie mit einem tiefen Seufzer und einer komischen Miene, wohinter sie sich selbst eine leise Unruhe in ihrer Brust verbergen wollte, »denn ach! Mein armes Herz ist ja schon Amors Raub! Was hilft mir mein Wehren? Was hilft mein Zögern?« Das Lied öffnete Claren die Augen über ihren Zustand und gab ihr nach und nach einen heimlichen Mut, alles das zu wagen, was das Mädchen im Liede mit Amorn so sicher wagen zu können glaubt. Mit jedem Vorsatze, den sie faßte, fühlte sie denn doch eine schmerzliche Unruhe in ihrem Busen rege werden, die nicht weichen wollte. Sie fing sogar an, ihren Zustand ernsthaft ins Auge zu fassen. Sie überlegte; sie sah, daß tausend unübersteigliche Hindernisse ihrer Liebe im Wege standen; Hindernisse, die sie zwar Ungerechtigkeit, mit nassen Augen, schalt, die sie aber doch nicht wegheben konnte. Sie machte sogar einen leichten Versuch, wenn sie an ihren Vater dachte, Herr ihrer Liebe zu werden. Aber bald rief sie im vollen Ernst: »Oh, das ist gar nicht möglich!« Sie tat, was die meisten Menschen in ähnlichen Fällen tun; sie ließ sich vom Winde treiben, wohin er Lust hatte. Sie zog ihre Gedanken ganz von dem Gegenstande ab und erwartete alles von der Zeit. Im Grunde war es mehr die jungfräuliche Scham, die sie von tätigen Schritten zurückhielt, als Überlegung oder Furcht vor dem Unrecht.

Desto tätiger fing aber Clairant an zu werden. Die schönen Tage des Februars kamen. Wo Clara jetzt mit ihrer Mutter oder mit ihrem Mädchen ging, überall sah sie Clairant, und was das Sonderbare dabei war, immer in einem sehr schicklichen Geschäfte. Er schien kaum einen Blick auf Claren zu werfen, und dennoch, trotz der Wachsamkeit der Mutter, fand Clairant im Vorübergehen Gelegenheit, Clarens Brust mit der süßen Unruhe anzufüllen, welche die Liebe lebendig erhält. Überall war Clara mit Clairant umgeben. Dann warf er nachts die ersten Blumen in das offne Fenster ihres Kabinetts. Abends spät, wenn sie allein in ihrem Kabinett saß und, das Köpfchen schwermütig in die Hand gestützt, dachte: ›Was soll daraus werden?‹, auf Gedanken geriet, die seiner Liebe gefährlich waren, so hörte sie die Melodie von der Romanze, die sie so sehr liebte, in der Ferne singen. Es war des armen Clairants Stimme. Dann fing ihr Busen an, unruhig zu pochen. Sie stellte sich ans offne Fenster; sie horchte mit voller Seele auf Clairants Stimme. Jetzt nahm ihr Herz den armen Jungen mit einer Gewalt in Schutz, welche die Überlegung zum Schweigen brachte. »Oh«, plauderte sie leise vor sich, »da entzieht er sich den Schlaf; da sitzt er die kalte Nacht, auf dem nassen Boden, mit Tränen in den schönen, treuen Augen; denkt nichts als mich; liebt nichts als mich. Und ich, ich sollte so undankbar sein, ihn hassen, ihn, der mich so zärtlich, so treu, so innig liebt?« Mit Heftigkeit streckte sie die Arme zum Fenster hinaus, als ob sie ihn sehen könnte. Sie schmeichelte ihm, sie liebkoste ihm, als ob er vor ihrem Fenster stände. Sie lispelte leise seinen Namen; nannte ihn hundertmal: »Clairant, guter, lieber, einziger Clairant!« Sie sumsete leise seinen Gesang mit. Seine schöne Stimme erregte eine unwiderstehliche Wehmut in ihrer Brust und lockte Tränen in ihr Auge. Was die Mutter den ganzen Tag über mit ihren Anmerkungen gebaut hatte, das stieß der erste Ton seiner Stimme, den Clara hörte, über den Haufen.

Hörte sie sie rauschen, so fuhr sie zusammen. Sie lehnte sich aus dem Fenster hervor. Langsam ging er unter demselben durch. Er schien sie im Dunkel zu erkennen; denn er stand einen Augenblick, eh er in der gegenüberstehenden Allee verschwand. Sie glaubte sogar einen Seufzer gehört zu haben; ja, wenn sie sich recht genau besann, so hatte er auch ihren Namen genannt. Fuhr sie mit ihren Eltern nach Verdun, nach Longwy, zu einem benachbarten Adligen; sie war gewiß, ihn da irgendwo zu sehen. Befand sie sich dort, so war ihr erstes Geschäft, sich an irgendein offnes Fenster zu stehlen, ihre suchenden Augen nach allen Gegenden umherzuwerfen. Dann stand er da, lauschte durch ein Fenster in einem benachbarten Hause oder stand an der Ecke einer Gasse, geduldig wie ein Merkzeichen, und starrte nach dem Fenster hin, in dem Clara lag. Clara, die arme Clara, war an das Fenster gezaubert. Sie verließ es nur, wenn etwa ihre Mutter sich näherte, und sogleich verschwand auch Clairant.

»Mein Gott, welch ein Gänschen ist die kleine Plessis«, sagten die jungen Offiziere in Verdun und Longwy, die mit ihr in Gesellschaft waren. »Schade um das schöne Gesichtchen! Sie hat kein andres Vergnügen, als die Menschen zu zählen, die über die Gasse gehen.« – Ach! sie sah nur *einen* Menschen, nur *einen* auf der Welt. Sie hielt mit ihm durch den Raum von hundert Schritten die seelenvollsten Gespräche.

Immer schreitet die Liebe vorwärts. So fand sich Clara mit ihren Eltern bei einem ihrer Nachbarn. Schon zweimal war sie mit der Tochter des Hauses den Garten durchstrichen, auf dem Felde gewesen, und noch hatte sie ihn nicht gesehen. Sie stand da an der Gartentüre, schaute und schaute und sah ihn nicht; und Clairant stand zehn Schritte von ihr, in der Kleidung eines Bauernmädchens. Er näherte sich bescheiden, nicht Claren, nein!, sondern ihrer Freundin. »Befehlen Sie?« sagte er ängstlich und deckte ein Körbchen auf, worin einige Sträuße Veilchen lagen. Clara hörte den Ton der

Stimme. Sie erkannte Clairant. Sie erschrak ein wenig; aber es war das Erschrecken der Freude. »Was hast du da, mein Kind?« fragte sie mit dem zärtlichsten Akzente der Stimme. Clairant konnte kaum antworten. Nach und nach kam das Gespräch in den Gang. Clara fand bald, daß die Bäuerin aus Pillon sei, und ihre Freundin bemerkte, daß es die artigste, die witzigste Bäuerin war, die sie je gesehen hatte. Clara führte, schwatzend und lachend, die beiden andern Mädchen in ein nahes Wäldchen. Hier setzten sie sich, in dem Schatten der Gebüsche. Clairants Verlegenheit fing an bei der guten Laune seiner Clara zu verschwinden. Clara hub an, das hübsche Bauernmädchen auszufragen, und dies erzählte mit einer so guten Laune anfangs, und dann mit einer so ernsthaften Rührung, von ihrer unglücklichen Liebe, daß Clara nicht wußte, wohin sie ihre Augen schlagen sollte. Man liebkoste der hübschen Bäuerin.

»Wollen wir nicht das Mädchen ein wenig begleiten?« fragte Clara; »wenn ich nur wüßte, ob meine Mutter bald führe.« Ihre Freundin wollte sich erkundigen, und Clara und Clairant waren allein. »O Clairant! Clairant!« rief Clara und schlug ihre Arme um ihn und drückte ihn an ihre Lippen. Sie war von seinem Witz, von dem Lobe, das er von ihrer Freundin erhalten hatte, bezaubert. »Clara, wann, wann werd ich Sie wiedersehen?« seufzte Clairant und beugte seine Stirn auf ihren Schoß.

»Wann? wann? O Clairant, ich will Ihnen Nachricht geben. In Dianens Köcher werden Sie Nachricht finden, wenn wir uns sehen können.« Kaum hatten sie noch Zeit, sich zu umarmen. Die Freundin kam zurück. Claren war die Lust vergangen, das Mädchen zu begleiten. Man nahm Abschied, und Clairant ging in weiten Umwegen nach Châtillon zurück.

Einen mächtigen Schritt vorwärts hatte sie die Liebe getrieben. Clairant war jede Nacht bei der Bildsäule Dianens. Endlich fand er von der geliebten Clara einen Zettel. Das arme Mädchen schrieb ihm; o was schrieb sie ihm nicht? ›Es ist unrecht, Clairant!‹ schrieb sie ihm, ›es ist unrecht; wir betrügen meinen Vater; ich werde ihn ins Grab bringen. Die Tränen, die ich jetzt vergieße, sind der Anfang der väterlichen Rache! Wir müssen uns vergessen.‹ Clairant antwortete in ebendem Tone. ›Ich muß verzweifeln, ich will verzweifeln‹, schrieb er, ›denn ich muß Dich vergessen. Was kann ich Dir bieten, Clara? Den Haß Deiner Eltern; die Tränen der Reue, die Verleumdung der Welt. Ich muß Dich vergessen.‹ So schrieben sie beide und vergaßen sich nicht. Sie wollten Abschied, ewigen Abschied nehmen. Sie bestellten sich eine Nacht in das Gehölz hinter dem Garten. Sie erschienen beide. Clara schlich sich zitternd hinab. Sie sanken einer an des andern Busen. Sie schworen, sich einander zu vergessen, und versiegelten die Schwüre mit den allerentflammendsten Küssen.

»Ach, Clara!« rief er, wie der Morgen aus den Bäumen hervorleuchtete, »nein! dein Vater mag sagen, was er will; ich werde dich nie vergessen!« Clara schüttelte den Kopf und seufzte. Sie fühlte ebendasselbe. Sie nahmen auf ewig Abschied; Clairant lag zu Clarens Füßen und bat noch um eine solche Nacht, und Clara versprach sie ihm, und dann nahmen sie noch einmal auf ewig Abschied. Clara wickelte sich eng in ihre Saloppe, wie sie ins Haus und auf ihre Kammer schlich, und ein Tränenstrom benetzte den Taffent. Sie schlief nicht einen Augenblick. Sie fühlte, daß eine solche Nacht mehr wert sei als ein Jahr von ihrem vorigen Leben. Das arme Ding setzte sich nieder, schrieb dem fröhlichen Jüngling das und beschwor ihm, es die letzte Nacht sein zu lassen.

Man kann leicht denken, daß es nicht die letzte Nacht war, die sie sich sprachen. Clarens Mädchen merkte zwar sehr wohl ihres Fräuleins Gänge; allein die Liebe half der Liebe. Das Mädchen schnarchte, sobald sie sich niedergelegt hatte, so fest, daß Clarens Niesen und Husten sie nicht erweckte. Kaum aber war Clara fortgeschlichen, so schlich das Mädchen hinterher. Ein Bedienter genoß noch süßere Stunden im Arme des listigen Hannchens als Clairant in Clarens. Clara erschien aus dem dunkeln Gange des Gartens. Hannchen und Rosière huschten ins Haus, und Clara fand ihr Mädchen allemal richtig im tiefsten Schlafe.

So wurden nach und nach Zofe und Fräulein, Clairant und Rosière dreister. Clara ging jetzt mit Schuhen die Treppe hinab, die sie sonst immer in den Händen trug. Ihr Busen klopfte nicht mehr so unbändig, wenn sie die Gartentüre öffnete, und Hannchen ward noch weit bequemer und dreister. Ging der Wind kalt, so flüsterte Hannchen dem hoffenden Rosière zu, heraufzukommen. Man setzte sich ans Fenster, und wenn Clara zurückkehrte, so sprang Hannchen in ihre Kammer, und der Bediente ging den Saalgang hinab zu seiner. Einmal kam aber Clara früher zurück. Sie hatte Menschenstimmen gehört. Sie öffnete die Zimmertüre und sah beim Mondenschimmer ihr Mädchen auf dem Schoße des Bedienten sitzen. Man erschrak von allen Seiten. Man sah sich einige Augenblicke schweigend an. Der Bediente machte einen Bückling und ging. Hannchen faßte sich und sagte halb dreist und halb furchtsam: »Gnädiges Fräulein, der Herr Vicomte sind so strenge gegen Sie und gegen mich. Man darf bei Tage kaum einen hübschen Mann ansehen. Soll ich Sie ausziehen helfen?« Nie in ihrem Leben war Clara mehr gedemütigt. Sie antwortete nichts. Sie ließ sich ausziehen, und heiße Tränen benetzten des Mädchens Hände, wie sie ihr die Saloppe vom Halse losband. Dieser Augenblick war für Clairant gefährlicher als das Verbot ihres Vaters. Sie schlief vor Unruhe nicht eine Minute. Gern hätte sie geschmält, wie sie am andern Morgen Hannchens listig lächelnde und triumphierende Blicke sah; und sie mußte schweigen. Der Augenblick der Überlegung war da. Sie saß jetzt mit gestütztem Kopfe und fand – mit Widerwillen zwar –, aber doch fand sie etwas Schimpfliches in ihrem Liebeshandel mit Clairant, das durch Hannchens vertrauliche Blicke unerträglich vermehrt wurde. Am Abend sagte sie zu dem Mädchen: »Zieh mich aus, Hannchen!« Die Zofe fragte lächelnd: »Jetzt schon, gnädiges Fräulein?« – »Jetzt!« antwortete Clara stolz. Sie legte sich nieder, und Clairant und Rosière hofften die Nacht vergebens.

»Heute nacht«, sagte Hannchen am Morgen bedeutend, »werden zwei Menschen viel Langeweile gehabt haben. Die armen Jungen!« Clara errötete, mehr aus Verdruß als aus Scham. Sie warf sich an den Schreibepult und schrieb an Clairant die Worte: ›Ich darf Sie nicht wiedersehen, Clairant. Fragen Sie nicht um die Ursach. Suchen Sie mich nicht zu sprechen. Wir müssen eine Verbindung abbrechen, die mich unglücklich machen müßte.‹ – Bis hierher hatte ihre gekränkte Empfindung die Feder geführt. Unglücklicherweise fiel ihr jetzt bei, was Clairant sagen würde, wenn er das läse. Die Liebe erwachte wieder. Sie nahm mit tränenvollen Augen Abschied von dem Geliebten und den rührenden Augenblicken, die sie mit ihm verlebt hatte. Mit zitternder Hand ergriff sie die Feder aufs neue. Die Liebe führte ihr die Hand. Sie schrieb: ›Leb ewig wohl, mein Clairant. Ewig Deine Clara du Plessis.‹ Sie trug das Billett in Dianens Köcher, und nun ging sie beruhigter wieder zurück. Sie fühlte eine Art des Triumphes, daß sie so stark gewesen war, dem Geliebten das zu sagen; und die Eitelkeit darüber vermehrte ihre Stärke. Was traut sich das Herz nicht zu? und was wäre es nicht in gewissen Augenblicken imstande auszuführen?

Hannchen wollte den günstigen Augenblick, ihres Fräuleins Vertraute und Mitverschworne zu werden, nicht fahrenlassen. Clara fühlte das Erniedrigende dieses Verhältnisses. Ohne Kummer war sie die Geliebte von Clairant gewesen, der nicht mehr war als ihre Zofe. Sie hatte nie an den Unterschied gedacht. Hannchen machte ihn ihr fühlbar. Ohne mehr zu wollen, als sich nur von der Verbindung mit dem Mädchen loszumachen, zerriß sie auch die festesten Fäden mit, die sie an Clairant knüpften. Jede Miene, die Hannchen machte; jedes vertraute Wort, das sie sagte, zerschnitt ihre Empfindung. Sie wollte ihr Mädchen los sein und machte sich von Clairant los.

In dem ersten Augenblicke, da ihr Vater sie mit einem liebevollen Blicke ansah, bat sie ihn, Hannchen mit Rosièren zu verheiraten. Sie bat so angelegentlich, so innig, daß ihr Vater es ihr nicht abschlagen konnte. Rosière wurde in die Pacht eines Gütchens in Pillon gesetzt, und Clara machte der Zofe ihr Glück mit einer kaltstolzen Miene bekannt. »O mein gnädiges, gutes Fräulein!« rief das Mädchen voll verliebter Dankbarkeit, »Sie haben mich glücklich gemacht, und ich will –« Clara sah sie stolz an. »Ich verlange nichts von dir. Mein Vater gibt Rosière die Stelle, nicht ich.« – »O mein gnädiges Fräulein, Clairant soll wie ein Freund in meinem Hause aufgenommen sein, und wenn Sie – Sie dürfen nicht mehr des Nachts wachen, und –« Clara sah das Mädchen wieder mit der verzweifelt kaltstolzen Miene an, und das Wort blieb ihr auf den Lippen. »Haben Sie doch Zutrauen zu mir, mein gnädiges Fräulein!« hob Hannchen aufs neue an. »Mein künftiger Mann und Clairant werden gewiß vertraute Freunde werden.« Freunde! Clara errötete vor Verdruß und Scham. Sie biß sich auf die roten Lippen. »Freunde?« wiederholte sie ein wenig höhnisch. Hannchen schwieg betreten und beleidigt still. ›Was will sie denn?‹ dachte sie vor sich. Rosière ist ein Pächter, und der eines Pächters Sohn. Clara drehete sich hierher, Hannchen dorthin. Man schmollte von beiden Seiten; obgleich Clara es nicht leugnen konnte, daß das Mädchen nicht mehr gesagt hatte, als recht war. Hannchen, das beleidigte Hannchen, fing ebenfalls an zu überlegen. Sie sah jetzt die Sache von einer andern Seite, und sie entdeckte nach einigen Tagen Clarens Mutter den ganzen Handel.

»Es ist nicht möglich!« rief die Mutter und schlug die Hände zusammen. »Es ist nicht möglich!« rief sie noch einmal und flog in ihrer Tochter Zimmer. »Ist es möglich, du niederträchtiges Mädchen?« rief die Mutter mit blitzenden Augen der Tochter zu. »O Gott! ein elender Bauer! ohne Namen, ohne Ehre! ich unglückliche

Frau!« In diesen Ausrufungen ging es eine Zeitlang fort. Clara sah ihr Geheimnis verraten. Mitten in dem festesten Entschlusse, ihr Verhältnis mit Clairant zu enden, ward sie dadurch überrascht. Sie fühlte sehr tief das Erniedrigende in ihrer Lage. Mit Tränen in den schönen Augen, aber doch mit fester Stimme, hatte sie noch den Augenblick zuvor sich selbst gesagt: ›Nein, es kann nicht anders sein! Ich liebe ihn; aber doch will ich ihn nicht wiedersehen!‹ Sie war entschlossen, ihre Mutter zu bitten, sie auf eine Zeitlang nach Paris zu senden und ihr sogar, wenn es sein müßte, ihr teuerstes Geheimnis zu entdecken. Die Furcht, daß Hannchen sie verraten möchte, hatte indes auch einen großen Anteil an diesem Entschlusse. In dieser Stimmung ward sie von ihrer Mutter überrascht. Sie nahm des Augenblicks wahr, da ihrer Mutter Zorn sich in einen Tränenstrom auflöste, und sagte ganz ruhig: »Es ist wahr, liebe Mutter; ich liebe mit allen Kräften meiner Seele Clairant! Ja.« – »Wie?« schrie die Mutter, »ist es doch wahr! So ist es wahr? und das sagst du mir selbst?«

Sie überhäufte nun Claren mit den bittersten Vorwürfen; sie ließ sie nicht zu Wort kommen. Noch immer stand die arme Clara da mit einem Gesicht voll ziemlicher Ruhe, die sich auf den Gedanken stützte, daß sie ihre Schwachheit gutzumachen willens sei. Die Mutter verstand die Miene ganz unrecht. Sie hielt sie für Trotz und griff nun zu dem allerunglücklichsten Mittel: sie fing an, mit dem allerbittersten und mit dem übertriebensten Spotte Clarens Liebe zu Clairant lächerlich zu machen. Sie nannte Clarens reine, ätherische, schwärmerische Liebe Wollust, Liederlichkeit. Sie nannte Clairant einen schlechten Kerl, einen Mädchenverführer, einen stolzen Betrüger, der durch Schurkereien aus dem niedrigen Stande sich emporheben wollte. Clarens ruhige Blicke fingen an zu funkeln, eine hohe Röte goß sich über ihre Wangen. Sie nahm Clairant in Schutz, weil ihm Unrecht geschah. Das Gespräch fing sich also natürlich an zu erhitzen. Je tiefer die Mutter den armen Clairant erniedrigen wollte, desto höher setzte ihn Clara hinauf; und sie fing an, nun eine Beruhigung darin zu finden, den Jüngling, den sie verlassen wollte, wenigstens verteidigen zu können. In dem Laufe des Gesprächs nahm sie auch ihre Liebe in Schutz, die sie selbst noch einen Augenblick vorher für eine süße Schwäche ihres unerfahrnen Herzens gehalten hatte. Ihre Mutter aber nannte sie nicht so. »Eine Abscheulichkeit ist es!« rief sie. »Das schändlichste Verbrechen, was je ein Kind begehen kann, was keine Entschuldigung verdient! Das war zu arg.«

Mit einem furchtsamen, beschämten Zögern verteidigte Clara anfangs diese so teure Liebe. Sie nannte sie mit niedergeschlagenen Blicken einen verzeihlichen Irrtum; dann aber, denn die Mutter blieb bei ihrer Meinung und übertrieb sie noch mehr, dann aber stieg Clara nach und nach ebenfalls. Sie nannte ihre Liebe eine natürliche, unschuldige Empfindung, und endlich rief sie: »Nein! nie, nie werd ich eingestehen, daß ich unrecht habe! Nein! diese Liebe, die kein Eigennutz, keine Sinnlichkeit schloß, welche von der reinsten Tugend, von jeder bessern Empfindung meines Herzens gebilligt wird, diese reine, fleckenlose Liebe soll ewig meinem Herzen teuer sein! Oh!« rief sie, und Tränen rollten stromweise aus ihren Augen, sie hob beide Arme in einer schönen Stellung in die Höhe: »Es ist ein edler Mensch, ein sehr edler Mensch! Was fehlt ihm? Nichts als ein armseliger Titel. Und soll er darum unglücklich sein, soll er darum der Raub eines ewigen Grams werden, weil das Glück ihm eine elende Armseligkeit versagte? Nein, meine teure Mutter, wenn Sie wollen, daß ich glücklich sein soll, wenn Sie wollen, daß dieses Herz, in dem Ihr Blut schlägt –« Sie sank bei diesen Worten, von ihrer erwachten vielfachen Empfindung überwältigt, auf ihrer Mutter Schulter. Sie wurde blaß, sie schluchzte, sie wimmerte, halb erschrocken über ihre eigene Dreistigkeit.

Die Mutter sah ihre Tochter blaß werden, sie hörte ihr Wimmern, und sie erschrak mehr als ihre Tochter selbst. Sie führte sie auf den Sofa. In diesem Augenblick hatte sie Zorn und Gespräch vergessen. Clara benutzte ihrer Mutter Schwäche mit der ganzen List des weiblichen Instinkts. Sie schwankte in ihrer Mutter Arm nach dem Sofa. Dann drückte sie ihre Hand fest auf ihr Herz, sah ihre Mutter mit wilden, dann mit kläglichen, sterbenden Blicken starr an, antwortete nicht, machte Bewegungen, als ob ihr nicht wohl sei, und sogleich hieß sie: Meine gute Clara! mein liebstes Kind! meine goldne Tochter! Hätte Clara es besser verstanden, sie hätte ihre Mutter zu ihrer Mitverschworenen machen können. Die Mutter fühlte ihre Niederlage und schwieg von ihrer Tochter Liebe; auch Clara knüpfte das Gespräch nicht wieder an.

Wie sie aber allein war, so fühlte sie, daß ihr Vorsatz, Clairant zu verlassen, dahin war. Furcht, Hoffnungslosigkeit und Stolz hatten den Vorsatz gebildet. Jetzt aber wußte ihre Mutter ihre Liebe, und die Furcht war verschwunden. Ihrer Mutter schwache Nachgiebigkeit führte ihrem Herzen einen frischen Strom von lebendiger Hoffnung zu. Ihre eigene Verteidigung Clairants hatte ihn wieder gehoben. Die Phantasie tat das übrige. »Nein!« rief sie, »die Tugend hat unsre Herzen vereinigt. Und wer weiß, wer weiß«, setzte sie lächelnd hinzu, »ob nicht das Glück, seine Talente, seine Liebe – oh, es kann nicht fehlen.«

›O Clairant!‹ schrieb sie auf einen Zettel, ›ewig werd ich Dich lieben! nichts soll mich von Dir trennen! meine Mutter kennt meine Liebe; laß sie die ganze Welt kennen! Ich werde Dich wiedersehen.‹ Sie trug das Billett eilig in den Köcher der Diana.

Des armen Mädchens Mut und Hoffnung dauerte nicht lange. Ein fürchterliches Ungewitter türmte sich gegen ihre Liebe auf. Hannchen hatte zwar Clarens Mutter heilig versprochen, zu schweigen; allein sie hielt so wenig reinen Mund wie Rosière. Nach einigen Tagen flüsterte sich das ganze Haus ins Ohr: »Fräulein Clara ist alle Nächte bei Clairant im Garten oder Clairant bei dem Fräulein auf dem Zimmer, und dann usw.« Was Verleumdung und Schwatzhaftigkeit aus diesem Handel machen konnten, wurde redlich daraus gemacht. Das ging von Mund zu Mund, bis zu dem alten Kammerdiener im Hause. Der Vicomte schüttelte mit einem fürchterlichen Ernst den Kopf, wie er von dem Alten die Nachricht davon erhielt. Dann stand er auf, ging heftig im Zimmer auf und nieder, käute grimmig an den Nägeln, sagte kalt: »So?« Wie endlich der Bediente sein Gift, noch durch den alten Haß auf Clairant geschärfter, in des Vicomte Brust geträufelt hatte, so fragte der letztere mit einem durchdringenden Blick: »Ist das wahr, Alter? Denn hast du gelogen, so bist du verloren!« Der Bediente zuckte die Achseln: »Das ganze Haus und ganz Pillon sagt so wenigstens.« Hannchen wurde gerufen, und diese gestand jetzt mit Schluchzen und Reue, was sie wußte. Sie wurde entlassen mit einem fürchterlichen Befehl zu schweigen. Mit gerunzelter Stirn ging nun der Vater zur Tochter. Eben saß die Mutter neben ihr und stellte ihr die Torheit einer solchen Liebe vor.

Der Vicomte ergriff seiner Frauen Hand, zog sie von dem Sofa in die Höh, sah ihr verächtlich ins Gesicht und sagte spöttisch: »Nicht wahr, du weinst mit dem verliebten Töchterchen?« Clara wurde leichenblaß, wie er das sagte, und ihre Tränen standen. Jetzt wandte er sich mit einem grimmig spöttischen Blicke an seine Tochter: »Du führst meinen Namen, Mädchen; allein brandmarken sollst du ihn nicht. Ist es wahr, hast du dem Bauer aus Châtillon nächtliche Besuche im Garten gemacht?«

Clara zitterte. Sie öffnete die blassen Lippen, um etwas zu sagen, und verschloß sie wieder. Ihre Augen füllten sich mit Tränen. Sie machte eine Bewegung, ihres Vaters Hand zu ergreifen. Der Vater lachte. »Tränen sind Possen; damit bestich du deinc Mutter, nicht mich! Ich weiß Mittel, deinen Liebeshandel zu endigen, mit andern Tränen als die, welche du und deine Mutter vergießen. Hast du Briefe von dem Elenden? Wo sind sie?« Clara machte keine Bewegung. Sie war wie erstarrt. Der Vicomte öffnete ihre Schränke, fand Clairants Zettel, las sie mit spottenden Bewegungen; dann reichte er sie Claren hin: »Lies vor!« donnerte er ihr zu. Clara fing ein paarmal an zu lesen. »Deutlich!« rief der Vicomte. Sie hatte halb einen Zettel gelesen. »Du nennt dich der Elende?« rief der Vater mit flammenden Augen. »Eine du Plessis nennt ein Bauer du! Ist es möglich! die Niederträchtige! die verächtliche Seele!« Er nahm ihr mit Heftigkeit die Zettel aus der Hand und zerriß sie wütend in Stücken.

»Fühlst du dein Unrecht?« fragte er nach einer Pause. Clara seufzte leise: »Ja!« Er legte ihr seine Faust schwer auf die Schulter: »Und willst du mir gehorchen?« Sie sank mit einem noch leisern »Ja!« ihrer Mutter in die Arme. Der Vater legte Papier zurecht, gab Claren eine Feder. »Schreib«, sagte er ruhig, »ich will diktieren!« Das arme Mädchen war in Verzweiflung. Ihre Seele sträubte sich aus allen Kräften; allein sie mußte. Der Vicomte diktierte ihr ein paar Worte an Clairant, worin sie ihn für diese Nacht einlud, auf ihr Zimmer zu kommen. Der Vater las, siegelte selbst, ließ den Kammerdiener das Billett durch ein Kind an Clairant besorgen, und nun setzte er sich ruhig, wie es schien, nieder. Sooft Clara einen Blick auf ihren Vater warf, so zitterte sie; denn sie sah in seinem Auge einen Strahl von boshafter Freude. Sonst hatte sie immer mit Entzücken dem ersten Sterne entgegengelauscht; jetzt stießen ihr die Zähne aufeinander vor Angst, wie sie den ersten Stern erblickte. Es war Mitternacht. Ihr Vater stand hinter einer Jalousie und harrte auf Clairant. »Endlich!« sagte er leise vor sich, und ihre Angst wurde fürchterlich. Ihre Brust klopfte hoch, ihre Hände zitterten. Sie warf sich stumm zu ihres Vaters Füßen, und in dem Augenblick öffnete sich die Zimmertüre, und Clairant trat hinein. »O Gott!« rief Clara laut mit einer ängstlichen Stimme und schwankte kraftlos auf den Sofa. »O Himmel! Clara stirbt, du Unmensch!« rief die Mutter und flog ihrer Tochter zu Hülfe. Clairant war zu einer Bildsäule geworden. Er sah den Vicomte an, der an der Tür neben ihm stand, um ihm den Rückweg abzuschneiden; dann warf er einen Blick auf Claren, die mit geschlossenen Augen, leichenblaß dalag. Die Besorgnis für Claren nahm seinem Schrecken, der ihn bei Erblicken ihres Vaters befiel, die halbe Stärke.

Eben ergriff der Vicomte ihn beim Arm, da schrie die Mutter: »Um Gottes willen, Clara ist tot!« Wie ein Blitz flog Clairant an den Sofa; er nahm Claren in seine Arme, legte seine Lippen auf ihren kalten Mund und schrie dann mit dem Tone der hoffnungslosesten Verzweiflung: »Sie ist tot! o Erbarmen! sie ist tot!« Der Vicomte schleuderte ihn von der Tochter weg; aber vergebens. Er warf sich zu Clarens Füßen und rief unaufhörlich: »Sie ist tot! sie ist tot!«

»Schrei, Teufel! das Haus zusammen!« rief der Vicomte dazwischen und riß ihn in die Höhe, »eine Komödienohnmacht! Ich will sie bald wecken.« Er schüttelte Claren, und sie öffnete das Auge. »Sie lebt! sie lebt!« rief Clairant, »o sie lebt! sie hat das Auge geöffnet! sie lebt!«, und bald hätte er im Sturme seiner Freude den alten erbitterten Vicomte umarmt. Jetzt ergriff ihn dieser an der Brust, schüttelte ihn aus seinem Entzücken und fragte mit allen Zeichen des Zorns: »Was willst du hier, Bube?« Clairant sah den Vicomte mit großen Augen einen Augenblick an. »Ich? hier?« – »Hast du den Zettel von Claren empfangen?« – »Den Zettel? ich?« – »Du elender Mensch! du Auswurf deines Standes, du wagst es, meine Tochter zu verführen?« – »Herr Vicomte!« sagte jetzt Clairant, der anfing, den Zusammenhang zu begreifen, mit einer aufwallenden Empfindlichkeit, »Herr Vicomte!« In seiner Stimme war etwas Drohendes. »Bösewicht, du niedriger Bösewicht, so hat sie dich verführt?« fragte der Vater mit steigender Wut.

»Herr Vicomte«, fing Clairant mit bebender Stimme an, er zwang sich, sich zu fassen; »jetzt erst seh ich, was ich sehen soll, daß Sie wissen, ich liebe Claren mit der ehrerbietigsten, zärtlichsten Liebe – ich – bin kein Bösewicht. Mein einziges Verbrechen besteht darin, daß mein Vater ein Pächter ist; und wenn Sie es so meinen, ja! so bin ich der Verführer Ihrer Tochter. (Er warf einen besorgenden Blick auf Claren.) Denn Ihre Tochter – nur meine Tränen, meine Überredungen, meine dreisten Hoffnungen, mein Flehen, meine heiße Liebe rissen ihr Herz weg. Sie liebt mich; aber diese Liebe hat ihr Tränen der bittersten Reue genug gekostet. Sie ist unschuldig!«

»Das weiß ich, Bube! das weiß ich, daß nur deine giftige Zunge mein Mädchen dahin bringen konnte, sich soweit, ihren Vater, ihren

Namen, ihre Ehre zu vergessen. Steh auf, Clara! Rede! Da steht der Bauer, da steht der Elende! Sprich, ist noch der kleinste Wunsch in deinem Herzen für ihn? Rede! Ich verachte den Elenden! Sprich, tust du eben das, so will ich dir die Narrheit verzeihen.«

Die arme Clara! Ach, sie kannte ihren Vater; sie kannte den Sturm, der auf seine anscheinende Ruhe folgte. Sie konnte nichts sagen; sie zitterte. »Gesteh«, rief der Vicomte, »daß du dich selbst beschimpft hast, wie du ihn nur anhörtest! Wird's?« Clara sagte leise: »Ich gestehe meine Torheit!« – »Du gibst ihn für immer auf, Clara?« – »Ja, mein Vater.« – »Verachtest du den Elenden?« – Sie seufzte: »Ja!« – »Clara, halt Wort«, sagte der Vicomte, »du kennst mich. Nun geh!« Clara ging schwankend in ihr Kabinett. Die Mutter folgte ihr.

»Und nun, du lächerlicher Bursche«, fing der Vicomte an, »gesteh deine Narrheit, und dann geh zum Teufel und nimm nie den Namen meiner Tochter auf deine Lippen, oder du bist unglücklich.«

»Herr Vicomte, diese Liebe, der ich entsagen soll, ist mein einziger Stolz. Diese Empfindung wird nur mit dem letzten Hauche meiner Brust aufhören. Was ich Ihnen versprechen kann, ist das: nie werd ich einem Menschen sagen, ich liebte Clara du Plessis. Aber wehren sollen Sie mir nicht, nach ihrem Besitz mit allen Kräften des Herzens und des Entschlusses zu streben oder um ihren Verlust zu trauern: beides, beides, solange ich lebe.«

»Zu streben? nach ihrem Besitz? Zum Teufel, ich wollte des Narren lachen; allein deine Narrheit geht zu weit. Mensch, du befindest dich in meiner Gewalt. Clairant, du bist ein Geck. Ich wollte deiner schonen um des ehrlichen Priors willen. Ich liefere dich an die erste Garnison, oder du, junger Herr, heiratest morgen am Tage. Da ist Susette aus Mangienne; jung, hübsch und reich; die soll dich Toren verwahren. Wähle, die Trommel oder Susetten!«

»Keins von beiden, Herr Vicomte. Ich liebe Clara von Plessis, und diese Liebe –«

»Soll dich zu einem braven Soldaten machen, nichts weiter, und – du glaubst nicht, wieweit ich gehen kann.«

»Das weiß ich; allein machen Sie mit mir, was Sie wollen, was Sie können und dürfen; Sie werden mich nie dahin bringen, die teuern Augenblicke zu bereuen, die mir meine Liebe gab.«

Der Vicomte sah finster vor sich hin. »Gut denn«, sagte er schneidend, »so magst du diese Nacht denn im Gefängnisse zubringen.« Er wollte an die Schelle. Clairant hielt ihn. »Herr Vicomte, wenn Ihre Bedienten mich hier, in der Nacht, auf dem Zimmer Ihrer Tochter finden, Sie erhitzt, mich gefangen – schonen Sie den Ruf Ihrer Tochter. Ich stehe Ihnen dafür, ich entgehe Ihnen nicht.«

»So geh zum Teufel!« rief der Vicomte und öffnete das Zimmer. Clairant ging; er warf noch einen Blick auf die Türe, die Clara von ihm trennte. Er seufzte; und sich selbst unbewußt, stand er endlich gegen Morgen in Châtillon vor seiner Eltern Hause.

Der Vicomte warf sich unruhig auf den Sofa. Er hatte Mühe genug gehabt, nur soweit seine Fassung beizubehalten. Indes, er kannte auch das Herz so ziemlich genau und wußte, daß die Liebe listiger ist als der Zorn. Seine Absicht war gewesen, den Jüngling seiner Tochter verächtlich zu machen und den stolzen Clairant zu demütigen. Er fühlte, seine Absicht war durch seine Hitze, die er nicht völlig hatte bemeistern können, vereitelt. Er wußte, daß Clara sein ganzes Gespräch mit Clairant im Kabinette gehört hatte: er sah, daß dieses Gespräch eine üble Wirkung auf seiner Tochter Herz haben müsse. Eine Heirat Clairants mit Susetten, fühlte er, müßte den Handel endigen. Wie aber war Clairant dahin zu bringen? Er konnte den Jüngling nicht verächtlich machen; er wollte seine rasche Großmut, seine schwärmerische Liebe überlisten. In der Tat war die Drohung, Clairant an eine Garnison abzuliefern, nur eine ganz eitle Drohung gewesen. Er hatte den alten Prior zu lieb dazu, und so schlug er einen andren Weg ein.

Er ging den folgenden Tag nach Châtillon, suchte Clairant auf. »Du kennst mich, Clairant«, sagte er ruhig zu ihm, »ich bin Mann für mein Wort. Du liebst Claren; noch mehr, Clara hat dich geliebt. Du hattest recht, ich kann dir nicht wehren, nach ihrem Besitze zu streben; ich habe nicht tausend Augen, dich zu bewachen. Du hast mich einmal betrogen und kannst mich noch hundertmal betrügen. Moralisieren will ich mit dir nicht; denn ich kenne die Leidenschaft. Ich bin hier, um dir noch einmal eine Wahl anzutragen: du heiratest heute oder morgen Susetten, oder Clara nimmt den Schleier. Fall mir nicht ins Wort: was du mir sagen willst, hat mir Clara und ihre Mutter selbst gesagt; und ich bin unerschütterlich bei ihren Tränen geblieben.«

»Aber, gnädiger Herr, das Vorurteil des Standes –«

»Ist meine Leidenschaft, so wie Liebe deine; moralisieren will ich nicht. Du nimmst Susetten oder Clara den Schleier. Ihre Tränen mögen dann die Strafe ihrer Torheit sein; über dich habe ich keine Rechte. Du magst dann lachen, wenn sie weint.« Clairant erblaßte, und das um so mehr, weil schon einmal die Rede davon gewesen war, daß Clara Nonne werden sollte. Richtig ging sein Herz in die Falle, die man ihm gelegt hatte.

»Susetten, gnädiger Herr, heirate ich nicht; denn ich liebe sie nicht; aber – gut dann! Sie sollen Ihren Willen haben. Hier bin ich! liefern Sie mich in eine Garnison. Ich will das Opfer Ihres Vorurteils werden!«

Der Vicomte faßte ihn beim Worte. Man ging zum Prior. Clairant erklärte seinen Wunsch, Soldat zu werden. Plessis versprach, für sein Glück zu sorgen. Briefe gingen noch den Tag nach Strasbourg, und auch denselben Tag begab sich Clara mit ihrer Mutter auf einige Zeit zu des Vicomte Schwester. Einen Monat darauf verließ auch Clairant Châtillon; mit der starrsten Gleichgültigkeit sah er seine Sachen packen. Er nahm Abschied von seinem Freunde, ebenfalls mit einer auffallenden Gleichgültigkeit. Kalt schloß er ihn an seine Brust. Es schien, als ob die Liebe alle seine andern Empfindungen getötet hätte. Wie er den Saalgang mit dem jungen Plessis hinabging und sich Clarens Zimmer näherte, so fiel er noch einmal seinem Freunde mit einer sonderbaren Heftigkeit in die Arme und bat ihn, zurückzugehen. Er ging. Clairant öffnete Clarens Zimmer und trat hinein. Da stand er, sah mit nassen Augen im Zimmer umher. Er warf sich einen Augenblick auf den Sofa, legte seinen Mund dahin, wo Clarens Wange die Nacht gelegen hatte. »So leb wohl, Clara!« rief er leise, »so leb wohl!« Er wollte gehen, und er hörte ein Geräusch an der Kabinettstüre. Er öffnete sie, und Clarens Hündchen hüpfte freundlich und wimmernd an ihm auf. Man hatte ihn eingesperrt, um zu verhindern, daß er Clarens Spur nachliefe. »O Gott!« sagte er, »so find ich doch noch etwas von ihr!« Er nahm den Hund auf seine Arme; er liebkoste ihn. Er setzte ihn wieder nieder. Der Hund sprang an ihm auf und vor ihm her, als ob er mit ihm gehen wollte. »O willst du mit?« rief er mit nassen Blicken, »willst du mein sein? so komm! komm! ach! und sei mir treuer, als Clara war!« Er ging, seine Blicke allein auf das fröhliche Tierchen gerichtet, nach Châtillon. Dann warf er sich abends in den Wagen und fuhr nach Strasbourg ab.

Der Vicomte hatte ganz richtig gerechnet. »Du wirst Claren töten«, hatte ihm seine Frau gesagt. »Die stärkste Liebe hat nicht Stärke genug, ein Jahr ohne Nahrung zu leben«, lächelte der Alte,

»wenn ich den Burschen nur erst los bin. Clara soll mir nicht sterben, so bleich sie auch jetzt umherwimmert und die ganze Welt mit ihren Tränen auf ihre Seite zieht.« Und so war es. Clara hatte in ihrem Kabinette die ganze Unterredung Clairants und ihres Vaters gehört. Man kann denken, welche Empfindungen in ihrer Brust rege wurden, wie sie den unwandelbaren Mut hörte, mit dem Clairant seiner Liebe treu blieb. Hätte sie sich vor ihrem Vater nicht zu sehr gefürchtet, sie wäre noch jetzt in das Zimmer zurückgeeilt, um mit ihm in Liebe und Treue zu wetteifern. Wie sie allein war, so stellte sie sich ans Fenster; sie faltete ihre Hände hinaus. »O Clairant!« rief sie, »mutiger warst du als ich; aber treuer sollst du nicht sein.« Sie weinte die Nacht durch, und am andern Morgen sah sie wirklich mitleidenswert aus. Ihre Wange war bleich, ihr Auge verweint, ihre Stimme krank, ihr Gang langsam, ihre Stellung kummervoll und alle ihre Antworten Seufzer.

Nach Tische fuhr der Wagen vor. Man packte ihre Sachen ein. Sie vermutete ihre Abreise. Sie stellte sich ans Fenster, starrte mit ängstlichen Blicken in die Gegenden des Gartens, wo sie gewohnt war, ihn sonst zu sehen. Er war nicht da. Sie hört jetzt die Stimme ihres Vaters: »Ruft Claren!« – »O Clairant!« sagte sie heimlich, »so soll ich dich nicht wiedersehen!« Sie nahm eine ihrer alten Blumen, drückte sie an ihren Mund, in ihre Augen. Dann ließ sie sich ganz gelassen von ihrem Vater an den Wagen führen. Sie machte noch eine Bewegung, ihren Bruder allein zu sprechen. Ihr Vater verließ sie nicht. Sie lehnte sich weit aus dem Wagen hervor, wie er am Wege nach Châtillon wegfuhr. Er war nicht da. »Nun dann!« sagte sie bitter lächelnd und faltete die Hände auf die Brust, »man wird es sehen, und dann wird es zu spät sein.« Die Mutter konnte vor Angst nicht fragen, was man sehen würde. Indes, man kam bei der Tante noch lebendig an, mehr als die Mutter erwartet hatte.

Hier fand Clara eine heitere Gesellschaft von jungen Leuten. Die ersten Tage gelang es niemanden, die Kummervolle zu erheitern. Nach einigen Tagen aber lächelte sie doch wohl hin und wieder einmal. Der Monat war kaum abgelaufen, und Clärchen befand sich täglich doch eine ganze Stunde lang heiter. War sie allein, so füllte Clairant ihren ganzen Ideenkreis; aber man ließ sie selten lange allein. So wurde nach und nach die heiße Liebe lauer; und noch lauer ward sie, da ein angenehmer junger Mann ihr die schönsten Beweise einer zärtlichen Liebe gab. Clairant war darum nicht vergessen.

Nein! sie legte sich selten nieder, ohne ihm den Schwur ihrer ewigen Treue zu wiederholen. Selten stand sie ohne den Gedanken an ihn auf. Sie spielte noch immer, wenn sie allein war, ihren Roman mit ihm fort. Der Liebe geht es wie dem Kummer. Das Herz hat nicht Stärke genug, immer zu weinen, so wenig wie immer zu lieben. Sie erhielt keine Nachricht von ihm. Ihr Bruder hatte ihr nur ein einziges Mal geschrieben, daß Clairant Dienste genommen habe. Das war alles, was sie von ihm wußte. Ihr Vater besuchte sie. Er sagte lächelnd zu seiner Frau: »Sie lebt noch!« Sie besuchte auch ihren Vater in Pillon. Hier zwar, umringt von lauter Bildern, die sie nur mit Clairant vereinigt zu denken gewohnt war, bekam ihre Liebe einen Rückfall. Aber auch dafür war ihr Vater besorgt gewesen. Der Vicomte fragte den Prior in Clarens Gegenwart nach Clairants Befinden. Der alte Mann zog einen Brief von seinem Obersten hervor, der auf Bitte des Vicomte, eines Freundes von diesem Obersten, geschrieben war. Er las ihn vor. Der Oberst schrieb, daß Clairant sich wohl aufführe und daß er sein Glück machen würde, wenn er seinem Rate folgen wollte. ›Er ist ein hübscher Junge; eine junge, schöne Witwe liebt ihn, und ich hoffe, er wird ihre Hand annehmen, die sie ihm mit einem großen Vermögen anbietet. Wenigstens hat er die ersten Schritte dazu getan. Er wohnt bei ihr im Hause, und ich hoffe Ihnen bald die Nachricht geben zu können, daß er diese Verbindung getroffen hat, die ich wünsche.‹

Clara warf schnell einen Blick auf ihren Vater. Der war ganz unbefangen, und der alte Prior saß da wie die Ehrlichkeit selbst und redete mit einer kindischen Freude von Clairants Kindern. Claren war bei dem ganzen Gespräch nicht wohl zumut. Die Empfindung des Widerwillens war noch immer heftig genug. Sie stand unter einem Vorwand auf, ging und schmälte auf Clairant. Der Gedanke verleidete ihr alle alten Ideen; sie verließ Pillon wieder, und nur das Boskett, wo sie die Nächte mit Clairant ehemals zugebracht hatte, entzog ihren Augen ein paar heiße Zähren und ihrem Herzen ein sehnendes Verlangen, daß die Zeit nicht vergangen sein möchte. Kurz, fröhlicher und beruhigter reiste sie wieder zu ihrer Tante hinunter; und was ihr noch mehr Clairants Untreue bestätigte, war, daß ihr Bruder noch nicht einen Brief von Clairant erhalten hatte. Der treue Clairant ward nach und nach immer mehr vergessen; und fielen noch einmal Clarens Gedanken auf ihn, so geschah es, um ihn der Untreue anzuklagen.

So waren etwa anderthalb Jahre vergangen, und diese heiße, ewige Liebe war in den wenigen Tagen und mit ihnen verschwunden. Clara war jetzt ein sehr reizendes Mädchen, das Verlangen und der Wunsch aller jungen Männer, die sie kennenlernten. Sie blühete wie eine junge Rose. Eine mutwillige Heiterkeit lag in ihren hellen Augen und auf ihren Lippen. Ihre Tante war die rechte Frau, ein junges, kummervolles Herz aufzuheitern. Alle Tage Gesellschaft aus den umliegenden Städten, aus allen Ständen: ein Fest jagte das andere; und befand sich keine Gesellschaft bei der Tante, so war die Tante mit ihren Töchtern in einer der umliegenden Städte und Clara von einem Hofe von Anbetern umlagert. So befand sich Clara eines Tages in Metz bei dem Gouverneur auf einem Balle. Man saß am Tisch, Clara in ihrer blendendsten Schönheit, in dem reizendsten Anzuge zwischen zwei ihrer Anbeter. Lachen, Scherz und Witz flogen um den Tisch her. Auf einmal wurde ein Aufstand. Ein Unteroffizier, der dem Gouverneur etwas meldete, ward bleich, taumelte, hielt sich an dem Stuhl des Gouverneurs, konnte nicht reden und wäre bald dahingesunken. »Was ist ihm?« rief der Gouverneur und stand auf, um den taumelnden jungen Menschen aufzufangen. Das zog die Blicke der ganzen Gesellschaft dahin. Die Bedienten führten den jungen Mann hinaus.

Clara war in einem seltsamen Zustande. Sie warf ihre Blicke auf den jungen Menschen und – sie erschrak beinahe ebenso heftig wie er selbst. Denn es war beinahe Clairants Gesicht. Sie zweifelte noch; da warf der Soldat seinen sterbenden Blick starr auf sie, legte die Hand auf die Brust, beugte die Stirn auf einen Stuhl, und sie sah sein Gesicht nicht wieder. Alle ihre Kräfte waren im Aufruhr. War er's? Oh, er war's! So ging das unaufhörlich in ihrem Kopfe. Ihre Heiterkeit war dahin. Sie saß da, die trüben Augen auf die Tür geheftet, durch die er verschwand. Man mußte ihr sagen, daß man vom Tisch aufstehe; denn sie wäre sitzengeblieben.

»Der arme Mensch! Was mochte ihm fehlen?« hörte sie ein Mädchen einen Offizier fragen. Sie stellte sich zu dem Mädchen und sah starr auf des Offiziers Lippen. »Dieser Mensch«, sagte der Offizier lächelnd, »ist eine Seltenheit, der das Mitleiden jedes fühlenden Herzens verdienet und der ein Beweis ist, daß wir Männer treuer in der Liebe sind, als man uns gewöhnlich hält.« – »Nun?« fragte ein Mädchen. Clara erblaßte. »Seine Geschichte wollen Sie wissen, meine Damen? Ich kann Ihnen nur Bruchstücke davon geben.« – »Nun?«

»Er kam nach Strasbourg unter das Regiment, bei dem ich stehe. Er war als ein Mensch von guter Erziehung empfohlen. Ein Zug von Gram, der auf seinem Gesicht voll stiller Gelassenheit gleichsam nur schwebte, machte ihn von Anfang an jedem Menschen interessant. Man wußte lange nicht, was die Ursach seines Grams sein mochte; denn so sanft er war, so verschlossen blieb er über diesen Punkt.«

»Eine unglückliche Liebe? nicht wahr?«

»Ja, eine unglückliche Liebe. Man suchte ihn zu erheitern. Vergebens. Es fehlte ihm nicht an Gelde, es fehlte ihm nicht an Versuchungen, seinem Grame ungetreu zu werden; denn ich habe immer gefunden, daß das weibliche Geschlecht sich für ein kummervolles Mannsgesicht immer sehr interessiert. Allein umsonst. Er blieb seinem stummen Kummer getreu. Das erregte Aufsehen. Besonders machte es sich der Oberst zum Geschäft, den Gram des jungen Menschen zu zerstreuen. Der Oberst scheint überdem mehr von des jungen Menschen Geschichte zu wissen als ich. Man wollte ihn gern verheiraten. Alle Versuche sind fehlgeschlagen. So wie Sie ihn heute Mittag gesehen haben, so ist er seit der Zeit, da ich ihn kenne: ein schönes Bild des stillsten, gelassensten Kummers.«

»Aber woher wissen Sie denn, daß Lieben die Ursach seines Zustandes ist? Besonders, da der junge Mensch so stumm über die Ursach seines Grams ist?«

»Das verleugnet sich nicht; in jedem Worte, in jedem Seufzer hört man bei ihm die Liebe reden und seufzen. Sehen Sie, da sitzt jemand neben ihm und spricht mit ihm von dem Entzücken der Liebe. Er hat den schweren Blick an den Boden geheftet, hört halb träumend zu. Er schüttelt sanft mit dem Kopfe, wenn man von der Dauer dieses Glücks redet. ›Oh‹, sagt er dann sanft lächelnd, ›man sollte sich das nicht überreden!‹ Er bewegt verneinend die Hand, und dabei sind seine Blicke so kummervoll und seine Miene so gelassen traurig, daß sie einem wehe im Herzen tut. Oh, so müßten Sie ihn sehen! Dann steht er wohl auf, legt die Hand auf das Herz, spricht mit einer Art von Hitze: ›Denn ich! ich! o was tat ich denn? Nein‹, sagt er dann in dem vorigen Tone, ›man sollte an keine Liebe glauben; o wie glücklich könnte man denn sein!‹ Er kann wohl zuweilen ein Mädchen mit einem halben Lächeln betrachten, und neckt man ihn damit, so sagt er: ›Ach, nein! ich glaube, das Herz kann nur einmal lieben. Man lächelt bei einer Blume von Band, weil man sich dabei seiner Blumenzeit erinnert.‹ Sehen Sie, das alles sagt er mit einem

Tone, mit einer Miene, die man dabei hören und sehen muß, um das zu fühlen, was wir alle dabei fühlen, die wir ihn kennen.«

»Aber, mein Gott, weiß man denn seine Begebenheit nicht?«

»Nicht ein Wort Gewisses. Man vermutet nur, daß ein Mädchen, dem er unendlich viel aufgeopfert haben muß, ihn auf eine höchst bittere Art verlassen hat. ›Oh‹, sagt er oft, ›wenn der Mensch nur die Hälfte von der Treue dieses Hündchens hätte!‹ Er hat ein Hündchen, das er wie sein Leben liebt, wahrscheinlich ein Geschenk seines ungetreuen Mädchens.«

»Und wissen Sie denn«, fing ein noch junger Offizier an, der zu ebendem Regiment gehörte, »die Geschichte mit dem Hunde? Die Compagnie wurde doch nach Bedfort verlegt. Ich war mit ihm auf der Wache. Man trommelte mitten in der Nacht Feuerlärm. Das Feuer war gerade in dem Hause ausgekommen, wo er sein Quartier hatte. Er hörte es und verschwand. Durch Rauch und Flammen dringt er ins Haus, die Treppe hinan, in sein Zimmer. Fröhlich scheinend, als ob er köstliche Schätze gerettet hat, kommt er zurück und hat nichts als ein seidnes Tuch, das durch ein goldnes Ringelchen gezogen ist, und sein Hündchen gerettet. Man lachte über seine Torheit; denn er hatte sein Geld richtig verbrennen lassen. Er hörte das Lachen nicht einmal. Mit fröhlichen Augen betrachtete er seine geretteten Schätze. Er schmeichelte dem Hündchen. ›Nun‹, sagte er, ›nun ist unsre Rechnung abgetan. Du gingst mit mir, um ihre Untreue mir zu vergüten, und ich habe dir das Leben gerettet!‹ Dann betrachtete er still sein Tuch, den Ring, schüttelte den Kopf und sagte: ›Das ist alles, alles, was ich von ihr habe! Das für meine ewige Liebe, und doch dank ich Gott, daß ich es gerettet habe.‹«

»Weiß man nicht, woher er ist?« fragte ein Mädchen.

»Aus Châtillon in Lothringen«, antwortete der Offizier. »Der arme Clairant!«

»O mein Gott! mein Gott!« rief Clara jetzt laut aus. Der kleine Kreis sah sie an. Sie saß da, mit großen Tränentropfen auf den bleichen Wangen. »Ist Ihnen etwas?« fragte ein Offizier. »Die Geschichte –« sagte Clara stockend, »die Geschichte – hat – oh, die Geschichte hat schon mehreren Augen Tränen entlockt.« – »Erröten Sie nicht; die Tränen beweisen die Güte Ihres Herzens.« Clara hörte die letzten Worte nicht. Sie war in sich selbst wieder versunken. Man kann leicht denken, welche Wirkung die Geschichte auf sie machen mußte. Jedes Wort, das der Offizier sagte, war ein Schlag, der ihr

Herz zerschmetterte. Sie setzte sich während der Erzählung, denn sie konnte nicht mehr stehen, so matt fühlte sie sich. In ihrem Innern schrien tausend Stimmen der Reue, der Liebe, des Mitleidens, der Dankbarkeit. Züge seines Grams zerrissen ihr Herz, und seine Treue goß Balsam in die Wunde. Sie hörte die Erzählung wie in einem Traume. Sie sieht ihn, wie er durch die Flamme dringt; sieht ihn, wie er wieder hervorkommt und ihr Tuch und ihren Ring, die sie ihm schenkte, an seine Brust drückt. Der Vorwurf, den er ihr in dem geretteten Hunde macht, erschüttert sie heftig. Sie sieht ihn, ach! so lebendig!, wie er da sitzt, das Tuch betrachtet und mit seiner schönen, traurigen Stimme sagt: »Das ist alles, was ich für meine ewige Liebe habe!« Das sieht sie einen Augenblick. Sie hört zugleich den Namen Clairant nennen. ›Er ist da‹, denkt sie. Ihr schwindelt. »O mein Gott!« ruft sie ängstlich, und die Gesellschaft dreht sich zu ihr um.

Des armen Clairants Zustand war nicht besser. Der Offizier hatte richtig erzählt. Clairant war nach Strasbourg gekommen und tiefer Kummer sein Begleiter gewesen. Sein gramvolles, blasses Gesicht, seine traurige Gelassenheit, die stillen Träumereien, in denen er immer umherging, einige bedeutende Worte, die dem Obersten des Regiments über des jungen Menschen Geschick und Kummer entfuhren, hatten das Interesse des Regiments auf ihn gezogen. Man wußte nichts Bestimmtes über ihn und die Ursach seines Grams. Also dachte man sich die seltsamsten Schicksale, die ihn betroffen hätten. Man beeiferte sich, ihn zu erheitern, man suchte seine Freundschaft, sein Vertrauen. Sein düstrer, mißtrauischer Gram machte ihn allen jungen Leuten von Gefühl bedeutend. Man liebte seinen Kummer, wenn auch nicht den Jüngling. Das fühlte er. Die Zeit, Zerstreuungen und Vergnügungen würden den Gram verlöscht haben. Clairant hielt ihn fest, und die Eitelkeit machte ihn treuer als seine Liebe. Sein Kummer war eine süße Trauer geworden. Man liebte ihn derentwegen, wie man einem traurigen Kinde schmeichelt. Clairant ward eins, das fortweint, weil man es zu trösten versucht. Er trauerte, um interessant zu sein, und überredete sich, daß er um Clarens Verlust traure.

So war er nach Bedfort, so nach Metz gekommen. Die Garnisonen in Frankreich wechseln. Er trat in den Saal, wo Clara am Tisch saß. Eben öffnete er die Lippen, um dem Gouverneur etwas zu melden. Plötzlich erblickte er die geliebte, die so innig geliebte Clara. Ah! sie sah dem Bilde nicht ähnlich, das seine Phantasie von ihr machte. Da saß sie, mit vollen, rosenroten Wangen. Ein frohes Lachen schwebte auf ihren Lippen, in ihren Augen strahlte ein heiterer Mutwillen. Sie plauderte so vergnügt mit ihrem Nachbar, geschmückt wie eine frohe Braut. Bleich, abgehärmt hatte er sie gedacht, mit Augen voll Tränen, mit einer einfachen, farbenlosen Kleidung, die ihren Gram bezeugte. Und so! so! Alle seine Empfindungen wurden rege. So undankbar, so treulos! und er so treu! so elend! Er taumelte; er ergriff den Stuhl, der vor ihm stand; er beugte seine Stirn auf die Lehne. Noch einen Blick warf er auf Claren; sie sah ihn an, starr, aufmerksam. Man führte ihn hinaus.

Zu Hause warf er sich in einen Stuhl. Die wildesten Empfindungen zerschnitten sein Herz. Eifersucht warf ihre verzehrende Flamme in seine Brust. Er verschwor es, an sie zu denken, und er dachte nur an sie. Am Abend spät taumelte er nach des Gouverneurs Hause. Eine wildfrohe Musik tönte ihm entgegen. Er hörte das Rauschen der Tanzenden. Eine grimmige Wut ergriff ihn. Er kreuzte die Hände über die Brust und fragte mit bebender Stimme: »Oh, oh! ist es möglich? Nein!« rief er, »nein! fort! fort!« Er wollte fort. »Clairant!« hörte er leise hinter sich rufen. Wild sah er sich um. »Clairant!« rief es noch einmal seufzend. Eine weibliche Gestalt eilte auf ihn zu. Es war Clara, in eine lange Saloppe gewickelt. »Clairant! komm geschwind! Wo ist dein Haus? Geschwind.«

Verschwunden war der Gram und die Wut. »Clara!« rief er, warf einen Blick auf sie. Er sah Tränen in ihren Augen und ergriff ihre Hand. Sie zitterte. »Fort! fort!« flüsterte Clara. Er wollte stehenbleiben. Sie eilten Hand in Hand in Clairants Haus, auf sein Zimmer, und Clara warf sich sanft weinend in einen Stuhl und verbarg ihr Gesicht in ihre Saloppe.

Clara hatte das Tanzen abgeschlagen. »Mir ist nicht wohl!« sagte sie, und ihr Gesicht bestätigte es. Sie stand auf ihrem Zimmer am Fenster und hoffte auf Clairant. Sooft eine Uniform die Gasse herabkam, pochte ihr Herz ungestüm. Sie hoffte vergebens. Am Abend kam er daher in der finstern, schwermütigen Stellung. »Ach, da ist er!« sagte sie leise, »Clairant! da bist du!« Er sah nach dem erleuchteten Saale hinauf, an das Fenster nicht, wo sie stand. Sie lächelte; sie winkte verstohlen. Er sah nicht herauf. Sie rief leise, leise, und nie hatten ihr Worte mehr Anstrengung gekostet: »Clairant! hier! hier bin ich!« Er hörte nicht. Da schlug er die Arme übereinander. Sie sah die Stellung, sie hörte seine Worte – »Oh, oh! ist es möglich?« Rasch nahm sie die Saloppe um, flog die Treppe hinab, zum Hause hinaus. Er ging schon zurück. Sie eilte hinter ihm her, und endlich erreichte ihn ihre Stimme.

Lange saß sie da in dem Stuhle, weinte und verhüllte ihr Gesicht. Clairant wagte es nicht, sie zu stören. Endlich sprang sie auf mit den Worten: »Ich muß fort.« Sie sah ihn an; sie sank gegen ihn und endlich an seine Brust. Aufs neue Schwüre einer ewigen Treue! »Mein Vater«, fing Clärchen im Hinweggehen stockend an, »mein Vater – ist jetzt nicht – in Pillon. Er ist in Paris, mit in der Versammlung der Notabeln.« Freudig schloß Clairant sie für diese Nachricht in die Arme. »Und ich«, setzte sie zärtlich hinzu, »ich komme wieder zu meiner Mutter nach Pillon.« – »Ich sehe dich wieder, Clara!« rief Clairant. Clara wickelte sich in ihren Mantel. Sie flog mit leisen Schritten über die Gasse, und auf ihrem Zimmer rief sie einmal über das andere : »Ich hab ihn wieder!«

Clara hielt Wort. Trotz den Bitten ihrer Tante, trotz den Freuden, die sie bei dieser umschwebten, kehrte sie nach dem einsamen Pillon zurück, wo sie die süßeren Freuden der Liebe erwarteten. Clairant hatte der Rede Wink verstanden, und einige Tage nach Clarens Ankunft war auch er da. Die Mutter des Mädchens machte zwar ein Paar große Augen, wie sie Clairants Ankunft hörte; allein Clara tat so unbefangen, so nachlässig bei der Nachricht, daß sie auch bessere Augen als die ihrer Mutter getäuscht haben würde. Die ersten Tage beobachtete Mütterchen die Tochter. Diese sah's und hielt sich auf ihrer Hut, bis sich Mütterchen beruhigte. Wirklich wußte auch Clara nicht, wie sie eine Zusammenkunft mit Clairant veranstalten sollte. Nun, sie war doch in seiner Nähe, sie sah ihn doch zuweilen auf einem Spaziergange, und die Hoffnung, man kann doch nicht immer aufpassen, gaben ihr die Heiterkeit, durch welche ihre Mutter betrogen ward.

Clara wandte sich jetzt an ihre ehemalige Verräterin, an die Pächterin Rosière, mit leisen Anspielungen. Die junge Frau verstand sie, lächelte, gab Anspielungen, daß alles gut gehen sollte, zurück; allein nach einigen Tagen verschwand auch diese Hoffnung. Clairant war zu stolz oder zu furchtsam, die Pächterin zu seiner Vertrauten zu machen. Er antwortete auf Hannchens Anspielungen nicht ein Wort, und wie sie ihm mit Clarens Wunsch näherrückte, so nannte er mit einer kaltstolzen Miene die Pächterin eine Törin. Er ließ sie stehen, ohne ihr nur einmal mit einer Miene Dank zu sagen. Clara ward halb und Hannchen ganz irre an ihm. Dieses Glück auszuschlagen! Clara sah seine brennenden Blicke, die er auf sie warf, wenn er sie sah; und sie dankte ihm die edle Delikatesse, mit der er eine Vertraute, wie Hannchen, vermieden hatte.

Durch Clarens Reise hatte sich aber der Kreis ihrer Bekanntschaften vermehrt. Einige Familien in der Nähe traten zusammen, ein kleines Familientheater zu bilden. Man spielte einige kleine Stücke. Der Plan wurde vergrößert. Auch die Pächterin Hannchen mußte eine Rolle übernehmen, und noch blieb die Rolle eines jungen Menschen unbesetzt. Man hielt Rat, wem man diese Rolle anvertrauen könnte. Dieser und jener ward vorgeschlagen. »Ist denn nicht ein junger Mensch«, fragte ein Offizier, »in Ihrer Gegend, der Geist und Gefühl genug fürs Theater hat?« Claren, ihrer Mutter und der kleinen Pächterin fiel bei dieser Frage sogleich Clairant ein. Die Mutter sah Claren mit einer forschenden, bedenklichen Miene an und schwieg. Clara sagte ruhig: »Ich weiß niemanden!« Sie warf aber einen so sprechenden Blick auf Hannchen, daß diese ihn nicht mißverstehen konnte. »Da ist ja der Clairant wieder hier«, sagte sie triumphierend, »ich dächte, gnädige Frau, der wäre sehr zu brauchen.« – »Das wohl«, sagte die Mutter, »aber –«, sie warf einen unruhigen Blick auf Claren. Diese hatte gar nicht auf das Gespräch gemerkt. Sie schäkerte mit dem Offizier. Die Mutter gab es endlich zu. Clara hatte in dem Stücke die Hauptrolle, und es konnte nicht gegeben werden, ohne – Clairant. O Eitelkeit!

Clairant erschien. Die Mutter betrachtete ihn ahnend, wie er hereintrat. Clara errötete und fuhr zusammen, wie sie seine Stimme hörte. Sie hatte der Türe und ihrer Mutter den Rücken zugedreht. Man fand Clairants Figur, Stimme und Aktion vortrefflich. Das Stück wurde mit allgemeinem Beifall gegeben. Clara erhielt von den Zuschauern den Siegespreis. Die Mutter war außer sich vor Freuden. Ach! sie bedachte nicht, daß Clara und Clairant hinter den Kulissen, in den Proben, jeden Augenblick, den sie nicht auf dem Theater waren, ebenfalls eine Komödie, noch meisterhafter als die wirkliche, aufführten, bei der Clara und Clairant sich in den Siegespreis ganz in der Stille teilten. Da standen beide hinter den Kulissen, die geschriebenen Rollen in der Hand und mit den Rollen ihrer Herzen beschäftigt, in den allerzärtlichsten Gesprächen, mit Tränen in den Augen. Hannchen lauschte an der Treppe, die aufs Theater führte.

Kam die Mutter, so zog Hannchen die Glocke, die das Zeichen zum Niederfallen der Gardine gab; husch! flog Clara an die andere Seite der Kulissen, und Clairant und Clara standen und lernten emsig ihre Rollen, die armen Kinder! und man mußte sie dennoch jedesmal rufen, wenn sie erscheinen sollten. Die Mutter ertappte sie nie zusammen: was ihre Unruhe hätte erregen sollen, beruhigte sie. Sie lächelte zufrieden, wenn sie Claren mit den brennenden Augen in ihrer Rolle lesen und Clairant mit zitternden Händen die Lichter schneuzen sah. Ein paar Bedienten hatten bei dem Handel die schwerste Rolle. Sie liefen bei jedem Geklingel an die Gardine, hofften auf das zweite Zeichen und schüttelten die Köpfe über die verwirrte Maschinerie. Sie wußten ebensowenig wie die andern von der zweiten Komödie, die man hier in aller Stille gab.

Clairant war bei der wirklichen Aufführung der Komödie so zerstreut und zugleich voll so heftiger Empfindungen, daß er seine kleine Rolle mit einem so unnatürlichen Pathos, mit einem so affektvollen Gesicht und Stimme abdeklamierte, daß er nach Claren den größten Beifall erhielt. »Schade!« rief man, »daß der junge Mensch mit den brennenden Augen, mit den glühenden Wangen, mit dem schönen Affekt, mit der bebenden, zärtlichen Sprache keine größere Rolle hatte.« Clarens Herz flog den Schlag des höchsten Triumphs, wie sie dies Lob hörte. Sie fing jetzt an, sich ganz heimlich für ihn zu verwenden. Clairant bekam eine größere Rolle, und sein Beifall stieg mit jedem Stück, das aufgeführt wurde. Endlich, ach! endlich bekam er die Rolle ihres Geliebten. Die Mutter, die arme Mutter wußte nicht, was sie tun sollte. Sie ahnete die Gefahr, und dennoch – den Triumph zu missen, ihre Tochter beklatschen zu lassen? Sie gab es stillschweigend zu. Bei der ersten Probe war sie gegenwärtig. Sie sah ihre Tochter und zitterte. »O Gott, Madame«, sagte ein Offizier, vor Entzücken außer sich, zu ihr, »welch eine glückliche Mutter sind Sie! So etwas hab ich nie gesehen!« Der Busen der Dame hob sich vor mütterlicher Freude und Sorge. Da stand sie, da stand Clara. Der Busen flog; sie hob die Augen und Hände gen Himmel, und ein Strom von Tränen stürzte aus den blitzenden Augen. Alle Blicke der übrigen Spieler waren auf Claren gefesselt. Niemand wagte es, Atem zu holen. Ein leises, bewunderndes »Ah!« floß leise von den Lippen der Domestiken, wie sie ihr schönes Fräulein sahen. Lange stand Clara in dieser schönen Stellung. Auf einmal hob sie mit ihrer schönen, bewegten Stimme sanft an:

»Ciel! que je dois d'encens à ta bonté propice!
Mes pleurs t'ont desarmé: tout change, et la justice
Aux feux, dont j'ai rougi, rendant leur pureté,
En les récompensant, les met en liberté.«

Diese vier Verse sagte sie mit einer Stimme, so bebend, so eindringend, so fromm, so fröhlich. Heiße Tränen strömten dabei über ihre Wangen. Jedes Herz wurde erschüttert, weil Clarens erschütterte Seele die Verse sprach. Die Mutter selbst vergoß eine Träne und zog die Stirn aus Unmut über die Träne zusammen. Dann wandte sich Clara an ihre Vertraute. Sie schloß sie mit Heftigkeit in ihre Arme, schluchzte an ihrer Brust. Die arme Vertraute geriet in eine nicht geringe Verlegenheit bei Clarens Spiel. So etwas hatte sie nicht erwartet. Ihre Bewegungen wurden von Herzen hölzern. Clara sagte leise, sehr leise:

»Va le chercher, va, cours! Dieux, il m'évite encore,
Faut-il qu'il soit heureux, hélas! et qu'il ignore?«

Oh, die Blicke, mit denen sie den letzten Vers sagte, waren so voll von einer so entzückensvollen Fröhlichkeit, daß die argloseste Seele hätte Claren in Verdacht ziehen müssen. Die Mutter sah's und schüttelte bedenklich den Kopf. Sie bereuete ihre Bewilligung hundertmal, und sie wäre bald auf das Theater gesprungen und hätte der Probe ein Ende gemacht, wie nun endlich Clairant selbst auftrat. Er näherte sich mit zitternden Schritten seiner reizenden Geliebten. Sie sah ihm entgegen mit einem Blick voll reiner, freundlicher Zärtlichkeit. Er öffnete die Lippen, um zu reden, und verschloß sie wieder. Endlich redeten sie. Sie bewegten nicht eine Hand, und dennoch, dennoch drangen ihre Worte in die Herzen und entlockten den Augen aller Zuschauer Tränen. Endlich sagte Clairant:

» – je suis des mortels le plus infortuné!«,

und das mit einer Stimme, mit einem so unendlich rührenden Tone, daß jeder zitterte. Er schwieg. Der Souffleur sagte leise, dann lauter weiter vor. Clairant hörte nichts. Er bedeckte mit der Hand das Auge, das voll Tränen hing. Clara sah ihn an. Sein Ton war ihr durch die Seele gegangen. Sie sank auf seine Schulter. Ihre Tränen vermischten sich. Es entstand eine Pause, in der dem Souffleur der Angstschweiß ausbrach und die keiner der Zuschauer bemerkte. Sie glaubten die schönsten Verse zu hören und hörten nichts als Seufzer der Liebe. Die Natur ist der beste Dichter. Clara besann sich zuerst wieder. Der Dialog hob wieder an; die Empfindung der beiden Liebenden stieg aufs höchste. Wie Clairant zu den beiden Versen kam:

»Je sais ce qu'est un père et ses droits absolus;
Je sais … que je vous aime … et ne me connais plus«,

so fiel das Gewicht seines eigenen Geschicks und die Wahrheit der beiden Verse allgewaltig auf sein Herz. Mit wilden, rollenden Augen, mit einer heimlichen, grimmigen Stimme sagte er den letzten Vers. Clara fing an zu zittern. Sie schwieg, sie sah ängstlich umher. Der Souffleur schrie aus Leibeskräften. Clara hörte nicht. Hannchen hatte schon mit halbem Zittern die Szene angesehen. Sie sprang hinzu und sagte zu Claren: »Da kommen Sie doch immer heraus, gnädiges Fräulein! Lesen Sie das übrige nur!« Sie gab Claren ihre Rolle in die zitternde Hand, und Clara las das tollste Zeug. Ein Glück, daß man laut redete und nicht hörte, was Clara las.

›Nein‹, dachte die Mutter, wie die Probe zu Ende war, ›so kann nur die Liebe reden; solche Blicke kann nur die Liebe geben! Nein, Clairant darf die Rolle nicht machen! Aber wer? Mit wem wird Clara so schön, so rührend spielen? Mit wem die Tränen der Zuschauer und ihr Lob so einernten? Was wird man denken, wenn ich dem besten Spieler die Rolle nehme, die niemand so natürlich spielt wie eben er?‹ So trieb die Mutter sich in doppelten Bedenklichkeiten umher; und währenddes wurden Clairant und Clara nicht müde, ihre Szenen zu probieren, und so kam der Tag des Aufführens heran, und Clarens Geschick wurde der Mode aufgeopfert.

Man spielte, und es ist wahr, nie spielten zwei Liebende mit mehr Wahrheit als Clairant und Clara, und die Mutter vergaß in dem fröhlichen Taumel des Händeklatschens, daß die Wahrheit ihres Spiels nur zu wahr sei. Bei den Liebenden war indes auch eine Veränderung durch dieses Trauerspiel vorgegangen. Clairant sagte so oft die reizenden Verse her, worin er der Geliebten Hand aus Tugend, aus Edelmut ausschlägt, bis sie endlich einen Eindruck auf sein Herz machten. Hundertmal hatte er auch zu Hause die beiden Verse

»O Dieu, percez ce cœur de sa honte alarmé,
Qui serait vertueux, s'il n'avait point aimé!«

wütend ausgerufen. Seine Miene wurde bei den Proben immer finsterer. Sie rezitierte alle Verse, in denen er seiner Geliebten entsagte, mit einem stärkern Nachdruck und hörte nicht mehr mit der zärtlichen Heiterkeit die Versicherungen der Liebe von den Lippen seiner Clara. Er stand vor ihr, betrachtete sie mit finstern Blicken und schwieg. Ja, er wendete sich von ihren Liebkosungen ab. Mit Claren war es ganz anders. Die Tragödie hatte eine ganz entgegengesetzte Wirkung auf ihr Herz gemacht. Ihr schien es ebenso großmütig, ihm treu zu bleiben, als es ihm schien, sie zu verlassen. Es war nichts als ein Streit der Großmut zwischen beiden: sie brachte das Opfer, er schlug es aus; und der großmütige Jüngling gewann dadurch noch mehr bei Claren. Sie sah seinen inneren Kampf, und sie verdoppelte ihre Zärtlichkeit gegen ihn. Die schwache Eitelkeit ihrer Mutter hatte sie für eine schweigende Billigung ihrer Liebe gehalten; das Lob, das Clairant einerntete, meinte sie, berechtige zur Liebe gegen ihn. Man lobte ihre zärtliche Liebe gegen Clairant auf dem Theater; und warum nicht auch, fragte sie sich selbst triumphierend, warum nicht auch hinter den Kulissen? Sein schönes Spiel, glaubte sie, verdiene ihr Herz. »Oh, mein Vater sollte ihn nur einmal diese Rolle spielen sehen!« sagte sie, »sollte seine Großmut sehen! Nein«, rief sie, »ich bin sein, und wenn er der niedrigste Bauer wäre!«

So saß Clairant einmal ganz allein auf dem Theater. Er kam immer, trotz dem Entschlusse, sie zu verlassen, einige Stunden früher, ehe die Probe anging. Da saß er, den Kopf gestützt, mit schweren Blicken, die Brust voll Kampf. Clara stand hinter ihm zwischen den Kulissen und beobachtete ihn. Auf einmal stand er auf, hob beide Arme auf und rief mit einer sehr bewegten Stimme aus seiner Rolle:

»Laissez-moi ma vertu, laissez-moi mes malheurs!
Je ne la verrai plus!«

Clara trat hervor, stellte sich vor ihn, sah ihm ernst ins Auge, legte ihre Hand feierlich auf sein Herz und sagte aus ihrer Rolle sehr feierlich:

»Tu es mon meurtrier, ou tu es mon époux.«

Beide erschraken: sie vor der Bedeutung ihrer Worte; er vor dem Ernst, womit sie das sagte. Indes, sie hatte es gesagt, und ihr wurde leicht. Sie legte sich an seine Brust, umarmte ihn stillschweigend, ging dann langsam vom Theater hinunter und ließ ihn allein.

Ganz neue Ideen stiegen in seiner Seele empor. Clara seine Frau? Alle Bedenklichkeiten schwiegen vor dem entzückenden Gedanken. Clara seine Frau? Seine luftige, aus Versen entstandene Großmut scheiterte an dieser Vorstellung. Er taumelte voll Entzücken. Er sah Claren wieder. Sie war anders gegen ihn als sonst. Ein inniges Vertrauen, eine ruhige Zärtlichkeit, ein Hingeben voll stiller Liebe gaben ihm einen Vorschmack des Glücks, das sie ihm in dem Verse angekündigt hatte. Sie? mußte so sein. Denn die letzte Scheidewand ihrer Liebe war über den Haufen gefallen. Sie hatte ihm hundertmal gesagt: ich liebe dich!, und doch blieb eine Zurückhaltung zwischen beiden zurück. Jetzt hatte sie ihm gesagt: ich will deine Frau sein, oder du tötest mich! und so feierlich. Sie fühlte, ihr Schicksal war nun unauflöslich an seines gebunden. Ja, sie fand sich nun dadurch erleichtert, und das Vertrauen, das sie erkünsteln wollte, war sehr bald Natur. Wie die Tragödie aufgeführt wurde, wiederholte sie den Vers noch einmal mit einem so feierlichen Nachdruck vor allen Zuschauern, daß Clairant zitterte. Er glaubte, daß alle Zuschauer sein Verhältnis mit Claren nun kennten, und er sagte fast unhörbar:

»Tu l'emportes enfin!«

Nach der Szene suchte er sie. Er fand sie im Anziehezimmer. Sie sanken einer in des andern Arme, voll überfließender Zärtlichkeit. »Du hast mir geschworen in Gegenwart meiner Mutter«, sagte Clara, »denk an deinen Schwur, Clairant: Du bist mein Mörder oder mein Gemahl!« – »Mein Weib!« – mit den Worten sank er zu ihren Füßen. Welche Kleinigkeiten können zu Entschlüssen bringen, die sonst Jahre nicht reif gemacht hätten! Clarens Eltern hätten noch immer ihres Kindes Liebe besiegen können: ein Zufall, und diese Liebe wird Vertrauen, reine Freundschaft; sie nimmt den Charakter an, der sie allein unüberwindlich macht.

Von diesem Tage hoben ganz andre Arten Gespräche unter beiden Liebenden an. Es war, als ob die Gewißheit, sich zu besitzen (die hatten sich ihre Herzen gegeben), sie verwandelt hätte. Anfangs redeten sie von den Mitteln, ihre Wünsche wirklich zu machen. Sie fanden nur eins; und dies eine war ihnen hinlänglich und sicher. »Wir sind alle Tage zusammen«, sagte Clara, »was fehlt uns? Mit jedem Tage wächst unsre Liebe, Clairant, und wir sind glücklich. Meine Mutter billigt schweigend die Verbindung unsrer Herzen, und was vermag nicht ein Weib über ihres Mannes Herz? Denke, wenn ich dich bäte –« Sie errötete. »Und setze den Fall«, fuhr sie fort, »mein Vater ist unerbittlich, nun dann! mein lieber Clairant«, sagte sie schmeichelnd, »so verlasse ich mein väterliches Haus; du nimmst dein Vermögen, und irgendein kleiner Winkel in Frankreich wird uns ja eine Hütte, den Schatten eines Wäldchens, ein Feld, das unsre Hände gemeinschaftlich bauen, und ein Grab, wo wir schlafen, geben.« So schwatzte die unerfahrne Clara und von ganzem Herzen: ja, es gab Augenblicke, wo sie wünschte, daß ihr Vater unerbittlich sein möchte, um den zweiten Plan ausführen zu können. Clairant schüttelte den Kopf. »Ach«, sagte er seufzend, »Clara, du phantasierst so reizend, daß es mir wehe tut, deine Träume zu zerstören. Du kennst das Landleben nur aus der Deshoulières und aus der Estelle.«

»Ich? lebe ich nicht schon jahrelang auf dem Lande? Ich bin ja von Jugend auf eine Bäuerin gewesen.«

»Und kennst vom Lande nichts als die Maitänze, das Erntefest und die Weinlese. Du weißt nicht, meine gute Clara, mit welchen Leiden diese Augenblicke der Freude erkauft werden.« Dann fing Clairant an, ihr das Leben, von dem sie soviel hoffte, mit wahren Farben auszumalen; und wenn Clara nichts weiter zu antworten hatte, so schlang sie ihren Arm um Clairants Schultern und sang mit zärtlichen Blicken und mit heller Stimme:

»Nous souffrirons ensemble,
et c'est ne point souffrir«;

und auf einen solchen Einwurf hat nie ein Herz voll Liebe etwas zu antworten gewußt. Kurz, Clara gewann jedesmal den Sieg, sowenig auch die Vernunft sie unterstützte. Clairant mußte ihr versprechen, mit ihr zu entfliehen, wenn ihr Vater unerbittlich sein würde. Nun war der Hauptpunkt abgemacht. Die reizenden Gemälde, die Clarens Phantasie und Liebe ihm täglich vormalten, hatten die dunkleren Farben seiner Gemälde verlöscht. Er fand jetzt süße Augenblicke darin, mit Claren dazusitzen und sich von den Beschäftigungen ihres häuslichen Lebens zu unterhalten. Das war der leidenschaftlichen Clara nicht genug. Sie wollte das Leben schon jetzt anfangen, das sie dereinst führen sollte. Sie fing an, im Garten zu arbeiten; sie besuchte die Familien in Pillon, und sie lernte das Elend in den Bauernhütten kennen, und nicht allein kennen. Sie wurde der Schutzengel der Unglücklichen in Pillon und Mangienne. Die Tränen der Dankbarkeit, die Ausdrücke der ehrerbietigen Liebe, die sie in jeder Hütte empfingen, gaben ihrer Wohltätigkeit einen neuen Reiz. Clairant half ihr in dem Geschäfte des Wohltuns. Clara fand in ihrem jetzigen Leben unendliche Freuden, Clairant mittelte jedesmal aus, wie den Unglücklichen zu helfen sei. Beider Liebe nahm nun einen ehrwürdigen Charakter an, den Charakter der Tugend. Ihre Wohltaten wurden ihre Gespräche, die Tränen der Freude über einen geretteten Unglücklichen mischten sich in die Tränen ihrer Liebe. So flossen ihre Seelen ineinander, und ihre Liebe wurde unüberwindlich.

Die Mutter sah das Vertrauen zwischen Clairant und ihrer Tochter alle Tage wachsen, sie sah es mit Schrecken; allein sie konnte es sich nicht verhehlen, sie war schuld daran; ebensowenig, als sie sich verhehlen konnte, daß Clairant ein sehr reizender, liebenswürdiger junger Mann war, der auf die Achtung jedes Menschen Ansprüche hatte. Sie sprach mit Claren über ihr Verhältnis mit Clairant, und, wie gewöhnlich alle Mütter, nicht geradeaus, sondern versteckt. Clara redete sich aus, und so gewöhnte sich nach und nach die Mutter an das vertraute Verhältnis Clairants mit ihrer Tochter. Aufsehen konnte es gerade nicht erregen; denn das gesellschaftliche Theater gab Clairant den Vorwand, täglich in Pillon zu sein. Die schwache Mutter wollte ihre Tochter noch mehr sichern. Sie verbreitete also die Nachricht, daß Clairant ein Geistlicher werden würde. Clara sowohl als Clairant widersprachen dem Gerüchte nicht, und so fand man es ganz natürlich, daß ein junger Geistlicher mit Claren in einer Laube oder im Schatten der Allee saß und ihr vorlas oder sich vorlesen ließ. Man hielt ihn gleichsam für Clarens Lehrer, und Clairant wurde es wirklich. Der junge Plessis kam auch von Zeit zu Zeit nach Pillon. Die Entfernung hatte seine Liebe gegen den Freund seiner Jugend nicht vermindert. Er sah seinen Clairant wieder und bemerkte schon nach dem Verlaufe von einigen Tagen die Liebe Clairants und seiner Schwester. Er wagte bei Claren, die er unendlich liebte, einen Versuch, ihr die Torheit dieser Liebe begreiflich zu machen; aber Clara fiel ihm um den Hals und versicherte ihm unter heißen Tränen, daß diese Liebe zu ihrem Glück schlechterdings notwendig sei. »Glaube mir, Plessis«, sagte sie mit einer Festigkeit, mit einer Ruhe, die ihn in Erstaunen setzte, »ich liebe Clairant, und keine menschliche Gewalt ist imstande, mich von ihm zu trennen. Man kann mich arm, man kann mich unglücklich machen; allein das ist auch alles, was man kann. Mich von ihm trennen, das ist unmöglich! Ich bin fest entschlossen, Clairants Weib zu werden, ob in diesem Kleide oder in dem Kleide einer Bettlerin, gleichviel! Ob hier im Schlosse oder ohne Hütte, ohne Obdach. Gleichviel!«

Ihr Ton war so entschlossen, sie sprach so frei davon, daß ihr Bruder nichts zu sagen wagte. Er gab ihr den Rat, vorsichtig zu sein, und setzte mit einem zärtlichen Händedruck hinzu: »Wenn ich einst hier Herr bin, meine Clara, so soll es dir an keinem Obdach fehlen.« Clarens Hoffnung wuchs. Sie erzählte Clairant diese Unterredung, und Clairant entdeckte seinem Plessis seine Liebe, und dieser umarmte ihn schweigend und sagte leise: »Mein geliebter Bruder!«

Indes wurde die Versammlung der Notablen in Paris aufgehoben, und der Vicomte kehrte nach Pillon zurück. Ein Donnerschlag für die Liebenden! Zitternd ging Clara ihrem Vater entgegen. Wie eine Verbrecherin stand sie vor ihm. Er sah sie an; sie bebte. Wenn er die Lippen öffnete, so glaubte sie, er würde sich nach ihrem Umgange mit Clairant erkundigen. Er fragte nicht. Eine Stunde darauf fuhr er nach Châtillon zu seinem alten Freunde, dem Prior. Hier sah er Clairant, Clairant erschrak; allein der Alte schien jeden andern Gedanken verloren zu haben als den der Politik. Er erzählte dem Prior die Verhandlungen der Notablen. Zwar fand er die Schritte des dritten Standes, sich in die Versammlung der Stände zu drängen, ungerecht und straffällig; aber er vergab ihm, weil er überzeugt war, daß das physiokratische System von ihm eingeführt werden würde. Der alte Prior hatte während der Zeit, da der Vicomte in Paris für dieses System stritt und redete, seine Meinung abgeändert. Er war in der Versammlung der Geistlichen zu Verdun ein heftiger Feind dieses Systems geworden, weil es nach seiner Meinung auf den Sturz des geistlichen Standes abzielte. Die beiden Alten gerieten darüber in einen lebhaften Streit. Der Prior ließ sich durch Clairant eins von den fliegenden Blättern holen, das gegen das System war. Clairant brachte es und sagte sehr bescheiden: »Die Gründe gegen das System sind aber bloße Scheingründe.« Die allgemeine Krankheit dieser Zeit hatte Clairants nicht verschont. Er war so gut ein Politiker wie der Vicomte und der Prior, und vielleicht ein besserer Politiker als sie beide, weil er kein Vorurteil hegte. »Scheingründe! Recht, mein Sohn!« rief der Vicomte hitzig, »mehr sind es nicht!«, und so wurde Clairant mit in die Streitigkeiten hineingezogen. Clairant verteidigte das System mit einer Hitze, welche ihm seine Meinung sowohl als die Liebe gaben. Denn die Liebe hatte ebensoviel Anteil an seiner Meinung als die Politik. Er sprach für die Erleichterung des Baurenstandes, weil Clara eine Bäuerin werden wollte. Er redete mit einem Feuer, mit einer so hinreißenden Beredsamkeit, daß der Vicomte aufsprang und ihn umarmte. Kurz, der Prior wurde von Clairants heller Stimme überschrien, und der Vicomte, der nicht so geläufig reden konnte als der Prior, trug mit Clairants Hülfe den Sieg davon.

»Der Clairant«, rief der Vicomte, wie er zu Hause war, und Clara zitterte vor Angst, »der Clairant ist ein sehr verständiger Bursche geworden. Habt acht, aus dem Burschen wird noch etwas.« Clarens Brust wurde federleicht bei diesen Worten. Sie glaubte ihres Vaters Einwilligung schon gewiß zu sein. Den andern Tag kam der Prior und auf des Vicomte Befehl auch Clairant. Man las die Zeitungen, stritt, machte Plane, schimpfte; und Clairant nahm sich sehr wohl in acht, seine übrigen politischen Meinungen zu äußern, der Vicomte würde nicht wenig betroffen sein, einen Anhänger an sein System aus demselben solche Folgerungen ziehen zu hören, wie Clairant gewöhnlich tat. Clairant ward nun der Vorleser der Zeitungen und der übrigen politischen Blätter in Pillon und so nach und nach der Liebling des Vicomte. Ein größeres Interesse, das Interesse des Vaterlandes, hatte bei dem Vicomte das Interesse an seiner Tochter verschlungen. Er dachte kaum einmal daran, daß Clairant einst der Verführer seiner Tochter gewesen war; und fiel es ihm etwa ein, so hatte Mutter und Tochter ein gleiches Interesse dabei, irgendeine politische Idee in dem Gehirn des Vicomte zu wecken, und Clara und Clairant waren vergessen.

Die beiden Liebenden waren zwar vorsichtig genug, allein sie hatten denn doch noch manche süße Stunde, wenn der Vicomte einen Ballen politischer Broschüren von Paris erhalten hatte. Die Hoffnung, seine Einwilligung jemals erhalten zu können, hatten sie zwar aufgegeben; denn bei jedem Eingriff, den der dritte Stand in die Rechte des Adels machte, schäumte er vor Wut. Sein ewiges Gespräch drehte sich um den Punkt, daß der Adel sich jetzt fester und abgesonderter als jemals korporieren müßte, um den kühnen Schritten des Bürgers mit desto größerem Stolz entgegentreten zu können. Dabei war wohl an keine Verbindung seiner Tochter mit dem Sohn eines Pächters zu denken; aber übrigens ließ er die Liebenden doch ohne Aufsicht.

Bei dem heftigen Schlage, der alle Franzosen mit Politik elektrisierte, blieb auch sogar nicht Clara verschont. Sie bauete sich eine neue Regierungsform, bei der freilich ihre Liebe die erste Rolle spielte. So machte jede Pariser Begebenheit die verschiedensten Eindrücke auf diese Familie. Bei der Einnahme der Bastille tanzte der enthusiastische Clairant vor Freuden umher; Clara zitterte vor Abscheu gegen die unmenschlichen Szenen, die dabei vorgefallen waren, und dankte von Herzen Gott, daß die Bastille zerstört war, damit sie nicht noch einmal eingenommen werden müßte. »So werden noch alle die Mauern fallen«, rief Clairant, »welche die menschliche Grausamkeit erbauet hat; auch die Scheidewand, die uns, mich und dich, trennt, meine Clara!« Der Vicomte wütete über die Untätigkeit des Hofes. Clarens Mutter betrachtete mit einer Art von Freude den neuen Kopfputz à la bastille. Der Prior berechnete die Gebliebenen und wieviel Ehen hätten können geschlossen werden.

Nach der Einnahme der Bastille folgten die größten Begebenheiten reißend aufeinander; und die Liebe, die stille, geheime Liebe unsers Paares blieb vollkommen unbemerkt oder unbeachtet. Der umliegende Adel trat zusammen; man las, man disputierte, man schrie, man schimpfte. Der Vicomte war die Seele dieser Gesellschaft; und das physiokratische System konnte allein Frankreich vom Untergang retten: das behauptete die ganze Gesellschaft. Man fand die Schritte der Ersten Nationalversammlung abscheulich, entsetzlich. Darin stimmte der Vicomte, seine Gesellschaft und der Prior mit seinen Mönchen in Châtillon überein. Clara, Clairant und der junge Plessis hingegen bildeten eine heimliche Oppositionspartei. »Clara! Clara!« rief Clairant und hatte in einer fröhlich zitternden Hand das Blatt, worin die Debatten über die Menschenrechte standen, »wir werden glücklich sein! Sieh, höre, lies! die Nationalversammlung hat das Recht dekretiert, das jeder Mensch über sich und seine Hand hat. Du bist frei, Clara! Öffentlich unter dem erhabenen Schutze der Nation und des Königs kannst du mir deine Hand geben, und niemand darf nein sagen, wenn unsre Herzen ja sagen.«

Clara sah ihren Clairant mit frohen Augen an, sah, las, hörte; und man kann leicht denken, daß Clara mit Leib und Seele zu den Patrioten gehörte, da die Versammlung ihre Liebe in Schutz nahm. Der politische Klub in Pillon ward immer mehr eingerichtet. Man feierte jede große Begebenheit in Paris entweder mit einem Freudenfest oder mit Flüchen und Schelten. Zu jedem Feste ward der Prior gebeten, der sich nach und nach immer mehr von dem Vicomte absonderte, da ihre Systeme so verschieden waren und täglich verschiedener wurden. Endlich erhielt der Vicomte den Triumph, daß die Nationalversammlung sein System dekretierte. Er lief laut jauchzend auf dem Schlosse umher, las seiner Frau, las Claren, las jedem Domestiken das Dekret vor. Boten flogen zu dem umwohnenden Adel, zu dem Prior und luden sie zu dem Freudenfeste nach Pillon ein. Schloß und Garten wurden illuminiert; Burgunder und Champagner flossen. Schon am Nachmittage konnte zur Ehre des festgestellten Systems keiner von den Herren mehr fest stehen. Das System lebte hoch, und die Herren sanken nieder. Clairant und Clara genossen allein des Festes. Aus dem Feste der bürgerlichen Abgaben war ein Fest der Liebe geworden.

So laut die Freude in Pillon herrschte, so traurig sah es dagegen in Châtillon aus. Der Prior war nur eine Stunde in Pillon geblieben. – Er tröstete sich indes mit der Hoffnung, daß endlich auch die Nation seine Lieblingshypothese, die Priesterehe, in Schutz nehmen würde. Seine Hoffnung war nicht ohne Grund. Mitten unter den Festen, die Pillon feierte, erschienen nun auch die Debatten über die Priesterehe. Die Mönche in Châtillon hingen ebensofest an dem System des Priors als der Adel an dem System des Vicomte, und gewiß mit mehr Gründen. Châtillon ward nun ebensolaut wie Pillon. Heute war Pillon illuminiert; morgen die Abtei. Die jungen Mönche erstaunten nur allein darüber, daß der Prior, der die feurigsten Reden zum Lobe seiner Meinung hielt, dennoch dagegen war, wie ein junger Mönch sein Auge auf eine hübsche Bäuerin in Pillon warf und das System ausführen wollte. »Nein!« rief er, »laßt uns der Welt zeigen, daß unsere Freude nicht Wollust, nicht Begierde ist. Wir wollen das Dekret ehren: es trägt den Stempel der Vernunft und der Natur; und wir wollen ehelos bleiben, um uns selbst zu ehren.« Die jungen Mönche fanden diese Folgerungen sehr inkonsequent. So reihete sich Fest an Fest in Pillon und Châtillon, die Landleute tanzten und waren fröhlich und wußten nicht warum; die Mönche wußten warum und waren nicht vergnügt.

Da erschien das Dekret der Besteurung des Adels; und der Vicomte fluchte, der Adel ließ die Köpfe hängen, die Musik hörte auf, die Illuminationen waren zu Ende, und bloß die Landleute feierten ganz heimlich kleine Feste in ihren Hütten. Schlag auf Schlag: die Geistlichen verloren den Zehnten, und Châtillon war in Trauer gehüllt. Je stiller Schloß und Abtei wurden, desto lauter, desto froher ward es in den Hütten der Landleute; und Clairants und Clarens Liebe verschmähte kein Fest. Clara schlich sich in die Hütte, woher die Freude scholl; denn dort traf sie ihren geliebten Clairant mitten unter den frohen Landleuten.

Immer trauriger ward es in Pillon und Châtillon; da erschien endlich das Fest der beiden Liebenden. Der Adel ward aufgehoben. Clairant las, las, sein Gesicht glühete, seine Augen brannten. Er flog mit bestürzter Freude nach Pillon; er sah Claren. »Clara! Clara!« rief er, »wir sind glücklich! Du bist mein! ich bin dir gleich! Danke Gott, denn du hast aufgehört, mehr zu sein als ein Mensch. Ich bin, was du bist.« Clara verstand ihn nicht. Endlich, er las ihr eilig vor, sank sie vor überwallender Freude in seine Arme. »Endlich, oh, Gott sei

Dank!« rief sie, »endlich bin ich dein!« Sie schlangen ihre Arme umeinander und standen so lange. »Oh«, rief sie, »mein Vater hat seine Feste gefeiert, der Prior seine, unsre Dörfer sind fröhlich gewesen. Wir wollen unser Fest, das Fest unsrer geretteten Liebe, auch feiern. Heute abend, Clairant, komm in die Weinlaube hinten im Park.« Sie schieden mit Tränen der Freude voneinander.

Clara stahl die Überbleibsel von der Illumination ihres Vaters. Sie trug die Lichter heimlich in die Laube, befestigte sie rund umher. Eine Idee brachte die andre. Rosières Frau mußte ihr helfen. Clairants Name brannte hinten in der Laube. Am Eingange hing ein Papier mit den Worten: ›Nicht mehr Clara du Plessis! nur Clara, Clairants Geliebte.‹ Ein kleiner Tisch mit Gebackenem und einer Flasche Wein stand in der Ecke. Clarens Harfe lehnte an der Rasenbank. So erwartete Clara den Geliebten. Sie stand an der Laube und sah die Allee hinab, woher er kommen mußte. Endlich kam er daher. Sie flog in die Laube, nahm ihre Harfe und spielte und sang:

»Echo, voix errante,
Légère habitante
De ce beau séjour,
Echo, monument de l'amour,
Parle de ma faiblesse au Héros qui m'enchante!
Favoris du printemps, de l'amour et des airs,
Oiseaux, dont j'entends les concerts,
Chers confidents de ma tendresse extrême!
Doux ramages des oiseaux,
Voix fidèle des échos,
Répétez à jamais: je l'aime, je l'aime.«

Clairant stürzte in die Laube zu Clarens Füßen. In sprachlosem Entzücken hielt er lange ihr Knie umarmt. Sein Auge hing mit Bewunderung auf den kleinen Anstalten, die Clara getroffen hatte. Zärtliche Worte dankten ihr dafür und eine Heiterkeit ohnegleichen. Clairants Freude war ohne Maß. So hatte er mit Claren noch nicht gelebt. Sie saß auf seinem Knie, teilte jeden Bissen Gebackenes, teilte jedes Glas Wein. Dann umarmte ihn Clara; dann sang sie ihm ein süßes Lied vor. Kein einziges Fest war mit dieser reinen Freude gefeiert als dieses kleine Laubenfest der Liebe; allein keins ward so fürchterlich gestört als ebendieses stille Fest der Unschuld.

Bisher hatte der Vicomte seinem Unmute über die Dekrete der

Nationalversammlung noch immer durch Fluchen Luft gemacht. Er hatte selbst nicht einmal geglaubt, daß man die Dekrete ausführen würde. Das Dekret aber von der Aufhebung des Adels erregte im höchsten Grade seinen Zorn und machte ihn nun auch wegen der Zukunft besorgt. Er las das Dekret und fluchte nicht. Sein Auge verfinsterte sich. Er stützte die Stirn in die Hand und blieb nachdenkend so sitzen. Sonst pflegte er Frau und Tochter vorzulesen. Dieses Mal schwieg er und verschloß sogar das Blatt, welches dieses Dekret enthielt. Die Abende saß er gewöhnlich auf seinem Zimmer und las noch ungestört; und er war so vertieft, daß sein Haus hätte brennen können, er hätte es nicht gemerkt. Die Abende also befand sich Clara ganz sicher vor ihrem Vater. Heute aber ging er mit übereinandergeschlagenen Armen in seinem Zimmer auf und nieder. Seine Brust war voll Unruhe, seine Stirn voll Falten. »Oh, es ist schändlich!« sagte er im Gehen vor sich. Statt am Abend zu lesen, saß er da und sann, wie dieser Schlag von dem Adel abzuwenden sei. Überall stieß er auf Schwierigkeiten. Er sah überall den Adel entweder gegen sich selbst verschworen oder ohne Kraft, sich zu vereinigen. Seine Unruhe nahm zu. Die Fragen seiner Frau, die seine Unruhe bemerkt hatte und die ihn erheitern wollte, störten ihn; selbst das Licht störte ihn. Er ging in den Garten hinab, um ungestört nachdenken zu können. Träumend ging er in den dunkleren Teil des Gartens. Auf einmal erblickte er ein helles Licht: Clarens Illumination. Was ist das? Er ging näher. Eine Totenstille in der hellen Laube! Er trat in den Eingang und sah seine Clara auf Clairants Schoße sitzen und an seine Brust gedrückt. Die beiden Liebenden merkten ihn nicht. In ein leises, liebevolles Flüstern versenkt, Stirn auf Stirn, Auge in Auge, Mund an Mund, saßen sie da.

Des Vicomte erster Blick fiel auf die Liebenden, sein zweiter auf das Papier und auf die Worte: ›Nicht mehr Clara du Plessis!‹ Sein Familienname hier schon aufgehoben. »Warum nicht mehr Clara du Plessis?« rief er, von seinem Zorn übermannt. Clara stand in dem Augenblick auf den Füßen hinter dem kleinen Tische und Clairant neben ihr. Man denke den Zorn des Vicomte. Kaum konnte er Worte hervorbringen. Er zerriß das Papier, das seine Schande enthielt, in der bittersten Wut. Dann ergriff er Claren. Clairant sprang zwischen ihn und seine Tochter. »Herr Vicomte«, rief er, »Clara ist mein. Nach den Gesetzen der Natur ist sie schon längst mein gewesen, und jetzt ist sie es auch nach dem Befehl meiner Nation!«

»Elender!« brachte Plessis endlich hervor. Wütend eilte er um den Tisch, um Clairant zu ergreifen. In dem Augenblicke huschte Clara zur Tür hinaus, Clairant stürzte hinter ihr her. »Ihr seid des Todes!« schrie der Vicomte. Clara eilte die Allee hinab nach der hintern Türe, Clairant hinter ihr her. Jetzt standen sie beide auf dem Felde. »Wohin, Clairant? wohin?« fragte Clara zitternd. Clairant umfaßte sie: »Sei ruhig, Clara! Das Gesetz schützt uns.« Sie sank weinend auf seine Schulter. Er stand da, sann, sann; und er wußte ebensowenig, was er tun sollte, als sie.

Jetzt hörten sie des Vicomte Stimme, der nach seinen Bedienten rief. Clara ergriff Clairants Hand. Dahin flogen sie – über das Feld, den Weg nach Châtillon zu. An der Chaussee standen sie. »Zu meinem Oheim!« rief Clairant. Sie flogen die Pappelallee hinab, auf den Klosterhof, die Treppe hinauf. Rasch öffneten sie die Türe, und Clara und Clairant standen beide erschrocken, zitternd am Tisch, wo der Prior saß. Clairant erzählte, verwickelte sich, und nach einer langen Zeit erfuhr der Prior den Handel. »Aber, mein Gott, was wollt Ihr nun?« fragte der Prior kopfschüttelnd.

»Claren in Ihren Schutz geben.«

»Kann ich dem Vater die Tochter vorenthalten?«

»Der Vater hat keine Rechte über der Tochter Hand und Liebe.«

»Mein Sohn, mein Sohn! Du hättest bedenken sollen – die Ungleichheit des Standes –« – »Der Adel ist aufgehoben. Wir haben den Schutz der Nationalversammlung. Unsere Nation –«

»Ist von Sinnen, ist rasend, wie du auch bist. Eine Versammlung von Toren, von Rasenden kann euch keinen Schutz geben; denn hat sie nicht auch den Zehnten aufgehoben?« Der Prior fing an, den Satz auszuführen. Clairant stampfte mit den Füßen, Clara sah furchtsam auf die Türe, der Prior ließ sich in seinem Eifer nicht stören. Die Türe flog auf, und der Vicomte trat hinein, hinter ihm ein Haufen Bediente. Jetzt endigte der Prior seinen Beweis. Clara verbarg sich hinter ihm und umschlang ihn mit beiden Armen. Der Vicomte schrie, der Prior redete, Clara weinte, Clairant tröstete sie, niemand verstand sich. Endlich winkte der Vicomte seinen Bedienten. Sie traten hinein. Der Prior drohete, seine Leute zu rufen, und so kam es endlich zu Traktaten, nach denen der Vicomte seine Tochter wieder erhielt, aber nur unter dem Versprechen, ihr zu verzeihen. Der Prior versuchte zum Besten seines Vetters zu reden. Mit voller Verachtung verwarf der Vicomte alle Vorschläge. Er wütete, wie ihn Clairant aufmerksam auf die Aufhebung des Adels und auf die Einschränkung der väterlichen Gewalt machte. Er schwur, seine Tochter in ein Kloster zu stecken. »Ach!« sagte der Prior, »auch die Klöster sind aufgehoben!« – »Auch die Klöster?« rief Clairant, »Gott sei Dank!« – »Auch die Klöster?« fragte der Vicomte, »Gott sei Dank! So ist der Sieg unser! Was will der dritte Stand gegen unsre beiden Stände machen, lieber Prior? Wir haben gewonnen! Der Sieg ist unser! Ansehen und Geld ist auf unsrer Seite.« – »Und auf unsrer Gerechtigkeit und Vernunft!« rief Clairant. Der Vicomte zog, ohne ein Wort zu antworten, Claren in den Wagen, der Wagen rollte dahin, und Clairant hob beide Hände empor und schwor mit einem gräßlichen Schwure: »Und dennoch soll sie mein sein!« Er warf seinem Oheim Schwäche vor, drohete sogar, den Schutz der Gesetze zu fordern, drohete mit der Nationalversammlung. Der junge Mensch war außer sich. Er wußte nicht, was er redete. Der Prior sah ihn mit bedenklichen Blicken an.

Er machte die folgenden Tage tausend Versuche, Claren zu sehen. Sie mißglückten alle. Clara hatte ihren Vater ihren Plan merken lassen, mit Clairant zu entfliehen. Der Vicomte hütete nun seine Tochter wie seinen Augapfel. Zu gleicher Zeit ward sein Unmut gegen die jetzige Verfassung noch bitterer. Er sah in den entschlossenen Schritten Clairants und seiner Tochter zu bestimmt, wie ohnmächtig der Adel geworden war. Wie leicht wäre es ihm sonst geworden, sich von dem dreisten Burschen zu befreien! Ein Billett an den nächsten Intendanten, und Clairant hätte seine Verwegenheit auf den Kolonien oder im Gefängnis büßen müssen. Jetzt trotzte ihm der Mensch ins Angesicht, drohete mit den Gesetzen, und der Vicomte wagte es nicht einmal, den elenden Pächterssohn anzugreifen. Der Vicomte ward erbittert, und er behandelte jetzt seine Untertanen mit aller Strenge, welche ihm Gesetze und seine Macht erlaubten. Er spottete der Freiheit, welche die neue Konstitution den Bauren gab, weil sie seiner Tochter Unbesonnenheit in Schutz nahm. Bei jedem neuen Dekrete ward er stolzer und strenger. Seine Bauren hatten ihn vielleicht nicht geliebt; aber jetzt fingen sie an, ihn zu hassen. Sie widersetzten sich allen seinen Anordnungen, selbst wenn sie zu ihrem Nutzen gereichten. Des Vicomte Stolz ertrug das nicht. Er haßte, er verfolgte, wenn nur der Schein des Rechts auf seiner Seite war; noch mehr, er brachte die umwohnenden Edelleute zu einer gleichen Strenge gegen ihre Untertanen.

Es war in den fürchterlichen Zeiten, da der Bauer, von seiner Kette losgefesselt, wütete, weil er sich frei fühlte. Mit Begierde hörten die Bauern in Mangienne und Pillon erzählen, wie hier Schlösser der Adligen von den Landleuten zerstört waren, wie dort Bauern sich aus den Plünderungen der Schlösser bereichert hatten. Rache und Habsucht gab auch ihnen den Mut, loszubrechen. Die Veranlassung kam. Die Sturmglocke in Mangienne wurde geläutet. Das Dorf war zusammen. Wütend, sich untereinander mit Schwüren, mit Erzählungen von des Vicomte Härte erhitzend, zogen sie nach Pillon zu. Der Pächter des Vicomte in Mangienne gab ihm Nachricht von der Absicht der Bauern. Der Vicomte las, wurde bleich, las wieder, sprang vom Tisch auf, lief ans Fenster, sah hinaus. Dann faßte er auf einmal Claren, die zitternd dasaß, bei den Schultern, und rief fürchterlich: »Heute ermorden sie mich, und du, du und Clairant seid schuld daran! Soweit hast du es gebracht!« Clara sank laut schreiend in ihres Vaters Arme. Der alte Mann stand da und zitterte. Clarens Mutter konnte vor Angst nicht aufstehen. Niemand wußte noch, wovon die Rede war. »Verschließt die Türen!« rief der Vicomte. »Die Bauern aus Mangienne wollen uns ermorden! Spannt den Wagen an.« Clara sank bleich auf den Stuhl. Die schrecklichen Bilder der brennenden Schlösser, der von den wütenden Landleuten ermordeten Adligen standen lebendig vor ihren Augen. Jetzt scholl ein tobendes Geschrei aus dem Dorfe her. Bleich stürzten die Bedienten in das Zimmer. Clara und ihre Mutter rangen schreiend die Hände. »Ist der Wagen angespannt?« rief der Vicomte. Die Bedienten liefen ängstlich durcheinander. Die wütenden Stimmen näherten sich. Man unterschied schon in dem Lärmen die Worte: »Zündet an! Verbrennt den Tyrannen! Zündet an! Es lebe die Nation! Es lebe die Freiheit!«

»Meinen Wagen! meinen Wagen!« rief bestürzt der Vicomte, zu spät seine Strenge bereuend. Er nahm seine Tochter, seine Frau, eilte durch die Hintertüren in den Garten hinab. Kein Wagen war da. Die Bedienten liefen neben ihnen weg durch den Garten, um sich zu retten. Der Vicomte flog mit seiner Familie die Allee hinab. Der letzte Bediente eilte durch die Gartentüre, schlug sie zu, daß es hallte, und der Vicomte stand da vor der verschlossenen Türe, verlassen, eingesperrt, zitternd, totenbleich. Er streckte die Arme nach der Türe aus, nach den Bedienten, die in das Gebüsch liefen, dann mit einer trostlosen Miene gen Himmel. Clara klammerte sich um das Gitter und

schrie: »O macht auf! um Gottes willen, macht auf!« In dem Augenblick sah sie Clairant, der um den Garten herschlich, um Claren zu erblicken. »Clairant!« rief sie, »mach auf! Sie wollen uns ermorden!«

In dem Moment war Clairant an der Türe, die er verschlossen fand. Er kletterte an dem Gitter in die Höhe und sprang herüber. Clara warf sich in seine Arme mit dem Geschrei: »Rette uns!« Der Vicomte sah mit stillem Ernst seine Tochter in den Armen Clairants liegen. Er schwieg. Er fand eine Art von Trost darin, einen Menschen mehr um sich zu haben. Clairant fragte, Clara sagte mit wenigen Worten den Vorfall. In dem Augenblick drangen die Bauern in den Garten. Clairant flog ihnen entgegen. Ein allgemeines Freudengeschrei empfing ihn. »Sie ist seine Braut! Des Tyrannen Tochter ist seine Braut! Clairant! Wir wollen dein Unrecht rächen! Du bist beleidigt wie wir.« – »So hört mich!« rief Clairant, »hört mich!« Er hielt den andringenden Haufen der Bauern auf. Sie standen. Der Vicomte lehnte sich zitternd ans Gitter. Clara verbarg sich hinter Clairant. Dieser ergriff Claren, er führte sie einen Schritt vor. »Seht«, rief er, »sie ist meine Geliebte und eure Wohltäterin!« Er wandte sich an Claren. »Fürchte dich nicht, Clara! Zittre nicht so! Du hast ihnen nichts als Gutes getan! Sie werden dir nichts Leides tun. Nicht wahr, meine Freunde?« Er führte das zitternde Mädchen näher zu dem Haufen.

Sie war umringt. Jedermann drängte sich um Clairant und um das blasse, erschreckte Mädchen her. »Es lebe die Nation!« rief Clairant, »und meine Clara!« – »Die Nation und Clairants Braut!« riefen die Bauern. »Nun zündet das Haus an! Des Tyrannen Haus!« riefen jetzt andere. »Wie?« rief Clairant, »das Haus wollt ihr anzünden? Das Haus meiner Geliebten?« Nach und nach sammelten sich die Bauern aus Pillon und Châtillon, die der Lärm herbeigezogen hatte, um Clairant her: teils seiner Jugend Spielgefährten, teils Menschen, denen er, Plessis und Clara Wohltaten erzeigt hatten. »Nein!« rief er, »nein! Kommt, ich will euch sagen, was ihr tun sollt. Brennen sollt ihr nicht, denn es ist meiner Geliebten Haus; und hier stehen Menschen, die edel genug sind, Claren mit ihrem letzten Blutstropfen gleich mir zu verteidigen.« Er sah in den Haufen umher. Mit blitzenden Augen fragte er seine Bekannten: »Nicht wahr?« und sah mit einem sichern Zutrauen sie ringsumher an; und ohne auf Antwort zu warten, fuhr er mit sehr entschlossener Stimme fort: »Aber ein Fest wollen wir feiern, unserer Freiheit, der Nation und meiner Geliebten

zu Ehren. Holt die Mädchen aus Mangienne. Clara wird euch Musik und Wein besorgen. Kommt, holt Mädchen und Wein! Es lebe die Nation! Es lebe die Freiheit! Musik, Mädchen und Wein!« Er faßte ein paar der erbittertsten an und tanzte singend mit ihnen die Allee hinab. Das alles ging so rasch. Das Geschrei ›Nation! Freiheit! Mädchen! Wein!‹ betäubte alles. Die Bauern aus Pillon, aus Châtillon tanzten hinter ihm her. Die aus Mangienne wurden mit fortgerissen. Der Geist der Fröhlichkeit, dem kein Franzose widersteht, ergriff sie alle. Das Mitleiden mit Claren, die Liebe gegen Clairant hatte schon vorher die Wut gemildert. Clairant hatte sie auf der Wiese zwischen Pillon und Châtillon. Einige Jünglinge liefen nach Mangienne, die Mädchen zu holen. Die Musik erschien. Die Mädchen aus Pillon und Châtillon strömten herbei. Clara eröffnete mit Clairant den Ball. Sie tanzten nur ein paar Touren. Dann setzte sie sich unter eine Weide und lehnte schwach ihre Wange an Clairants Brust. Schrekken und Angst hatten sie ermattet. Sie sah nur mit einem stillen, dankbaren, freundlichen Blick Clairant ins Auge. Ihre Liebkosungen waren zärtlicher, inniger als je. Sie gab dem Retter ihrer Eltern und ihrem Retter vor aller Blicken die Liebkosungen, die sonst immer die Einsamkeit nur gesehen hatte. Sie war heute nur Liebe, nichts als Liebe; allein die frömmste, die heiligste Liebe. Ihre Stimme, wenn sie mit Clairant redete, war so schmeichelnd sanft, so bewegt, ihr Auge ward fast nicht trocken, wenn sie ihn ansah, sie hatte eine seiner Hände zwischen den ihrigen, die sie gefaltet hatte. Sie saß da neben ihm mit dem Blick, mit dem die fromme Unschuld einen Schutzheiligen betrachtet, der sie gerettet hat.

Man kann leicht denken, daß der Vicomte eben nicht sehr große Ursache hatte, zufrieden zu sein. Er verdankte Clairant sein Vermögen, vielleicht gar sein Leben. Sein Herz war nicht böse: er fühlte gewiß mit einer sehr dankbaren Empfindung das Gewicht des Dienstes, den ihm Clairant geleistet hatte. Aber ebensoviel Bitteres war in seiner Empfindung. Seine Tochter die Braut eines gemeinen Menschen. Er fühlte zu gut, daß dieses Verhältnis Clairants zu seiner Tochter ihn gerettet hatte; er fühlte aber auch das Erniedrigende, das für seinen Stolz darin lag. Wie der Haufen der Bauern den Garten verlassen hatte, wie alles still wurde, so ging er schweigend zu Hause. Die Domestiken fanden sich nach und nach wieder ein. Mit einem kalten Grimme gab er Befehle, Wein und Lebensmittel auf die Wiese zu bringen. Er stellte sich hinter die Jalousien, die nach der Wiese sa-

hen, wo getanzt ward. Er sah Clairant mit Claren tanzen; sah, wie Clara sich neben Clairant unter die Weide setzte, wie sie ihm liebkosete. Das alles ging hundert Schritte von ihm vor, und er durfte nicht einmal seinen Unwillen darüber äußern. Eine der seltensten Lagen, in welche Frankreichs Schicksal ihn allein versetzen konnte. Er fühlte mit einer sehr scharfen Bitterkeit diese Demütigung. Er ballte die Hände zusammen, wenn er bedachte, daß man nur seiner darum geschont hatte, weil seine Tochter so glücklich gewesen war, die Geliebte Clairants zu sein. Zwar ließ er der Klugheit Clairants, mit der er die Wut der Landleute abgelenkt hatte, Gerechtigkeit widerfahren. Ja, er fühlte sogar das Edle in Clairants Benehmen, ihm jetzt kein Versprechen abzudringen. Denn was hätte der bedrängte Alte abschlagen können und dürfen? Allein der Anblick Clarens in Clairants Armen füllte seine Brust mit einem Zorn, der um so heftiger war, je ohnmächtiger er sich fühlte. Er zitterte, wie Clairant das Zimmer öffnete und hereintrat; er zitterte vor Scham und Zorn; denn er sah sich von dem Jünglinge überwältigt. Clairant näherte sich ihm bescheiden und gab ihm mit sehr behutsamen Ausdrücken zu verstehen, daß es gut sein würde, jetzt zu erscheinen und sich mit seinen Bauern ganz wieder zu versöhnen. Der gedemütigte Adlige sagte keine Silbe; ein freundlicher Blick war die ganze Antwort und ein bejahendes Kopfneigen. Gegen Abend erschien denn auch der Vicomte in dem Kreise seiner Bauern. Der erste Augenblick machte Herrn und Bauern verlegen. Indes, man tat, als sei gar nichts vorgefallen, und bald war die Fröhlichkeit hergestellt. Das Schwerste für den Vicomte war, in Gesellschaft Clairants und seiner Tochter zu sein und gleichsam stillschweigend seine Bewilligung ihrer Liebe zu geben. Er harrte voll Sehnsucht auf den Augenblick, da er schicklicherweise mit Claren die Wiese verlassen konnte.

Um seine Verlegenheit weniger drückend zu machen, fing er an, hin und wieder mit einem Bauer zu reden; das ging, und nun wollte er die Freundschaft seiner Bauern sich wenigstens selbst verdanken, um das lästige Gefühl der Dankbarkeit gegen Clairant sich zu erleichtern. Er ging von einem Bauern zum andern, scherzte mit den Mädchen, und es gelang ihm, das Zutrauen zu sich rege zu machen. Er trank den Ältesten seiner Dörfer zu, und man sammelte sich um ihn mit vollen Gläsern her. Man trank das Wohl der Nation, der Freiheit, des Königs, das Wohl von Lafayette. Der Vicomte trank fröhlich mit. Auf einmal zog ein Bauer, der von Wein und Freude glühte, Claren und Clairant in den fröhlichen Kreis. Er nahm ein Glas und rief: »Clairant und seiner schönen Braut Glück und eine baldige Hochzeit!« Hoch hoben alle Bauern die Gläser. »Clairant und die Bürgerin Clara, Clairants Braut!« Clara fuhr ein wenig zusammen. Sie warf einen flüchtigen Blick auf ihren Vater. Er ward rot und redete schnell, als ob er nichts gehört habe, einen Bauer an. Der Bauer, der die Gesundheit ausgebracht hatte, taumelte auf den Vicomte ein und sagte ihm, wessen Wohl man tränke. Der Vicomte lächelte gezwungen. »Mein Sohn«, sagte er zu dem Bauer, »so etwas muß ein Vater erst überlegen.«

»Ei was! überlegen! Sie haben sich beide von Herzen lieb, sind beide jung, beide hübsch, beide reich, beide sich gleich, französische Bürger; und Zeit zum Überlegen haben Sie ja gehabt von dem Abend an, da Clara mit Clairant nach Châtillon ins Kloster flüchtete! Auf das Wohl des jungen Brautpaars!« rief er noch einmal sehr bedeutend. Alle andern riefen es ihm nach und umringten den Vater. Der Vicomte zog die Stirn in Falten. Er schlug seine Augen zu Boden und dachte nichts. In dem Augenblick drängte sich Clairant in den Kreis. »Nein!« rief er, »nein! ich liebe Claren mit allen Kräften meiner Seele! Um ihren Besitz will ich tausendmal mein Leben geben. Aber ihren Besitz will ich nicht erzwingen. Ich will ihre Hand nur ihrer Liebe danken! Wir sind jetzt alle freie Franzosen, meine Freunde, und auch der Herr du Plessis soll frei sein. Dies sei das Fest der Freundschaft, die wir mit dem Herrn du Plessis schließen, das Fest der Freiheit, ein Fest zu Ehren der Nation. Das Fest meiner Liebe will ich feiern, mit euch hier wieder auf dieser Wiese feiern, sobald der Vater meiner Clara einsehen wird, daß meine Liebe seine Tochter, daß ihre Liebe mich glücklich machen wird.

Hier, Herr Vicomte«, er führte Claren zu ihm, »hier ist Ihre Tochter. Wenigstens sollen Sie fühlen, daß Sie Ihr Kind einem edlen Manne abschlugen.« Die Tränen rollten ihm bei diesen Worten über die Wangen. Der Vicomte blieb nicht ohne Gefühl, gegen den Edelmut des Jünglings; er sah ihn mit Blicken an, die nur darum finster waren, weil er sich auch jetzt in der Tat gedemütigt fühlte. Stockend sagte er: »Ich sehe meine Tochter als ein Geschenk an, das du mir machst, Clairant. Ich fühle deinen Edelmut; ich wünschte – ich – ich danke dir, Clairant. Du bist ein sehr edler Mensch, und, in der Tat, ich wünsche dich glücklich zu sehen. Jetzt aber, meine Freunde, die Begebenheiten des heutigen Tages haben mich zu sehr angegriffen, laßt mir Zeit! Ich hoffe euch alle glücklich zu machen. Lebt wohl! Komm, meine liebe Clara!« Clara reichte Clairant die Hand. Sie sah ihn mit einem heitern, lächelnden, zärtlichen Blick an; dann beugte sie sich gegen die Bauern und ging. Die allerfröhlichste Hoffnung ward in ihrem Herzen lebendig.

Clairant sah ihr mit Sehnsucht nach. Er blieb noch einige Augenblicke, dann verließ er die Wiese mit den Bauern. »Oh, es wird alles gut gehen, meine Freunde!« sagte er mit tränenden Augen. »Wir werden alle glücklich werden!« Er verließ sie mit einer Wehmut, die er beinahe Fröhlichkeit hätte nennen mögen. Des Vicomte Herz war erschüttert, das fühlte er. »Oh«, rief er, vor Freude taumelnd, wie er noch einmal alles überlegt hatte, »er wird mich mit dem teuren Geschenke, mit Clarens Hand, überraschen!« Törichter Jüngling, du kennst den Stolz des Ranges nicht: er nimmt der Dankbarkeit, der Menschlichkeit die natürliche Kraft, die alle Herzen bewegt; er nennt jede Wohltat Pflicht und die edelste Großmut Schuldigkeit.

Der Vicomte kam mit Claren zu Hause. »Gute Nacht, meine Clara!« sagte er sanft und eilig; denn Clara ergriff seine Hand. Sie öffnete mit einer bittenden Miene ihre Lippen. »Gute Nacht«, sagte er noch einmal und ließ sie stehen. – ›Meine Tochter die Frau eines Pächters! Eine du Plessis die Frau eines Pächters!‹ *Der* Gedanke beschäftigte ihn unaufhörlich, wie er allein war. Sein Stolz erwachte aufs neue mit aller Gewalt. Er überlegte, sann, fühlte die Schwierigkeiten, seine Tochter von der Verbindung zu retten. Er gab sich Mühe, Clairant hassenswert zu finden. Sein Gefühl widerstand. Gesetz, Umstände, eignes Gefühl, die zärtlichste Liebe, die unerschütterliche Entschlossenheit der beiden Liebenden: alles war ihm entgegen; und doch widersetzte sich sein Stolz. Er brachte die Nacht nicht unentschlossen, bloß überlegend zu, wie er seine Tochter retten wollte. Am Morgen stand er ruhig auf. Er hatte ein Mittel gefunden, und Clairant war verloren.

Clairant träumte noch seine süßen Hoffnungen. Er blieb den Tag zu Hause. Er wollte den Vicomte nicht übereilen. Er wollte einen vollkommenen Sieg gewinnen. Den Tag darauf, er saß träumend in seinem Zimmer, hörte er eine Stimme auf der Hausflur zu seiner Mutter sagen: »Diese Nacht sind sie abgereist, der Vicomte und seine ganze Familie. Das ganze Schloß ist leer.« Clairant sprang auf, flog nach Pillon, stürzte in des Vicomte Haus. Ein alter Domestik bestätigte ihm die schreckliche Nachricht. »Wohin?« fragte Clairant.

»Nach Deutschland«, war die Antwort. »Und Clara?« – »Nach Deutschland!« – Er schlug die Arme übereinander und blieb so eingewurzelt stehen. »Wohin aber?« fragte er endlich. »Der Herr will Nachricht von sich geben.«

Er schlich still nach Hause. Nach mehreren Tagen erhielt er durch Hannchen dies Billett.

Clara an Clairant

Leb wohl, Clairant! Leb wohl, mein geliebter Clairant! Ach, tausendmal hab ich mit heißen Tränen Dir Lebewohl zugerufen, die unglückliche Nacht, die uns trennte. Ich habe nur einen Augenblick, Dir zu schreiben. Wir haben hier in Luxemburg auf meinen Bruder gehofft. Er ist hier. Er hat mir versprochen, Dir den Zettel zu senden. Wir gehen, Gott weiß wohin. Zehn Briefe hatte ich schon angefangen. Meine Tränen haben die Buchstaben verlöscht, die meine Hand schrieb. Schreib unter meines Bruders Adresse. Ich habe ihm erzählt, wie mir's gegangen ist; er streichelte mir die Wangen und sagte, ich sei unschuldig. So sagt auch meine Vernunft, wenn ich mich der Nacht erinnere. Mein Herz sagt nicht so; es wirft mir vor, daß ich Dich verlassen habe. Ich hätte sollen standhafter sein. Aber, mein Gott, Clairant! Du kennst mich. Ich kann nicht gut etwas abschlagen, wenn man mich bittet, und wenn man mich so bittet, wie ich gebeten wurde, mitzureisen. O schreib mir ja, daß ich unschuldig bin; ich bin es wirklich. Und wer weiß auch, wie lange unsere Abwesenheit dauert? So sagt mein Bruder. Ich möchte gern auch so sagen; aber mein Vater ist so freundlich, so gut. Ist das nicht, als ob er mit seiner Freundlichkeit es wiedergutmachen will, daß er mich von Dir gerissen hat? Mir treten immer die Tränen in die Augen, wenn er mir die Hand drückt und mich seine liebste Clara heißt. Ich sollte ausgehen; denn es befinden sich hier viele mit der Revolution nicht zufriedene Franzosen. »Es sind sehr unglückliche Menschen darunter«, sagte mein Vater, wie er heute morgen von Besuchen zurückkam. ›Jawohl‹, dacht ich. Es war, als sollte mir das Herz brechen bei den Worten; denn keiner von allen ist so unglücklich als Deine Clara. Ich bin nicht ausgewesen. Ich habe an Dich gedacht, und das ist das einzige, was ich tue. Leb wohl, leb wohl! Schreib ja, und unter der Adresse meines Bruders, nach Luxemburg. Die Briefe gehn uns nach. Leb wohl.

Clara an Clairant

Ach, wie weit, mein Clairant, bin ich schon von Dir entfernt! Ich frage jeden, den ich sehe, wie weit ist es von hier nach Longuion? Man sieht es mir an, was ich zurückgelassen habe, und nennt mitleidig wenige Stunden. Oh, wenn wir nur über keine Flüsse kämen; denn jeder Fluß, über den wir fahren, scheint mir ein Abgrund zu sein, der mich auf ewig von Dir trennt. Mein Bruder versichert mir, wir würden bald zurückkehren; ach! ich kann es nicht glauben. Mein Vater ist nie in seinem Leben so gütig, so freundlich gegen mich gewesen als jetzt; er redet zuweilen von Dir, neulich nannte er Dich einen guten, braven Jungen. Würde er so reden, wenn er je wieder zu Dir zurückkehren wollte? Er weiß, wie sehr ich Dich liebe. Würde er Dich loben, wenn er nicht gewiß wüßte, daß ich Dich nicht wiedersehen werde? Meine Mutter zuckt die Achseln, wenn ich sie frage.

»Zerstreue dich, Clara!« sagt mein Bruder, wenn er mich seufzen sieht. Zerstreuen? Womit denn? Denn alles, alles in der Welt erinnert mich an Dich. Wie wir über die Mosel fuhren, so fielst Du mir ein; denn Metz liegt auch an der Mosel. Ich dachte daran, wie Du so blaß wurdest, da Du mich erblicktest; wie Du auf den Stuhl des Gouverneurs Deine Stirn lehntest. Ach, ich hatte Dich vergessen, mein guter Clairant, und Du warst mir so treu. Nein, Clairant, jetzt bin ich so bleich, wie Du damals warst. Oh, wenn Du jetzt so hineinträtest, ach! Du würdest es Deiner Clara bald ansehen, wie sehr sie Dich liebt.

Wir sind jetzt in Trier, seit einigen Tagen. Wenn ich es auch einen Augenblick vergessen könnte, daß Du nicht bei mir bist, so erinnert mich jedes Wort, das ich höre, daran. Nein, nie, nie werd ich die deutsche Sprache lieben! Jeder Ton geht mir durchs Herz; denn ich höre an ihm, daß ich nicht mehr in Frankreich bin. In Luxemburg merkte ich es noch nicht so, daß ich in Deutschland war, weil dort alles französisch redet. Aber hier! ach, hier bin ich erst recht schrecklich allein! Da sitz ich oft und sage mit nassen Augen und mit gefaltenen Händen Dir die Verse vor – ach! ich sagte sie sonst mit soviel Vergnügen, ich dachte nicht, daß es mir bald ebenso gehen würde.

Wirf einen mitleidigen Blick auf Deine arme Clara; da sitzt sie, ohne Ruhe, und zählt an ihren Seufzern die ach so langen Tage, die so ewig langen Nächte ab. Nichts, nichts macht ihr mehr Freude: kalt wendet sie den Blick auf die junge Flur, die der Lenz mit Blumen bekleidet.* Der schöne See, von grünem Gebüsch umkränzt, die dunkeln Tannen, die der Wind sanft bewegt, der düstere, schattenreiche Wald, alles hat seine Reize verloren. Stumm sitze ich da, ein Bild der Verzweiflung; und jeder Glockenschlag dünkt mich die schrecklich donnernde Stimme des Todes zu sein.

Gestern waren wir in der Simeonskirche, um uns zu besehen. Es ist eine seltsame Kirche, oder eigentlich sind es zwei Kirchen, von denen eine auf der andern steht. Wir waren in der obern Kirche. Man kann aus dieser in die untere hinabsehen, durch ein Gitter, das in dem Fußboden ist. Ich stehe an dem Gitter. Ich sehe hinab. Da geht jemand unter mir weg. Es war Deine Gestalt, Dein Gang, Dein Haar. »Oh, da ist er!« schrie ich laut auf und stürzte die Treppe hinab in die untere Kirche. Ich hole Dich ein, ich breite meine Arme aus. »Clairant!« ruf ich. Der Mann sah sich um. Es war ein fremdes Gesicht. Ich errötete. Ich sagte ihm, ich hätte mich geirrt. Der Mann lächelte sehr leichtfertig. Er verstand mich nicht. Es war ein Deutscher. Er faßte meine Hand sehr dreist. Oh, ich schämte mich, Clairant; denn eben, wie er sich umsah, wollte ich ihn umarmen. Ich gab mir alle Mühe, ihm verständlich zu machen, daß ich mich geirrt hätte. Er verstand auch nicht ein Wort, und er lachte fort und ließ mich nicht eher, bis mein Vater herbeikam. Ich bin vor Scham noch nie so warm gewesen als hier. Ich bat meinen Vater, dem Mann zu sagen, daß ich mich geirrt hätte. Mein Vater lachte, verbeugte sich gegen den Deutschen, faßte meine Hand, und wir gingen. Ich hätte viel drum gegeben, soviel Deutsch zu wissen, um sagen zu können, was ich sagen wollte; denn der Mann lachte so unverschämt, und ich weiß nicht einmal, was er geglaubt hat. Nachher lachte ich selbst darüber.

Ich muß jetzt viel in Gesellschaft gehen. Es sind hier viel Franzosen, die zusammen sehr aufgebracht auf die Nationalversammlung oder, wie man sie hier nennt, auf die Chaperons mi-partis** sind. Ach, ich wäre lieber allein als in diesen Gesellschaften, wo man nichts tut als zankt und schimpft. Mein Vater ist auch dieses ewigen Lärmens

* Plus de répos pour elle, et les jours et les nuits
Sont des sècles entiers comptés par ses ennuis;
Rien ne la touche plus. La terre renaissante
Etale envain l'émail de la saison brillante.

** Chaperons mi-partis, vielleicht der Name einer alten antiroyalistischen Partei.

schon überdrüssig. »Der Geck«, sagte er gestern von einem jungen Chevalier, der mich mit Gewalt Deutsch lehren will, was er selbst nicht kann, »der Geck, er glaubt, Paris kann ohne ihn nicht mehr vier Wochen stehen!«

Wir haben hier Bälle, Konzerte und Assembleen; ach! Deine arme Clara nimmt an nichts teil. Wenn ich tanzen sehe, so fällt mit die Weinlese zu Mangienne ein, wo ich mit Dir tanzte. Denn hör ich, denn seh ich nicht mehr; und wenn mich jemand anredet, so fahr ich zusammen, als ob man mich aus dem süßesten Schlafe erweckt hätte. Clairant, werd ich Dich wiedersehen? so frag ich mit jedem Atemzuge; und niemand ist da, der mir aus Mitleiden Ja anwortet.

Clairant an Claren

Clara, Clara, wir sind auf ewig getrennt. Ich sehe es aus den Anstalten, welche Dein Vater hier trifft. Das Schloß wird ausgeräumt. Euer Silbergerät, Euer Tischzeug ist schon fort. Man packt die Möbeln, man hat alle Deine Kleider gepackt; und ich, ich habe dazu geholfen. Die Rosière hatte den Auftrag dazu. Ich kam nach Pillon, ich ging auf Dein Zimmer. Ach, täglich bin ich dort gewesen. Es war mir eine Freude, mich auf Deine Stühle zu setzen; Deine Harfe habe ich stundenlang an meine Brust gehalten und mit meinen Tränen benetzt. Ich bot mich bei dem Verwalter an, das Schloß zu bewachen. Er erlaubte es, weil er die Bauern fürchtet, die über Eure Abreise aufgebracht sind. Aufgebracht? Ach, mir hat Deine Abreise das Herz gespalten. Sieh, so kam ich auf Dein Zimmer. Es war noch voll von Dir. Auf den Stühlen umher lagen noch Kleidungsstücke von Dir, die Du wahrscheinlich den Tag getragen hattest. Oh, ich hatte mich wie ein törichtes Kind. Da saß ich und hängte Dein Kleid neben mir auf den Sofa, redete es an, machte ihm Vorwürfe, liebkoste ihm, als ob Du es gewesen wärst. Mit Widerwillen half ich der Rosière einpacken. Ich sagte jedem Kleidungsstück heimlich ein Lebewohl, ich gab ihnen, wenn sie nicht hersah, zärtliche Küsse. Ach, Clara, ich war so sehr Kind, daß ich ein Nachtkleid von Dir über die Seite schaffte. Ich war entzückt über den kindischen Diebstahl; ich war entzückt, daß man es nicht merkte.

Endlich hatte man alles gepackt, alles fortgeschafft, und ich befand mich allein auf Deinem Zimmer. Mit einer Art von Wollust suchte ich jeden Ort auf, wo Du gesessen haben konntest. Ich vergaß es, daß Du entfernt warst. Denn ich hatte Dich, ich redete mit Dir, ich sah Deine Tränen, Du lagst in meinen Armen, Du wolltest nicht fort. Du widerstandest den Bitten, den Drohungen Deines Vaters. Er reiste allein ab, und Du bliebst bei mir. Clara, Clara, welche Stunden gab mir meine Phantasie, die mir treuer war als Du! Ach, Clara, wie war es möglich, wie konntest Du mich verlassen? Welche Stunden könnten wir haben! Ich warf mich auf Dein Bett: mit einem süßen Schauer, der mir durch Mark und Seele drang, hüllte ich mich in die Decke, unter der die reizende Clara geschlummert hat. Ich bedeckte Dein Kopfkissen mit seelenvollen Küssen, ich benetzte es mit Tränen. Ein Gefühl von Wehmut und von hoher Freude erhielt mich die Nacht durch wach. Ach, Clara, ich kann Dir die tausendfachen Empfindungen nicht beschreiben, die ich hatte. Und nun? nun? Ich bin nicht von Deinen Zimmern wegzubringen. Ich habe mich hier eingerichtet, als wollte ich eine Ewigkeit hier wohnen. Die Rosière lachte laut auf, wie sie mich diesen Mittag traf. Ich aß mit Deinem kleinen Taschenmesserchen, das ich gefunden habe. Ich versteckte mein Tischmesser, wie sie hereintrat, um mit Deinem Messer fortessen zu dürfen. Ich errötete selbst über die kindischen Einfälle meines Herzens; und doch kann ich ihm die Freude nicht versagen, sie fortzusetzen. Ich behelfe mich wie ein Mensch, den der Zufall auf eine unbewohnte Insel geworfen und dem es an allem Notwendigen fehlt. Die kleinen Geräte, die ich noch von Dir gefunden habe, müssen alle meinen Bedürfnissen dienen. Aus einer Tasse trink ich meinen Wein, denn Deine Lippen, Clara, haben auch aus ihr getrunken. Ich schreibe nur mit einer unbrauchbaren Feder, weil Deine Finger sie gehalten haben. Da sitzen wir, ich und Dein Hündchen, so zufrieden, als ob die Welt unser wäre; und bin ich sicher, so ziehe ich Dein Nachtkleid hervor, und – o Clara, ach! wenn Du es wärest, Du selbst, die ich in meinen Armen hielte, die ich an meine Brust drückte! Dann fällt mir Deine Entfernung ein, ich strecke meine Arme nach Dir aus, ich rufe Deinen Namen, ich verzweifle. Oh, wie konntest Du mich verlassen! Clara! wie war es möglich!

Ich darf nicht daran gedenken, daß Du aufgehört hast, mich zu lieben; eine dumpfe Untätigkeit überfällt mich, mein Herz ist dann kalt und starr,* mein Leben hört auf, und ich fühle nur mein Dasein

* Mon cœur est mort et desséché. Ich schreibe nur seine Briefe ab. Was er mir sagte, war oft noch stärker. Es ist ein Franke, der schreibt. Man vergesse das nie.

in einer stillen Angst, die mich leise peinigt. Tausendmal habe ich Deine Briefe gelesen; tausendmal habe ich Dich angeklagt und verteidigt. Jetzt rufe ich: Ja, Du bist unschuldig, Clara! Ach! ich kenne Dich, Du mußtest folgen. Dein Vater zwang Dich; er trug Dich mit Gewalt an den Wagen. Ach, Du strecktest deine Arme nach mir aus, Du riefst meinen Namen. Ich hörte Dich nicht, und Dein Vater war ohne Mitleiden. Man warf Dich in den Wagen. Er flog dahin. Man spottete Deiner Tränen, Deiner Seufzer. Du bist unschuldig. Und dann wieder – O Clara, Clara, bist Du unschuldig! Bist Du treu? Wie konnte man Dich zwingen? Ich begreife es nicht. Ich frage die Rosière, ich frage den Verwalter, den alten Bedienten, der noch hier ist; und was sie erzählen, Clara, was sie erzählen – oh, ist es wahr? Du wärest ruhig und still an der Hand Deines Vaters an den Wagen gegangen; Du wärest ohne Geschrei, ohne die Hände zurückzustrekken, in den Wagen gestiegen. »Ich glaube, sie weinte«, sagte die Rosière heute, »wie sie die Treppe mit ihrem Vater herunterkam, sie hatte ihr Taschentuch auf den Augen.« O Clara! mehr nicht? O Clara, Clara, der roheste Mensch vergießt Tränen, wenn er einen Ort verläßt, wo er lange gelebt hat. Ich habe oft, wie ich ein Kind war, mit Tränen in den Augen abends Abschied von der Laube genommen, in der ich den Tag gespielt hatte, und ich war gewiß, daß ich sie den andern Morgen wieder sah. Wie ich nach Strasbourg ging, Clara, wie war mir da! – Oh, da fällt mir es ein, wie ich nach Strasbourg ging, da vergaßest Du mich. Clara, wenn Du wirklich aufhörtest, mich zu lieben. Wenn – ich erschrecke vor mir selbst. Erinnre Dich, Clara, des Verses:

›Der erste Gottesleugner war ein Herz, das nicht liebte.‹*

Du weißt, wir fanden ihn so wahr; er war aus unsrer Seele gestohlen. Denn welchen andern Bürgen der Unsterblichkeit hat der Mensch als Liebe und Gegenliebe? Ach, Clara, welcher andern Empfindung unsers Herzens konnten wir eine ewige Dauer zutrauen als allein, allein unsrer Liebe? Wie fest wurde unser Glaube, wenn wir uns beide, Clairant und Clara, Hand in Hand, von allem Menschlichen entkleidet, nur von unsrer Liebe nicht, von Stern zu Stern, die ganze Schöpfung durchreisen sahen! Wir fühlten es so innig, so innig, daß nur ein liebendes Herz diese Hoffnung fassen kann, daß nur ein Paar Liebende allein nicht vor der Ewigkeit erschrecken, daß nur

* Le cœur qui n'aima point fut le premier athée.

Liebe, und Liebe allein, die Ewigkeit hofft und will. Ach, Clara, und dennoch, dennoch muß dieser Vers anders heißen, wenn er ganz wahr sein soll. Ich fühle es mit Zittern, er muß heißen: ›Der erste Gottesleugner war ein treues Herz voll Liebe, das betrogen wurde!‹ Denn, Clara, wenn Du mich betrögest, Du! Du!, so ist mein Glaube dahin, meine Hoffnung ist zerstört. Wen kann ich hoffen, in der Ewigkeit treu zu finden, wenn Du die Treue brachst? Und was soll die Ewigkeit dem Menschen ohne Liebe? Clara, Clara, Du sagtest einmal: »Du bist mein Mörder oder mein Gatte!« Ich fühle das jetzt sehr, ach! und nicht allein die Mörderin meines Lebens würdest Du sein, die Mörderin meiner Tugenden, meiner Hoffnung. Clara, leb wohl!

Clairant an Claren

Nachher lachte ich selbst darüber, schreibst Du. Ach, Clara, ich habe noch nicht einmal lächeln können, und Du lachst? Du kannst schon lachen? jetzt schon? So lache denn, sei heiter, scherze, tanze, ich will um unsre Liebe trauern. Mein Oheim tröstet mich, meine Mutter sieht mich mit traurigen Blicken an; ach, ihre Liebe kann nicht einen lächelnden Blick mir abschmeicheln, und Du lachst? Du zerstreuest Dich in Deinen Konzerten, in Deinen Assembleen, auf Deinen Bällen; jede Stunde raubt mir einen Teil Deiner Liebe, und zuletzt werd ich vergessen sein. Sei es, sei es, Clara. Während Du scherzest, während Du lachst, geh ich hier umher unter den Zeugen, unter den Denkmalen unsrer Liebe. Jetzt sitze im im Boskett, wo wir so oft saßen; jetzt in der Laube, wo wir das Fest unsrer geretteten Liebe feierten; ach, vielleicht wurde sie vergebens gefeiert. Dann bin ich auf der Wiese, wo ich den Tag vor Deiner Abreise noch mit Dir tanzte. Überall bin ich von Dir umgeben; überall flattern noch die Versicherungen Deiner Treue und die Seufzer unsrer Liebe wie Schutzgeister um mich her. Ach, Clara, was soll Dich an mich erinnern? Was soll Dich erinnern an den armen Clairant? Ich fühle es, Clara, Du wirst mich vergessen.

Ich habe einen Brief von Deinem Bruder. Auch er ist gegen sein Vaterland, das unsre Liebe allein in Schutz nahm, das die unnatürliche Mauer niederstürzte, welche uns auf immer trennte. Was wirst Du, was wird Deine hülflose Liebe gegen sie alle wirken können? Dein Vater schmeichelt Dir, um Deine Liebe zu vergiften, um Dich von mir zu reißen; Dein Bruder – er liebt mich zwar – aber wird er standhaft sein gegen die Vorurteile seines Vaters, und wird er mich nicht am Ende hassen, weil ich mein Vaterland liebe? Denn hat meine Liebe keinen Fürsprecher mehr als Dein Herz, Clara. –

Wann werden wir uns wiedersehen? Die Unruhen in unserm geliebten Vaterlande nehmen zu. Dein Vater hat durch seine Auswanderung den Verdacht auf sich geladen, ein Feind der Konstitution zu sein. Der König, sagt man, will entfliehen und sich mit den Ausgewanderten vereinigen. Der Haß des Volkes gegen den Adel wird alle Tage bitterer und gewalttätiger. Man hat Dekrete, sehr gewaltsame Dekrete gegen den ausgewanderten Adel in der Versammlung der Nation vorgeschlagen; und mein Oheim behauptet, sie werden bewilligt werden. Clara, Clara, Du gehörst mit zu diesem Stande! Oh, wenn Du auch nicht meinetwillen zurückkehren willst, so kehre Deiner selbst willen zurück. Sage Deinem harten Vater, sage ihm, daß die umliegenden Dörfer ihn zu hassen anfangen. Ach, Clara, ich habe Reden von ihnen gehört; ich habe sie von Entwürfen sprechen hören, die schrecklich sind. Auch Dich, meine Clara, nannten sie eine Feindin der Menschlichkeit, weil Du mit Deinem Vater gegangen bist. Ich konnte ihnen nicht sagen, daß Dein Vater dich gezwungen hatte, mit ihm zu gehen, um ihren Haß nicht noch mehr zu schärfen.

»Ich weiß es«, sagte ich, »er kommt zurück. Meint ihr«, setzte ich mit einer falschen Fröhlichkeit hinzu, »ich würde so ruhig sein, wenn Clara nicht zurückkehrte?« Ich schob Eure Abreise auf, Gott weiß, auf welche Ursachen. Ich stellte mich heiter, und mir blutete das Herz. Man wollte sogar den letzten Wagen, den der Verwalter nach Trier schickte, anhalten. Man drohete dem Verwalter; der neue Maire von Pillon wollte erst Erlaubnis dazu von der Munizipalität haben. Einige Bauern riefen, man sollte den Feinden des Vaterlandes keine Mittel zusenden, die Freiheit umzustürzen. Ach, Clara, er meinte auch Dich unter den Feinden des Vaterlandes. Ich errötete. Der Verwalter geriet in Furcht. Er zog sich zurück, und endlich erlaubte man aus Freundschaft für mich, daß der Wagen fahren durfte. O Clara, ich sehe schrecklichen Szenen entgegen. Ich habe gestern nacht, was ich noch an Kostbarkeiten, an Silber und dergleichen finden konnte, mit Hülfe des Verwalters auf einen von meines Vaters Wagen laden lassen; denn der Maire hat, wie er sagt, von der Munizipalität Befehl, nichts mehr verabfolgen zu lassen. Heute nacht geht er ab. Ich will ihn selbst bis an die Grenze begleiten. Der Prior hat Deinem Vater darüber geschrieben, so wie auch über die Ernte. Mein Vater will tun, als ob er sie dem Deinigen schon abgekauft habe.

Clara, es ist, als ob mit Dir die Ruhe aus meinem Vaterlande gewichen sei. Ach, Clara, wenn es wahr wäre, was man sagt, daß man allen Ausgewanderten die Rückkehr in ihr Vaterland auf ewig verbieten würde. O Clara, kehre zurück, kehre zurück! Mein armer Oheim leidet sehr. Die letzten Dekrete gegen den geistlichen Stand haben ihn krank gemacht. Ein Teil der Geistlichkeit in den südlichen Departements hat schwören müssen. Mein Oheim hält den Eid nicht für unrecht; und dennoch will er ihn nicht leisten. Nein, sagte er neulich mit sehr bewegter Stimme, entblößte sein weißes Haar und schlug die Augen, in denen eine Träne sich spiegelte, mit einer Art von Empfindlichkeit gen Himmel: »Nein! Und sollte ich dieses graue Haar noch in ein fremdes Grab niederlegen, und sollte ich Greis noch am Stabe gebückt meine Abtei verlassen müssen!« Er trat in diesem Augenblick ans Fenster, sah mit Sehnsucht in den Garten hinab; Du weißt, wie sehr er ihn liebt. Seine Tränen flossen häufig. Er faltete die Hände und legte sie so gefalten ins Fenster und sah in den Garten hinaus. Mich rührte das. Ich trat zu ihm, ich sagte sehr sanft: »Das können Sie nicht, lieber Oheim, Ihre geliebte Abtei verlassen. Wo wollten Sie die Lauben, die Gänge, die Alleen, die Blumen wiederfinden, die Sie so lieben, weil Sie alles selbst gepflanzt und gezogen haben?« Er schüttelte den Kopf, als ob er sagen wollte: nirgends! »Sie halten es für unrecht«, fuhr ich fort, »daß der Adel auswandert, Sie halten es für töricht, und Sie selbst –« Er sagte wie in sich: »Man mag wollen oder nicht, man nimmt die Partei seines Standes; und Clara, mein Sohn«, setzte er heftiger hinzu, »wird es auch tun.«

Seitdem, meine Clara, seitdem kann ich des Gedankens nicht wieder loswerden. Unfreiwillig sag ich oft, wenn ich an nichts weniger als daran denke: »Und Clara wird es auch tun!« Ach, wenn in dem Herzen meines Oheims, der schon jahrelang unter seinen Blumen, unter seinen Büchern der Welt und seinem Stande abgestorben war, der von nichts lieber, von nichts mit mehr Hitze sprach als von den Reformen der Geistlichkeit, wenn in diesem Herzen der Parteigeist seines Standes nicht getötet ist, so – ach, Clara, Clara! Wer bin ich? Der Sohn eines Bauern. Was kann ich Dir bieten? Das Glück einer Bäuerin. Statt Deiner Sofas Stühle, von Stroh geflochten; statt Deiner leichten Stickerei die mühsame Besorgung einer Haushaltung;

statt Deiner Gärten ein Feld voll Weizen; statt Deiner Bälle ein Erntefest mit den Bäuerinnen. Ach! ich weiß wohl, was Du antwortetest, wie ich mit Dir einmal in der kleinen Hütte des armen Tagelöhners saß. Ich fragte Dich, Clara: aber wie, wenn das Geschick uns beide hierher verbannte; Clara, würde Dir meine Liebe hier genügen? Du betrachtetest lächelnd die Hütte, drücktest mir die Hand und sagtest mit zärtlicher Stimme den Vers:

»Dein Herz macht diese Hütte für mich zu einer Welt.«*

Clara, das sagte Dein Mund in der Stunde des süßesten Rausches. Dein Herz bestätigte es. Dein Herz! ach, das schwache menschliche Herz! Und jetzt, da Du entfernt bist, da die Freude, die Pracht, der Rang Deinem unbewachten Herzen alle möglichen Schlingen legen: o Clara, komm zurück, komm zurück! um deine Schwüre zu halten, um treu zu bleiben, um einen Jüngling nicht in Verzweiflung zu stürzen, der nichts hat als seine Liebe; nichts als sein Herz; der das Glück, das die Vorsehung seinem Vaterlande gab, nur darum schrecklich finden würde, weil er ihm entsagen müßte. O Clara! komm zurück! Denn ist der Parteigeist des Ranges in Deiner Brust, so ist Frankreich das einzige Land, das Dir keine Vorwürfe machen wird, ihn unterdrückt zu haben, so ist hier das einzige Land, wo das besiegte Vorurteil Dich erhebt. Hier erhältst Du in meinen Armen einen höhern erhabneren Rang, den Rang einer edlen Bürgerin, die dem Gesetze der Natur, des Herzens, der Liebe gehorsam war. In jedem andern Land mußt Du vor mir erröten oder Deine Geburt verschweigen; hier, hier allein, hier kannst Du mit Stolz sagen: »Ich war eine Vicomtesse du Plessis und mein Geliebter ein Bauer.« O komm zurück, um glücklich zu sein, um glücklich zu machen. Und wenn Frankreichs Gesetze das menschliche Geschlecht zerstörten, so machen sie mit uns eine Ausnahme: wir haben ihnen Glück, Ruhe, Zufriedenheit und unsere stille Liebe zu danken. O Clara, Clara! wirf Deinen Rang zu den Füßen Deines Vaters, komm zurück! Eine Hütte erwartet Dich; aber in ihr ein Mann, der Dich liebt, der kein andres Geschäft, keine andere Hoffnung, kein anderes Glück kennt, als Dich zu lieben, Clara, komm zurück!

* – – – avec ta tendresse
Ce toit humble est un monde assez grand pour mon cœur.

Clara an Clairant

Ich habe Deinen Brief hier in Koblenz erhalten. Clairant, Clairant, hättest Du nicht gefragt: wie war es möglich, daß Clara Dich verlassen konnte?, so würde ich jetzt fragen: Wie konnte Clairant mir diesen Brief schreiben? Ich habe bei Deinem Briefe lachen und weinen müssen. Mir flossen die Tränen stromweise über die Wangen, wie ich las, daß Du auf meinem Zimmer wohntest. Ach, verstohlen stand ich da in einen Winkel einer Galerie hingedrückt, an einer kleinen Öffnung in den Brettern der Galerie, und weinte. Die Tochter unsrer Wirtin, die etwas Französisch redet, kam den Gang zu mir her. Sie sah meine Tränen. Ich hatte sie zu spät gemerkt, um sie und den Brief verbergen zu können. Sie lächelte mir mitleidig zu und ging vorüber. Nun kam ich an die Stelle, wo Du mir schreibst, daß Du mit meinem Messerchen issest. Das war mir so lustig rührend, daß ich mitten in meinen Tränen lachen mußte. Eben kam das Mädchen zurück. Sie sah mich an. »Das muß ein seltsamer Brief sein«, sagte sie, »der Sie mitten unter Tränen zum Lachen bringt.« Ich schluchzte wieder; denn mein Herz schwamm in heißen Tränen. »Oh«, sagte ich, »Sie müssen mir Papier geben, ich muß den Brief auf Ihrem Zimmer beantworten.« Nun sitze ich hier und schreibe.

Ach, Clairant, noch wohl hundertmal habe ich den Brief gelesen, und nie komme ich an das Ende, ohne daß mir das Herz weh tut. Nein, Clairant, ich werde nicht aufhören, Dich zu lieben. Und hätte ich es jemals gekonnt, so darf ich ja nur das Ende Deines Briefes lesen, und ich bin Dir wieder so treu, wie je ein Mädchen gewesen ist. Ach, mein Lieber, wie gern gäbe ich Dir die Hand und träte die Reise mit Dir von Stern zu Stern die Schöpfung durch an! Ja, fröhlich wollte ich in Deinen Armen mich ins Grab legen. Nein, Dein treues Herz soll nie betrogen werden, Clairant.

Ach, jetzt, jetzt erst fang ich an zu überlegen, jetzt erst seh ich ein, daß ich betrogen bin. Es ist wahr, was Dir der Verwalter sagte. Mein Vater hat mich nicht gezwungen, man hat mich nicht an den Wagen hingeschleppt. Freiwillig ging ich, freiwillig stieg ich hinein. Dennoch bin ich unschuldig, Clairant. Ich will Dir es erzählen, wie es kam; und Du wirst sehen, daß Deine Clara unschuldig ist. Wie mich mein Vater den Abend zu Hause führte, das weißt Du; aber das weißt Du nicht, was ich den Abend fühlte, was ich noch jetzt fühle. Ich hoffte, ich wünschte, Du möchtest meinem Vater ein Versprechen abzwingen, meine Hand Dir zu geben. Wie der Bauer uns beide in den Kreis zog, wie sie alle auf unsere Verbindung tranken; ich warf einen Blick auf meinen Vater. Er war verwirrt, ich glaubte, Du würdest nun mich fordern. Du tatest es nicht, Clairant; Du führtest mich zu ihm, Du übergabst mich ihm. Tränen rollten bei den Worten, die Du sagtest, über Deine Wangen. Du hattest eben mir, meinem Vater vielleicht das Leben gerettet; und Du gabst mich dennoch hin. O Clairant, was in diesem Augenblick in meinem Herzen vorging, läßt sich nicht beschreiben. Meine Liebe wurde nicht stärker: denn ich liebte Dich unendlich; allein eine unbeschreibliche Freude, eine stolze Ruhe – wo soll ich die Worte finden? – erhob sich in meiner Brust. Vorher hatte doch immer noch eine leise Unruhe meine Liebe begleitet. Ich fühlte etwas, was dieser Liebe sich ganz heimlich widersetzte; und jetzt? Ach, Clairant, hättest Du nur in diesem Augenblick Deine Blicke, die voll Tränen standen, auf Deine Clara geworfen, Du hättest meine Empfindung auf meinem Gesicht sehen müssen. Ich reichte Dir die Hand, und meine Seele machte diesen Handschlag zu einem Schwur meiner ewigen Treue. Ich verließ Dich, ruhig; ich wußte, daß uns nichts mehr trennen konnte.

Kaum war ich mit meinem Vater zu Hause, so wollt ich mich an seinen Hals werfen, nicht, um seine Einwilligung zu bitten, nein! ich wollte ihm sagen, daß ich von jetzt an Dein wäre. Er mochte mir meine Empfindung ansehen. Schnell sagte er: »Gute Nacht, Clara!«, und ging in sein Zimmer. Am andern Tage war mein Vater unruhig, zerstreut; er nannte mich seine gute, seine teure, seine edle Clara; aber sichtlich vermied er ein Gespräch mit mir. Beim Abendessen, ach!, jetzt sehe ich, wie ich betrogen wurde, saß er da, freundlich, heiter und zärtlich gegen mich und meine Mutter. Er redete von den unruhigen Zeiten, von der Gefahr, der wir ausgesetzt gewesen waren, er sprach von Dir, gab Dir Namen, die mein Herz mit der reinsten Freude füllten. Clairant, welche Gewalt hat ein Vater über das Herz eines Kindes, wenn er will! »Ich sehe Stürme voraus«, sagte er, und lächelte uns zu, als ob er uns Mut machen wollte, »ich sehe Stürme voraus. Ich scheue sie nicht; denn ich habe noch wenige Jahre zu leben; aber euer Schicksal liegt mir am Herzen, und besonders Clarens und meines Sohnes Geschick, die erst anfangen zu leben. Alle meine Gerechtsame, welche das habsüchtige und unbesonnene, ungerechte Volk von mir fodert, wollt ich freiwillig niederlegen, wenn ich damit meiner Clara ein Leben voll Zufriedenheit erkaufen könnte.« Dabei reichte er mir die Hand über den Tisch weg und drückte sie mir. Er hielt meine Hand in seiner fest und sagte nach einer kleinen Pause: »Welches Band ist auch fester als das Band zwischen Eltern und Kinder? Hier zeigt sich die Vorsehung am deutlichsten. Der Geliebte verläßt die Geliebte; aber noch nie hat der Vater sein Kind verlassen, und kein Verbrechen ist entsetzlicher, als wenn ein Kind seine Eltern mit Haß ermordet.«

Er sah mich dabei zärtlich an. Ich drückte Küsse und Tränen auf seine Hand. Ich war tief gerührt, selbst meiner Mutter Augen schwammen in Tränen. Nie waren wir so gerührt auseinandergegangen. Ich setzte mich auf meinem Zimmer noch nieder und dachte an Dich und hoffte alles. Ich fing an, mich auszukleiden. Ach! ich war so ruhig, so zufrieden. Auf einmal öffnete sich die Türe. Mein Vater trat völlig angekleidet in meine Stube. Ich erstaunte. Er setzte sich auf mein Sofa, zog mich zu sich, sah mit einem bestürzten Gesicht mich an, dann wieder zu Boden. Das machte mich ängstlich. Endlich fing er mit einem kummervollen Tone an, der mir durchs Herz ging: »Du hast die Gefahr gesehen, meine Clara, in der das Leben deines Vaters gestern schwebte. Clairant war mein Retter; aber kann er es immer sein?« Er schwieg, ich ebenfalls. Der Anfang hatte mich unruhig gemacht. »Dein Bruder gehört ebenfalls zu dem Stande, den die Nation haßt und dessen Besitzer sie ermorden muß, um ihre Rache zu befriedigen. Auch du, meine Clara, bist aus diesem gedrückten Stande. Man wird dir es nie vergeben, daß du eine du Plessis bist. Ich bin entschlossen, mein Vaterland zu verlassen, das so ungerecht gegen mich handelt, das mir nicht vergeben kann, daß meine Vorfahren sich um dasselbe mit Blut und Leben verdient machten.« Meine Augen füllten sich mit Tränen. »Du weinst, meine gute Clara; aber bald wird die Ruhe in unser Vaterland zurückkehren und wir mit ihr. Sieh, mein Kind, ich verlasse alles, was ich habe, was ich liebe, mein Land, meine Ruhe, meine Zufriedenheit, die an alles das gebunden ist. Clara, Clara, aber doch geb ich es hin, um mehr zu retten als alles das, meine beiden Kinder.« Er umarmte mich; er benetzte mich mit seinen Tränen. »Ich weiß es, Clara«, hob er wieder an, »welch eine Leidenschaft dich an Pillon fesselt; aber, mein Kind, sollten denn die Tränen eines Vaters nicht so mächtig sein als das Lächeln eines Geliebten? meine Bitten nicht so mächtig als seine Winke?« Er drückte meine Hand in seinen beiden.

Ich war erschüttert, mächtig erschüttert; allein gar nicht entschlossen, Dich zu verlassen. Ich schwieg also, weil ich nicht ja sagen konnte. Aber ich schluchzte laut. »Ich befehle jetzt nicht, mein Kind; aber ich bitte dich, verlaß deine Eltern nicht! Kind, es ist ein Trost, unter Fremden viel Herzen zu haben, die Vertrauen verdienen. Gehst du mit uns, Clara?« Meine Brust war beklemmt, mein Atem stockte. Ich schwieg, denn ich konnte nicht ja sagen. Er fragte noch zweimal. Endlich fing ich nach einem Strom von Tränen, der mich erleichterte, an. Ich sagte ihm, wie sehr ich Dich liebte, wie unglücklich ich und Du werden würden, wenn ich Dich verließe. Ich bat ihn, lag vor ihm auf den Knien, küßte seine Hände, beschwor ihn, hierzubleiben. Er hob mich auf, zog mich auf seine Knie. Langsam sagte er: »Die Stunde ist mir zu heilig, als daß ich nicht gern meiner Clara Glückseligkeit meine eigene aufopfern sollte. Ja, mein Kind, wenn du willst, so will ich hierbleiben, und wenn du mich nicht begleiten magst, so muß ich hierbleiben. Glaubst du, Clara, daß ich ohne dich reisen würde, daß ich dich den Grausamkeiten einer wütenden Partei aussetzen soll? Gut, ich bleibe hier, und geduldig wollen wir tragen, was du nicht vermeiden wolltest.« Hier zog er einen Brief aus der Tasche, zeigte mir die Hand. Er war von seinem Bruder aus Paris. »Lies«, sagte er, »du mußt wenigstens wissen, wie unser Schicksal steht.« Ich las und zitterte.

Mein Oheim schrieb, daß die herrschende Partei auf nichts weniger ausginge, als den ganzen Adel auszurotten, der ihren frechen Schritten, die Monarchie aufzuheben, sich entgegensetzte. Er gab ihm den Rat, sich mit seiner Familie nach Deutschland oder Flandern zu retten. ›Nimm‹, schrieb er, ›jeden Menschen, den Du liebst, mit: man kerkert die Verwandten der Flüchtigen ein und behält sie als Geisel für ihre Unternehmungen zurück.‹ Das las ich. »Du siehst, mein Kind, in welcher Gefahr wir schweben. Deine Mutter reist heute nacht ab; dein Bruder hat Befehl, uns in Luxemburg zu treffen. Willst du bleiben, so bleibe ich bei dir. Ich verlasse dich nicht eher, als bis unsere grausamen Feinde mich aus deinen Armen reißen und mich als Geisel für meinen Sohn ihn Ketten schlagen.« Er stand auf, ging einen Schritt vorwärts im Zimmer. »Ich liege dann in Fesseln, aber ich trage sie für meine Tochter, für meine Clara; und wenn sie dann nur mit ihrem Geliebten glücklich, wenn sie selbst nur von der Verfolgung unsrer Feinde frei ist, so sollen mir die Fesseln willkommen sein. Ich trage sie für meine Tochter.«

»Nein«, rief ich, »das wird nicht geschehen; so grausam ist die Nation nicht.« Ich fiel um seinen Hals.

»So grausam nicht, meinst du?« sagte er bitter lächelnd, »wenn mein Sohn, wenn seine Mutter zu den Ausgewanderten fliehn? Man sollte mich freilassen, mit diesem Verdacht?«

»Oh, lassen Sie meine Mutter, lassen Sie meinen Bruder hierbleiben! Warum sollen sie fliehen?«

»Du verlangst zuviel, mein Kind. Deine Mutter, deinen Bruder send ich weg, um sie zu retten; und ich lasse mich fesseln, ich stürze mich in den höllischen Abgrund eines dunkeln, kalten, feuchten Kerkers, damit meine Tochter in den Armen ihres Geliebten fröhlich sein kann.« Er öffnete das Fenster und rief. Zitternd hörte ich den Wagen vorfahren. Ich schluchzte, ich jammerte. »Sei ruhig, mein Kind«, sagte er entschlossen. »Sage deiner Mutter mit Gelassenheit Lebewohl. Ach, zu dem Elende, in einem fremden Lande zu leben, von ihrem Manne, von ihrer Tochter verlassen zu sein, von ihrem Schicksale nichts zu wissen, darf sich nicht der Gedanke gesellen, ihre Tochter weinend zurückgelassen zu haben. Sie dachte, du solltest ihr Trost in ihrem Elende werden; sie sagte noch vor wenig Augenblicken: ›Ich gehe ruhig, denn Clara geht mit mir.‹ Trockne dein Auge, mein Kind; dann wollen wir weinen, wenn du deine Zeit erst unter deinen glücklichen Clairant und unter deinen gefesselten, zum Tode bestimmten, alten Vater teilst!«

Jetzt trat meine Mutter herein. »Clara bleibt mit mir hier«, sagte mein Vater mit einer erkünstelten Ruhe. »Sei unbesorgt; reise, ich und Clara kommen bald nach.« Meine Mutter stutzte. Sie wollte etwas sagen, konnte aber vor Weinen nicht. Ich sank zu meiner guten Mutter Füßen, umarmte ihre Knie. Sie drückte mich an ihr Herz, gab mir die zärtlichsten Namen. Mein Vater umarmte uns beide. »Ach«, rief er mit einer gepreßten Stimme, »meine Clara ist sehr grausam, und dennoch lieb ich sie! Dennoch lieb ich sie!« setzte er laut, laut mit einer klagenden Stimme hinzu.

»Ich gehe mit Ihnen in den Tod!« rief ich außer mir. Meine Mutter warf mir eine Saloppe um. Mein Vater drückte mich voll Entzükken an sein Herz. »Jetzt, meine Tochter«, sagte er, »bist du mir nichts mehr schuldig; du hast deinem Vater das Leben gerettet.« Er führte mich die Treppe hinunter. Ich schwankte in den Wagen. »Clairant!« seufzte ich leise. Mein Herz brach. Ich sank an meines Vaters Busen, und der Wagen rollte dahin.

Das lies noch einmal, und dann fälle Dein Urteil über Deine Clara. Ach, Du lasest mir einmal eine Stelle aus einem Schriftsteller vor. Wir verstanden sie beide nicht, und darum drückte sie sich so fest in mein Gedächtnis: ›Es gibt ein Zusammentreffen von Umständen, wo es eine Tugend ist, schwach zu sein!‹

Ach, Clairant, ich hätte sollen standhafter sein; aber je mehr ich lese, was ich schrieb, um desto mehr sehe ich die Wahrheit des Satzes ein. Ich versprach, Clairant; aber sei Du mein Richter, gewiß der ungerechteste, den ich wählen konnte, und Du wirst sagen: Clarens Schwäche war Tugend. Ach, ich bereue sie nicht, diese Schwäche, ich beweine sie nur. Nein, Clairant, ich bin unschuldig! Das sagt meine Vernunft, mein Herz, meine Liebe; wie sie mir sagen, daß ich unglücklich bin.

Je mehr ich das überdenke, Clairant, desto mehr zittre ich. Ach, Clairant, da hab ich eine Stunde, eine Stunde voll Jammer allein, allein zugebracht. Ach, Clairant, Clairant, wie nachdenkend hat das Unglück Deine heitre Clara gemacht! Ach, von Gedanken zu Gedanken führte mich mein Gram. Ich erschrak vor den Folgen, ich erschrak vor einer Stelle Deines Briefes. Meine grausame Einbildungskraft spann den Gedanken mit einer Hitze aus, als ob er das größte Glück für mich wäre. Ich zittre, ihn Dir zu sagen. Ach, Clairant, wie seltsam sind unsre Schicksale! Welche Kleinigkeiten führten uns zusammen! Welche Kleinigkeiten verknüpften unsre Herzen so unzerreißbar fest! Ach, kann es nicht Schicksale geben, die uns hindern, je den Wunsch zu erreichen, miteinander zu leben? Ach, Clairant, ja, es gibt ein Zusammentreffen von Umständen, die es verhindern können, daß Du je mein wirst. Das dacht ich, das spann meine Phantasie hervor. Und nun die schreckliche Stelle Deines Briefes, daß ich die Mörderin, selbst Deiner Tugenden, sein würde! Clairant, doch nur, wenn ich Dich betröge? Doch nur, wenn ich meine Schwüre bräche? Ach, Clairant, dann bin ich nie Deine Mörderin. Treu werd ich Dir sein, Clairant, treu von jetzt an bis in alle Ewigkeit. Treu werd ich Dir sein; denn das ist eine Handlung meiner Seele. Darüber bin ich Herr. Nein, Clairant, Du sollst nie an der Ewigkeit zweifeln, und wenn Du mich nie wieder siehst, Clairant, so sollst Du desto fröhlicher der Ewigkeit entgegensehen; denn dort, dort wirst Du ein Herz finden, ein Herz voll reiner Liebe, das Herz Deiner Clara.

Wie heiter haben mich die letzten Gedanken gemacht! Ich habe Dir noch soviel zu erzählen; aber nun kein Wort mehr!

Adieu, Clairant.

Plessis hat mir soeben Deinen zweiten Brief gebracht. Du bist ein Tor, lieber Clairant. Sieh, Du verdrehst mir meine Worte, das hast Du von jeher getan. Ich habe gelacht, ja! Ich bin auf Bällen, auf Konzerten gewesen, ja! Clairant, man muß nicht zanken, weil man üble Laune hat. Will ich Deine Briefe so aussaugen wie Du meine, ich wollte ebensogut Gift darin finden: ich könnte sagen – doch ich will Dich nicht beschämen. Sieh, ich habe Deinen Brief in der Hand, lese ihn durch, halte mich an seinen Sinn, an seine Empfindung. Was kümmern mich die Worte? Sieh, da seh ich Dich auf meinem Zimmer sitzen, mein Hündchen neben Dir auf dem Sofa. Mir traten die Tränen bei dem Bilde in die Augen; denn ich sehe dich da mit einem kummervollen Gesichte, mit einem stillen Blicke voll Tränen dasitzen; Du streichelst von Zeit zu Zeit das kleine, treue Tierchen, lächelst wohl, erinnerst ihn an Deine Clara; das alles sehe ich, und mir kommen die Tränen in die Augen. Was kümmern mich Deine Worte, die Du schreibst: ›Da sitze ich so zufrieden, als ob die Welt mein wäre.‹ Ich kenne das Zufriedensein sehr wohl. Zuweilen sitze ich auch so da, in einem Konzerte; die Musik nimmt mich auf ihre sanften Flügel und trägt mich nach Pillon. Dann sitz ich da, ohne Seele, mit lächelnden Lippen. Eine Französin aus Paris sagte mir neulich in einer solchen Stunde: »Wollte Gott, ich könnte nur halb so glücklich sein als Sie.« Pillon war verschwunden, ich antwortete mit einem kummervollen Blicke: »Ach, Kind, das wünschen Sie ja nicht!«

Aber so macht Ihr Männer es. Von Jugend auf seid Ihr gewohnt, Worte zu untersuchen; das hängt Euch an. Da klebt Ihr an den Worten, und der Sinn entgeht Euch, wenn man nicht gerade das Wort braucht, das Ihr gewählt haben würdet. Wir Weiber, auch das einfältigste verfehlt selten bei Gesprächen, die das Herz betreffen, den Sinn des Redenden. Wir urteilen aus dem Ganzen, Ihr aus Worten. Ich lachte. Wer heißt Dich glauben, daß ich mich dahergestellt und aus voller Kehle gelacht habe? Ich lächle also mit einer hellen Bitterkeit, daß Du es nicht warst und daß ich mich geirret hatte. O Clairant, wenn ich schreibe, so schreibe ich gern schnell; meine Feder geht ohnehin langsamer als mein Herz. Drehe mir die Worte nicht mehr um. Soll ich mich lange besinnen, so kann ich nicht weinen, und ich weine gern, wenn ich an Dich schreibe. Laß das gut sein!

Was mich an Dich erinnern soll? Überlaß Du nur ganz ruhig meinem Herzen die Sorge! Ach, mein lieber Freund, wenn mich auch kein Zimmer, kein Bett, kein Kleidungsstück, kein Boskett, keine Laube an Dich erinnert, so erinnert mich Deine Güte, Dein Edelmut an Dich, mein Clairant. Deine Reise nach Strasbourg, um mich vom Kloster zu retten, Deine treue Liebe, die Dich so blaß gemacht hatte, Deine edle Aufopferung der Gewalt, welche Dir die Bauern gaben, Du, Du, mein guter Clairant, mein edler, treuer, menschlicher Clairant, erinnerst mich an Dich; Du bist der Schutzgeist meiner Treue und meiner Liebe. Meine Liebe ist nicht hülflos, solange Clairant Clairant ist und solange ich die Tugend liebe und den Edelmut achte. Mein Bruder liebt Dich, und mein Vater wird mit seinen Vorurteilen mich nie verführen; und was Du hinten im Briefe von dem Parteigeist des Standes sagtest, mag auf Männer passen, aber sicher auf kein Weib auf der Welt, die sich noch so vieler Liebenswürdigkeit bewußt ist, *ein* Herz zu rühren.

Mein Vater schlug neulich die Saite an, die Du fürchtest. Er sprach, ohne auf mich zu zielen, wie im Vorbeigehen, von den Freuden des Hofes, von dem Wert des Ranges. Ich saß da und hörte zu. Anfangs merkt ich nicht einmal, daß es mir gesagt sein sollte. Ich sah es an dem Lächeln meines Bruders, daß es auf mich ging. Dann trat mein Vater mir näher, redete lauter. Er sprach von dem Elende der Landleute, die nicht in dem Stande geboren sind; rechnete die Bedürfnisse her, die sie aufgeben, die Erniedrigungen, die sie ertragen müßten. Nun sah er mich an und nahm meine Hand: »Meinst du nicht, Clara, daß ich recht habe?«

Ich schwieg, ich nahm meine Harfe und sang meinem Vater das schöne Liedchen* von dem Chevalier Boufflers. Es traf, mein Vater schwieg; ja er schien gerührt, und seitdem hab ich nichts mehr über diesen Punkt reden hören, Clairant, und ich hoffe, ich werde auch

* Heureux qui, dans son champ, demeurant à l'écart,
Sans crainte, sans désirs, sans éclat, sans envie,
Dans l'uniformité passa toute sa vie,
Et que le même toît vit enfant et vieillard!
Den ersten Vers hat Clara nur abgeschrieben. Ich wollte ihn nicht übersetzen; denn wenn ich mich nicht irre, so ist eine reizende Übersetzung dieses Liedes in den Gedichten von Göz.

von Dir nie wieder darüber etwas hören. Vorwürfe, ich weiß es, sie sind gleichsam die Nahrung der Liebe. Ach, welche schöne, welche entzückende Stunden waren es, da wir uns zankten, um nichts zankten! Ach, oft, lieber Clairant, suchte ich vorsätzlich die Gelegenheit auf, Vorwürfe von Dir zu hören. Ich sah Dich nicht an, wenn Du in den weiten Kreisen um mich und meine Mutter auf unsern Spaziergängen her gingest; ich setzte mich, wenn ich Dich hinter dem Gebüsche stehen sah. Du hofftest und hofftest. Oh, ich sah das wohl, und dann ging ich lachend und scherzend zurück, ohne meinen Weg an Deinem Versteck vorüber genommen zu haben. Hinterher schlug mir das Herz. Ich zankte mit mir selbst, daß ich es hatte tun können. Ich fürchtete Dich, und doch wünschte ich, daß Du mit mir maulen möchtest. Ich würde mit Dir gezankt haben, wenn Du freundlich gewesen wärst. Denn wie süß waren die Augenblicke unsrer Versöhnung! Ach, alles, alles wird unter den Händen der Liebe zu einer Wohltat. Aber, Clairant, so süß die Eifersüchtelei und die Zanksucht der Liebe ist, so – oh, ich bitte Dich, mache mir keine Vorwürfe mehr, die mich erniedrigen, die mich verächtlich machen; ich bitte Dich deiner selbst wegen darum. Denke an jene Regel: Eifersucht schmeichelt, aber entsteht sie aus Egoismus und Mißtrauen, so macht sie den andern verächtlich;* und welches Herz erträgt Verachtung, ohne zu verzweifeln?

Nein, Clairant, ich sagte es nicht in dem Rausche der Liebe: Dein Herz macht diese Hütte für mich zu einer Welt. Nein, mein teurer Freund, ich fühlte, was ich sagte, ich sagte die Wahrheit; denn es ist noch nicht eine Stunde in meinem Leben gewesen, da ich das nicht ebenso warm gesagt hätte. Nein, ich sehe hier keinen einsamen Platz, kein Tal, von Bergen oder von einem Wäldchen eingeschlossen, ohne daß nicht sogleich der Wunsch bei mir sehr lebendig würde: O stände doch hier eine Hütte für mich und Clairant! Sieh, dann meß ich mit meinen Augen ein Plätzchen ab, zu meinem Garten, zu meinem Felde, das uns nährte; ach, und meine Blicke messen so bescheiden. Die Hütte, die ich mir denke, ist gar kein Palast, nein, eine Hütte, mit Weinlaub bekleidet, ein Zimmerchen und ein Kämmerchen darin, eine Laube vor der Türe unter zwei Linden. Das ist alles, was ich wünschte, und ich bin fertig. Unwillkürlich sagen dann meine Lippen:

* La jalousie flatte; mais quand elle naît de l'égoïsme et de la défrancé, elle désespère et humilie tout à la fois. Ich verstehe die Worte nicht; den Sinn glaube ich ausgedrückt zu haben.

»Er liebe mich; die ganze Welt ist mein!«,*

und ich habe weiter keinen Wunsch hinzuzusetzen. Wir wir von Trier nach Koblenz fuhren, da kamen wir durch ein Tal, es heißt das Martinstal. Wir stiegen oben aus, der Weg geht ein wenig steil hinab. Ach, Clairant, welch einen Anblick! welch ein Tal! Ein Abbé, der mit uns ging, erklärte meinem Vater die Entstehung dieses Schlundes, so nannte er diese himmlische Gegend. Sie standen oft still. Ich ging langsam hinab. Sieh, Clairant, du gehst auf einer sehr schönen, ebenen Chaussee, zwischen Wald und Gebüsch, immer hinab, immer tiefer. Das nimmt kein Ende. Es ist, als stiegest du in den Abgrund der Erde. Immer höher werden neben dir die Berge, immer dicker der Wald. Mit jedem Schritte, den du tust, wird es dunkler. Endlich kommst du unten in das Tal hinein. Kein Sonnenstrahl dringt mehr hindurch, eine süße Dämmerung umfängt dich, eine heilige Stille, die nur durch das Plätschern eines Baches, der quer durch das Tal fließt, unterbrochen wird. Der Bach ist so rein, so hell, daß du jeden Kiesel auf seinem Grunde siehst. Dorther kommt er an dem Berge weg, von leichtem Gebüsch, von grünen, dünnen Stauden umgeben, die das leiseste Lüftchen in Bewegung setzt. Du kannst seinem Laufe weit nachsehen, denn er fließt langsam im Tale unter einem Gewölbe von Bäumen gerade fort. Wir hatten den Tag eine unerträgliche Hitze, und hier unten war eine so schöne Kühle, daß einem wohl wurde. Ich setzte mich hier auf einen Stein, warf meine Augen hierher und dorthin. Ich trat an den Rand der Brücke, die über den Bach geht. »Ach«, rief ich, »könnte ich hier mit Clairant wohnen! Ach, stände dort unter jenem Abhange des Berges, dort im Gebüsch, an dem Bache, die kleinste Hütte, wo ich mit ihm leben und sterben könnte! Wie gern wollt ich der Welt Lebewohl sagen, wie gern dahin verschwinden, wo kein menschliches Auge uns suchen würde!« Ich kletterte einen kaum sichtbaren Fußpfad an der Seite der Brücke hinunter durch das Gebüsch. Dann ging ich an der Seite des Baches hinab. Hier setzte ich mich auf den Rasen am Ufer. Der Bach benetzte die Spitze meiner Schuhe. Ich lehnte mich an eine junge Buche. Ringsumher war die Gegend verschlossen, selbst die Chaussee verschwunden. Ich saß da ganz allein. O Clairant, nie, nie ist mein Wunsch heftiger gewesen, Dich bei mir zu haben, als jetzt in diesem Augenblicke. Ich streckte meine Arme mit Heftigkeit nach Dir aus,

* Tous les biens sont à nous: l'amour nous reste encore!

rief Deinen Namen, vergoß Tränen. »Oh«, sagte ich, »wenn du je hierher kommst, Clairant, so vergiß nicht diese Stelle zu sehen, wo Clara saß und nach dir seufzte!«

Jetzt hörte ich meine Mutter mit Ängstlichkeit Claren rufen. Ich antwortete. Meine Tränen wollt ich nicht sehen lassen, und so wusch ich mein Gesicht in dem hellen Bache. Ich nahm ein zärtliches Lebewohl von ihm und kletterte wieder die Chaussee hinauf, wo meine Eltern mich schon eine kleine Zeit mit Ängstlichkeit gesucht hatten. Wir stiegen ein, und nun fuhren wir wieder ebenso ungeheure Berge auf Schneckengängen hinauf, als wir herabgefahren waren. Ach, Clairant, eine schönere Gegend kann es in der ganzen Welt nicht geben als dieses Martinstal: so reizend, so einsam, so verschlossen durch Berge die ganze Gegend hier auch ist.

Mein Brief wird ein Buch, und dennoch muß ich fortfahren. Ach, Freund, Deine Unruhe über den Zustand unsers Vaterlandes kommt der unsrigen nicht gleich. Du lebst dort auf dem Lande, Du erfährst den tausendsten Teil der Begebenheiten nicht, welche hier unsere Bekümmernisse ausmachen. Du kennst das Elend nicht, wir kennen es. Die jetzige Regierung verbreitet durch ihre Dekrete überall Unordnung, Gesetzlosigkeit und Verbrechen, um ihre Absicht auszuführen, unsern guten Monarchen zu stürzen. Ach, Clairant, Du warst irregeführt. Du sahst in der Veränderung das Glück unsers Vaterlandes, Du taumeltest vor Entzückung, Du jauchztest bei jedem neuen Dekret. Ich jauchzte mit Dir, ob ich wohl manchmal ein wenig eifersüchtig war über mein Vaterland. Aber, Clairant, wir kannten den Zustand nicht. Sei einmal hier, hier; höre hier Deine Landsleute reden, von dem Elende, das in Paris herrscht, von dem Drucke, unter welchem jetzt der Monarch, der Adel und die Nation schmachten, ach, Du würdest anders reden.

Man weiß hier mit jeder Stunde, wie's zwei Tage vorher in Paris zugeht. Jede Stunde kommen Kuriere, mit jeder Stunde langen hier Familien, die sich von Paris flüchteten, an. Ach, mir zittert das Herz vor ihren Erzählungen von den Pariser Greueln. Ich will die Rechte des Adels nicht verfechten: denn ich gehöre ihm nicht mehr an, ich gehöre nur meinem Clairant; allein man sollte ihnen wenigstens die Rechte des Menschen zugestehen. Man plündert ihre Schlösser, man beraubt sie ihres Vermögens, man mordet sie mitten unter ihren Familien. Noch gestern erzählte mir die Tochter des Grafen Beaujaulais d'Oise. Mir schauerte. Sie sitzen mittags ruhig am Tische und essen. Auf einmal ist ihr Schloß von wütenden Bauern umringt. Man dringt über den Graben. Die Zugbrücke war aufgezogen. Ein Haufen Bauern stürzt in den Saal, wo die unglückliche Familie ißt. Des Grafen Kinder drängen sich um den Vater her. Sie fallen vor den Unmenschen ohne Herzen auf die Knie. Nichts hilft. Man ergreift den Grafen, man wirft ihn zu Boden, und – o Clairant, ich wäre gestorben –, und haut ihm mit großen Säbeln den Kopf ab, so daß sein Blut über seine Kinder herspritzt. Nun reißt man seiner Familie die Kleider vom Leibe, treibt sie hinaus, plündert das Schloß und zündet es dann an. In die Flammen werfen die Unmenschen den Leichnam des Ermordeten.

Sieh, das erzählte mir die Tochter des Grafen; wir gingen im Garten auf und nieder, ich verteidigte die Landleute. Ach, Clairant, mir tut immer das Herz weh, wenn man sie mit den allerschimpflichsten Namen belegt, wenn man ihnen alle Menschlichkeit, alles Gefühl abspricht. Dann fällst Du mir immer ein, und ich kann nicht schweigen. Das erzählte mir das Mädchen. Was konnt ich nun sagen? Mir schauderte, und ich schwieg. Eine solche Grausamkeit berechtigt doch wohl zur Rache? Was es sei, ich weiß nicht, was mir so unangenehm war, als der Bruder des Mädchens sagte: »Sei ruhig, Schwester! Kommen wir einst zurück, so will ich jeden Blutstropfen meines Vaters an den Unmenschen rächen. Nichts soll mich rühren; ich werde nicht barmherzig sein. Langsam will ich unsers Vaters Mörder hinrichten, und erst vor ihren Augen ihre Weiber und Kinder ermorden.« Clairant, ich konnte das nicht mehr anhören, ich lief davon. Soviel Mitleid ich auch gegen die Beaujaulais hatte: denn ich gab mir Mühe, sehr freundlich gegen sie zu sein, soviel es mir auch bei dem Stolze des Mädchens kostete; so scheuete ich mich doch von dem Augenblick an vor ihrer Gesellschaft. Wenn ich den jungen Grafen ansah, so kam es mir immer vor, als ob er eben anfangen wollte, die Kinder umzubringen. Es war wohl nur eine Großsprecherei von ihm; aber man sollte doch auf diese Weise nicht prahlen.

Der Zirkel, in dem wir leben, ist nicht groß. Ein Parlamentsrat aus Toulouse mit seiner Familie ist unsere liebste Bekanntschaft. Wir gehen, um uns nicht abzusondern und um uns nicht Feindschaft zuzuziehen, in alle öffentlichen Gesellschaften, deren hier viele sind; und doch leben wir sehr einsam. Man ist hier gar nicht einig. Neulich sagte mein Vater, wenn jede Partei hier eine eigene Kokarde tragen sollte, so würden die Farben nicht hinreichen, die Parteien zu unterscheiden. Viele wollen die alte Verfassung wiederhergestellt haben. Das ist unmöglich, meint mein Vater. Viele wollen Änderungen, einige diese, andere jene. Und alle diese Parteien hassen sich untereinander noch heftiger, als sie alle die herrschende Partei in Frankreich hassen. Und dann, sagt mein Vater, ist da noch die Partei der jungen Stutzer, die mit ihren Prahlereien, mit ihren Ausschweifungen, mit ihrem Stolze, mit ihren Narrheiten den ganzen französischen Adel in Deutschland verächtlich und zugleich verhaßt machen. Und das mag leider wahr sein. Neulich waren wir im Garten. Unser Wirt, ein Goldschmied, war auch da. Mein Vater sagte lächelnd: »Nicht wahr, Sie sehen es gern, daß wir ausgewandert sind? Sie verdienen Geld hier in Koblenz!« – »Wir verdienen Geld hier in Koblenz, wir verdienen Geld, Herr Vicomte«, antwortete er, »und unsere Mädchen werden verführt.« Mein Vater zuckte die Achseln.

Du glaubst nicht, wie unverschämt die jungen Herren aus Paris sind. Schon seit vierzehn Tagen umflattert mich ein Geck, der alle meine Geduld ermüdet. Er sah mich und flog auf mich zu. Nach ein paar Worten über meine Schönheit, über mein petit air presque ingénu,* über mein petit monois fin, über mein reizendes, boshaftes Lächeln, über meine schönen Zähne und frische Farbe erklärte er mir, daß er es für ein Glück ohne Maß hielte, d'arranger entre nous une petite affaire de cœur. Wahrhaftig, Clairant, ich war außer mir. Ich spottete, ich ward ernsthaft, sagte ihm sogar Grobheiten. Nichts half. Er kam wieder, er kam alle Tage. Ich war gezwungen, ihn anzuhören. Er nannte mich seine kleine Empfindsame und versicherte mir hundertmal, daß mein Herz à sentiment sehr brennbaren Stoff enthielte. Er warnte mich, ich sollte auf meiner Hut sein vor dem étalage seines Feuers. Er würde den glücklichen Augenblick, mich zu rühren, nicht suchen; er würde ihn brüskieren. »Und darin besteht meine Stärke!« setzte er hinzu und legte die Hand mit einer selbstgefälligen Miene auf sein Herz. Ich erzählte das nachher einem Mädchen, das man hier für sehr gescheit hält. »Und Sie nehmen den Scherz übel, mein Kind?« sagte sie. »Scherz?« fragte ich ein wenig empfindlich. – »Nun, mein Gott, oder Ernst. Desto schlimmer, wenn

* Ich habe nichts unübersetzbarer gefunden als diese Stelle in Clarens Briefe. Eine andere Unterredung dieser Art hab ich ganz übergangen; allein das ist auch das einzige, was ich weggelassen habe.

Sie es übelnehmen. Es ist ein sehr liebenswürdiger Mensch mit seiner Eigenliebe. Und ich wüßte nicht, mit wem Sie eine petite affaire mit mehr Unterhaltung und agrément arrangieren könnten als gerade mit ihm.«

Ich glühete vor Verdruß. »Ein Mann von Ehre«, fuhr sie fort, »unterhaltend, voll guter Einfälle, flüchtig wie ein Schmetterling. Es würde Ihnen Ehre genug sein, wenn Sie ihn einen Monat fesselten. Es ist wahr, er würde Ihnen nicht treu, aber doch nicht treulos und am allerwenigsten Ihr Verräter sein.«*

Das war zu arg. Ich brach los, und ich wurde verlacht. Seitdem heiße ich unter den Damen Gabrielle, und mein Anbeter verfolgt mich noch immer mit seiner Galanterie und versichert mir, daß zehn Liebeshändel, die er in Koblenz schon geführt hat, ihm nicht soviel Mühe gemacht haben als dieser einzige mit seiner kleinen Gabrielle. Das ist Ton hier, und darum nennt man hier Koblenz klein Paris. Ach, Clairant, Clairant, wenn ich hier einen halben Tag in diesen Gesellschaften habe zubringen müssen, wie innig sehn ich mich dann weg von diesen nichtssagenden Schäkereien, von diesen Liebeserklärungen, die mit Lachen gemacht und mit Lachen aufgenommen werden, zu Dir hin! Wie sehn ich mich nach Deinem Auge voll stiller und doch so gewaltsam hervorbrechender Leidenschaft! nach Deinen freundlichen, vertraulichen Blicken! nach Deinem bescheidenen und beredten Stillschweigen! nach Deinen Seufzern und Worten, in denen Dein Herz sprach! Und wenn ich Dich noch nicht liebte, Clairant, ich würde Dich jetzt lieben: ich würde die Natur, unsere Wäldchen, unsere Lauben, unsere heimlichen Plätze aufsuchen, um Dein Herz und Deine Liebe zu finden. Ach, ich kann mich jetzt oft mit einer heißen Andacht zu Dir zurückwünschen.

Noch neulich am Abend, eben war ich im Auskleiden begriffen, überfiel mich diese Sehnsucht. Ach, Clairant, ich habe niemanden, dem ich klagen kann, was ich fühle, was mir fehlt. Ich bin gezwungen, mit mir selbst zu reden, mir es selbst zu klagen. Ich faltete meine Hände, sagte laut die schönen Verse, die ich alle Tage hundertmal hersage: »O ihr elenden Sklaven des Hofes und der Städte, die ihr eure Herzen verächtlichen Mädchen schenkt, ihr glaubt die Liebe zu kennen? Nein, ihr kennt sie nicht! Die wahre Liebe flieht die Paläste, wo eine Elende euch ihre Liebkosungen verkauft. Die

* Inconstant, mais pas perfide, et jamais traître!

Liebe, das schönste Kind der Natur, kennt euch nicht. Ihr Wohnplatz ist der schattige Wald, ihr Heiligtum ein heimliches Laubdach, in einem verborgenen Tale voll Frieden und Ruhe.«

(Vous, esclaves flétris et de cours et de villes,
Qui prodiguez votre âme à des maitresses viles,
Vous croyez être aman? non, vous ne l'êtes pas.
Des palais, où Phryné vous vendit ses appas,
Le véritable amour et s'indigne et s'exile;
Enfant de la nature, il en cherche l'asyle.
L'amour aime des bois les dédales épais,
S'enfonce dans leur ombre, et s'y nourrit en paix.)

Ich sagte die Verse mit einer Wehmut, mit einer so heftigen Leidenschaft, daß mir das Auge naß wurde. Mein Mädchen stand hinter mir, ohne daß ich es wußte. »O mein gnädiges Fräulein«, rief sie voll Mitleiden, »was ist Ihnen? Sie können ja so glücklich sein und sind so unglücklich!« – »Ich unglücklich?« fragte ich, »wieso?« Nun erzählte sie mir, worauf ich selbst noch nicht geachtet habe, daß ich halbe Nächte dasitze, weine und seufze. Sie sagte mir, daß sie es nicht wagte, sich eher niederzulegen, als bis ich schlafen ginge. Das arme Kind! Sie hat manche Nacht bis an den Morgen an meiner Türe gehorcht, ob sie noch Seufzer hörte. Ich habe es mir nun angelobt, mich sogleich, wenn ich Deine Briefe gelesen habe, und die lese ich alle Abende, niederzulegen, um meiner armen Luzie den Schlaf nicht zu verderben. Ja, wer schlafen könnte, Clairant! Meinst Du nicht auch? Gute Nacht!

Clara an Clairant

Ich bin von ganzem Herzen traurig, mein Clairant, von ganzem Herzen traurig. Unser guter König hat sich retten wollen und ist zu Varennes angehalten und wieder nach Paris gebracht worden. Kannst Du noch sagen, die Nationalversammlung sei nicht grausam? Anfangs hieß es, er wäre glücklich entkommen. Ich habe herzlich gebetet, daß er entkommen möchte; denn mein Vater sagte, daß nur das allein einen bürgerlichen Krieg verhindern kann. Alles war hier so voller Freuden. Man illuminierte, man jauchzte, man schrie, man umarmte sich. Oh, es war ein sehr rührender Anblick! Jeder schien sein eigenes Leiden vergessen zu haben und nur an die glückliche

Rettung unsers guten Monarchen zu denken. Man hatte sogar den Parteihaß vergessen; man umarmte sich vielleicht zum erstenmal hier von Herzen. Dann kam die Nachricht, es sei mißglückt. Man wollte lange die ersehnte Hoffnung nicht aufgeben. Jeder zweifelte, und es tat einem weh, wenn man die traurigen Gesichter sah, die mit Schmerz fragten: ist es denn gewiß wahr? Und das nicht allein, das ist es nicht allein, was mich kümmert. Du, Clairant, Du!

Ach, ich bin so betrübt, daß ich nicht einmal hoffen mag, und wenn ich auch Hoffnungen hätte. Ich sitze da und sehe auf eine Stelle, daß ich Dir, daß ich dem guten Könige nicht helfen kann. O Clairant, schreib doch, schreib, melde mir alles. Zähle mir alle Deine Seufzer vor, verschweig mir keine Träne, die du vergießt. Klagen lindert den Schmerz, das fühle ich Arme, die ich keinen habe, dem ich klagen kann.

Die Rosière hat mir einen Zettel geschrieben. Ach, guter Clairant, ist es denn war, was sie schreibt? Sie meldet mir, daß sie Dich nicht ohne Mitleiden ansehen kann, so bleich, so kummervoll hat Dich der Gram um mich gemacht. Du schleichst umher wie ein Gespenst, sprichst nichts, seufzest bloß und sitzest den ganzen Tag, wenn Du nicht bei Deinem kranken Oheim bist, in meiner Laube und denkst an mich. Ach, Clairant, es war mir so süß, wenn ich dachte, er weint um dich, er seufzt nach dir. Aber jetzt ist es mir nicht mehr süß. Nein, Clairant, erheitre Dich! Reden tut wohl. Wenn man eine Zeitlang gesprochen hat, so erleichtert sich doch das Herz ein wenig. Es ist einem dann, als ob der Kummer in der Ferne stände und einen nur von Zeit zu Zeit berührte. O lieber Clairant, tu mir es zu Gefallen und zerstreue Dich. Sieh, die Rosière schreibt mir von Nationalfesten, die gefeiert werden. O Clairant, da geh hin, dort tanze, vergiß mich: ich will ja gern zufrieden sein, wenn Du den Tag über nur eine Stunde um mich traurig bist. Am Abend wein ich um Dich. Den Tag über muß ich bald hierhin, bald dorthin. Am Abend setz ich mich recht ordentlich zurecht, um an Dich zu denken; und sieh, dann schläft man darüber ein. Ich bitte Dich, Clairant, schone Deine Gesundheit. Ich müßte hier vor Angst umkommen, wenn ich hörte, daß Du krank wärest.

Ach, jetzt erst begreif ich, und mir schlägt das Herz laut vor Angst dabei, jetzt begreif ich, was Du meinst mit der Verzweiflung, in die ich Dich stürzen würde, wenn ich nicht zurückkäme. Clairant, Du weißt, ich kann nichts weniger auf der Welt leiden als Verzweiflung. Ich bitte Dich, schreib ja nicht ein Wort davon in Deinem nächsten Briefe. Es ängstigt mich sehr. Ich sende Dir mein Portrait, lieber Clairant. Anfangs wollt ich nicht daran. Du weißt, daß ich nicht lange sitzen mag, und noch weniger kann ich es leiden, daß ein Mann mich so starr ansieht, wie die Maler tun. Endlich hab ich es doch richtig ausgehalten, weil mir gleich einfiel, Dir ein Bild von mir zu senden. Mein Vater sagte, ich sähe so traurig auf dem Bilde aus. Aber, mein Gott, wie konnt ich anders aussehen? Ich dachte an nichts als an Dich. Man sitzt da so still, und sitz ich nur einen Augenblick still, so ist mein zweiter Gedanke Du. Sieh, nun bat ich den Vater, mir noch eine Kopie zu machen, für eine in Frankreich zurückgelassene Freundin. Und da hätte ich es bald wieder abbestellt; denn der Maler lächelte, wie ich das sagte. Ich mochte vielleicht rot geworden sein. Aber ich faßte Mut; ich tat, als säh ich sein Lächeln nicht, und bestellte ihm das übrige, die Kleidung und so weiter. Sieh, Clairant, läßt mir die Kleidung der Bäuerin nicht recht gut? Ach, Clairant, wann wird der Augenblick sein, da ich so gekleidet in Deine Arme sinke!

Nein, mein guter Clairant, was bedarf es dazu Frankreich, um zu gestehen, daß ich Dich über alles liebe? Hier, hier kann ich ebensogut sagen: Ich bin die Tochter des Vicomte du Plessis, und mein Geliebter ist ein Bauer! Und ich hab es gesagt, ohne vor Dir zu erröten. Mein wunderlicher Liebhaber findet endlich, da ich gegen alle seine Etourderien hart wie ein Fels bin, daß eine glückliche Liebe ihm im Wege stehen muß. Er läuft die Namen aller meiner Bekannten durch, fällt bald auf diesen, bald auf jenen. Ich lächle dazu. »Ach«, ruft er, »er ist noch in Frankreich. Gestehn Sie nur.« Ich sage »Ja!« – »Und heißt?« – »Clairant!« – »Clairant? ein verteufelter Name. Doch wohl kein Patriot?« – »Mit Leib und Seele.« – »Also ehmals hieß er?« – »Nie anders als Clairant.« – »Clairant? und ist?« – »Ein Bauer, der Sohn eines Pächters.« – »Sie scherzen.« – »Mit Ihnen nie.« – »Ein Bauer, vielleicht ein Verrückter, der –« – »So helfe der Himmel Ihnen zu seiner Verrücktheit.« – »In Ernst?« – »In Ernst.« – »Sie lieben ihn?« – »Mit allen Kräften meiner Seele.«

Er schlug eine laute Lache auf, und mein Vater trat aus dem andern Zimmer zu uns. »Worüber lachen Sie so, Chevalier?« fragt er. »Darf ich's sagen?« fragt der Geck. »Warum nicht?« sag ich. »Ihre Tochter erzählt mir, daß sie einen Bauer namens Clairant liebt.« Mein Vater errötete. Er warf einen Blick voll Vorwurf auf mich.

»Meine Tochter, Chevalier, ist eine Närrin.« Ich küßte meinem Vater die Hand und sagte doch wohl etwas empfindlich: »Der Chevalier bringt mich wenigstens nicht zur Reue über meine Liebe.« Ich wollte den Toren los sein. Er verstand mich nicht oder wollte mich nicht verstehen.

»Du wirst das Gelächter der Welt werden«, sagte mein Vater nachher. »Dann hätt ich Ihr Schicksal, mein Vater: Leute wie der Chevalier lachen über alle Tugenden und machen den elenden Rang, den sie haben, verächtlich. Ich habe Clairant nie mehr geliebt als seit ich ihn hier mit den Leuten meines Standes vergleiche.« Mein Vater schwieg und war seitdem wieder ebenso freundlich. Er vermeidet jedes Gespräch über Dich.

Und ich bin das wohl zufrieden; denn was kann man ohne mein Herz von Dir sagen? Nichts, gar nichts. Mein Bruder setzt sich manchmal zu mir und schwatzt von Dir. So lieb er Dich hat, so trifft er dennoch keinen Zug von Dir. Es kommt mir gerade so vor, als ob ich wieder den Grundriß von Marly sehe. Da ist freilich nichts darauf vergessen. Da steht das Schloß, da sind die Esplanaden, da die Terrassen, da die Gärten, da das reizende Abreuvoir, da die Bosketts mit ihren Statuen, mit ihren Bassins und Wasserkünsten. Wir standen vor dem Grundrisse, hörten ihn erklären und gähnten von ganzem Herzen. Ich war selbst in Marly. Ich habe wenig von alledem gesehen, was der Grundriß enthält, ich erinnere mich kaum mehr als des einen Bosketts mit der Fontaine der Agrippine und des Musensaals. Aber die eine Erinnerung an die Empfindung der heiteren Ruhe, des Friedens, die ich hatte, wie ich in das Boskett hineintrat, sagte mir von Marly mehr als die stundenlange Beschreibung nach dem Grundrisse. Da hast Du Gott weiß wieviel und welche gute Eigenschaften. Ich höre das kalt an, und ich vergehe vor Schmerz und Verlangen, wenn ich mir vorstelle, wie Du da stehst und mit Tränen in Deinen lieben Augen mich zurückwünschest.

Mein Bruder meint, Wunder was er tut, wenn er eine Stunde lang Dich gelobt hat; er fürchtet zuweilen, daß das Lob, welches er Dir gibt, meine Sehnsucht nach Dir zu sehr schärfen werde. Ich lächle über seine Furcht. Und da les ich das Ende Deines letzten Briefs. ›O Clara, Clara, wirf Deinen Rang zu den Füßen Deines Vaters, komm zurück. Eine Hütte erwartet Dich und Clairant, der Dich liebt!‹ Ich springe auf, mein Busen schlägt, ich breite meinen Arm aus, Dich zu umfangen; ich will fort, allein, bei Nacht, auf unbekannten Wegen fort. Die ganze Natur ist mit Dir im Bunde, die Sterne, denk ich, haben nichts zu tun als mir den Weg nach der Hütte zu zeigen, wo Du stehst und mich erwartest; ich glaube, es ist kein anderer Weg als der zu Dir.

O Clairant, ach, wie oft, wenn ich das Ende Deines Briefes lese, fasse ich den Vorsatz, zu Dir zu fliehen! Mir scheint es denn so leicht, der Weg so kurz, ich selbst so stark; und was hält mich dann zurück? Nichts, weniger als nichts! Ich habe Mut genug, meinen Vater zu verlassen, meine Mutter zu betrüben; ich trotze dem Gedanken, daß ich meinen Eltern entlaufen bin; ich rechne es für nichts, den Spott, die Verachtung der Welt auf mich zu ziehen: und ich bin nicht dreist genug, mir eine Postchaise zu bestellen. Der Gedanke, ich muß dem Postillon sagen, dahin soll er mich fahren, hält mich zurück. Der Gedanke, ein Reisender begegnet mir und sieht mich starr an, hält mich ab. Ich wäre längst bei Dir, könnte ich fliegen oder müßte ich durch eine menschenleere Wüste mir die rauhesten Wege bahnen. Ich schelte auf mich selbst, ich weiß, daß es Kleinigkeiten sind und kann sie nicht überwinden.

Und dennoch wird meine Sehnsucht, Dich zu sehen, täglich stärker. Je länger ich hier lebe, desto mehr mißfalle ich mir hier. Ach, wie kann das Herz, an das volle, stolze Gefühl der Liebe gewöhnt, sich mit Tönen begnügen? Mir fehlt hier alles. Die Menschen verekeln mir auch den Schloßgarten und die Spaziergänge. Man kann nicht eine kleine Minute irgendwo sitzen, so wird man von Gelächter, von lautem, fröhlichem Geschwätz, aufgejagt. Ich sitze jetzt hinter unserm Hause unter den blühenden Apfelbäumen und traure um die Bäume zu Pillon, die ihre Blüte auf Dich herabstreuen, ohne daß ich es sehe und darüber jauchze.

Clairant an Claren

Clara, Clara, ich habe Dein Bild, ich habe Dich, Clara! Da liegt es neben dem Papiere, worauf ich an Dich schreibe. Da liegt es und lächelt mich an, wenn ich ihm zulächle, und weint mit mir, wenn ich traure. Ich trage es bei mir, nicht einen Augenblick ist es von mir entfernt. Ich hänge es neben mir auf einen Zweig, in unsrer Laube, ich rede mit ihm, es antwortet mir. Ich bin nicht mehr allein; ich habe Dich, Clara, und bin glücklich. Ach, Clara, welch ein Meisterstück hat der Maler gemacht! wie ähnlich, wie lebendig! Die braunen

Haarlocken scheinen auf dem Busen zu schweben; wie schön ist die weiße, edle Stirn, von dem Strohhute beschattet! O Clara, wie konnte der Maler dich ansehen und malen! Die feinen blaßroten Lippen, die schönen Wangen, durch die das liebliche Rot wie durch einen Schleier durchschimmert, das weiche, seidne, runde Kinn mit dem Grübchen; und dann, Clara, die Worte hintendrauf, von Deiner Hand geschrieben: ›Clairants Geliebte!‹ Ich betrachte ebensooft die beiden Worte als das Gemälde. Diese bist Du, jenes ist Dein Geist, Dein Herz, Deine Liebe! Wie ich den Umschlag öffnete, worin es lag, Dich erkannte, in der Kleidung, die Du um meinetwillen liebst, die Worte las: ›Clairants Geliebte‹; o Clara, Du weißt nicht, ich selbst habe nicht gewußt, wie sehr ich Dich liebte!

Ich war neidisch auf mich selbst. Ich legte Dein Bild weg, wenn ich es eine Zeitlang angesehen hatte. Ich holte es wieder hervor. Es war mir immer neu, immer überraschend. Ich war außer mir. Ich dachte, es müßte reden! Ich hoffte auf das Wunder, das den Pygmalion beglückte. Je länger ich es ansah, desto lebendiger wurden alle seine Züge: die Lippen öffneten sich, aus den Augen rollten Tränen die schönen Wangen hinab. O Clara, welche Augenblicke hab ich gehabt!

Und dann wieder ist es so tot, so fühllos, so starr. »Ach! du reizendes, zu reizendes Gemälde meiner Clara, vergebens rede ich dich an; nein, du hörst meine Stimme nicht. Fühllos bist du gegen meine Liebe und gegen deine Reize. Ist es möglich? du hast Clarens reizende Züge, und dennoch bist du ohne Gefühl? deine schönen Blicke sehen mich nicht? Nein, eine unerbittliche Macht zernichtet alle meine Wünsche, und deine Schönheit wird meine Qual!«*

Ich habe es weggelegt, Clara; ich mußte es weglegen, wenn ich Dir schreiben wollte. Und dennoch, dennoch – nein, Clara, ich kann

* Portrait de mon amante, ah trop charmant peut-être!
Ah, je te parle envain; non, tu ne m'entends pas;
Non, Claire, tu ne peus connaître
Ni mon amour, ni tes appas.
Tu as ses traits charmants, et tu n'es pas sensible?
Tes beaux yeux ne peuvent me voir?
Un impitoyable pouvoir
Oppose à tous mes voeux un obstacle invincible,
Ta beauté fait mon désespoir.

nicht mehr schreiben, und wenn jeder Buchstabe eine Quelle meines Glücks würde. Leb wohl.

Clairant an Claren

Ich lese Deine Briefe, Clara, ich lese sie wieder, und ich werde nie fertig damit. Mein Herz hatte Dein Urteil längst gesprochen. Konntest Du anders als unschuldig sein? Du bist es, Clara! Auch der allerleiseste Zweifel, den die Einsamkeit und mein Gram um Dich in meiner Seele erhebt, ist besiegt. Du bist unschuldig. Dein Vater hat Deine Liebe überlistet. Er betrog uns beide. Denn, lies noch einmal, was Du schriebst, lies noch einmal die Begebenheit jener unglücklichen Nacht; und Du wirst leicht einsehen, daß Dein Vater sehr ungroßmütig Dein eigenes Herz brauchte, um Dein Herz und unsere Liebe zu äffen. Es ist Dein Vater; ich will schweigen.

Es kann Schicksale geben, Clara, die uns, solange wir leben, trennen; es ist wahr, Clara! Aber ich fühle das ebenso gewiß, daß das nicht lange sein kann. Der Gram würde mein Leben verkürzen, ein Leben, das ohne Dich eine drückende Last ist, und am Grabe brechen sich ja die Wellen des menschlichen Elends. Über das Grab hinaus reicht es nicht, und dann find ich ja das treue Herz meiner Clara. Es ist sehr traurig, meine Clara, wenn man den Keim seiner Hoffnungen erst in sein Grab pflanzt; doch dem Himmel sei Dank, daß *eine* Hoffnung wenigstens mich durch das Leben begleitet, die Hoffnung Deiner Treue. Und wiedersehen werden wir uns; gewiß, Clara, wiedersehen werde ich Dich. Wohin Deines Vaters ohnmächtiger Haß Dich führen kann, dahin wird ja meine mächtige Liebe dringen können. Eine Tagereise, und ich bin bei Dir, und sollte es nur sein, um meinen letzten Seufzer an Deinen Lippen auszuhauchen, um Dir zu sagen, daß ich Dir treu blieb.

Die Furcht ist ebenso eitel als die Hoffnung. Erhalte mir Deine Liebe, und keine Drohung, kein Elend, kein Schicksal soll je die Hoffnung aus meiner Brust reißen, die Hoffnung, mit Dir einst glücklich zu sein. Es kann ein Zusammentreffen von Umständen geben. Gut! Es kann auch auf tausendfache Weise anders sein! Ach, wenn eine Liebe wie unsere, wenn Herzen wie unsere nicht zu Hoffnungen berechtigen; so machte die Vorsehung die Hoffnung zum Vorrechte des Bösewichts und ließe dem fühlenden Herzen nichts als das menschliche Elend. Nein, Clara, so traurig ich auch jetzt bin, so zweifle ich dennoch nicht. Ich sehe Dich, ich sehe Dich bald, und wir werden glücklich sein. Glücklich? und wären wir es nicht, nicht längst, wenn wir den Mut hätten, der menschlichen Torheit aus dem Wege zu treten? Was hat denn der Himmel unserm Glücke in den Weg gelegt? Wodurch hat er gezeigt, daß er unser Unglück will? Er führte uns zusammen. Ein Engel, könnte man sagen, wachte ja über unsere Liebe, daß sie die Zeit nicht verlöschen konnte. Ein Engel führte uns in Metz wieder zusammen, eben da das Band unsrer Herzen locker wurde. Der ganze Himmel lächelt auf unsere Liebe und segnet sie; und wir, wir, Clara, schreiben unsere Untätigkeit auf die Rechnung des Himmels, nennen unsere Schwäche Schicksal und die Torheit anderer, die wir besiegen können, sobald wir wollen, Vorsehung.

Sieh, ich fliege nach Koblenz; was hindert mich? Clara geht eine Gasse hinunter, setzt sich mit mir in den Wagen, geht nach Pillon mit mir, wird mein Weib, mein glückliches Weib, Mutter glücklicher Kinder. Eine Reise nach Koblenz, ein Gang von etwa hundert Schritten von Clarens Wohnung bis an die Chaise ist die ganze Arbeit, welche unser Glück kostet; und wir schieben unsere Tränen auf den Himmel und hadern mit der Vorsehung über unsern Gram. Was wollen wir mehr? was können wir mehr wünschen? auf welches Zusammentreffen von glücklichen Umständen sollen wir hoffen? Meinst Du, Dein Vater werde je seine Einwilligung geben? Nein, das glaubst Du selbst nicht. Auf was gründest Du Deine Hoffnung? Da liegt die Nahrung, Dein Leben zu erhalten! Strecke die Hand darnach aus. Nein! Noch soll der Himmel ein zweites Wunder tun, er solle die Nahrung lehren, zu Dir zu kommen. Nein, Clara, das Schicksal mag zuweilen dem Verbrechen Felsen in den Weg türmen. Der Liebe ist der Weg zum Glück gebahnt. Man darf nur den Mut haben, den Weg zu machen, und er ist schon gemacht. So sitzt die junge Schwalbe auf dem Rande ihres Nestes. Sie hebt die Flügel, sie will fliegen; sie scheut den Abgrund, der ihr nicht gefährlich ist, sie sinkt ins träge, enge Gefängnis zurück. Sie schlägt besorgte Blicke hinab in den Abgrund, sie sieht die Glücklichen in der freien Luft flattern und glücklich sein. Sie hebt aufs neue die Flügel, die Mutter stößt sie hinab; und nun erstaunt sie flatternd über ihre Macht, an der sie verzweifelte, und zwitschert entzückt über das Glück, daß die Natur, der Himmel ihr gab und das sie allein sich versagte.

Sieh, Clara, das ist meine Hoffnung. Was Dein Vater sagen

würde? Vielleicht, Clara, wärest Du das Band, das ihn wieder mit seinem Vaterlande vereinigte. Deine Mutter? Kennt sie nicht Deine Liebe, und bewilligte sie dieselbe nicht ehedem? Dein Bruder? Er liebt mich. Clara, ich will Dich nicht überreden. Nein, Clara; hebt sich in Deiner schönen Seele ein Zweifel, so ist er gerecht, so bleib, so laß uns fortklagen. Du wirst nicht glücklich sein, aber Du wirst ohne Vorwürfe bleiben; und ich weiß es, Clara, der erste Vorwurf, den Du Dir selbst machen müßtest, wird Deine Seele mehr zerreißen, als ein langes Elend, das Du nicht verschuldet hattest. Nein, Clara, ich will Dich nicht bereden, bei unserer Liebe! Ich will das nicht. Es steht nicht in unserer Gewalt, den Schlägen des Schicksals auszuweichen; aber eine vorwurflose Seele ist ein großer Trost unter den Schlägen des Geschicks. Ich will Dich nicht bereden. Könnt ich Dir in meinen Armen ein heiteres, glückliches Leben versprechen, so würde ich Dich bereden. Das kann ich nicht, und darum will ich Dich nicht bereden.

Ich weiß es, Clara, daß Du mich liebst; denn nur eine reine Liebe konnte Deine Briefe schreiben. Ach, es war auch kein Mißtrauen, das meine Feder leitete. Ich war sehr betrübt, ich grollte mit meinem Schicksal; der Kranke klagt in seinem Schmerze die Hand an, die ihm das Kissen weicher legt, und macht dem Arzt Vorwürfe, der ihm hilft.

Ebendas, was nach Deines Vaters Meinung den Krieg entzünden sollte, wird den Frieden erhalten. Der König ist in Paris nicht unter Feinden, nein, unter seinen Kindern. Kannst Du den Menschen in Koblenz Unparteilichkeit zutrauen? Ich bejammre es mit Dir, wenn ein Tropfen Menschenblut vergossen wird. Die Geschichte des Grafen Beaujaulais hat mir wie Dir Tränen gekostet. Aber laß uns darüber schweigen; vielleicht sind wir beide parteiisch. Du hörst täglich die Klagen des geflüchteten Adels; und ich bin täglich unter Menschen, die mit frohem Herzen die Feste der errungenen Freiheit feiern, und Klagen und Freude sind ansteckend und machen parteiisch. Es geht mir nahe, wenn ich denken muß, daß meine Clara einen Gedanken hat, den ich nicht mir ihr teilen soll.

Die Rosière ist eine Törin. Der Gram um Dich, meine Clara, ist so süß, die Einsamkeit so reizend, die Stille so erquickend, daß ich jetzt nichts anders zu wünschen wüßte, als so zu leben, wie ich lebe. Und wie anders soll eine Frau wie die Rosière urteilen, welche die Einsamkeit wie das Grab flieht, den Augenblick für verloren hält, da sie nicht plaudert, und welche Clara schlechthin für eine Törin erklären würde, wenn sie Dich unter Deinen einsamen Apfelbäumen sitzen sähe, während Promenaden voll Gelächter und lautes Geschwätz Dir winken.

Plessis an Clairant

Ich habe keine Antwort von Dir erhalten, lieber Clairant; ich hoffe nicht, daß der Zwist zwischen unsern Meinungen von den Bedürfnissen unsers gemeinschaftlichen Vaterlandes auch einen Zwist unter unsern Herzen hervorbringen kann. Unsere Freundschaft ist mehr als die unselige Streitigkeit, in welche der tolle Ehrgeiz einiger Rasender unsere Begriffe und unser Vaterland gestürzt hat. Ich klebe nicht an Vorurteilen, das weißt Du, dies bezeugt meine Liebe gegen Dich und die Güte gegen meine Schwester; allein nach den Schritten, zu welchen nur der allerausschweifendste Ehrgeiz den Mut geben konnte, nach den Schritten, sich der geheiligten Person unsers Königs zu bemächtigen, hoffe ich, sind wir einerlei Meinung geworden. Ich bin Deiner Kindheit Freund und Gespiele gewesen, ich bin es bis auf den jetzigen Augenblick geblieben; es tut mir weh, Dir das versichern zu müssen. Es tut mir weh, daß ich zu Umschweifen meine Zuflucht nehmen mußte, daß ich nicht sogleich damit anfangen konnte, was ich Dir sagen wollte: Clairant, ich glaube, du tust unrecht! Laß mich einmal wieder zu Dir reden, wie ich als Knabe zu dem Knaben Clairant zu reden gewohnt war, mit der ganzen Freimütigkeit eines liebenden Herzens, mit dem unbesorgten Vertrauen des Freundes.

Clairant, Du tust unrecht! Was hast Du vor mit meiner Schwester? Du liebst sie, sie liebt Dich, mit all dem Feuer jugendlicher Herzen. Vorurteile stemmen sich Deiner Liebe entgegen, zugegeben! Aber auch Vorurteile setzen den Handlungen des Mannes von Ehre Schranken. Vorurteile sind ein Unglück; aber das Unglück fordert Schonung! Was hast Du mit meiner Schwester vor? Sie hat Deine Briefe von mir empfangen; ich glaube nicht, daß Du mich zu dem Mittel machen willst, meinen Vater zu betrügen? Deine ersten Briefe las sie, weinte, klagte, wurde wieder ruhig. Diese Tränen waren ihrem vollen Herzen ein Trost. Deine Briefe gaben zwar ihrer Liebe Nahrung; aber sie waren auch die Freude ihres Lebens. Ich lasse es gehen, sooft auch meine zu schwache Liebe für Euch beide Vorwürfe von meiner Vernunft empfängt. Meine Schwester sendet Dir heimlich ihr Portrait; ich freue mich, denn das Geschenk macht meinen unglücklichen Freund froh. Sie erhält einen Brief von Dir, und ihr ganzer Zustand ist verändert. Sie klagt nicht mehr, sondern sie ist unglücklich. Ich gebe ihr den Brief. Sie nimmt ihn aus meiner Hand mit der gewöhnlichen Heftigkeit. Sie drückt ihren Mund auf die Züge Deiner Hand. Ihr Auge glüht, ihre Wange brennt. Sie stürzt in den Garten, setzt sich in das Gartenhaus, erbricht den Brief, liest. Ich sehe aus dem Fenster ihr zu. Sie liest, vergießt Tränen, liest wieder, streckt die Arme empor, versinkt dann in ein tiefes Nachsinnen. Mit wechselnden Schritten geht sie umher, zieht von Zeit zu Zeit den Brief hervor, liest, ihr Gesicht wird immer finsterer, ihre Stirne ernster. Sie hört auf zu weinen; wankt wie im Traume ganze Tage umher. Eine tiefe Trauer liegt auf ihrem Gesicht, eine unstete, rasche Unruhe in ihrer Seele. Ihr Geliebter ist nicht mehr der Gegenstand ihres Kummers, nein! ihr Vater ist es geworden. Ihre Mutter ist es jetzt. Sie wirft die Blicke voll Sehnsucht, mit denen sie sonst allein die Briefe ihres Geliebten betrachtete, jetzt auf ihre Eltern. Ihre Augen füllen sich mit Tränen, wenn ihre Mutter ihr voll Zärtlichkeit die Hand reicht. Sie zittert, wenn ihr Vater ihr voll Liebe die Wangen streichelt. Die Liebe ihrer Eltern ist ihr zur Last. Sie freut sich, wenn ihr der Vater ein hartes Wort sagt; sie stellt sich ihm in den Weg, wenn er durch seine Lage erbittert ist, um das Vergnügen zu haben, der Gegenstand seiner Erbitterung zu sein.

Ist sie auf ihrem Zimmer allein, so zieht sie des Geliebten Briefe hervor, wie sie sonst auch tat; allein sie benetzt die Briefe nicht mehr mit kummervollen Tränen wie sonst. Nein! da sitzt sie, liest mit entzückten Blicken, nennt seinen Namen mit einer hohen Wollust. Dann versinkt sie in ein tiefes Nachdenken, das mit Tränen anfängt und mit einer frohen, zärtlichen Miene endigt. Sie steht auf; sie breitet ihre Arme aus. Es ist, als ob sie dem Geliebten in die Arme fliegt. Noch mehr! Clara hat ihre notwendigsten Kleider und Wäsche in ein Bündelchen gepackt, mit einer Ängstlichkeit ohnegleichen verbirgt sie es, sieht alle Tage nach, ob es noch da ist. Sie geht jetzt alle Abende, sonst saß sie einsam in ihrem Gärtchen, jetzt alle Abende geht sie, und am liebsten allein, so furchtsam sie ist, über die Moselbrücke den Weg hinaus, der nach Frankreich führt. Da steht sie auf der Höhe und schaut mit brennenden Augen den Weg hinauf und zittert und kehrt voll Unruhe und voll Tränen den müden Blick zurück.

Was ist das, Clairant? Meine Schwester erwartet Dich. Sie will ihre Eltern verlassen, um mit Dir nach Frankreich, dem Zufluchtsort aller Verbrechen, zu fliehen. Dort findet sie Schutz, das weiß ich. Vergeblich wird sie dort der Vater mit bittern Klagen zurückfordern, vergeblich die Mutter dort den Schutz der Gesetze fordern, die nur den Raub und die Räuber begünstigen. – Ist es nicht so, so verzeihe der brüderlichen Aufmerksamkeit, die dann zu weit ging. Ist es aber so, Clairant, dann antworte. Die Freundschaft und die Bruderliebe setzen Dich zur Rede.

Du hast meine Schwester beredet, zu entfliehen, Du! Hättest Du ihr zu bieten, was sie durch die Flucht aus dem väterlichen Hause verliert, so wärest Du weniger ungroßmütig. Du gewinnst, wenn sie flieht; aber sie verliert. Sie bringt das Opfer, und Du beredest sie, es zu bringen. Ist das Großmut? Es gibt Bedenklichkeiten, die man nicht aufopfern darf, ohne den Verdacht des Eigennutzes auf sich zu ziehen; und eigennützig scheinen wollen ist beinahe eigennützig sein. Meine Schwester verliert in einer Verbindung mit Dir, verliert einen elenden Rang, den ihre Liebe jetzt nicht kennt; aber wird nie ein Zeitpunkt kommen, wo sie ihn für etwas rechnet? Und was willst Du dann ihrer unzufriedenen Miene antworten, mit der sie Dir vorwirft, Du habest sie beredet, ein Opfer zu bringen, das sie darum brachte, weil sie es nicht kannte? Clairant, ich liebe Dich, wahrhaftig, ich liebe Dich. Und will es das Schicksal, so will ich der erste sein, der Dir die Hand als Bruder bietet; allein mein Bruder muß die Gesetze des Edelmutes nie übertreten. Ich bitte Dich, antworte ebenso aufrichtig, als ich fragte.

Clairant an Plessis

Ich will Dir ebenso aufrichtig antworten, Plessis, als Du fragtest; denn ich bin so stolz wie Du. Ich bin ein französischer Bürger, und das bist Du jetzt nicht. Unsere Meinungen sind verschieden; aber ich liebe Dich. Mein Vaterland könnte mir gebieten, gegen Dich zu handeln, aber nie, Dich zu hassen. Warum mit mir reden wie der Knabe ehedem mit dem Knaben; warum nicht lieber wie zwei Männer, die sich lieben und ehren? Ja, ich habe Deiner Schwester geschrieben, daß es das einfachste Mittel wäre, uns glücklich zu machen, wenn ich nach Koblenz käme, wenn sie ihren Vater verließe, in meine Arme eilte, mit mir nach Frankreich ginge, mein Weib würde, mich glücklich machte und selbst glücklich würde! Das habe ich ihr geschrieben, nicht mehr und nicht weniger; und aus Deiner Erzählung von ihr seh ich, daß sie einsieht, wie sehr ich recht habe.

Vorurteile muß ich schonen, wenn sie wohl tun; tut denn das Vorurteil Deines Vaters Deiner Schwester wohl? tut es mir wohl? Soll ich mich zu einem ewigen Elende verdammen, soll ich Claren zu einem ewigen Elende verdammen lassen, um Deines Vaters Vorurteil nicht zu berühren? Und soll die Wahrheit nicht gleicher Rechte mit dem Vorurteil genießen? Was hat Dein Vater voraus, daß er von mir und seiner Tochter verlangen darf, wir sollen die allerheiligsten Gefühle der Natur unterdrücken, Gefühle, die eher waren als die bürgerliche Ordnung und die länger dauern werden als die Zeit und die Erde; damit er nicht nötig habe, einen lange genährten Irrtum aufzugeben? Warum soll ich zitternd noch einen vergoldeten Götzen anbeten, wenn ich meine Hände und meine Seele zu dem erhabenen, unsichtbaren Urheber des Weltalls aufheben kann? Warum soll ich auf die Rechte des Herzens um der Rechte der Torheit willen Verzicht tun? Warum soll mir eine bittere Stunde Deines Vaters heiliger sein als ein ganzes kummervolles Leben von Claren? Oder hältst Du die Liebe für ein gleiches Vorurteil, für eine törichte Begierde, die mit der Jugend vergeht? Gut dann! Vorurteil gegen Vorurteil! Und wer hätte dann mehr Schonung zu fordern, die Leidenschaft eines heiß verlangenden, jugendlichen Herzens oder die bedächtigere, abgestorbene des Alters? Hier ficht wieder der Riese mit dem Kinde.

Ich gewinne, schreibst Du, wenn Clara zu mir flieht; sie verliert. Sie bringt das Opfer, und ich berede sie, es zu bringen. Was gewinne ich? Was verliert sie? Welches Opfer verlange ich, und welches kann sie mir bringen? Ich gewinne ein Weib, das ich mit allen Kräften meiner Seele liebe; und sie gewinnt, wenn sie mich ebenso liebt, ebendas. Und liebt sie mich nicht so, wer fordert dann, daß sie zu mir fliehen soll? Wo ist das Opfer? Wo ist die Ungroßmut, die Du mir vorwirfst? Ihr Rang? Ich kenne nur zweierlei Menschen: ehrliche Leute und Schurken; und wehe mir, wenn Clara eine andere Rangordnung unter den Menschen machte und flöhe dann zu mir! Eigennutz? Wie? Hier? hier, wo ich den Verdacht gegen mich durch die Verbindung mit Claren reize? Hier, wo ich es nie sagen dürfte, sie war die Tochter eines Vicomte? Setze mich auf den Thron der Erde und verstoß Claren in die elende Hütte eines Hirten oder unter den freien Himmel, das Dach einer Bettlerhorde, sie wäre dennoch meine

Geliebte. Eigennutz? Laßt Claren der Preis einer lebenslänglichen Galeerenarbeit sein, ich lasse mich jauchzend an die Ruderbank schmieden. Gebt mir die Gewißheit, daß Clara an der Brust eines andern Mannes glücklicher sein wird als an meiner; ich gebe meine Hoffnungen auf sie hin, und wenn mein Wesen in dem Augenblick darüber zugrunde ginge. Eigennutz? Bei Gott, Plessis, ich bin so stolz auf mein Herz, auf meine Liebe, wie kaum Lafayette auf seinen Ruhm sein kann. Titel? Ich führe jetzt einen, vor dem Ihr in Koblenz zittert, den eines französischen Bürgers; und Zittern vor Menschen soll ja den Rang des Mannes beweisen. Du siehst, wie sehr ich mich darauf verlasse, daß ich recht habe; denn ich bin ins Scherzen gekommen, ohne es zu wollen.

Das ist meine Antwort, lieber Plessis. Findet Clara meine Gründe vernünftig, so wirst Du und die ganze Welt mich nicht hindern, sie in dem ersten französischen Dorfe mein Weib zu nennen. Findet sie es nicht so; erhebt sich die leiseste Stimme des Widerwillens in ihrem Herzen dagegen; scheut sie den Kummer ihrer Eltern als ihr eigenes Unrecht: so sei ruhig, ich habe sie gebeten, dort zu bleiben und zu vergessen, daß je ein Herz für sie schlug. Nicht weil ich das Opfer zu groß finde, das sie mir dann brächte: nein, Plessis! mein Herz ist des ihren wert; sondern weil ich es für abscheulich halte, den reinen Spiegel einer schuldlosen Seele mit dem fressenden Flecken einer auch nur zweifelhaften Schuld zu trüben und auf ein Herz, das in dem Bewußtsein der Schuldlosigkeit seine Ruhe findet, die Last eines Selbstvorwurfs zu bürden.

Dann erwarte ich, ruhig oder unruhig, glücklich oder unglücklich, gleichviel! den Tag, da, wie Du sagst, das Schicksal will. Und will es nicht, so soll wenigstens keine unmännliche Klage Clarens fromme Ruhe stören. Sie soll die Freude haben, daß ihr Clairant, auch noch mit seinem letzten Atemzuge, das Opfer segnet, das sie dem Vorurteil ihres Vaters brachte, das Opfer, welches mein Herz in Stücken riß.

Das ist meine Antwort, frei, wie sie ein Mann einem Manne gibt, der sein Freund ist. Nun eine Frage! Man spricht bei uns, und auch schon in den öffentlichen Blättern, von Kriegszurüstungen der Ausgewanderten gegen Frankreich. Plessis, wirst Du je die Waffen gegen Dein Vaterland führen? Nein, Plessis, ich glaube nicht, daß je ein Herz, das an meinem Herzen geschlagen hat, so sinken kann. Und wäre es, wäre es, o Plessis, wie fühle ich, daß ich Dich liebe, und wäre es, dennoch – nein, aufhören würde ich nicht, Dich zu lieben; allein diese Liebe würde sein wie ein Verbrechen einem frommen Herzen. Plessis, denk an die Träume unserer Jugend, denk unserer Freundschaft, unsrer Liebe! O Gott! wenn Geliebte und Freund auf einmal mir und ihrem Glücke wiedergegeben würden! Plessis! mein Bruder, mein Freund, mein Mitbürger! Ach, es gibt Vorstellungen, die so reizend sind, daß sie dem menschlichen Lose zu viel scheinen: wie würd ich das Glück ertragen! und wie kann ich das Gegenteil ertragen! Und wenn Dich Dein Vaterland haßt und hassen muß, so ist dennoch ein Herz in seinem Umfange, das an allem teilnimmt, nur nicht an diesem Hasse, und das gern sein Blut für Dich verspritzte. Leb wohl.

Ach, Plessis, unsere Freundschaft, die herzliche Liebe der beiden Knaben, schien Deinem Vater ebenfalls eine kindische Torheit. Wie, wenn er forderte, Plessis sollte aufhören, mich zu lieben? Wie, wenn er das forderte? Könnte Plessis gehorchen? O wie mag es ein Mann wagen, sich zwischen zwei Herzen zu drängen, welche die Natur und alles, was göttlich ist in unserer Natur, zusammenzog? O wie mag ein Mensch so vermessen sein, sich gegen den Kreislauf der Erde zu stemmen? Und ist das Gesetz der Liebe weniger mächtig als das Gesetz, nach dem die Sphären rollen? Sprich! sprich selbst! Und eher wird die Erde in ihrem Laufe stocken, eher das Band, das Gestirne aneinander fesselt, zerreißen als das Band, das mein Herz an die Kinder des Vicomte du Plessis bindet. Laß das, guter Plessis, laß das!

Wie will es Dein Vater wagen, sich zu beschweren? War er es nicht, der Claren nach Mangienne auf die Weinlese brachte? Legte er nicht ihre Hand in meine, um mit ihr zu tanzen? Drang er nicht darauf, daß ich mich als Bäuerin verkleiden und Claren besuchen mußte? War er es nicht, der mich hieß, mit Claren mich messen? Sah er nicht, wie ich mich, wie Clara sich weigerte? Wir fühlten die Gefahr, und er hieß uns das Band knüpfen; und nun fordert er, ich soll die Natur umkehren? O sprich selbst, ist es möglich? Es ist unmöglich!

Clara an Clairant

Hier bin ich, Clairant! Hier bin ich! bereit, Dir zu folgen. Ich habe lange geschwiegen, lange überlegt. Hundertmal ergriff ich die Feder, um Dir zu schreiben, daß ich entschlossen wäre, Dein zu sein. Meine Hand zitterte vor Freude, mein Herz drängte meine Hand. Und doch stand ich an. »Oh, ist es denn so schwer, glücklich sein zu wollen!« rief ich. ›Ich will Dich nicht bereden‹, schriebst Du. O mein edler, mein guter Clairant, bereden? Was bedarf es Deiner Überredung? Mein Herz, mein eigenes Herz, die Vorstellung meines Glücks, ach! diese süße, diese reizende Vorstellung – ich saß da, ich wollte an meine Eltern denken; ich zwang meine Phantasie, mir das Gesicht meiner Mutter, von Tränen bedeckt, mir die stumme Trauer meines Vaters über ihre entflohene Tochter zu malen. Meine ungetreue Phantasie war mit meiner Liebe im Bunde. Ich sah meine Mutter, ich sah meinen Vater: aber wie? wie? o daß eine Minute meines Lebens diesen himmlischen Traum erfüllte! Ich sah meine Mutter; sie schlang den einen Arm um ihre glückliche Clara und drückte mit der andern, o Clairant! Clairant!, den Sohn unserer Liebe an ihre Brust. Du lagst in den Armen meines Vaters. Ich hörte ihn mit seiner Stimme Dich ›mein Sohn!‹ nennen, und mein Inneres zitterte vor Wollust. Seine Stimme war Zärtlichkeit, Liebe; nicht einmal die Stimme der Verzeihung.

Nein! nein! ich konnte nichts anders denken als unser Glück. Ich mochte es anfangen, wie ich wollte. Ich dachte an den Augenblick, da ich entflohen war, da die Stimme meiner Mutter mich suchte, da die kummervolle Miene meines Vaters mich zurückwünschte. Eine leichte Unruhe hob sich zwischen dem Entzücken meiner Seele. Ach, nur einen Augenblick! Alle Bilder waren entflohen. Meine Seele überschritt den Zeitraum von Jahren. Da saß ich in dem schönsten Tale der Welt, mit allen Reizen der Natur und der einsamen Gegenden, die ich je gesehn habe, ausgeschmückt, an Deiner Seite, vor einer Hütte, an der sich Rosen und Wein hinaufschlangen. Ich sah Dich und mich unter einem Laubdache sitzen. Ich lag an Deiner Brust, meine Hand spielte mit Deinen Haarlocken, und Dein Blick voll Zärtlichkeit, ach, Clairant, Dein Blick voll heiterer Liebe kündigte mir Dein und mein Glück an. Vor uns in den Blumen spielten unsre Kinder; die himmlische Gegend voll eines leichten Rosenlichtes, war mit Lauben, mit kleinen Lustgehölzen bedeckt: ein entzükkender Anblick. Dann standest Du auf, wir gingen Hand in Hand durch die liebliche Gegend. Da sah ich mich, wie ich die Blumen begoß, welche Deine Hand aufband. Auf einmal war es Abend, die Sterne schimmerten durch das Laubdach, der Mond erleuchtete uns beide, die Natur war in eine heilige Ruhe voll Glück versunken, und allein unsre Herzen waren noch ruhiger wie sie. Ach, Clairant, wie der Engel des Paradieses folgte ich uns beiden auf jedem Schritte, und wie der Engel ward ich von unserm Glück bezaubert. Wir gingen in dem Lichte des Mondes, in stillen Gesprächen; wir kehrten in die Hütte zurück, die jetzt eine Laube schien; Du schlummertest in meinen Armen, und ich bewachte Deinen Schlaf, den nur der Mond beleuchtete.

Ich zeichne Dir nur eine Szene, die ich aushebe. Die Szenen wechselten und vervielfachten die Freude und unser Glück. Der Mond verwandelte sich in die aufgehende Sonne, der Frühling in den Herbst, wir lasen die Weintrauben unter den Rosen und brachen das Obst zwischen der Baumblüte. Nichts behielt einen Augenblick seine Gestalt; das einzige, was unveränderlich blieb, war unsre Liebe und unser Glück. Was bedarf es bei diesen Bildern Deiner Überredung? bei diesen Bildern, die ebenso wahr als sie reizend sind? Wahr, Clairant! wahr, sage ich. Was meine Phantasie hinzusetzte, wechselte: Hütte, Tal, Gegend, Zeit; was wahr daran war, das blieb dasselbe: unsere Liebe, unsere zärtliche Einigkeit. Und nun laß Deine Phantasie die dunkelsten Farben zu ihrem Spiel nehmen; stelle unsre Hütte, Clairant, zwischen schauderhafte Felsen. Statt Rosen und Weinlaub bekleide sie mit Nessel und Heidekraut. Einsam, unfruchtbar sei die Gegend, kein Baum strecke seine blühenden Zweige über uns zum Dache hin, kein Vögelchen baue hieher sein Nest, keine Stimme der Fröhlichkeit lasse sich hier hören: so bleiben wir beide dennoch dieselben, Clairant und Clara. Unsere Liebe wird die Gegend verschönern; unsere Liebe wird die Felsen zu lieblichen Sitzen aushöhlen; Heidekraut wird die Sitze polstern; unsere Stimmen werden die Gegend beleben. Das Echo in den Felsen wird uns antworten, oder das Gezirpe der Eidechse im Heidekraut wird teil an unsrer Freude nehmen. Ach, Clairant, nein, ich kenne kein anderes Elend als Deinen Kummer und die Abwesenheit von Dir. Mangel, Armut, Verachtung? O trag Deine dunkeln Farben dreifach auf das Gemälde unsers Lebens; die helle Farbe unserer Liebe wird dennoch durchschimmern und sie alle überstrahlen. Was bedarf Deine Clara? Nichts als ein Stück Leinwand, Dich und mich zu bekleiden; und welcher Fels triebe nicht für die forschende Liebe ein paar Blümchen zum Schmuck für meine Locken und für meinen Busen? Wird uns eine Quelle, unsern Durst zu löschen, fehlen? Nahrung? O haben wir nicht Arme, welche die Liebe stärkt, und ist die gemeinschaftliche Arbeit nicht der Liebe ein leichtes Spiel? Nein, Clairant, meine

Träume sind wahr, solange Du mich liebst. Führe mich in das Elend hinein; an Deiner Hand sehe ich es nicht, und lächelnd werden wir beide sagen können:

»Des Schicksals Hand stieß uns in ein immerwährendes Elend; aber uns begleitet die stets helfende Hoffnung, und unsere Tränen trocknet ihre seidene Hand. Unser Kummer kennt das Entzücken; glückliche Träume ersetzen Tage voll Tränen; und unsere Liebe bedeckt mit Blumen den Abgrund, an dessen Rande wir leben.«*

O Clairant! mein Busen ist voll großer schöner Hoffnungen. Kein Vorwurf hebt sich, auch nicht der leiseste Zweifel stört meinen Geist in seinem heitern, reinen Fluge zu Dir. Ich bin Tochter, ich habe nichts als Tränen für den Kummer meiner Eltern; aber die Tränen fließen ohne Vorwurf, ohne Reue. Ich werfe mein Auge voll Tränen zum Himmel, ich mache ihn zum Zeugen meiner Trauer, aber auch zum Zeugen meiner Unschuld. Ich beklage meines Vaters Vorurteil; aber mehr kann ich nicht. Denn ich bin Clairants Geliebte. Sieh, hier steh ich, hier steh ich, Dein! Dein! Das Schicksal mag eine Krone zu meinen Füßen werfen oder einen Abgrund. Ich fliege hinüber in Deine Arme. Dort find ich meine Welt, meine Hoffnung, mein Glück, mein Alles! O Himmel! guter Himmel! Soll Clairant noch eine Träne vergießen, die meine Hand nicht trocknet? eine Freude genießen, die Clara nicht mit ihm teilt? Du, gütige Vorsicht, gabst mir mein Herz, du gossest den lebendigen Strom der Liebe über die Erde. Ich fliehe zu Clairant und folge nur deinen Gesetzen. Komm! komm! eile, Clairant! Ich bin bereit. Ein heiterer Blick voll Seelenruhe, voll des heiligsten Friedens, das reine Herz Deiner Clara sollen Dich empfangen. Lebt wohl, meine Eltern, lebt wohl; ich bin traurig, aber nicht lasterhaft; lebt wohl! lebt wohl!

Ich bin fertig, Clairant; ich habe alle meine Geschäfte mit der Welt, die mir nun fremd wird, abgemacht. Einige Wäsche, eine niedliche Kleidung, wie sie sich für Clairants Frau schickt, ist eingepackt.

* Des destins la chaine redoutable
Nous entraine à d'éternels malheurs:
Mais l'éspoir à jamais secourable
De ses mains viendra sécher nos pleurs.
Dans nos maux il sera des délices,
Nous aurons de charmantes erreurs,
Nour serons au bord des précipices;
Mais l'amour les couvrira de fleurs.

Die Nächte durch habe ich diese Kleidung mir gemacht: manche Freudenträne hat diese Kleidung schon für unser Glück geheiligt. Ach! es waren schöne, reizende, entzückende Stunden, da ich die Kleidung machte. Alles war still und stumm; meine Jalousien zugezogen, um meine frohen Nächte zu verbergen. Nichts hatte ich bei mir als den Schutzgeist unsrer Liebe. Der Morgen war da, Clairant, ehe ich es dachte, und meine Arbeit, die ich beschlossen hatte, getan. Dann verlöscht ich mein Licht, öffnete leise meine Jalousie und mein Fenster. Da stand ich und atmete mit voller Brust die kühle, erfrischende Morgenluft ein. Unter meinem Fenster floß der Rhein langsam dahin. Ein grauer Nebel bedeckte seine Flut, oder ein einsamer Nachen ruderte still hinab und durchschnitt Welle und Nebel. Über dem Ehrenbreitstein, der meinem Fenster gegenüberliegt, leuchtete der Tag hervor und verkündigte das Ende der nächtlichen Stille und den Anfang meiner Ruhe. Sanft, mit dem stillen Laufe des Rheins, schwammen dann meine Gedanken zu Dir; meine Augen schauten und sahen in dem flatternden Segel des Nachens Dein Bild: die Gegend verschwand nach und nach. Deine Liebe umgab mich, bis einzelne Stimmen im Hafen, dann das Geschrei der Schiffer mich störten und der erste Strahl der Sonne mich endlich vom Fenster verjagte. Ah, was für einen süßen Schlummer genoß ich in den Morgenstunden; denn ich habe die Nacht für unsre Liebe gewacht.

Oh, ich hatte mich wie ein Kind, Clairant, mein Kleid war gemacht. Ich zog es an, ich zündete mehrere Lichter an, um mich im Spiegel zu sehen. Mit ausgebreiteten Armen lief ich meinem Bilde entgegen, als ob ich oder das Bild Du wäre. Der Habit paßte, es kleidete mich. Meine Mutter würde die Künstlerin bewundern, die, von der Liebe gelehrt, wie eine Meisterin arbeitet.

Ich bin fertig, Clairant; einen Strohhut hab ich gekauft. Ach, Clairant, ich mußte lachen, und doch wurde ich traurig, wie ich den Strohhut erhandelte. Es kauften eben ein paar junge französische Edelleute große Säbel in demselben Laden. »Sollte er groß genug sein«, fragte ich ein Mädchen, mit dem ich handelte, »um gegen die Sonne zu schützen?« In dem Augenblick fragte einer der jungen Leute den andern im Scherz und besah die Schneide des Säbels: »Sollte er scharf genug sein, mir meinen Adel wieder zu verschaffen?« Da standen wir nebeneinander. Deine Clara kauft den Hut einer Bäuerin, um das Andenken ihres unglücklichen Ranges ganz zu zerstören; und der kauft einen Säbel, um sich den Rang wieder zu erkämpfen. Man kannte mich nicht; ich kam aus der Messe und hatte eine große Levite an, die mich und meinen geliebten Hut verbarg.

Ich bin fertig; ich habe meine Mutter gebeten, meine Kleider meinem Mädchen zu geben, das ich liebe, herzlich liebe, seit sie meinem Kummer ihr Mitleiden schenkte. Ich habe meinen Eltern geschrieben, mit aller Ruhe eines schuldlosen Herzens. Nun ist alles abgemacht. Ich habe alle meine Lieblingsstellen noch einmal besucht. Noch einmal bin ich oben auf dem Ehrenbreitstein gewesen und habe mich an der erhabenen Aussicht gelabt. Ach, Clairant, ungern hab ich Abschied von dieser köstlichen Höhe genommen. Sieh, da geht man, wenn man über den Rhein gefahren ist, ganz sanft den Berg hinan, auf dem die Festung liegt. Terrassenweise hat man in dem Felsen einen Gang gebrochen, der nur so breit ist, daß ein Wagen fahren kann. Der Weg geht immer an der Rheinseite des Felsens hin und zurück; jetzt stehst du etwa hundert Schritt hoch über dem Wege, auf dem du erst standest, und so kömmst du weiter. Du gehst immer bald rechts am Felsen, bald links, steigst auf Treppen, die in den Felsen gehauen sind, gehst durch ungeheure Tore, wendest dich, kommst immer höher, immer wird dein Gesichtskreis größer, immer die Tiefe schrecklicher, in welche du hinabsiehst. Endlich bist du oben. Clairant, welch ein Anblick! Links zwischen den Felsen her dringt der breite, schöne Rhein und fließt unter deinen Füßen dahin! Es ist, als ob der Felsen mit dem, der darauf steht, von dem Strome fortgetragen wird, so steil sieht man hinab. Koblenz, das jenseits des Flusses liegt, steht noch immer unter dir; es war mir, als sollte ich mit einem Steine hinüberwerfen können. Vor mir gießt sich die Mosel in den Rhein. An ihr blieb mein Auge haften; sie verfolgte ich, so weit mein Auge reichte, so weit sie sichtbar war; ich suchte noch ihren Lauf, wo sie Berge und Wälder verbergen. Sie kommt von Dir. Daher aus dem Walde mußt Du kommen. Ich stand da, stützte mich lange auf die Mauer, sah in die Gegend hin, die Dich verbirgt, und ließ mir die Schluft zeigen, aus der Du herauskommen mußt, um Deine Clara zu holen. So traurig die Gegend nach Trier zu von dieser Höhe herab scheint – denn finstre Wälder, oben hin wie mit einer Schere beschnitten, enden den Horizont –, so konnt ich doch mein Auge nicht abziehen. Rechts und links ist die Gegend, so weit dein Auge reicht, unbeschreiblich schön; voll Dörfer, Städte und Menschen: ein Gemälde voll Leben, voll eines Lebens von Freude, Arbeitsamkeit und Überfluß.

Heute habe ich zum letztenmal dieses Anblicks genossen, Clairant. Ich blieb lange oben. Bei Dir, bei Dir, Clairant, sah ich die Sonne untergehen. »Dahin liegt Châtillon«, sagte mein Bruder, »wo die Sonne untergeht.« – »Dahin liegt es«, antwortete ich heftig, »dort wohnt er!« – »Und dort«, antwortete er gerührt und zeigte auf die Stadt, »dort wohnt dein Vater, Clara, den der Kummer um sein Vaterland so schwach gemacht hat, daß der kleinste Verlust, den er jetzt erleiden müßte, ihn ins Grab stürzen würde.« Er sah mich dabei vielbedeutend an. Klang das nicht so, als ob er wüßte, was mein Vorsatz ist? Ins Grab? Meine Flucht wird ihn niederbeugen; aber mein Glück soll ihn wieder aufrichten. Wenn er mich liebt, und er liebt mich, Clairant, so – nein, er kann nicht traurig sein, wenn seine Clara glücklich wird.

Ich bin fertig; komm, eile! Wir wohnen am Rhein, dem Hafen gegenüber, bei dem Nachgänger*, Herrn B***, vom Rheintore das dritte Haus rechts. Mein Fenster ist das letzte im Hause im ersten Stock, nach dem Tore zu. Vor dem Fenster stehen auswärts zwei Töpfe mit Rosen. Jeden Abend mit dem Schlag zehn, sobald meine Luzie mich verlassen hat, nehm ich die Töpfe hinein. Das ist Dein Zeichen. Meine Eltern gehen früh zu Bett. Dann gib mir ein Merkmal: singe, huste! o ich werde Dich erkennen, Clairant. Ich kenne Deinen Atemzug, und ich komme nicht vom Fenster weg. Ich öffne meine Jalousie, setze meine Blumentöpfe wieder hinaus; und das ist das Zeichen, daß ich weiß, Du bist da. Dann mit dem Schlag zwölf komme ich herab. Das Haus, wo wir wohnen, wird nicht verschlossen, wegen des Schiffszolls. Ich finde Dich, Clairant, am Tor, fliege in Deinem Arm durch die Stadt. Die Wege bis an das Moseltor kenn ich genau. Da steigen wir in den Wagen, fliegen nach Trier oder wo Du die Wege sicher glaubst. Dann, dann, o Clairant, die Feder entsinkt meiner zitternden Hand; dann nach Châtillon. Dein Oheim legt unsre Hände ineinander, und ich bin Dein Weib. Der gütige Himmel, die ewige Vorsicht sei unser Begleiter!

Ach, Clairant, die Schwalbe; da flattert sie, badet sich im Sonnenschein, schlägt die Flügelchen vor Entzücken noch einmal so schnell. Sie ist frei, dahin schwingt sie sich ihrem Glück entgegen. Ihr Zwitschern ist der Ton der Freude, des Entzückens. O Clairant, ich ver-

* Das scheint der Name eines Amtes zu sein. Ein Wasserzolleinnehmer, vermute ich.

sinke in dem Meere von Wonne. Ach, wenn ich erst an Deiner Brust wieder erwache, um aufs neue in dem Taumel der Freude, in dem Rausche der Liebe zu versinken. Eile! In drei Tagen hast Du meinen Brief. Den Donnerstag kannst Du hier sein. Ach, Clairant, wie zittre ich schon, daß ein Freudenschrei, wenn ich Dich sehe, Deine glückliche Clara verraten werde. Ah, wird mein Herz das Glück tragen, ohne zu brechen?

Jetzt bläst der Wächter zwölf Uhr. Man lacht darüber, daß man in Deutschland Leute hält, welche des Nachts die Stunden abrufen. Man findet diese Sitte lächerlich. »In Frankreich«, sagte ein Spötter, »schläft man, ohne wissen zu wollen, wie lange man schläft.« Mir ist diese Sitte nie lächerlich gewesen, so sonderbar mir es anfangs auch vorkam, daß ein Mensch sich dahinstellt und mit dem fürchterlichen Tone eines Hornes und mit einer noch fürchterlichern Stimme alle Menschen aufweckt, um ihnen zu erzählen, was es geschlagen hat. Ach, einem sorglosen Schläfer mag diese Gewohnheit widrig genug sein. Ich selbst winke manchmal aus Leibeskräften an meinem Tischchen, wo ich nähe, dem Manne Stillschweigen zu; denn meine Luzie schläft so fest, daß ihr Schnarchen bis in mein Zimmer herüberschallt. Ich fürchte immer, er mag sie stören. Aber mir, mir ist der Mann lieb geworden. Ach, wenn alles um einen her still und tot ist, wenn kein lebendiges Wesen mehr wachte als ich allein, wenn ich dasaß, in meinem Kummer versenkt; und der Wächter rief dann seine Stunden ab, so kam es mir vor, als ob er meinetwillen wachte, als ob er mitleidig mir sagen wollte: Eine Stunde deines kummervollen Lebens ist dahin. Ach, es war doch ein Mensch, der mit mir wachte. Es war eine Gesellschaft, ein Trost. Er schien mir teilzunehmen an meinem Grame; ja, schon die andere Nacht däuchtete mich seine Stimme weniger rauh. Ein verlassener Kranker, den der Schlaf floh, oder ein kummervolles Herz, das den Schlaf haßte, weil er vergessen lehrt, so träume ich, haben diese Sitte erfunden.

Hüte Dich ja vor dem Wächter. Mit dem Schlag zwölf steh am Tore. Dann komme ich. Eine Viertelstunde nachher singt er vor unserm Hause einen Psalm. Wenn er mich sähe, wie leicht könnte er uns verraten! Um zehn also bist Du unter meinem Fenster und um zwölf am Tor. Clairant, mein Herz pocht bei dieser Vorstellung so heftig, als wollte es meine Brust durchbohren. – Ach, Clairant, wenn Du nicht kämest? – Wie komme ich auf den Gedanken? Nein, das ist nicht möglich, Clairant; und doch hat mich der Gedanke so erschreckt, daß ich kalt geworden bin, kalt wie eine Leiche. Clairant, wenn ich um zehn das Fenster öffnete, dich suchte, nicht sähe, Deine Stimme nicht hörte, hoffte; es schlüge zwölfe und Du wärst nicht da? Ach, wie würde mir dann sein? Sag, wie würde mir dann sein? –

Clara an Clairant

Clairant, Du bist nicht gekommen; es ist heute Dienstag, und Du bist nicht gekommen. So ist sie erfüllt, meine schreckliche Ahnung. Ach, mit Zittern schon siegelte ich den Brief zu. ›Aber wenn er nicht käme?‹, das war der einzige Gedanke, den meine Seele immer mit mehr Ängstlichkeit hervorbrachte. Wenn er nicht käme? Je näher der Donnerstag kam, desto fürchterlicher drängte sich der Gedanke hervor. Es wurde Ahnung, Wahrscheinlichkeit, Gewißheit. Ich saß da und zitterte. ›Nein‹, rief mein Herz dann mit allen tausend Stimmen der Liebe, ›nein, er kann nicht ausbleiben!‹ Und nun, Clairant, o lieber Clairant, der Donnerstag ist dahin, der Dienstag auch, und Du bist nicht da. Ach, Clairant, diese Wunde schmerzt und brennt. O habe Mitleiden mit Deiner Clara! Ach, die Ungewißheit, die Angst, die Furcht ist ein entsetzlicher Zustand. Meine Einbildungskraft spannt mich auf die schrecklichste Folter. Was hat Dich abgehalten, Clairant? Ach, ich zittere, mir durch das Wort den Gedanken deutlich und gewiß zu machen, den Gedanken, der sich oft mit einer Höllenangst hervorarbeitet und wieder unter ebender Angst verschwindet. Clairant, du bist krank, krank oder tot! Morgen ist Posttag. Ach, geht morgen der Tag hin, ohne – ach, Clairant, das wäre grausam, sehr grausam.

Sieh, der Donnerstag kam. Freudig erwachte ich. »Heute!« rief ich voll Andacht, ach, gewiß voll frommer Andacht. Ich öffnete mein Fenster, die Sonne strahlte hinein. Mit Freudentränen empfing ich sie. Ich faltete meine Hände gen Himmel, ich betete für Dich! für Dich, Clairant! Ich faßte allen meinen Mut zusammen. Welch einen Tag hatte ich für Dich zu ertragen! Heute sollte ich meine Eltern verlassen. Mit schwerem Herzen ging ich zu ihnen ins Zimmer. Mit Zittern wünschte ich ihnen einen guten Morgen. Wenn mich meine Mutter ansah, konnt ich kaum meine Tränen zurückhalten. Nein, Clairant, Du sollst es nicht wissen, welch einen Tag Deine Clara für Dich lebte. Ich schloß am Abend meine Eltern in meine Arme: bald hätten Tränen, bald hätte meine Heftigkeit, mit der ich mich an ihre

Brust preßte, mich verraten. Ich kam, mir selbst unbewußt, auf mein Zimmer; und der erste Gedanke an Dich, Clairant, gab mir meinen Mut, meine Ruhe wieder. O ist es recht, Clairant, ist es recht, daß Du, Du Dein Wort nicht hältst? Ich verlasse um Dich meine teuren Eltern, und Du? – –

Sieh, da steh ich am Fenster, zitternd, bebend. Noch bestrahlt die Sonne gegen mir über den Fuß des Felsens. Immer höher steigt der Schatten. Mein Auge folgt seiner langsamen Bewegung so unablässig, daß ich erblinden möchte. Ich rechne Zoll für Zoll nach. Schon liegt das alte Schloß im Schatten. Dunkeler wird der Felsen. Ich zittre vor Ungeduld. Endlich verlischt der letzte Strahl oben an der Spitze. Ach, ich Törin stehe da und vergieße Freudentränen. »Er ist da!« seufze ich. Mein Herz schlägt ungestüm, mein Blut wallt. Jeder Lärm erschreckt mich, jede Menschenstimme ängstigt mich; denn sie sagen mir, daß es noch nicht Nacht ist. Der Abend ist da. Ach, ich hätte ihn können kniend empfangen, so fröhlich dankbar war das getäuschte Mädchen. Ich sende meine Luzie weg. Ich öffne mein Fenster, nehme die Blumentöpfe hinein, meine zitternden Hände können sie kaum halten. Ich lausche durch die Jalousie. Alles ist so still, ich jauchze darüber. Ich höre keinen Fußtritt, keine Stimme, nichts. Endlich öffne ich das Fenster wieder. Ich sehe ängstlich hinaus. Jetzt muß er kommen! das ist er! das ist sein Gang! Es war das Klatschen der Wellen am Ufer. Da kommt er! Meine Hoffnung betrog mein Ohr tausendmal. Es schlägt zehn. Du bist nicht da. Ich starre hinaus in die Nacht. Ich hole mein Paket Kleidungen hervor, mein Strohhut hängt an meinem Arme. O ist das recht, Clairant? Ich horche, mein Atem steht, ich höre die Schläge meines Herzens. Ich bin betrogen. Du kommst nicht. Es schlägt elfe. Ich schleiche in der Angst hinab, ich gehe ans Tor und finde Dich nicht. Ich stehe am Fenster bis zwölfe, den Blumentopf in meinen Händen. Mir schmerzten die Arme vom Tragen. Ich ertrug es. Tränen traten in meine Augen. Kein Vorwurf kam aus meinen Lippen. Die aufgehende Sonne sah das getäuschte Mädchen noch am Fenster geduldig harren und die Tränen ihrer Liebe.

Welche Tage sind das gewesen, Clairant! Die Müdigkeit hat mich nicht überwältigt. Ich bin blaß, als ob ich aus dem Grabe aufstände. Es ist nichts als Ermattung. Nachts harre ich auf Dich, und am Tage läßt mich mein Kummer, daß Du nicht kommst, nicht schlafen. Meine Eltern fragen beunruhigt: »Was ist dir, Clara?« Ich antworte mit Tränen. Oh, ich möchte es der ganzen Welt klagen, daß Du mich so grausam getäuscht hast. Was kann Dich abgehalten haben? Ach, wenn Du Dich auch bedacht hattest; ach, wenn Du es auch für nötig fandest, Deiner Clara Glück aufzuschieben, was konnte Dich abhalten, mir das selbst zu sagen? Darf ein anderer als Du selbst mir mein Elend ankündigen? Deine Liebkosungen würden den Schmerz gelindert haben. Ach, ich wäre nicht so unglücklich gewesen. Ich hätte Dich gesehen, gesprochen; und wer weiß, ob nicht meine Tränen Dich dennoch überredet hätten, mit mir in den armseligsten Winkel der Erde zu fliehen? Clairant, hätte ich doch lieber nicht gewußt, wie nahe mir, wie leicht mir mein Glück war. Ist es recht, Clairant, ist es recht?

Da schwimme ich auf einem elenden Brette mitten im Meer. Du zeigtest mir das glückliche Ufer, Du warfest mir Hülflosen ein rettendes Ruder zu. Eben will ich Unglückliche ans Land springen, und da stößt Deine grausame Hand mich wieder mitten in das Meer hinaus. Du folterst mein Herz jetzt doppelt mit einer getäuschten Hoffnung meines Glücks. Clairant, ist es recht? Ach, wenn auch Du mich verlässest – nein! nein! Du hast mich nicht verlassen. Morgen kommst Du, heute noch werden meine Tränen fließen, und diese Nacht werd ich schon an Deiner Brust getröstet sein, und soll ich auch länger noch der Raub meiner Angst sein – komm, Clairant, komm! der Schlaf wird mich nicht überwinden. Ich lege meine Stirn in das Fenster, wenn mich meine Ermüdung überwältigt; ach, ein Seufzer erweckt mich, ein fallendes Rosenblatt verjagt meinen Schlaf. O komm, Du wirst mich nicht schlafend finden. Kein Vorwurf, keine Klage, soll Dich betrüben, ich sehe Dich, und mein Schmerz ist vergessen; ich kann nur fröhlich sein, wenn Clairants Arm mich hält.* Nur ende, ende meine Angst; denn was kann Dich abhalten? Ach, Clairant, was konnte Dich abhalten, wenn Du nicht krank bist?

Clairant an Claren

Der Schlag, vor dem ich zitterte, ist gefallen! Das Gesetz, das mich zum ewigen Elend verdammt, ist da! Die Nation hat die Ausgewanderten zur ewigen Verbannung verurteilt: sobald sie die Grenze ihres

* J'oublie et mes douleurs et mon ressentiment; Je ne sais qu'être heureuse auprès de mon amant!

Vaterlandes betreten, so fließt ihr Blut. Zu spät, Clara, zu spät hast Du Dich entschlossen, mein zu sein! Ach, Du, Du, Clara, gehörst mit zu der Zahl, welche die gedankenlose Strenge der aufgebrachten Nation zum Tode verurteilt hat. Fliehe, fliehe, Clara, fliehe das Land, das nach Deinem Blute lechzt! Wir sind getrennt! Ich strecke meine Arme über die Grenze hinüber, die uns auf immer scheidet. War's Dein guter Geist, war's der Schutzgeist unsrer treuen Liebe, der Dir zuflüsterte, daß es ein Zusammentreffen von Umständen gäbe, gegen das nicht Liebe, nicht Mut, nicht Treue, nicht Standhaftigkeit schützt? Nichts als das Grab! Dahin hat uns unser Geschick gebracht. Ach, Clara wir müssen unsre Blicke von dem Leben zurückziehen; unsre Hoffnung leuchtet im Grabe. Menschen haben uns verlassen, der Tod allein ist unser Freund. Torheit und Wahrheit haben sich miteinander gegen uns verschworen; Freiheit und Stolz, Vernunft und Raserei! Wohin wir unsre Arme strecken, da finden wir Härte; da fliegt uns ein Dolch entgegen. Sie scheinen nur ihren Krieg zu führen, um uns elend zu machen. Sie sind Freunde, wenn wir zu einem von ihnen fliehen wollen. Wo sollen wir Hülfe suchen? Frankreich, das einzige Land, das unsre Liebe schützt, das amen zu der Verbindung unsrer Herzen spricht, das einzige Land, das der fessellosen Natur, das der Liebe, das der getrennten Liebe einen Zufluchtsort erbauete, verschließt Dir seine Grenze. Das einzige Land, wo Dein Vater es nicht gewagt haben könnte, seine Hand, seine zerstörende Hand in das Heiligtum unsrer Liebe zu schlagen, wo seine Vorwürfe, mit welchen er unsre Liebe verfolgte, ein Verbrechen waren, das einzige Land, wo meine Liebe, wo meine Zärtlichkeit eine Tugend ist, fordert Dein Blut, wenn Du seine Grenze betrittst. Alle andern Länder der weiten Erde geben uns keinen Winkel, keine Einsamkeit, wo Du sicher in meinen Armen, an meinem Herzen ruhen kannst, wohin nicht Deines Vaters Hand reicht, wo nicht die Torheit seine Gewalttätigkeit gutheißt, unsre Treue Verbrechen nennt und unsre Liebe Ungerechtigkeit. Wohin sollen wir fliehen, Clara? Hier drückt die Freiheit, die Vernunft, die Natur, das Gesetz das leuchtende Siegel der Ehre, der Tugend auf meine Handlung; dort, dort verfolgt die Schande unsre Schritte, vergiftet unsre Liebe, verbittert unser Glück und tastet die Wurzel unserer Zufriedenheit an. Dort, wenn ich meinen Arm um das Weib schlinge, das mir der Wille des Himmels, mein Herz und ihre Liebe gab, heiß ich ein Bösewicht, ein Verführer, ein elender Eigennütziger! Die Gewalt nimmt Deines Vaters Grausamkeit in Schutz, bedeckt Dich mit Schande und mich mit Elend und Verfolgung. Alles ist im Bunde, um uns elend zu machen! Wir waren in der weiten Schöpfung die einzigen, vielleicht durch alle Ewigkeit hindurch die einzigen, die das Geschick mit dem unerhörtesten Schlage zerschmetterte, daß uns Weisheit und Torheit, Gewalttätigkeit und Gesetz, Wahrheit und Irrtum mit gleichem Urteil zum Elende verdammen! Nein, Clara, meine Hoffnung ist dahin. Nein, nicht Menschen, der Himmel war gegen unsre Liebe verschworen. Wir sollten ein Denkmal seines Zorns und des menschlichen Elends sein! Ach, schlage Deine Blicke nicht auf der Erde umher; nein, Du findest keinen Zufluchtsort. Selbst die Wilden, welche nichts kennen als die Liebe, welche Habsucht, welche die das Verbrechen, welche ihre Mörder mit Gastfreundschaft aufnehmen, würden hart gegen uns sein: sie würden zum erstenmal das Gesetz der Natur übertreten, um uns elend zu machen.

Nein, Clara, hier sitz ich. Glaube nicht, daß ich jammerte. Nein, mein Auge kennt keine Träne mehr. Es ist dem Schmerze nicht gelungen. Das Geschick hat mit meiner Hoffnung, mit meinem Glücke auch das Organ vernichtet, durch das der Schmerz zu dem Herzen eingeht. Im Übermaß des Elendes lag auch die Hülfe dagegen. Meine Empfindung ist tot, sie ist erstarrt.* Meine Gedanken zählen die Summen meines Elendes ganz kalt auf; kaum hab ich noch soviel Gefühl, um Dich zu betrauern.

Nein, Clara, wir wollen nicht klagen; keine Träne soll der Triumph der Elenden werden, die uns unglücklich machen. Wir wollen die Gegenwart vergessen, die Zukunft soll unsern Blick nicht auf sich ziehen. Die Vergangenheit allein, ach, unsere glückliche Vergangenheit, soll unser Gedanke werden; und wir sind dennoch glücklicher als die Millionen, welche die Liebe nicht kennen. Nein, dem Schicksal zum Trotz will ich glücklich sein. Einzig war der Schlag, der uns zerschmettern sollte; ganz neue Mittel will ich finden, um heiter zu sein. Sieh, der Sterbliche borgt seine Freuden von der vergänglichen Hoffnung der Zukunft. Ich will meine verschwundenen Hoffnungen, meine Hoffnungen, welche meine vergangenen Jahre längst erfüllt haben, wieder zurückholen. Clara, waren doch Deine verwelkten Blumen, die Deine Hand mir geschenkt hatte, für mich geruchreicher als die, welche ich mir eben pflückte. Sieh, in Deine

* Elle est devenue stupeur.

Laube will ich mich setzen, zurück in meine verflossenen Freuden will ich schwärmen. Ich will Dein schönes Bild umarmen. Täglich, Clara, täglich will ich noch einmal die Weinlese in Mangienne mit Dir feiern. Alle die Augenblicke, da Du in meinen Armen lagst, da Deine reizenden Lippen auf meinen ruhten, will ich wiederholen. Alle die Nächte, da wir im Park beieinander saßen, da Du Deinen schönen Arm um meinen Nacken schlangest und mich an Deinen weichen Busen drücktest, alle diese entzückenden Nächte will ich wiederholen. Nein, es ist so schwer nicht, glücklich zu sein. Ich habe Menschen gekannt, welche die Kunst verstanden. Oh, ich werde sie lernen.

Im Elsaß kam ich auf einer meiner kummervollen Streifereien an ein einsames Kloster, rings von einem finstern Gehölz umgeben. Ich öffnete die Türe. Sie schien der Eingang in die Ewigkeit. Eine Totenstille kam mir entgegen aus dem dunkeln Kreuzgange. Ein bleicher Mönch lag da unbeweglich vor einem Kruzifix auf den Knien. Er hob sich allmählich empor, wie er mich sah; mit einem langsamen, feierlichen Gange schlich er daher, wie ein Toter, der erstanden ist. Wir gingen in einen finstern Garten. Er setzte sich mit mir auf sein offnes Grab, an dem seine Hand alle Tage arbeitete. Ich zitterte, schlug mitleidige Blicke auf das blasse, zufriedne Gesicht des Mönchs. Wie er mir sein Leben beschrieben hatte, ergriff ich seine Hand, drückte sie und sagte mit erstickter Stimme: »Wie unglücklich müssen Sie sein, mein Vater; ganz getrennt von der Welt, von den Menschen; ohne alle Hoffnung, ohne alle Aussicht auf morgen, ohne eine Freude, die Sie erwarten können, ohne eine Veränderung Ihres Schicksals, wie können Sie glücklich sein?« – »Wir leben in der Erinnerung«, sagte der Greis mit einer sanften Stimme und einem zufriedenen Blicke, »und ich bin glücklich. Ich durchlebe hier jeden Tag noch einmal meine glückliche Jugend. Ich nehme meine Freude, welche die Welt von der Hoffnung borgt, von der Vergangenheit.« – »Und kann Sie das glücklich machen?« fragte ich. »Wenn nicht glücklich, doch zufrieden«, antwortete er lächelnd. »Der Mensch kann viel, wenn er den Mut hat, viel zu wollen. Er kann in der Erinnerung heiter sein, wenn ihm die Gegenwart versagt ist.«

»Ohne daß er einen Gedanken in die Zukunft werfen darf, glücklich?« warf ich ein.

»Die Zukunft ist mir nicht verboten«, antwortete er heiter. »Ich arbeite alle Tage daran.« Er zeigte mir sein Grab. Sieh, Clara, das ist von jetzt an unser Geschick. Und konnte der Mönch heiter sein, warum nicht wir? Laß uns denken, unser Geschick hätte uns in La Trappe begraben. Zwei Gedanken sind uns erlaubt: unsre verflossenen glücklichen Tage und unser Grab. Das übrige versagt uns die Ordensregel oder das Schicksal, eine Klostermauer oder die Notwendigkeit, ein blinder Zufall oder die Vorsehung; das ist eins. Laß die Welt in nichts zerstäuben, Clara; die beiden Gedanken, die man uns erlaubt, sind tröstend: der Gedanke an unsere Liebe und an das Grab. Oh, wir waren glücklich, Clara; glücklicher als tausend andere, und darum mußten wir unglücklicher werden als tausend andere.

Unglücklicher? O ist es wahr, was ich hier in meiner Brust mit dem brennenden Schmerze fühle, ist es wahr, daß wir ohne Hoffnung elend sind? Clara, Clara, welche schreckliche Zweifel türmen sich auf in meiner Seele und drohen ihr Wesen zu zernichten? Ist es wahr, führte uns das Geschick erst an die Türe des Paradieses, zeigte uns die Herrlichkeiten, um den Schmerz über die Wüste, in die es uns so grausam hinausstieß, zu schärfen? Ach, es ist besser, an gar keine Vorsehung als an eine menschenfeindliche zu glauben! War unser Geschick ein Spiel blinder Zufälle? Nun dann, so könnte der Wurf noch anders fallen; und fällt er nicht anders, wen hab ich anzuklagen als meine mutlose, unmännliche Liebe zum Leben? Seh ich Absicht, Zweck, bei unserm Schicksale, so – wäre ewige Zernichtung ein Trost, um dessen Vollendung meine Knie fest auf diesem Steine wachsen, meine Hände tagelang gefaltet bleiben und meine Lippen nichts als beten sollten! O Clara, wie unglücklich sind wir!

O Mädchen, so reizend malst Du unser Glück! Du warst bereit, Du standest da, mit Deinem Hute an Deinem Arme, mit Deinem Paket Wäsche, mit Deinem Kleide! Du sahest so heiter, so arglos, so kindlich, so zutraulich zu dem Himmel empor, wie ein Kind sorgenlos zu seiner Mutter zärtlichen Augen emporblickt. Ein Hut, Dich gegen die Sonne zu schützen, war alles, was Du meintest zu bedürfen. Ach, wie konnte der Himmel Dich, Dich mit Deiner nichts besorgenden Unschuld, mit Deinem gläubigen, frommen Zutrauen so grausam täuschen? Oh, ich möchte meine rasende Hand an den Himmel legen, wenn ich lese, wie Du dastehst, gen Himmel lächelst, so freundlich, so – O flattre nun, Schwalbe, flattre nun! Der Blitz hat dich getroffen, deine Flügel sind gelähmt. Flattre nun! Clara, welche

Träume hast Du nun von mir? Sieh, jetzt sitzen wir beide unter den Ruinen der Welt, verlassen, klagend, und hauen aus den schwarzen Trümmern das Grab für uns und unsre Glückseligkeit!

Oh, und wenn mir auch nichts, nichts von meinem Glück übrigbleibt als Deine Briefe, Clara, so behalt ich genug, mein Herz mit einer ruhigen Minute zu täuschen, die mir kein Schicksal rauben kann. Eine ruhige Minute, sag ich? Eine Minute, wo ich wider den Willen des Himmels den Himmel zu mir herabziehe; eine Minute, wo mein Elend Empfindungen schafft, für die Fürsten ihre Kronen hingeben würden. O wie bin ich geliebt, Clara! Ich lese Deine Briefe, ich vergesse die Größe meines Elendes. Dein Brief zaubert Hoffnungen hervor, die mir das Schicksal versagte. Von Deiner honigsüßen Zunge fließt ein Strom von frischem Leben in mein Herz. Ich lese, und ich glaube, trotz dem Gespenste, das vor mir steht und mir droht. Ich lese, und die Melodie Deiner Worte überredet mich, daß mein Elend nur eine dunkle Farbe ist, die meine schwarze Phantasie auf das Gemälde meines Lebens trug; die helle Farbe unsrer Liebe fängt an sie zu überstrahlen. Ich traue dem Himmel Erbarmen, ich traue den Menschen Mitleiden zu, wenn ich Deine Worte voll Güte lese.

Schon aufs neue schuf mein Herz Hoffnungen, so süße, so reizende Hoffnungen. »Ach«, rief ich, »ich will sie holen. Ich will mit Claren nach Paris fliegen. Dort will ich sie vor die Nationalversammlung führen. Dort soll Clara stehen mit ihren allmächtigen Tränen im Auge, mit ihrem noch allmächtigeren, flehenden Blicke. ›Bürger!‹ will ich rufen, ›Bürger! Gesetzgeber der edelsten Nation! Ihr verdammet alle Ausgewanderten zum Tode. Hier steht Clara du Plessis vor euch! Auch sie ist zum Tode verdammt; denn sie verließ ihr Vaterland. Die kindliche Liebe, die Bitten ihrer Eltern zogen sie über die Grenze Frankreichs; die bessere, die heiligere Liebe, die Liebe zu mir führte sie wieder zurück. Lest diesen Brief, Gesetzgeber meines Vaterlandes, lest diesen Brief, und dann sprecht ihr Urteil!‹« Clara, ich sah Augen Tränen um unser Geschick vergießen, Augen, die längst unter Morden verlernt haben zu weinen. Blicke voll Mitleiden flogen auf Dich und mich. Man las Deinen Brief. Die Tribünen jauchzten und weinten. Selbst die unmenschlichsten unter ihnen riefen: »Gnade!« Ich sank in Deine Arme, Du versankst an meiner Brust. Wir gingen, triumphierend, von Paris begleitet, an den Altar des Vaterlandes.

Hier wurdest Du mein Weib, unter dem Schutze des Gesetzes, das gerecht war, weil es hier schwieg. So träumte ich, rasch sprang ich auf, warf mich auf den Boden nieder, dankte dem Himmel für mein Glück. Das war mir so gewiß, so sicher. Ich jammerte, daß Du nicht da warst. Ich flog zu meinem kranken Oheim, um auf die wenigen Tage Abschied von ihm zu nehmen. Ich öffne die Türe.

Da sitzt meine Mutter an seinem Bette, bleich, mit Tränen auf den blassen Wangen. Mein Oheim sitzt aufgerichtet im Bett; auf seinen verfallenen Wangen liegt eine dunkele Röte, sein erloschenes Auge strahlt ungewöhnlich. »O die Unmenschen!« ruft er, wie ich hereintrete. Ich frage und höre, höre mit Entsetzen, und meine teure Hoffnung verschwindet wie ein lügenhafter Traum. Saintonge, der Herr von Hesperange, verließ Frankreich, seinen Sohn zu überreden, zurückzukehren. Sein Sohn war nach Brüssel gegangen. Des Vaters, der beiden Schwestern Flehen ist vergebens. Alle drei kehren traurig nach Hesperange zurück. Auf einmal stürzen Nationalgarden in Saintonges Haus, reißen ihn und seine beiden Töchter aus den Betten, werfen sie in einen Wagen und schleppen sie nach Paris. Man stellt Saintonge vor Gericht; er erzählt, die Redlichkeit spricht mächtiger aus seinen Augen als seine Zunge, Tränen bekräftigen, was er sagt. Seine Töchter liegen auf beiden Seiten des Vaters auf den Knien. Die Schönheit, die Jugend, kindliche Liebe, Schwüre, Versicherungen, Tränen: alles nimmt den edlen Alten in Schutz. Vergebens. Er ist ausgewandert. Das unmenschliche Gesetz spricht sein Urteil. Sein Blut fließt, und die beiden Töchter schmachten im Gefängnis als Geisel für den Bruder. Das hör ich, das hör ich. Clara, meine Hoffnung verschwand, und ich versank aufs neue in den Abgrund des Elendes, aus dem Deine Liebe, Deine Überredung mich gerissen hatten.

Ach, Clara, kein Unglück ist so groß als unseres. Wo ist der Mensch, der nicht bei seinem Elende irgendeinen Zeitpunkt findet, auf den er hoffen darf, irgendeinen Umstand erblickt, an den er seine Hoffnung anknüpft? Oh, das ist das Seltene, daß selbst meine Einbildungskraft nirgend, nirgend, ach, selbst nicht in dem Gebiete der Wunder, eine Aussicht finden kann, die nicht sogleich von der Nacht unsers Elendes verdunkelt würde. Ach, Clara, ich habe alles, alles aufgegeben, auch die einfachsten menschlichen Bedürfnisse. Ich habe unsrer Liebe die unfruchtbarsten Felsen, die schrecklichste Wüste der Erde zum Zufluchtsort aufgesucht. Ich habe eine elende

Höhle zu unserm Wohnort ausersehn, eine fürchterliche Höhle, mitten unter den schrecklichsten Felsen, in der ein Vatermörder den Himmel der Grausamkeit anklagen würde. Vergebens! vergebens! Und könnte ich mich auch durch die Truppen stehlen, die unsre Grenzen bewachen, könnte ich auch den Nachforschungen Deines Vaters entgehen, flöhen wir auch dahin, wohin sich nie ein Fußtritt der Menschen verirrte, wo wir selbst den Blicken des Himmels verdeckt wären; ach! so verschließt meine Liebe mir den Eingang dahin. Nein, Clara, nein! Ich sollte Dich aus den Armen des Überflusses, der Bequemlichkeit reißen? Ich sollte Dich dem Mangel, dem Elende preisgeben? Deine Liebe würde mir den grausendsten Schlund der Erde zum Himmel machen; Dein Lächeln, Deine teuren Blicke würden nackte Felsen mit Blumen bekleiden; aber nur mir, nur mir allein! Meine Liebe würde die Zauberei zerstören; ich würde verzweifeln bei dem Anblick Deines Elendes. Ein Seufzer aus Deinen Lippen würde mein Herz zerspalten, eine unzufriedene Miene von Dir würde, würde – nein, Clara, ich kann nicht so unmenschlich gegen Dich werden, glücklich zu sein. Es ist vorbei! Ich wünsche Dich zu mir und schaudre vor meinem Wunsche. Ich will zu Dir eilen; ich fahre zurück. Mein Atem ist ein ansteckendes Gift, meine Umarmung der Tod. Nein, ich bin wie mit einer verpesteten Krankheit behaftet; ich treibe die zurück, die ich liebe, ich stoße die Arme weg, die mich umfangen wollen! Ich bin unglücklich! Leb wohl, Clara! Leb wohl, meine Geliebte! Es ist vorbei!

Mein Oheim ist krank. Da liegt er; tot, kalt, unteilnehmend für alles, was nicht er ist! Er betastet seinen Puls mit einer Aufmerksamkeit, mit einer Unruhe, als ob es der Puls des allgemeinen Lebens wäre, als ob mit seinem Herzen das Leben der Schöpfung stocken würde! Eine Falte in seinem Kopfkissen beschäftigt ihn mehr als die Welt voll Elend, die ich trage. Ich, die Menschen um ihn her, sind zernichtet. Er berechnet den Lauf der Zeit, ach, der jetzigen fürchterlichen Zeit für unser Vaterland, nach den Stunden, da er Arznei nehmen muß. Die ganze Hoffnung des menschlichen Geschlechts scheint in seinem Arzneiglase zu liegen; all das tausendfache Elend, das vielleicht Millionen Herzen niederdrückt, wiegt ein bedenkliches Kopfschütteln seines Arztes nicht auf. Er fühlt sich besser; er lächelt, und er verlangt, daß ganz Frankreich mit ihm lächeln soll. Dann fragt er kalt: »Wie ist dir, Clairant? Sei ein Mann! Clara war dir nicht bestimmt! O mein Gott«, ruft er dann empfindlich, »wie kalt bist du, Clairant, gegen deinen kranken Oheim!« Ich sah die Fliege nicht, die sich auf seine Stirn setzte. – Das ist das menschliche Leben, Clara! Der kalte, unfruchtbare Verstand breitet der Tugend einen so ungeheuern Wirkungskreis aus, daß er die ganze Schöpfung, das Tierreich und das ungewisse Reich der Geister mit einschließt. Das menschliche Herz umfaßt mit der Kraft Gottes das ganze Weltall, und dann, dann – der Verlust einer Stecknadel, die Unruhe über den Kopfschmerz zeigt mit Schrecken den Eigennutz des menschlichen Herzens. Alles fremde Elend, das ganze menschliche Elend, das ganze menschliche Geschlecht ist vergessen; und der Mensch würde die ganze Glückseligkeit der Schöpfung dransetzen, um seine Stecknadel wieder aufzufinden. Nein, der Mensch ist für das fremde Elend ohne Gefühl, das Mitleiden ist Eigennutz. Steh da, Clara, verlassen, jammernd, mit zerrissenem Herzen. Du würdest mit Deinen Klagen, mit Deinen Seufzern die Natur zum Zittern bringen; die Sonne würde sich verbergen, um Dein Elend nicht mehr zu sehen. Nur der Mensch wird kalt und fühllos bei Deinen Klagen bleiben; vergießt er Tränen, so hat sie ihm Deine Klage nicht erpreßt, sondern seine eigennützige Furcht vor eigenem Elende.

Clara, das ist das Bild der Welt! Von der erwartest Du Hülfe? Dein Vater sieht ja Deine Tränen, sieht ja Dein Elend; und was tut er denn? o Himmel, was tut er! Er reißt Dich von dem Herzen, an dem Du glücklich warst. Weine, klage, jammre, verzweifle, stirb! Was kümmert's ihn? Er hat doch die unangenehme Empfindung nicht, seinen Namen mit dem Namen eines unbekannten Mannes verbunden zu sehen. Seine Torheit muß die Regiererin der Welt sein, und sollte sie auch dieselbe in Trümmern schlagen! Es ist ein Mensch! Genug!

Oh, wenn ich das bedenke, Himmel, wenn ich das bedenke, wie mein Glück, wie dies vollendete, überirdische Glück, das Engel mit Neid betrachtet haben müßten, wie das Glück, Dich mein zu nennen, so kalt, so gleichgültig von Menschen zertrümmert wird; wie ein blinder, ein elender Zufall aller Menschen Glück regiert, wie der Mensch um sich her, mit Torheit und Irrtum, mit Neid und Geiz alles verwüstet, die Erde zu einer Hölle macht; oh, wenn ich bedenke, Clara, wenn ich bedenke, wie glücklich ich war, wie glücklich ich hätte sein können; wenn ich bedenke, warum ich's nicht bin, was mich hindert, es zu sein, was alle Menschen hindert, glücklich zu sein: o so möcht ich mit allen Unglücklichen die Schaufel ergreifen, unsre Gräber graben und in die Nacht hinabsteigen, die allein die Hoffnung des Unglücklichen sein kann, der über das Leben nur einen Augenblick nachgedacht hat!

Sieh, da liegt mein Oheim, forscht auf jedem Gesicht, ob es sich mit ihm gebessert hat; er martert sich, den langen, morschen Faden seines Lebens noch um einen Zoll länger zu spinnen, noch einen Augenblick länger der Zuschauer, der verspottete Zuschauer des Lebens zu sein, an dem er wahrhaftig weiter keinen Teil nehmen kann! Er erblaßt, wenn sein Puls wechselt. Er lächelt einer alten Magd zu, die ihm versichert, daß seine Augen heller sind; er lächelt ihr mit einem Wohlgefallen zu, das ich nur an die edelste, an die reinste Tugend verschwenden würde. Er schmeichelt seinem Arzte; ja, er sucht die unbestechliche Vorsicht mit einer prahlerischen Aufzählung alles des Guten, das er noch tun will, zu bestechen! Oh, es ist unbegreiflich! es ist unbegreiflich! Ich betrachte ihn mit Mitleiden. Wie gern knüpfte ich mein Leben an das seinige und bezahlte so, ach nur sehr wohlfeil, das Gute, das er mir erzeigt hat! Mein Herz, Clara, mein Herz und auch Deines muß aus diesem Stoffe nicht geformt sein. Ich glaube, es würde das Leben einer Geliebten aufopfern, um seines zu retten; und ich – ich würde meines dahinwerfen, um nur noch einmal Deine Hand zu drücken.

Sieh, da geh ich von dem Krankenbette in meine Einsamkeit, betrachte Dein Bild, lese Deine Briefe; dann setz ich mich wieder an meines Oheims Bett und beneide die Gefahr, vor der er zittert. Leb wohl, Clara!

Clairant an Claren

Ich habe Deinen letzten Brief erhalten, meine Clara, und ich bin nicht unglücklicher, als ich war. Der Gedanke Deiner frommen Liebe nahm sogar meinem Schmerze den Stachel. Du hast für mich gebetet, Clara, Dein Gebet ist erhört; denn eine erquickende Träne, die erste seit langer Zeit, drängte sich aus meinem Auge, wie ich das las, und erleichterte mein starres Herz. Ich weiß nicht, warum mir der Gedanke: ›die betende Clara!‹ so rührend, so erquickend ist. Sie ist erquickend, diese Vorstellung, sehr erquickend, meine Clara! Ich fühle es tief, daß es eine Täuschung ist, und doch ist ihr Erfolg Wirklichkeit. Du hast recht: glückliche Träume ersetzen Tage voll Tränen! Clara hat für mich gebetet! Ich schlage seitdem wieder hoffende Blicke gen Himmel. Mir ist, als hätte Dein Gebet mich und die Vorsehung wieder versöhnt. Es ist seltsam, Clara, aber wahr! Du faltest Deine Hände gen Himmel? Sieh, da steht dieses Bild, da stehst Du, streckst Deine gefalteten Hände gen Himmel, betest für mich. Ich kann der Vorstellung nicht loswerden. Da steht sie, wie mein guter Schutzgeist, zwischen mir und meinem Elende. Clara, in meinem Herzen hat sich der Glaube an die Vorsehung wieder gehoben. *Gebet?* Sonderbar! Wie könnte ein Sterblicher nur auf den Gedanken kommen, wie könnte er das Recht haben, zu beten, zu weinen, zu hoffen, wenn ein blinder Zufall die Welt regierte? Mir ist nichts gewisser als das. *Ein* Gebet, *eine* Träne, *eine* Hoffnung beweist für die Vorsehung und für eine erbarmende Vorsehung mehr als die feinsten Systeme der Philosophen. Oder war's die Vorstellung der betenden Clara? Clara, wenn ich denke, Du betest: oh, ich glaube, Dein Gebet muß das eherne Gewölbe des Himmels sprengen, der ganze Himmel muß auf Dich herabsehen; jeder selige Geist muß eilen, Dein Gebet emporzubringen. Vorstellung, Traum, Wahn! ich sehe das wohl. Und doch – es ist sehr seltsam! Der Wahn beruhigt mich. Wer will es wagen, der betenden Clara etwas abzuschlagen? Diesen Blicken voll schöner Andacht, diesen gefalteten Händen, dieser demütigen Stellung? Und hätte die Vorsehung die Regierung der Welt dem blinden Zufalle überlassen, oh, von diesem Augenblicke an hätte sie die Zügel der Regierung wieder in die Hände nehmen müssen, um Clarens Gebet nicht unerhört zu lassen! Nein, ich kann nicht ohne lindernde Tränen, ohne neue und leise Hoffnungen diese Stelle in Deinem Briefe lesen. Es ist unmöglich! Ich fühle mich beruhigt wider meinen Willen; ich vergieße Tränen, ich schlage meine Blicke gen Himmel, zu dem Dein Gebet aufflog, und er ist nicht mehr hart. Ich bin mit mir selbst im Streit, in dem wollüstigen Streite der siegenden Ruhe mit dem gemilderten Schmerze. Ein seltsamer Zustand! Da setz ich mich hin an das Bett meines kranken Oheims; ich fühle mich nach ein paar Augenblicken, in denen ich nicht immer meine Blicke auf mein Elend gerichtet habe, so ruhig, so glücklich, daß ich es wage, meinen Oheim zu trösten. Ich bin so ruhig, so hoffnungsreich, daß ich schon wieder von meinen Hoffnungen meinem Oheim mitteilen kann; und untersuche ich mich selbst, ziehe ich mein Herz vor den Richterstuhl meines Nachdenkens, so ist Clarens Gebet die Quelle seiner Ruhe und seiner Hoffnungen.

Jetzt laß ich mich genügen an diesen schönen Träumen; ich drücke sie mit Inbrunst an mein Herz; ich bin glücklich, ohne mehr zu fragen: wie bin ich's? – Jetzt hebe ich alle Morgen meine Hände für Dich zum Himmel empor; gäbe er meinem Gebete nur die halbe Kraft des Deinigen! ich zitterte nicht mehr für Dich. Ach, und diese täuschende Ruhe kam in dem rechten Zeitpunkte. Sie führte mich leicht über die bittersten Stunden meines Lebens hinweg. Ich zittre, Dir es zu sagen. Deines Vaters Güter sind verkauft. Pillon gehört nicht mehr ihm. Es hat einen andern Besitzer. Unser Park, die Verhehlung unsrer Liebe, wird in Ackerfeld verwandelt. Täglich gehe ich hin und besuche alle die heiligen Stellen noch, wo wir so glücklich waren. Unsre Lauben werden umgehauen. Seufzend sehe ich die Axt fliegen, welche die Wohnplätze unsrer Liebe zerstört. Ach, zum erstenmal habe ich es beklagt, daß ich nicht so reich war, Deines Vaters Wohnung und unsrer Liebe Garten kaufen zu können. Mit stillen Seufzern sehe ich die Dunkelheit der Gebüsche verschwinden, die uns so oft und so still verborgen. Die Laube, Clara, steht allein noch, in der wir das Fest unsrer geretteten Liebe feierten. Alle andern Plätze, das schöne Ulmenboskett, was Du so sehr liebtest, der Schlangengang an der Wiese, sind schon zerstört. Vergebens hat mein Blick um Schonung gebeten. Man wagt es nicht, ein Andenken der verhaßten Pracht Deines Standes stehenzulassen. »O Gott«, sagt ich dem Käufer, »der reizende Garten!« Er sah mich mitleidig an, runzelte hierauf die Stirn, zuckte die Achseln und sagte leise: »Freilich! allein ich muß.« Nun sitze ich noch alle Stunden, die ich von dem Krankenbette abkommen kann, in unsrer Laube, seufze über die Verwüstung, horche mit Zittern auf die Schläge des Beils, und jedesmal, wenn ich gehe, nehme ich den rührendsten Abschied von dem letzten Monument unsers Glücks. Die Hauptallee allein bleibt stehen. Was verbrach unsre unschuldige Liebe, daß sie so grausam in den Fall des Adels verwickelt ist? –

Alle übrigen Möblen in Deines Vaters Hause sind verkauft. Dein ganzes Zimmer ist mein! Dein Bett, Deine Stühle, Dein Sofa, Deine Harfe, Deine Vorhänge, jede Kleinigkeit ist gerettet. Meine Mutter lacht über meine Kinderei, wie sie es nannte; allein sie half, ohne mein Bitten, sehr treuherzig mit, mein Zimmer in das Deinige verwandeln. Und jetzt befinde ich mich wohl. Ich habe mir auch nicht eine Kleinigkeit nehmen lassen. Deine Vorhänge, sie mochten passen oder nicht, hängen vor meinen Fenstern. Mit Wollust werfe ich mich abends in Dein Bett, mit Vergnügen hülle ich mich in Deine Decke. Da stehen Deine Stühle. Ich schone ihrer, als ob sie von Glas wären, ich zittre, wenn jemand sich ungestüm daraufsetzt. Als ich auf Deine Kleider bot, errötete ich. Die Bauernmädchen lachten. Susette trieb ein Tuch von Dir in die Höhe. Endlich schwieg sie und ließ es mir. Der Commissaire lachte. Ich fühlte mich beschämt, und doch hätt ich um keinen Preis schweigen können. Nun hab ich alles von Dir; alles, was mich umgibt, alles, was ich berühre, ist von Dir. Ich betrachte mit freundlichen Blicken meine Herrlichkeiten; und ich kann mich kaum einmal am Tage entschließen, mein Zimmer zu verlassen.

Sieh, so drängt sich mein Glück immer enger zusammen. Bald hab ich nun rund um Châtillon her nichts mehr als die Trümmer unsrer vorigen Glückseligkeit. Ich sehe gelassen der Verwüstung zu; fehlt doch der Geist, der die tote Schöpfung beseelte: und was kümmert's den, der seinen Palast in Feuer aufgehen sah, ob die Flamme den letzten Balken verzehrt oder nicht? Ich trete jetzt, wenn mich mein Instinkt einmal den gewohnten Weg nach Pillon führt, wie in eine neue Schöpfung; aus dem Fenster Deines Zimmers sieht das Gesicht einer alten Frau. Ich schüttele den Kopf, wie ein Greis, der in die Gegend, wo er seine fröhliche Jugend verlebt hat, zurückgekehrt ist und statt des lieblichen Schattens, der ihn sonst umfing, wie er noch Kind war, einen stinkenden Sumpf findet. Ich fliehe nach Châtillon zurück, verhülle mein Gesicht in Dein Sofa, verlobe es, je wieder nach Pillon zu gehen; und auf dem nächsten Gange führt mich mein Fuß mechanisch wieder dahin, wo der Gedanke an mein verlornes Glück so mächtig auf mich eindringt.

Sieh, so leb ich jetzt, wie ein Träumer in lauter Ideen, zwischen Deinen Möblen, in Deinen Briefen, mit Deinem teuren Bilde; wie ein Wahnsinniger, der aus seinem Gefängnis einen Palast macht, sein Strohlager zu einem Throne aufputzt und mit seiner erträumten Herrlichkeit die Herzen in Mitleiden zerschmilzt. Und doch bete ich, daß diese Stille lange dauern mag! Doch fahr ich manchmal auf, halte die Hand gen Himmel, klage mein unversöhnliches Geschick an und möchte die letzten Trümmer meines vergangenen Glücks zerschmettern, an die mein Herz allein gebannt ist. Ach, Clara, wenn ich von ungefähr, oder mit Vorsatz – ach! sosehr ich davor zittere, so eilt doch manchmal meine schwarze Phantasie dahin – auf den Gedanken gerate: ich werde Dich nicht wiedersehen; so verfliegt der Traum meiner neuen, wahnsinnigen Hoffnung, und ich stehe im gräßlichen Dunkel da. Oh! dann möcht ich alle Türen, wodurch das Leben ausgeht, sprengen, um zu erfahren, ob ich Dich nicht in den Gefilden, in den ungeheuren, dunklen Gefilden der Ewigkeit finden werde. Sieh, dann schweb ich daher in den finstern Wüsten der Zukunft, ich finde Dich, ich hänge an Deinem Halse, ich versinke mit Dir in den unendlichen Räumen. Du bist ein gestaltloser Geist, Du lächelst nicht, Du redest nicht; und doch jauchz ich über das fürchterliche Glück: denn ich halte ja Claren an diesem Herzen, an diesem Herzen, das ohne Dich verzweifelt. O Clara, wenn ich doch erst wieder einen Brief von Dir in Händen hätte!

Clara an Clairant

Ja, Clairant, der Schlag ist gefallen, und schrecklicher als Du denkst! Trotze dem Schicksal nicht, Clairant: es hat Wege, es hat schreckliche Wege, Dein Herz, das Du fühllos glaubst, in dem geheimsten Gewebe, wo das Gefühl seine Quelle hat, zu treffen. Es hat Mittel, Dein Auge auf die Zukunft zu fesseln, die Du nicht sehen willst. Clairant, trotze dem Schicksal nicht, das Du nicht kennst. Wir sind arm geworden, die Nationalversammlung hat meines Vaters Güter verkauft. Unser ganzes Vermögen besteht in dem, was wir gerettet haben. Torheit! Torheit! Tausende sind ärmer als wir und glücklich. Mein Arm kann arbeiten, wie die Arme der Millionen, welche die Arbeit ernährt; ach! und wie, wie wollt ich mein Geschick segnen, Clairant, wenn die schwerste Arbeit die Bedingung meiner Zufriedenheit würde? Unser Vaterland hat uns auf ewig aus seinen Grenzen verbannt. O Clairant, leuchtet in Frankreich die Sonne allein? Wohnt die Zufriedenheit nur in seinen Grenzen? In Deinem Arm, an Deiner Brust will ich in den wüsten Schneefeldern des Nordens leben und glücklich sein! Arm und verbannt? Nein, Clairant, das sollte mich nicht erschüttert haben. Es ist anders, Clairant, es ist anders!

Mein Herz pocht mit einer namenlosen Angst vor den Tränen meiner Mutter, vor dem stummen und beredten Grame meines Vaters. Nein, ich erschrecke nicht vor der Armut, nicht vor Deiner Verzweiflung; nein, Clairant! soll ich Dir es sagen? Oh, wenn man mein Leben forderte, ich kann sterben wie Du. Nein, man fordert mehr, man fordert meine Hand, man fordert meine Liebe!

Wie gern, wie gern wollt ich mit Dir von der Vergangenheit allein leben; wie gern wollt ich mein Leben, mein Gefühl, meine Gedanken in den engern Kreis des Gartens beschränken, der uns ehedem so glücklich machte; ach, wie gern wollt ich jetzt, wie Dein Mönch, in das Grab eines finstern, eines stummen Klosters hinabsteigen! Mit Entzücken wollt ich hinter mir die Türe zurasseln hören, und wenn sie mich auf ewig von Clairant trennte. Wie gern wollt ich da meine Kindheit wiederholen, keinen Blick aufschlagen, keinen Wunsch hegen, keine Veränderung hoffen als das Grab! Ach, ich wollte mit *einem* Bilde mein Leben hindurch mir genügen, und keine Klage, kein Seufzer sollte nach mehrerem verlangen! Nein, man will mich nicht unglücklich, man will mich treulos machen! Clairant, Clairant! wer ist beklagenswerter, Du oder Deine Clara?

Touai ist sein Name. Wir waren in einer Gesellschaft, in jenen Tagen, die mir so unglücklich schienen und deren Ruhe ich mir jetzt zurückwünsche, in den Tagen, wo ich auf dich hoffte. Touai war auch da. Die Unruhen in seinem Vaterlande, Flandern, haben auch ihn vertrieben. Schon oft war ich mit ihm in Gesellschaft gewesen, und er hatte Deine Clara nicht bemerkt. Ich stand oder ich saß immer ruhig in meinem Winkelchen; mein Gram wagte sich nicht unter die Freude, mein Kummer scheute das Lachen. Ich saß allein, niemand störte mich mehr; denn Seufzer waren immer meine Antworten und starre Blicke, halbe Worte alles, womit ich selbst den gutherzigsten Versuch, mich aufzuheitern, belohnen konnte. Man ließ mich allein, und ich war zufrieden. So saß ich auch diesen Abend, noch trauriger, noch verschlossener als immer; denn schon zwei Tage hatte ich vergebens auf Deine Ankunft gehofft. Auf einmal führt ein junges Mädchen, lachend und scherzend, den Baron Touai auf mich zu. Sie setzt ihm einen Stuhl neben den meinigen, sagt mit einer Verbeugung: »Hier!« und geht.

Touai setzt sich. Ich sehe ihn an, und er sagt sehr bescheiden und sehr artig: »Ich bin heute nicht so guter Laune wie gewöhnlich; ein Zufall hat mich verstimmt. Man verweist mich dort aus dem frohen Zirkel; man führt mich zu Ihnen. Hier, sagte man mir, würde ich eine Gesellschafterin für meinen Ernst finden; allein«, setzte er sehr bescheiden hinzu und küßte mir die Hand, »ich bin nicht mehr unzufrieden, und ich finde, daß dies der beste Platz war, den man mir anweisen konnte, um zufrieden zu werden.« Ich verneigte mich. »Ich wollte«, fuhr er fort, »um Ihnen für meine Zufriedenheit zu danken, daß ich dazu beitragen könnte, Sie zu erheitern.« Ich weiß nicht, was ich antwortete; soviel weiß ich, daß mein Auge naß wurde; der Gedanke, daß mich kein Mensch erheitern könnte, fiel auf mein Herz. »Sie haben üble Laune?« fragte er. Ich mußte also etwas Bitteres gesagt haben, und dies mochte wohl sein; denn er störte mich. Ich errötete bei dem Vorwurf; denn Du weißt, wie sehr ich alle üble Laune hasse. »Ich habe keine üble Laune«, antwortete ich sanft, »aber ich bin nicht glücklich.«

Er sah mich an und schwieg eine Zeitlang. »Und Ihr Kummer«, sagte er dann mit Teilnahme, »erlaubt keinen Vertrauten oder – Ich bin ein ehrlicher Mann!« hob er auf einmal an, legte die Hand auf die Brust und beugte sich so zu mir herüber. »Es ist unbescheiden«, fuhr er in der Stellung fort, »allein ich mag zuweilen lieber unbescheiden als unzufrieden mit mir selbst sein. Ist Ihr Kummer von der Art, daß ein ehrlicher Mann, der Achtung für sich selbst und also auch für das weibliche Geschlecht hat, ihn wissen kann, so –« Ich lächelte und schüttelte verneinend den Kopf. »Ich getraue mir, viel zu können«, sagte er dann mit einem bescheidenen Stolze. »Ich bin stolz auf mein Herz, und ich würde auch zum erstenmal stolz auf Reichtum und auf den Einfluß einer mächtigen Familie werden, wenn Ihr Unglück von der Art wäre, daß –« Er suchte hier die Worte; ich fiel ihm ein, um ihn loszuwerden. »Mein Kummer ist der Kummer der Erinnerung an mein Unglück. Mein Unglück selbst ist vorüber, und dann ist Klagen unbescheiden.« Er verbeugte sich, ward rot, brach ab und ging nach einigen Augenblicken, die er von gewöhnlichen Dingen redete. Indes, er kam oft in die Gegend, wo ich saß. Ich sah, daß er mich nicht aus den Augen verlor. Es war mir unangenehm; ich wollte seine Aufmerksamkeit von mir abwenden. Ich stand auf, ich zwang mich, heitrer zu scheinen, als ich war. Ich stellte mich zu dem Parlamentsrat von Toulouse, dem Freunde meines Vaters. Ich redete, so aufmerksam ich konnte. Auf einmal trat Touai auch zu uns; er fiel in unser Gespräch so ein, daß ich sah, er hatte es angehört.

Wie wir gingen, so bot er mir den Arm. Wir stiegen in den Wagen, und ich hatte ihn vergessen. Den Tag darauf brachte ihn Plessis zu uns. Er redete mit mir, ohne alle Auszeichnung. Nun kam er oft, endlich alle Tage. Mein Vater fing an ihn hochzuhalten; meine Mutter liebte ihn, mein Bruder sprach mit Bewunderung von seinem edlen Charakter. Ich ward unruhig; denn ich sah seine Bewerbungen um mich, so unmerklich sie auch waren. Selbst meine Mutter sah nichts davon. Vor einigen Tagen war er bei uns. Mein Vater erhielt mit einem Kurier einen Brief aus Paris. Er las, er ward unruhig. Er wollte es verbergen. Gott weiß, von ungefähr warf er seinen Blick auf mich. Der einzige Blick setzte mein Wesen in Aufruhr. Ich glaubte, der Brief könnte keinen andern betreffen als Dich. Du warst nicht gekommen, ich hatte keine Nachricht; meine unbeschreibliche Angst, der Blick meines Vaters, – ich war außer mir. »O Gott«, rief ich, »sagen Sie, Vater, was ist?« Mein Geschrei erschreckte ihn. Er ward blaß. Meine Mutter, die nichts gesehen hatte, stand auf. Sie schrie ängstlich auf; sie schloß meinen Vater in die Arme. Er verlor wahrscheinlich durch unser Geschrei die Besinnung, drückte mich an seine Brust und sagte leise: »Wir sind unglücklich! Faßt euch! faßt euch, Kinder! Ich bin ein Bettler! Die Unmenschen haben mein Vermögen eingezogen!« Mir fiel es wie Blei vom Herzen. Ein langer Seufzer machte meinem gepreßten Herzen Luft, ich vergoß einen Strom von Tränen.

Touai ergriff seinen Hut, sowie mein Vater den Brief anfing zu lesen. Wahrscheinlich hatte er seine Unruhe bemerkt. Jetzt stand er unentschlossen da. Er sah mich, er sah meinen Vater an. Einen Augenblick besann er sich. Rasch trat er dann auf meinen Vater los. »Herr Vicomte«, sagte er ruhig, »ein Ungefähr hat mich zum Zeugen Ihrer Unruhe gemacht. Ich nehme den innigsten Anteil an dem Schlage Ihres Schicksals, als ob er mich selbst getroffen hätte. Allein –«, er zitterte, wie er das sagte; seine Unruhe zeigte sich in Stimme und Stellung, »Ihre Tochter – Ihre reizende Tochter – machen Sie dies Unglück zu meinem Glücke – nehmen Sie mich in Ihre liebenswürdige Familie auf! Geben Sie mir die Erlaubnis, Ihrer Tochter meine ehrfurchtsvolle Liebe –« Er zitterte heftig bei diesen Worten; dann warf er sich ungestüm um den Hals meines Vaters und rief: »Sein Sie mein Vater!« Mein Vater war heftig erschüttert; ich war vernichtet!

Touai küßte meine zitternde Hand. »Ich habe Sie erschreckt«, sagte er sanft, »das wollte ich nicht! Aber doch Ihnen sagen will ich, daß ich, seit ich Sie sah, nichts vom Himmel gebeten habe, als das Glück, Sie mein nennen zu können. Ich bin unabhängig«, mit den Worten wandte er sich an meinen Vater, »ich habe die Bewilligung meiner Verwandten. Ich bin, Herr Vicomte, ich sage das zum erstenmal, ich bin reich, sehr reich; aber mehr als das, ich bin ein ehrlicher Mann. Ich liebe Ihre Tochter«, er wandte sich wieder halb an mich, und Tränen rollten von seinen Wangen; »allein wenn sie mir ihre

Hand abschlägt, so erlauben Sie mir wenigstens den Trost, von einer Familie den Mangel abzuhalten, von einer Familie, für die ich mit Stolz mein Leben opfern würde. Ich bin zu bewegt, erlauben Sie, daß ich gehe. Jetzt würde ich nicht mit Mut eine verneinende Antwort anhören können. Zwar wann würd ich das? Aber –«, er verbeugte sich tief und ging.

Sieh, so erzählte es mir nachher Plessis. Ich hatte nichts gehört; denn ich war wie vernichtet. Kaum hatte er sich entfernt, so fielen meiner Eltern Blicke auf mich. Mein Vater kam zu mir. Er schloß mich schweigend in seine Arme. »Clara«, sagte er tiefbewegt, beinahe mit einem Schluchzen, »ich bin ein Bettler! Touai ist ein sehr edler Mann!«, dann wandte er sich schnell von mir und ging in ein Nebenzimmer. Meine Mutter ergriff meine Hand. Ich hob meine Augen auf sie. Ich fiel in ihre Arme mit einem Ausbruche von Schmerz; denn ihr Blick sah aus, als ob sie sich eben vor mir niederwerfen wollte. Und was wäre aus Deiner Clara geworden, ihre kniende Mutter vor ihr? Ich sank vor ihr nieder, verbarg mein Gesicht in ihren Schoß, umarmte ihre Knie und schloß mich fest an sie. Man hatte Mühe, mich aufzurichten. Mein Bruder hob mich auf. Sieh! nun standen wir alle da, alle tief erschüttert, stumm und schweigend. Auch mein Vater stand da in der Türe. Ich mußte meinen Blick abwenden; denn seine Stellung war die Stellung eines unglücklichen Mannes, der, ringend mit seinem Unglück, darunter erliegt und nur mit einem Blicke Hülfe fodert. Ach, Clairant, ich hielt mich erst für gerettet, wie ich auf meinem Zimmer allein war, und dennoch umringten mich die Seufzer meines Vaters, dennoch forderten laute, mächtige Stimmen von mir Gehorsam und betäubten beinahe die Stimme meiner Liebe. Ach, Clairant, kann ich Dir's leugnen? Die Stimme des Bluts ist so mächtig wie die Stimme der Liebe. Ich fühlte zum erstenmal die Angst der Vorwürfe; ich zitterte vor dem Antlitz meines Vaters. Ein Ton von der Stimme meiner Mutter jagte mir eine peinigende Angst ab. Ich fürchtete den Anblick der Natur; nur furchtsam hob ich den Abend meine Blicke zu den Sternen empor, und nur jetzt erst fühlte ich, was Unglück, was Elend heißt.

Am andern Morgen kam meine Mutter ganz früh zu mir, als ich noch im Bette lag. Ich fühlte, daß ich blaß ward. Sie setzte sich auf mein Bett und sah mich mit Blicken an, die mein ganzes Wesen durchdrangen; mit einer betrübten Zärtlichkeit, mit einer furchtsamen, unruhigen Ungewißheit. Sie öffnete verschiedene Male die Lippen, etwas zu sagen; die Worte versagten sich ihr. Sie war so gütig, mir unter einem Lächeln die Angst verbergen zu wollen, die sie stumm machte. Da öffnete mein Vater die Tür. Ich verbarg mein Gesicht an meiner Mutter Brust und weinte. Er faßte meiner Mutter Hand und zog sie von dem Bette auf. »Nein«, sagte er mit einer bebenden, freundlichen Stimme: »beredet soll Clara nicht werden. Nein! laß sie, laß sie! Armut ist kein Unglück! Nein, Clara, du sollst keinen Vorwurf von deinem Vater hören, dein Herz wähle auch das ärgste. Sieh, dann wollen wir, deine Mutter, ich und du, Deutschland durchziehen, unser Brot vor den Hütten suchen, uns alle drei mit Freundlichkeit täuschen. Wir wollen uns überreden, wenn wir die Nacht unter einem Baume zubringen, von Kälte und Regen erstarrt – wir wollen uns überreden, daß wir dennoch glücklich sind; und versagt uns Deutschland Brot, weil es uns haßt, so wollen wir nach Frankreich zurückkehren. Ich will mein graues Haupt unsern Feinden darbringen. Ihr beide sollt mich anklagen, daß ich euch mit Gewalt gezwungen habe, Frankreich zu verlassen; ich will es bestätigen. Mein Blut fließt, und ihr – oh, die Unmenschen werden euch doch wenigstens sättigen; und ist das, so will ich gern gestorben sein! Sieh, Clara, ich bin entschlossen, ohne eine Klage dahin zu gehen, wohin du uns führst. Ich habe ruhig meinem Kinde mein Schicksal anvertraut. Führst du mich aufs Blutgerüst – gut dann; ich will lächelnd sagen, es war Liebe, die mich dahin führte.« Er drückte einen sanften Kuß auf meine Lippen, und dann ging er mit meiner Mutter.

Clairant, wirf einen Blick, nur *einen*, auf die Empfindungen meines Herzens, wenn Du wissen willst, daß es Elend gibt, das Dein Herz noch nicht kennt. Oh, und wenn ich auch für Clairant nichts weiter, nichts weiter getan hätte, als daß ich mich nicht in die Arme meines Vaters warf und rief: »Ich will Touai meine Hand geben!«, so hab ich genug getan, mehr als er je für Claren tun kann. O Clairant, Du wärest ungerecht, wenn Du das nicht fühltest!

Ach, Clairant, wenn ich nun bei ihnen bin, wenn ich ihre Blicke sehe, die sie auf mich werfen! Solch einen Blick wirft nur eine Mutter auf den Arzt, wenn er über das Leben ihres einzigen Kindes entscheiden soll. Mit diesen Blicken betrachten sie mich, mit diesen unwiderstehlichen Blicken. Ein kleines, halbes, gezwungenes Lächeln von mir ist wie ein belebender Sonnenschein. Sie sind heiter. Eine krause Stirn von mir bringt meine Mutter zum Zittern. Ach, so schleichen unsere Tage jetzt hin. Stumm, traurig gehen wir nebeneinander weg, wie Menschen in dem Hause, wo eine geliebte Leiche liegt. Unsere Liebkosungen sind nur Zeichen; lächelt der eine, so lächelt der andere wehmütig mit, und Tränen stehen in allen Augen und machen das Lächeln zur Lüge.

Das ist mein Zustand, Clairant, das ist mein unglücklicher Zustand! Touai reiste noch den Tag ab, da das Elend anhob. Er hat meinen Bruder wissen lassen, daß er in vierzehn Tagen zurückkommen würde. Acht Tage sind schon vorüber. Ach, Clairant! Clairant! Nein, Clairant, ich habe Mut, wie irgendein Mädchen; aber – oh, Du solltest ihre Blicke sehen, oh, Du solltest nur einen Händedruck von meiner Mutter Hand fühlen, deren sie mir Hunderte gibt. Ihre Hand zittert; ihr Blick will lächeln, und Tränen dringen hervor, die sie mir vergebens verbirgt. Oh, Du solltest nur einen Blick auf meinen Vater werfen, nur *einen.* Ach, Du solltest nur einmal hören, wie Dein Freund Plessis mit einem Worte als: »Clara, es ist dein Vater!« mich erschüttert. Alles, alles ist gegen unsere Liebe im Bunde, selbst – selbst – ach, Clairant! selbst das Gewissen Deiner Clara!

Sieh, da lieg ich die Nächte, kein Schlummer bedeckt mein Auge; da lieg ich, und mein starres Auge schaut in die Nacht hinein. Da überleg ich, da rechne ich. Da steht Liebe gegen Liebe, Pflicht gegen Pflicht, Treue gegen Treue. Jetzt hör ich die Stimme meiner Eltern mich anklagen; dann fährt Dein Seufzer durch meine Brust. Mein Unglück? o mein Freund, daran denk ich nicht. Mein Grab wäre jetzt mein Labsal. Oft vergehen mir die Gedanken; ich fürchte, wahnsinnig zu werden; ich fürchte es, und dennoch schleicht ganz heimlich der abscheuliche Gedanke sich mit ein: vielleicht träumtest du sie dann alle glücklich! Ich bin das Opfer; oh! das weiß ich, das weiß ich! das erschüttert mich nicht. Aber mein Ausspruch soll über die entscheiden, die ich liebe; das ist grausam, oh, das ist grausam!

Clairant, Du hast meine Empfindungen richtig ausgedrückt: ›Wie wenig ist mir das Leben!‹ Nein, unsre Herzen sind nicht aus dem alltäglichen Stoffe geformt! Clairant, ich warte mit schmerzlicher Sehnsucht auf Antwort; Deine Antwort soll – nicht mein Glück, denn das ist dahin –, Deine Antwort soll meine Handlungen entscheiden. Dir will ich folgen. Was du wählst, was Du auch wählst, mir soll es sein wie das Urteil, wie das unvermeidliche Urteil des ewigen Schicksals. Dann laß uns getrost dem Zuge unsers Schicksals folgen. Was Du auch wählst, wie Verzweifelte wollen wir Deinem Ausspruche folgen, wie Verzweifelte, denen Elend und Glück gleich ist. Das Geschick hat uns beide auf diesen fürchterlichen Punkt gestellt, daß uns nichts übrig ist als die einzige Wehr: Verzweiflung.

Nein, Clairant, ich lese nichts mehr als eine Stelle aus Deinen Briefen, und die ist Balsam für mein zerrissenes Herz. ›Es kann Schicksale geben‹, schreibst du, ›die uns, solange wir leben, trennen. Aber ich fühle das ebenso gewiß, daß das nicht lange sein wird. Wir würden vor Gram sterben, und am Grabe brechen sich ja die Wellen des menschlichen Elendes! Und dann find ich ja das treue Herz meiner Clara!‹ Sieh, das lese ich alle Tage zehnmal. Wahreres hast Du nie geschrieben. Wir werden vor Gram sterben, und dann wirst Du das treue Herz Deiner Clara wiederfinden! Clairant, ich habe mich auf die Knie niedergeworfen und habe die Stelle gelesen, mit dem felsenfesten Gefühl, daß nichts, nichts auf der Welt, daß selbst die Ewigkeit nicht unsre Herzen trennen kann!

Nun, Clairant, wähle, wähle für mich und Dich! Du hast mein Herz, und Du sollst auch mein Schicksal bestimmen. Wähle! Ich zittre; aber ich bin gehorsam. Ach, der Befehl zu sterben würde mir der liebste sein. Wähle, Clairant. Mein Leiden soll Dein Werk sein, damit ich es mit Geduld ertrage. Leb wohl, leb ewig wohl!

Clairant an Claren

Touai ist ein edler Mann! Deiner Eltern Glück wird Dich beruhigen! Ich habe für Dich gewählt! Gib Touai Deine Hand! Ich bin ruhig, Clara! Es konnte nicht anders sein! Leb wohl, leb ewig wohl! Um das einzige bitt ich Dich, gib ihm Deine Hand bald, nur nicht früher, als ich hierauf Antwort haben kann! Bestimme mir Deinen Hochzeitstag! Ich will ihn feiern! Um mich sei unbekümmert, Clara! Ich bin, bei der ewigen Vorsicht sei es geschworen! ich bin sehr ruhig! Was sein mußte, mußte sein; und wir sehen uns ja wieder, wo die Welle des menschlichen Elendes nicht stürmt! Leb wohl, leb ewig wohl! Clara, leb wohl! Vergiß nicht, mir Deinen Hochzeitstag zu bestimmen! Leb wohl!

Clara an Clairant

Unglücklicher, welch ein Sinn liegt in Deinen Worten! welch ein schrecklicher Sinn! Clairant? was ist Dein Vorsatz? Meinst Du, ich hätte jene Unterredung vergessen, die uns beide so rührte? Oh, der bloße Gedanke daran könnte mich wahnsinnig machen. Clairant, ich zittre für Dich; allein zum erstenmal bin ich für Dich errötet. Was wolltest Du tun, Unglücklicher? O komm her, stehe Deiner treuen, Deiner liebenden Clara Rede: was war Dein Vorsatz? Zu sterben! Glaubst Du denn, daß es mir nicht ebensoleicht sein würde, ein scharfes Messer einen Zoll tief in mein Herz zu bohren und so den Tränen zu entkommen? War das Deine Treue, Clairant, Deine ewige Treue, die mir Dein Mund so oft zuschwor? Siehst Du nicht, du Unbesonnener, daß Deine Hand so den allergrausamsten Streich auf mein Herz führte? Hattest Du mich ganz vergessen, Du Selbstsüchtiger? Du wolltest entfliehen, Du, Clairant, und Deine Clara mitten in dieser freudenlosen Wüste zurücklassen? War das möglich? Du sagst, Du liebst mich, und Du siehst nicht, daß wir beide leben oder beide zugleich sterben müssen? Ruhig warst Du? Ruhig? Das schwörst Du mir bei der ewigen Vorsicht? Mit Ruhe denkst Du es, daß Deine Clara bei Deiner blutigen Leiche steht, mit stieren, verzweiflungsvollen Augen sie betrachtet, mit wahnsinnigen Händen ihren Busen zerfleischt, dem Urheber ihres Lebens, der Vorsehung, ihren Eltern, Dir und sich selbst flucht, in wilder Höllenangst ihr Leben endet und ihre Eltern mit ihrem Tode ermordet? Bei dem Gedanken bist Du ruhig? Oder hast Du geglaubt, daß ein paar unfruchtbare Tränen, durch das Lächeln meiner Eltern, durch die Bitten eines tugendhaften Mannes getrocknet, alles gewesen wäre, womit Clara die entsetzliche Nachricht Deines Todes empfangen haben würde?

›Deiner Eltern Glück wird Dich beruhigen‹, schreibst du? Kannten sich unsere Herzen so wenig; oder war Dein Herz schon tot, ehe Deine wahnsinnige, grausame Hand den Dolch dagegen zuckte? So höre! höre und verzweifle!

Hier lieg ich, im Bett, krank, sterbenskrank, totenbleich; ein Zittern, das Zittern des Todes, ergreift noch jetzt alle meine Glieder. Dann treibt eine glühende Flamme den Schweiß, kalten Schweiß stromweise von meiner Stirn; und jetzt sind es drei Tage, daß ich Dein fürchterliches, Dein grausames Billett erhielt. Meine schlotternde Hand kann kaum die Feder halten. Die ganze Nacht habe ich an diesen unleserlichen Zeilen geschrieben, und der Morgen leuchtet schon wieder durch meine Jalousien. Man hat an meinem Leben verzweifelt, und erst heute tat der Arzt den Ausspruch, daß ich gerettet sei. Ich erhielt Dein fürchterliches Billett; zitternd erbrach ich es. Ich las; meine Knie schwankten, mein Auge ward dunkel, mir war, als ob der Boden unter meinen Füßen wegschlüpfte, als ob die Hölle sich auf mich herabstürzte, als ob die Schöpfung um mich her in Trümmern ging. So war mir; dennoch, dennoch, mitten in dieser allgemeinen Zerstörung hatte ich keinen anderen Gedanken als Dich. Ich schrie laut; mit dem Zetergeschrei der Verzweiflung drang ich blindlings durch die Nacht, die mich umgab, Dir, Dir zu Hülfe. Ich suchte die Treppe, ich stürzte in meines Vaters Zimmer und schlug hier zu seinen Füßen zu Boden.

Meine Luzie schaudert noch immer zusammen, wenn sie an diesen Augenblick denkt. Meinen Vater hat der Anblick krank gemacht, und meine Mutter – o meine arme Mutter! – ist vielleicht kränker als ich. Nur Du allein bist ruhig! Man bringt mich zu Bett, man holt einen Arzt; man verzweifelt an meiner Herstellung. Komm ich einen Augenblick zu mir, so ist mein Leben noch schrecklicher als mein Tod. Meine Augen fliegen wild, stier und verwirrt; meine Brust hebt sich fürchterlich hoch, meine Zunge stammelt Worte, die meine Seelenangst bezeugen. Und Du bist ruhig? Clairant, ruhig? Und noch lieb ich Dich über alles; noch richte ich mich im Bette auf, falte meine schwachen Hände zusammen und sage mit zärtlicher Stimme und mit lindernden Tränen: »Clairant! ich habe dir vergeben! Clairant, ich habe dir vergeben!« Oh, nur *eine*, eine kleine einzige Zeile von Deiner Hand, Clairant, ach, und ich will vergessen, was Du mir tatest. Nein, Clairant; unser Schicksal ist entschieden. Ich bin Dein, ewig Dein! nie eines andern! Noch weiß man nichts. Dein Billett hatte ich fallenlassen; ich habe es wieder. Luzie hat es gefunden. Man sagt jetzt nicht ein Wort. Touai ist zwar wieder hier, er besucht meinen Vater; aber ich habe ihn seit Deinem Billett nicht gesehen. Sei ruhig, Clairant, ich bin Dein! Keine Gewalt soll mich von Dir trennen, keine Überredung! Schreib mir bald, Clairant! schreib mir, daß Du heiterer bist. Ach, Clairant, vergib mir, ich hätte es voraussehen müssen; denn Du sagtest mir ja in jener Unterredung: »Und bist du mir treulos, Clara, bei den leuchtenden Sternen des Himmels, so ist dein Hochzeitstag der Tag meines Todes!« Das sagtest Du, wiederholtest es mir zweimal. Ich zitterte, ich lächelte über Deinen Ernst. Ach, ich hätte es vorauswissen können. Nein, Clairant, ich bin Dein! ewig Deine Clara!

Clara befand sich in einem bedaurenswerten Zustande; allein Clairant nicht weniger. Nach und nach hatte sich seine Empfindung verbittert. Er war mit Leib und Seele der neuen Konstitution seines Vaterlandes zugetan. Mit pochender Brust hörte er die Rechte der Menschen zu der Grundlage eines Staates machen. Feuer füllte seine Seele, und er durfte niemanden diese lodernde Flamme, die verschlossen seine Brust schmerzte, zeigen. Sein Oheim war seit den Schritten gegen die Hierarchie ein unversöhnlicher Feind der Konstitution geworden; seine Eltern halb und halb auch. Selbst sein Plessis haßte, von dem Parteigeiste seines Standes angezogen, die neue Verfassung. Seine Clara war die einzige, welche sie liebte, aber nur, weil sie Clairant damit gefällig ward. Sie fing endlich an, die neue Verfassung ihres Vaterlandes ernstlich zu lieben, weil diese ihre Liebe zu Clairant gegen die Anmaßungen ihres Standes in Schutz nahm. Clairants Haß gegen den Adel wuchs fürchterlich, seitdem er ihm seine Geliebte nach Deutschland entführt hatte; und noch mehr, hier ward sogar seine Clara verführt, sich wieder auf die Seite der Aristokraten zu neigen. Clairant schwieg nun ganz von Politik, soviel Mühe es ihm auch kostete. Es tat ihm wehe, daß er sein Vaterland gegen die vielen gegründeten Klagen nicht verteidigen konnte und durfte.

Sowenig er es auch gestehen wollte, so hatte dennoch seines Oheims Wink: »Auch Claren nimmt die Partei ihres Standes!« einen tiefen Eindruck auf ihn gemacht. Wenigstens sah er seine Liebe unsicher, solange Clara in ihres Vaters Händen blieb. Er war aber zu stolz, um sie ganz eigentlich bereden zu wollen. Er schrieb, was der Leser ohne Zweifel gelesen hat, und er erwartete mit einer furchtbaren Ungeduld Clarens Brief. In der Zeit wurde der ausgewanderte Adel auf ewig aus Frankreich verbannt: ein schrecklicher Schlag für Clairants Liebe und Hoffnung. Sein Geist ward finsterer; er unterdrückte die Flamme, die ihn verzehrte. Clarens Briefe heiterten seinen Geist nicht auf, so entzückt er auch war, sich so von dem reizenden Mädchen geliebt zu sehen. Er verzweifelte, je glücklich zu sein; er sah kein Mittel, seine Geliebte je wieder nach Frankreich zurückzubringen: und er selbst war mit zu festen Banden an sein Vaterland geknüpft, als daß er sie hätte um ein Vielleicht zerreißen sollen. Er konnte seine Liebe gegen Claren mit seiner Liebe zu seinem Vaterland nicht vereinigen. Frankreich verlassen, nach Koblenz gehn, sich dort mit dem Adel vereinigen, der jetzt anfing, das Schwert gegen sein Vaterland zu ziehen – und wäre Clara der Preis gewesen, so würde er dennoch vor Abscheu gezittert haben, diesen Schritt zu tun.

Und auf eine andere Weise nach Koblenz gehen, Claren entführen, sich der Rache ihrer Familie aussetzen und sich zugleich Frankreich verschließen: wie konnte er da auf einen glücklichen Erfolg rechnen? Er geriet in Verzweiflung; Clara schien ihm verloren. In dieser Stimmung schrieb er seinen Brief an sie, wo er alles für verloren hält. Clarens zweiter Brief erheiterte ihn ein wenig; allein seine finstre Schwermut siegte dennoch bald wieder. Er blieb auf seinem Zimmer. Da saß er, seine Stirn gestützt; und seine Phantasie schwärmte in dem Gebiete der Möglichkeit umher, ein Mittel zu finden, wie er seine Clara sein nennen könnte. Ermattet kehrte seine Phantasie von ihrem unnützen Fluge zurück. Er fand immer Unmöglichkeiten zwischen sich und seinem Glücke. Man denke an die Heftigkeit seiner Liebe, einer Liebe, die so seltsam genährt war und die alle Kräfte seiner Seele durchdrungen hatte. Seine Leidenschaft, diese heftige Leidenschaft, verzehrte nach und nach jede Hoffnung, jede Aussicht auf Glück; sie machte ihn finster und verschlossen, empfindlich gegen die kleinen Eigenheiten seines Oheims, den er so zärtlich liebte. Er saß stumm da und grübelte über Schicksal und Vorsehung, mit der stolzen Eigenliebe eines jugendlichen Herzens, das seine Leidenschaft so gern zum Gegenstand der ewigen Weisheit macht, weil es der vergänglichen Leidenschaft eine ewige Dauer zutrauet.

Da kam Clarens Brief, worin sie ihm die Entscheidung ihres Schicksals überläßt. Er las ihn; er legte die Hand nachdenkend vor die Stirn. Gern hätte er Claren in seiner wortlosen Bitterkeit der Untreue beschuldigt. Das konnte er nicht. Allein, und das konnte er wohl mit Recht, er glaubte doch aus ihrem Briefe zu sehen, daß sie mehr Neigung hätte, ihren Eltern ein Opfer mit ihrer Liebe zu bringen als nicht. Auch mochte Clarens ruhigere Überlegung sie während ihres Schreibens auf diesen Gedanken, selbst gegen ihr Wissen, hingeleitet haben. Man überlegt weit ruhiger, wenn man schreibt, als wenn die Phantasie mit dem Fluge des Blitzes ihren Gang geht. Sie hat immer geleugnet, daß sie das je gewollt habe; und sie hat hundertmal gestanden, daß sie nicht weiß, wie sie den Brief habe schreiben können. Clairant saß da, stumm, Clarens Brief vor sich, las, las wieder. Zu der Schwermut, in welche ihn seine Grübeleien gezogen hatten, kam nun das zerstörende Gewicht dieses Briefes. Er hatte Claren verloren. Seine Vorstellungen wurden immer schwärzer, seine Hoffnungen waren längst verdorrt. Seine Seele war wie erstarrt. Man sah ihm kaum den tausendsten Teil seines Kummers an. Ein paar

Tage ging er umher, ohne zu einem Entschlusse zu kommen. Da stand er einen Abend auf der Stelle, wo sonst der Park gestanden hatte, Er schlug seine Blicke an den sternevollen Himmel. »Hier war es –«, fing er an, ohne einmal zu wissen, was er weiter sagen wollte, »hier war es, wo sie mir ewige Treue versprach; und sie gibt einem andern die Hand.« Auf einmal fiel ihm ein, was er geschworen hatte: am Tage ihrer Hochzeit zu sterben. Er setzte sich nieder, bildete den Gedanken aus und schrieb Claren den Zettel. Er hatte die Absicht, sie zu beruhigen. Das Herz kann indes nie ganz schweigen; und wer weiß, ob nicht vielleicht noch eine ganz verborgene Hoffnung oder eine geheime Eitelkeit seine Feder führte? Sein Entschluß zu sterben ward fest. Indes hatte er noch Nachdenken und Großmut genug, die Herzen seiner Lieben zu schonen. Er sprach von einer Reise nach Paris, die er machen wollte. Sein Vater selbst hatte ihn darum ersucht. Auf dieser Reise wollte er sterben, unerkannt, unbeweint, seinen Freunden, seiner Clara bloß verschwunden und nicht tot. Er hoffte noch auf einen Brief von Claren. Seine Verzweiflung verbarg er so meisterhaft, daß sein Oheim ihn gerade für gerettet hielt, da er an der Pforte des Todes stand.

Jetzt erhielt er von der Rosière Clarens letzten Brief. Sein ganzes Wesen war umgekehrt. Was er nicht mehr zu hoffen wagte, Clarens Besitz, näherte sich seiner Seele wieder und goß einen reichen Strom von frischen, entzückenden Hoffnungen in sein Herz. So wie aber seine finstere, tödliche Schwermut vor den Blicken der Liebe aus seiner Seele floh, so brach von einer andern Seite ein neuer Kummer gewaltsam in sein Herz. Clara war nahe am Tode, und dies durch ihn, durch seine Unbesonnenheit. Entzücken und Entsetzen ergriffen sein Herz zu gleicher Zeit. Man denke an die gewaltsamen Empfindungen, die schon seit so lange sein ganzes Wesen zu ihrem Raube gemacht hatten; man denke an den raschen Wechsel aller Empfindungen, den Clarens Brief verursachte, und man wird es nicht seltsam finden, daß endlich sein Körper unter diesen vervielfachten Stößen, unter diesem reißenden Sturm seiner Leidenschaft erlag. »Ich will sie sehen!« rief er der Rosière mit wilden Blicken zu. Er sprang auf. Eine dunkle Röte lag auf seinem Gesicht, ein wildes Feuer flammte in seinen Augen. »Ich muß sie sehen!« rief er noch einmal. Er legte die Hand auf seine Brust; es war, als ob ihm der Atem gebrach. Er fing an, ein wenig zu zittern. Die Röte verlor sich in eine Blässe, die immer leichenhafter ward; sein Auge erlosch, seine Bewegungen ermatteten. »O Gott!« sagte er mit dem letzten Rest seiner Kräfte, »ich muß sie sehen!« und dann sank er zurück auf einen Stuhl.

Die Rosière erschrak, sie rief um Hülfe. Man kam, man brachte ihn auf sein Bett. Die ganze Stärke seiner zu sehr aufgereizten Seele war in dem wilden Kampfe verlorengegangen. Sein Mut, selbst sein Entschluß war dahin. Er hatte kaum noch die Kraft, wie ein furchtsames Kind zu klagen und zu seufzen. Am Abend lag er im Fieber, und der Name: »Clara!« war alles, was er sagte.

Die Rosière las Clarens Brief, der seiner Hand entfiel. Clara schien ihr ebensosehr des Trostes bedürftig zu sein als Clairant. Sie schrieb an Claren und versicherte sie, Clairant denke nicht mehr an seinen Tod. Ihr Brief habe ihn so gerührt, daß er krank davon geworden sei; indes, die Krankheit habe nichts zu bedeuten. Er gehe schon wieder umher, nur sei ihm das Schreiben von dem Arzte verboten, und so habe er ihr aufgetragen, in seinem Namen zu schreiben. Ebenso saß sie auch an Clairants Bette und erzählte ihm, daß Clara wieder gesund, daß sogar ihr Vater jetzt nicht mehr so sehr gegen seine Verbindung mit Claren eingenommen sei. Sie sprach mit solcher Gewißheit davon, daß Clara noch einmal sein Weib sein würde, daß sich in Clairants Auge ein leuchtender Strahl von lieblicher Hoffnung stahl. Kurz, der Rosière grobe Gutherzigkeit heilte die verwundeten Herzen der beiden Liebenden wieder, besser und sicherer als die Kunst ihrer Ärzte. Clara war um Clairant krank geworden, Clairant um Claren. Beider Herzen wurden noch fester durch diesen Beweis ihrer Liebe aneinander gezogen. Ihre Liebe erhielt neue Kräfte; und was sie hätte trennen können, wurde ein neues und festeres Band für ihre Herzen.

Clara an Clairant

Nein, Clairant, ich bin Dein. Unser Schicksal ist nun entschieden. Ich bin Dein! Touai, der edle, großmütige Touai ist abgereist, und ich bin wieder frei, wie zuvor. Mit einem raschen Schritte habe ich alles zerstört, was unsrer Liebe im Wege stand. Ach, Clairant, wenn ich bedenke, daß Du, Du – nein, ich mag nicht mehr einen Blick auf diese schreckliche Vorstellung werfen. Du hast kommen wollen, schreibt mir die gute Rosière; es ist besser, daß es nicht geschehen ist. O mein Clairant, so bist Du bald wiederhergestellt, kannst bald wieder selbst Deiner Clara schreiben? Ach, wie hat mich alles das gerührt! O wie lieb ich Dich jetzt, da ich weiß, daß Du für mich sterben wolltest! Ich bin so verwirrt, so taumelnd vor Freude und von den tausend Gedanken, die durch meine Seele gehen, wie alles noch werden soll. Ach, gehe es, wie es gehe, trennen wird uns nie eine menschliche Macht. Das fühlt selbst mein Vater jetzt, ob er es gleich nicht sagt. Mein Bruder bewundert jetzt unsere Liebe; und hinge es von ihm ab, so würde unsere Treue mit dem schönsten Lohne gekrönt. Laß es kommen, wie es kommt: ich atme doch jetzt wieder frei, und wer weiß, wer weiß, wie bald – ach, nein, ich habe an meinem jetzigen Glücke genug; ich mag keine neue Hoffnungen. Und glaub mir, mein Vater wagt es gewiß nicht wieder, mich treulos zu machen. Nein, er hat unsre Liebe kennengelernt; er kennt Dein, er kennt mein Herz und meinen Mut.

Ah, es waren noch ängstliche Stunden; aber nun sind sie vorüber, und ich bin glücklich. Und wie alles so seltsam sich fügen mußte! Sieh, da lag ich so matt, so kummervoll, so ängstlich. Wenn sich die Türe öffnete, so fuhr ich zusammen; denn nun, glaubte ich, würde ich die Nachricht von Deinem Tode hören. Was meine Eltern von meiner Krankheit dachten, weiß ich nicht. Sie fragten mich nicht. Meine Mutter saß da und weinte; mein Vater betrachtete mich oft mit einem bedenklichen Kopfschütteln. Man sprach von Touai nicht ein Wort mehr; ebensowenig von Dir. Nun schrieb ich eine Nacht meinen Brief an Dich. Luzie machte auf meine Bitten alle Anstalten zum Schreiben; denn der Arzt hatte es mir untersagt. Ich schrieb, und von diesem Augenblick an war ich nun auch so fest entschlossen, Dein zu sein, so fest, daß es mir vorkam, als ob ich verwandelt wäre. Sonst hatte ich doch noch immer vor meinem Vater gezittert. Ich vermied das Gespräch von Dir; denn er hörte immer mit einer finstern Stirn Deinen Namen. Aber jetzt? Gott weiß, woher ich den Mut nahm. Ich war jetzt so gewiß, Dein zu sein, endlich Dein werden zu müssen, daß alle meine Unruhe vorüber war. Wie ich Deinen Brief gesiegelt, wie ihn Luzie auf die Post gebracht hatte, da befand ich mich so wohl, daß meine Luzie Freudentränen vergoß. Ich trank den Morgen meinen Tee mit unbeschreiblichem Vergnügen, ich sang sogar mit meiner matten Stimme und würde alle unsre Lieder gesungen haben, wenn mir nicht der Atem so kurz gewesen wäre. Mir war so wohl, so wohl!

Da kam meine Mutter; ich reichte ihr lächelnd die Hand. Sie umarmte mich mit Entzücken. Mein Vater, mein Bruder kamen; sie erstaunten über meine Heiterkeit. Mein Vater winkte meiner Mutter heimlich zu, als sie eine Frage nach der Ursache meiner Krankheit tat. Sieh, ich hätte meiner Mutter gerade und offen alles erzählt; allein sie wandte das Gespräch auf den Wink meines Vaters anders, und ich schwieg ebenfalls. Sieh, von nun an war ich fest entschlossen, gar kein Geheimnis aus meiner Liebe zu machen. Vielleicht wäre vieles anders, wenn ich immer geradeheraus und aufrichtig gewesen wäre. Am Nachmittag kam mein Vater herein. Er fragte mich bittend, ob ich nicht dem Baron Touai erlauben wollte, mich zu sehen. »Er ist so besorgt um meine Clara«, setzte er hinzu. Ich hatte nichts dagegen. Touai trat herein mit einem wahrlich besorgten Gesicht; allein er lächelte, sobald er mich sah. »Oh«, sagte er gerührt, »ich danke Ihnen, daß Sie mir erlaubt haben, Sie zu sehen. Ich werde nun eine Bekümmernis weniger haben.« Ich redete sehr freundlich mit dem edlen Manne. Den andren Tag kam er wieder. Er saß an meinem Bette, wir schwatzten sehr heiter. Meine Mutter ging auf einen Wink meines Vaters hinaus. Kurze Zeit nachher rief man meinen Vater. Touai stand auf. Ich sah an meines Vaters Blick, daß er wünschte, Touai möchte nicht weggehen. Ich sagte lächelnd zu Touai: »Soll ich ganz allein bleiben?« Touai setzte sich mit einem auffallenden Vergnügen an mein Bett.

Ich war zu nichts entschlossen, ich dachte bei diesem Nötigen an nichts; ich wollte nur meinen Vater überzeugen, daß sein Wunsch unmöglich wäre. Touai ward verlegen, unruhig; endlich ergriff er meine Hand und sagte sanft: »Wenn Sie die Güte haben wollen, nicht zu glauben, daß ich Sie dränge, so möchte ich Ihnen wohl eine Frage vorlegen.« Ich unterbrach ihn. »Ehe Sie mir Ihre Frage vorlegen«, sagte ich, »so erlauben Sie, daß ich Ihnen etwas erzähle, das Sie noch nicht wissen.« Er sah mich starr an. Nun erzählte ich ihm ganz aufrichtig die Begebenheit unsrer Liebe. Ich verschwieg ihm nichts. Dann gab ich ihm Deine Briefe und bat ihn, sie zu lesen. Er wollte sie einstecken, ich bat ihn, sie *jetzt* zu lesen. Er las sie. Ich sah auf seinem Gesichte nur eine leichte Unruhe, während er las, zuweilen eine Art von Rührung. Er gab mir die Briefe zurück, küßte lächelnd meine Hand und sagte: »So ist meine Frage, die ich tun wollte, unnütz!« Er schien sich zu sammeln. »Verzeihen Sie«, sagte ich, »daß ich nicht gleich anfangs so aufrichtig war; allein von jetzt an ist es mein fester Entschluß, mit jedem edlen Manne aufrichtig zu sein.«

Er küßte meine Hand zum zweitenmal. »Aufrichtig?« sagte er, »und so dürfte ich ebenso aufrichtig gegen Sie sein?« Ich verbeugte mich. »Von diesem Augenblick an nehme ich meine Hoffnungen zurück, wie jeder Mann tun wird, so schwer es meinem Herzen sein mag. Ich rede nicht mehr für mich, ich rede für Sie selbst. Ihr Vater scheint mit dieser Liebe nicht zufrieden zu sein?« – Ich seufzte. – »Und glauben Sie nicht, daß es von Ihrem Geliebten edler wäre, eine Leidenschaft zu unterdrücken, die Sie beseufzen, als – – »Oh«, rief ich, »wenn es möglich wäre, die Liebe zu unterdrücken, diese heiße Liebe, diese –«

»Mir wenigstens«, fiel er mit einem sanften, gutherzigen Lächeln ein, »muß es möglich werden; und die Wünsche Ihrer Verwandten sind für mich. Doch«, sagte er dann beruhigend, »ich kenne den Mann nicht, den Sie lieben; vielleicht selbst den Grad Ihrer Leidenschaft nicht. Seine Briefe hat die Leidenschaft geschrieben; sie sind also der Spiegel seines Charakters nicht. Soviel aber weiß ich, meine Teure, daß eine Leidenschaft nicht glücklich machen kann, weil sie nicht dauert; und ich hoffe, Sie lieben mehr den Charakter Ihres Freundes als seine Leidenschaft?« Ich verstand ihn nicht ganz. Nun erkundigte er sich nach Dir so genau, so angelegentlich. Er fragte ganz bestimmt darnach, was mir am meisten an Dir gefiele. Ich fragte dann, ob ich nicht recht hätte, dich über alles zu lieben. Er lächelte: »Das kann wohl nur die Zeit und die Erfüllung Ihres Wunsches entscheiden. Ein schönes Herz handelt fast immer richtig; allein es ist gemeiniglich der schlechteste Verteidiger seiner Handlung. Sie lieben Ihren Freund; ich sehe Bekümmernisse für Sie in der Zukunft; Sei scheinen den Mut zu haben, sie alle überwinden zu wollen. Ich gebe Ihnen recht: Ihre Beharrlichkeit, ein steter Wille kann Sie zum Ziele bringen. Was wäre der Liebe unmöglich? Nur schade, daß sie sich oft selbst zerstört, wenn sie das Ziel erreichte!« Er schwieg einen Augenblick, indem er mich zärtlich traurig ansah. »Ich bin nicht glücklich«, fing er wieder an, »denn ich liebte Sie; oh, wenn ich mich überzeugen könnte, daß Sie glücklich wären, daß Sie glücklich sein würden, wenn Sie Ihre Wünsche erreicht haben, dann wüßte ich doch, wofür ich aufgeopfert ward.« Ich weiß nicht, was mich in seinen Worten rührte; mir fingen an die Augen naß zu werden. »O daß dann nur«, fuhr er fort, »daß dann nur ein äußerer Umstand Tränen in diese schönen Augen locken möge! Clara, leben Sie wohl! Hier ist meine Adresse. Wenn einmal eine Stunde kommt, wo Mut, Freundschaft und Gold Sie retten kann, so machen Sie Gebrauch davon.« Er verbeugte sich tief und wollte gehen. Eben trat mein Vater herein. Touai blieb noch einige Augenblicke; dann ging er, sehr ruhig, wie es schien.

Nach einigen Tagen machte er seine Abschiedsvisite bei uns und reiste ab. Als er fort war, wandte sich mein Vater an mich. »Weißt du nicht, Clara«, fragte er ein wenig empfindlich, »warum Touai seine Bewerbung um dich abgebrochen hat?« – »Ich weiß es; ich hab ihm gesagt, daß mein Herz nicht mehr frei ist.« – Er drehete sich ab; dann fragte er: »Hast du ihm den Pächterssohn genannt?« – »Ja, er hat Clairants Briefe gelesen.« – Er sah mich an, und empfindlich: »Welche Briefe? Schreibt er dir? Und noch jetzt?« Er trat auf mich zu, sah mich freundlich an und fragte: »Clara, ist es nicht möglich, daß du –«

»Es ist unmöglich, mein Vater, unmöglich, daß ich je eines andern sein kann als Clairants: davon sollte Sie meine Krankheit überzeugt haben.« – »Deine Krankheit? wieso?« – Ich gab ihm Dein letztes Billett. Er las es, er behielt es lange Zeit vor den Augen. Dann gab er mir es zurück. Er warf einen ratenden Blick auf mich. Hierauf nahm er noch einmal das Billett, zeigte mir die Stelle drin: ›Deiner Eltern Glück wird Dich beruhigen!‹ und sagte gerührt: »Soll es mich nicht schmerzen, Clara, soll es mich nicht schmerzen, daß Fremde das fühlen, daß sogar Clairants Herz das fühlt, und nur allein das Herz nicht, meines Kindes Herz nicht, das nichts fühlen sollte als das?« Nach einer Pause fragte er: »War dies Billett die Ursach deiner Krankheit?« Ich sagte: »Ja!« – »Nun denn«, sagte er erbittert, »wenn diese unselige Leidenschaft dein jungfräuliches Gefühl so zerstört hat, so darf ich mich nicht wundern, wenn deine Liebe gegen uns dahin ist. Nein, ich tat ihm unrecht; wahrhaftig, ich tat ihm großes Unrecht, das seh ich erst jetzt: ich nannte ihn deinen Verführer!« Er drehte sich schnell um und ließ mich stehen. Ich verstand ihn nicht sogleich. Jetzt seh ichs's wohl. Er verstand Dein Billett nicht. Er meint, Du habest meine Hand aufgegeben und das hätte meine Krankheit hervorgebracht. Ich freute mich über den unschuldigen Irrtum; denn er rechtfertigte Dich.

Am Abend kam er zu mir auf mein Zimmer. Er setzte sich und sah mich unruhig an. Endlich sagte er: »Du scheinst deiner Sache so gewiß zu sein, Clara; darf ich die Briefe sehen, die er dir schrieb?« Ich holte sie hervor und gab sie ihm. Er las sie langsam, einen nach dem andren. Bald schien er unruhig während des Lesens, dann erbittert. Ach, mich dünkte, als ob die rührende Sprache Deiner Liebe und Deines Grams eine bessere Wirkung auf ihn machte, als daß sie ihn erbitterte. Er legte sie zusammen und gab sie mir zurück. Dabei lächelte er mit einer Art von Spott, der die Empfindung des Kummers über die Unruhe, die ich ihm machte, wieder zerstörte. Endlich sagte er: »Wie ich sehe, Clara, hast du deinen Plan geändert. Du glaubst keine Ursach mehr zu haben, deine Wünsche zu verbergen; allein sei, was du willst, nicht halb. Sei einmal ganz aufrichtig! Glaubst du, daß es je möglich sein kann, meine Bewilligung zu dieser unseligen Leidenschaft zu erhalten? Meinst du, daß Elend, Mangel, Kummer mich soweit erniedrigen könnten, daß ich ihm deine Hand gäbe?« Meine Augen füllten sich mit Tränen; ich sagte leise: »Ja, mein Vater, ich glaubte, meine Liebe, mein Gram, mein Elend würde endlich Ihr Herz rühren. Ich glaubte, Sie würden Ihre Clara lieber minder glücklich sehen als gar nicht; ich glaube noch, Sie werden es einmal Clairant erlauben, mein Leben zu retten. Denn, mein Vater, dieser Gram, dieser gewaltsame Gram, diese Unruhe, dieses Toben in meiner Brust muß endlich die festesten Fasern meines Lebens durchnagen; muß endlich –« Er lächelte mit Bitterkeit und drückte mit einer Art von Heftigkeit meine Hände, die ich erhoben hatte, auf meinen Schoß zurück. »Nein, mein Kind«, sagte er dann, »die Liebe ist keine tödliche Krankheit, und wenn sie es wäre, wenn sie es wäre; nein, Clara, auf meine Bewilligung rechne nie. Selbst wenn ich so schwach sein könnte, einer neuen Betrügerei zu glauben; so schwach, ihn selbst an dein Bette zu führen, um dich vom Tode zu retten, so rechne nicht auf meine Einwilligung. Ich würde ihm in dem Augenblick fluchen, da ich seine Hand in deine legte; ich würde den ersten Augenblick Besinnung dazu anwenden, um eure Verbindung wieder zu trennen. Nein, Clara, auf meine Einwilligung rechne nie.«

Mein Vater war heftig geworden. Er hatte noch immer meine Hand gefaßt; er preßte sie empfindlich in der seinigen. »Ich sehe«, fuhr er fort, »ich sehe aus seinen Briefen, daß du mit ihm nach Frankreich hast fliehen wollen. Ich kann dich nicht hüten, Clara, ich kann es nicht hindern, wenn du entfliehen willst; ich darf es nicht, das weißt du, weil ich meine und deine Ehre liebe. Ich mag und kann es ebensowenig hindern, daß du ihm, daß er dir schreibt. Aber, Clara, wahrhaftig! die Liebe ist ebenso kurzsichtig als die Vorsicht des Vaters. Entfliehen kannst du; aber wohin willst du dich verbergen, wohin den Räuber meiner Tochter und meiner Ehre, wo ich nicht nachkönnte? Geh nach Frankreich; immerhin! Meinst du, daß mir seine Grenze verschlossen ist? Ich schwöre dir, Clara, das Gesetz, das mir den Tod droht, wird mich nicht abhalten. Ich werde dich finden, ich werde ihn finden; in deinen Armen oder mit dir am Altar, gleichviel! Wo ich den Räuber des Meinigen finde, da wird ihn meine Rache treffen. Er mag mir zeigen, was die Liebe kann; ich will ihm zeigen, was ein Vater darf. Das übrige ist ein Trauerspiel, das dir keine Träne erpressen wird; denn du hast nichts, nicht eine Träne, nicht ein Gebet für deinen Vater; alles gehört dem Elenden, der dich bezaubert hat. Clara, so hast du vielleicht die Sache noch nicht gesehen. Darüber jammre erst mit ihm, klage deinen harten Vater an; aber sag auch deinem Geliebten, daß er sich hüten möchte, seine Hand an Plessis' Tochter zu legen: denn bei allem, was mir heilig ist! und wenn er sich mit dir in der Nationalversammlung verbärge, so wird ihn auch da mein Arm suchen, da, wo mein Tod unvermeidlich ist. Nichts, nichts, Clara, als mein Tod kann dir die Erlaubnis geben, seinen Namen anzunehmen; und auch da noch soll die letzte Bitte deines sterbenden Vaters dich von ihm trennen oder doch eure Verbindung mit einem reuevollen Andenken verbittern.«

Sieh, Clairant, den Sturm habe ich ausgehalten. Die Stimme meines Vaters wurde immer feierlicher, je länger er sprach. Selbst ein Ton von Wehmut mischte sich zuletzt hinein. Mein Herz war zerrissen, ich zitterte vor seinen Drohungen; aber ich fühlte nicht minder meine Liebe zu Dir. Ich wünschte nicht einmal, ihm gehorchen zu können. Das tat mir selbst sehr weh; allein ich beruhigte mich dennoch darüber. Sieh, in allem, was mein Vater sagte, war doch auch nicht *ein* Grund, eine scheinbare Ursach, warum ich unsere Liebe verdammenswert finden konnte. Er sagte: »Ich will es nicht, weil ich nicht will.« Kann das unruhig machen? Ich zittre vor seinen Drohungen; allein seine ganze Vorstellung hat auch nicht die mindeste Unruhe in meiner Brust zurückgelassen. Die paar Worte, die Touai mir sagte: »Ich hoffe, daß Sie mehr den Charakter Ihres Freundes lieben als seine Leidenschaft«, diese paar Worte haben mich so unruhig gemacht; ich ward nicht eher ruhig, als bis ich gewiß wußte, ich liebte Dich wegen Deines Edelmuts, wegen Deiner Tugenden.

Seitdem, seitdem nun, oh! ich weiß nicht, wie ich's dir klagen soll, bin ich wie eine Fremde in meines Vaters Hause. Es tut mir weh, sehr weh! Meine Mutter, wenn sie mit mir allein ist, schließt mich zuweilen, aber als ob es ihr verboten wäre, heftig in ihre Arme. Mir gehen immer die Augen über, wenn sie es tut. Wir halten uns einander umfaßt, ohne uns anzusehen; wir schluchzen beide; wir lassen uns fahren, ohne uns zu erklären. Ach, will denn mein Vater auch meiner Mutter Herz mir nehmen? Sieh, so leben wir jetzt, ohne das gegenseitige Vertrauen, das allein meinem Vater das Recht geben kann, Gehorsam zu fordern. Wie Fremde! wie Fremde! Manchmal, Clairant, bin ich so innig betrübt, daß ich alle Teilnahme verliere an dem, was um mich her vorgeht. Ach, Clairant, es ist so seltsam: das Gefühl, man ist nicht geliebt, drückt sich in alles ein, was man tut, was man empfindet, was man denkt, selbst in die Gegenstände, die mich umringen. Der Himmel ist nicht so blau, die Gegend nicht so schön mehr. Ich weiß nicht, die ganze Natur sieht so mürrisch, so unzufrieden, so trauernd aus, seit ich weiß, daß ich nicht mehr geliebt bin. Ich kehre ängstlich in unser Haus zurück, öffne zitternd die Tür zu meines Vaters Zimmer. Ich habe nicht mehr das Herz, mitzureden, etwas anzugreifen. Man muß mich jetzt zum Essen nötigen. Ich fühle mich jetzt dankbarer, wenn ich ein Geschenk erhalte; und Vertrauen, nicht Dankbarkeit, sollte doch wohl die Empfindung eines Kindes sein.

Neulich, neulich, Du glaubst nicht, wie es mir weh tat: wir sollten dem Prinzen unsre Aufwartung machen. Ich dachte mit Angst an den Tag; denn es fehlte mir ein Aufsatz, der zu dem Kleide paßte, das ich anziehen sollte. Der Tag kam, ich machte meinen Kopfputz zurecht, so gut ich konnte. Dann ging ich zu meinen Eltern hinein. Meiner Mutter fiel mein Kopfputz sogleich auf. Ich sagte ängstlich, daß ich keinen andern hätte. »Aber«, fragte sie, »aber Clara, warum sagst du das nicht?« Die Frage preßte mir Tränen aus. Die Betrübnis überwältigte mich. Ich sagte mit niedergeschlagenen Augen: »Gott! darf ich's Ihnen denn noch sagen, wenn mir etwas fehlt?« Mich erschütterte meine eigene Frage. Ich beugte mich auf meiner Mutter Hand und benetzte sie mit Tränen. Meine Mutter hob mich auf, sie drückte mich an ihre Brust, sie sagte nicht, nein, sie rief es laut: »Clara, Clara, du bist mein Kind, mein geliebtes Kind, meine teure Tochter!« Sie schluchzte laut bei den Worten; sie konnte sich gar nicht zufriedengeben. Sie wußte nicht, wie genugsam sie mir ihre Liebe beweisen sollte. Ihre Hände, die mich umschlungen hielten, zitterten auf meinem Rücken gewaltig. »Nein«, rief sie laut, »du bist mein Kind, von nun an mein liebes Kind wieder.« Selbst mein Vater war gerührt. Er stand mürrisch da; er sah mich an; dann trat er auf mich zu, streichelte mir über die Wange, ohne aber etwas zu sagen; allein sein Blick sagte genugsam, was sein Entschluß oder seine Vaterwürde ihm zu sprechen verbot. »So«, sagte er endlich, »können wir nicht erscheinen.« Hierauf setzte er sich auf den Sofa und zog meine Mutter neben sich nieder. Ich blieb in der Ferne stehen. Er sah mich an und dann neben sich auf den Sofa. Endlich bot er mir die Hand und zog mich zu sich.

Hier saßen wir nun alle drei, stumm, traurig, ohne Mut zu reden. Es war eine peinliche Minute, in der nach und nach meines Vaters Gesicht sich verfinsterte. Er stand auf und ging in sein Kabinett; da stand er, den Rücken zu uns gewandt. Wir hörten ihn seufzen. Meine Mutter stand auf, ging händeringend im Zimmer auf und ab. Ich stellte mich ans Fenster und wünschte, mit Tränen in den Augen, daß der Rhein mich verschlingen möchte. Ach, Clairant, wenn Herzen gegeneinander verstimmt sind, die bestimmt waren, sich zu lieben, o die Empfindung davon ist drückender als Haß, als offenbare Feindschaft! Ich ging hinaus. Nachher überlegte ich, daß ich mich hätte meinem Vater zu Füßen werfen sollen. Vielleicht hätte ihn dieser Augenblick gerührt.

Nun ist wieder alles wie vorher. Jeder von uns weiß, er tut unrecht, und dennoch tut es jeder. Ach, Clairant, Deine Clara ist nicht glücklich; allein was würde ich sein, wenn ich Dich nicht liebte? Ach, dann, dann, wenn ich das mir vorstelle, so verläßt mich alles, selbst meine Gedanken, sogar ich mich selbst. Nein, ich sollte nicht klagen, solange ich Dich liebe, Clairant!

Clara an Clairant

Wir haben Koblenz verlassen, Clairant, und wir wohnen jetzt in Ems. Mein Bruder sagt, ich sei schuld daran. Auch mag es wohl sein; doch wer kann sich helfen? Mir ist allein Deiner Briefe wegen bange. Ich erhielt sie so sicher in Koblenz. Adressiere sie jetzt gerade wieder an meinen Bruder. Nein, er wird nicht so grausam sein, mir das einzige vorzuenthalten, wodurch ich allein an das Leben gefesselt bin.

Sieh, wie das zuging. Wir besahen in Koblenz das Kurfürstliche Schloß in einer großen Gesellschaft. Wir traten in den Audienzsaal. Ich ging so mit, ich sah, ich hörte nichts, ich war mit meinen Gedanken in Châtillon. Da nimmt ein Mädchen mich unterm Arm, führt mich vor ein Gemälde, zeigt mir es, erklärt mir es, und ich werde nun aufmerksam. Es waren vier große Gemälde, die um den Thron her die Wandstücke machten. Da stehe ich vor dem ersten Gemälde, wo ein Fürst unter einer verhungerten Menge Brot und Geld austeilt. »Ein schönes Gemälde«, sag ich, »in einem Fürstensaal!« Wir stehen da, schwatzen, machen Anmerkungen, die uns alle rührten. »Das ist wahrhaftig unser nur zu guter König«, riefen einige, »den die Undankbaren, die er in der Hungersnot 1788 mit einem Aufwande von vierzig Millionen sättigte, jetzt mit bitterm Hohn, mit der bittersten Kränkung verfolgen.« – ›Ach‹, dachte ich bei mir selbst, ›warum tun das Menschen, zu denen Clairant gehört, die Clairant verteidigt?‹ Mich betrübte die Vorstellung. Ach, Clairant, wie kann man den Mann einen Tyrannen nennen, der eine so ungeheure Summe, da er selbst Mangel hatte, seinen Untertanen schenkte? ›Sollten sie nicht‹, dachte ich, ›wie die Menschen hier auf dem Gemälde, die Arme gen Himmel für ihn heben und für ihn beten?‹ Ach, Clairant, es ist doch unrecht. Sieh, so kamen wir zu dem zweiten Stück, welches die Gerechtigkeit der Fürsten vorstellen sollte. Es war Salomons Richterspruch. Es gefiel mir nicht. Nun gingen wir um den Thron her zu dem dritten Gemälde. Ich warf einen Blick darauf und rief laut: »Das ist er! das ist er! das bist du!« Ich flog gegen das Gemälde mit blitzenden Augen, mit aufgehobenen Händen. Man umringte mich, man fragte, wer es sei? wen ich meine? Ich war außer mir. Clairant, da standest Du auf dem Gemälde, so lebendig, so deutlich, so getroffen, ach, selbst in Deiner Stellung, wie Du den Titus in der Tragödie spieltest. Dein Gesicht, Dein Blick, Dein kummervoller, stolzer, edler, schöner Blick, Deine Gestalt: das alles war so lebendig getroffen, daß ich glaubte, Du müßtest reden. Ich weinte, ich nannte Deinen Namen; ach! Clairant, ich hatte es vergessen, wo ich, mit wem ich war. Meine Mutter kam zu mir. Sie faßte mich an, sie wollte mich zu mir selbst bringen, sie fragte. »Sehen Sie«, rief ich, »sehen Sie, das ist er, das ist Clairant! o sehen Sie!« Meine Mutter warf einen Blick auf das Gemälde. Sie schwieg. Sie wollte mich von dem Gemälde wegziehen. Vergebens. Ich war wie auf meinem Platze festgewachsen.

Du kannst leicht denken, was in unsrer Gesellschaft vorging; man lachte, man zuckte die Achseln, man erinnerte sich eines Geschwätzes über mich, worin der Name Clairant ebenfalls vorgekommen war und das mir den Namen Gabrielle zugezogen hatte; allein ich sah, ich hörte nichts. Ich war im Anschauen verloren. Das Gelächter ward lauter und machte meinen Vater aufmerksam. Er stand in tiefem Gespräch. Er fragt, er hört, er fliegt auf mich zu. Sein Blick war wilder Zorn. Er bot mir den Arm. »Du bist eine Närrin!« sagte er laut. Er zog mich aus dem Saale. Ich folgte ihm, ohne einen Gedanken zu haben. Ich sah noch immer Dein Bild. Im Hause führte mich mein Vater in mein Zimmer. »Ist dir deine Schande hier nicht genug, mich zu quälen?« fragte er bitter und sah mich wütend an. Er hatte meinen Arm gefaßt; er preßte ihn so heftig, daß ich aufschrie. »Mach nicht«, rief er, »daß ich dein Geschrei über körperlichen Schmerz für das einzige Mittel halten muß, dich zu leiten.« Meine Mutter trat ins Zimmer. »Nein!« rief er, »du sollst ihren Trotz nicht stärken. Bei Gott nicht! Ich will nicht länger das Spielzeug dieser schamlosen Raserei der verliebten Närrin sein!« Er nahm meine Mutter, führte sie hinaus und schlug hinter sich die Tür zu, daß meine Fenster bebten. Ich hatte seine Worte gehört. Ich zitterte; aber noch wußte ich kaum, was vorgegangen war. Die Vorstellung Deines Bildes verdrängte die Angst vor meinem Vater und wurde von ihr verdrängt. Man rief mich nicht zu Tische. Luzie brachte mir mein Essen; und sie erzählte mir, daß mein Vater geäußert hätte, er wäre selbst über die Ähnlichkeit des Gemäldes mit Dir erstaunt.

Es waren zwei Figuren auf dem Gemälde. Einer saß an einem Tisch mit einem Lorbeerkranz um die Stirn. Der andere, Du, Du, Clairant, standest vor ihm; nie wird der Eindruck dieser Gestalt aus meiner Seele verschwinden, mit Deinem Gesicht voll Interesse, voll Leidenschaft, erbittert, kummervoll, stolz, befehlend und bittend zugleich. Mein Bruder sagt mir, es sei wahrscheinlich die Szene, wo August dem Cinna sagt: »Sei mein Freund, Cinna!«* Es mag sein; allein so mußte der Maler nicht Dein Gesicht wählen, wenn er einen beschämten Verräter zeichnen wollte. Es war, als ob die gedrückte Tugend vor dem Fürsten stand, es war – mit einem Worte: Du warst es, Du, Clairant! Indes, die Vorstellungen webten sich genauer ineinander, und wie ich hier meinen Vater zum erstenmal wiedersah, ich hätte ihm bald die Hand geboten; auf meiner Zunge schwebten schon die Worte: Wir wollen Freunde sein, Cinna! Ich kann das Bild, ich kann den Vers nicht loswerden.

Am andern Morgen früh ward eingepackt. Mein Bruder kam; er sagte mir, daß wir reisen würden. Ich ging mit ihm. Ich, er und Luzie

* Seyons amis, Cinna!

stiegen ein. Ein andrer Wagen stand gepackt vor der Türe. Meine Mutter öffnete auf einen Augenblick das Fenster, warf mir einen Kuß zu, und wir drei fuhren ab. Ich merkte von meinem Bruder, daß es eine Strafe sein sollte, so ohne meine Eltern zu reisen. Ich dankte meinem Vater für diese Strafe; denn ich dachte mit Ängstlichkeit daran, gegen ihm über sitzen zu müssen.

Clairant, welch eine Reise! Wir fuhren durch das schönste Gebirge der Erde, durch das Lahngebirge: jetzt auf einem Bergrücken, mit Gehölz umgeben, vor uns ein tiefes Tal, in dem einzelne Hütten, verloren unter Baumgruppen, oder an dem Eingange von einem reizenden Schlunde standen. Jetzt rollte der Wagen in ein ungeheures tiefes Tal hinab, in einen See von Bäumen und einzelnen Hütten. Rechts stahl sich ein Tal zwischen den Bergen weg, links eins von schönen Bäumen verborgen; ach, reizende Einsamkeiten, für die unglückliche Liebe allein geschaffen. »Hier! hier!« rief ich mit nassen Augen und bebender Stimme meinem Bruder zu. Er schien mich zu verstehen; denn er ließ halten und mich aussteigen. Da ging ich. O Clairant, wenn wir uns einmal den Blicken der Welt verbergen müssen, so führe mich in diese schönen Gründe. Eine Hütte wird uns hier gern aufnehmen, und wer will uns hier suchen; mitten in diesen Wäldern, in diesem Irrgarten von lieblich verschlungenen Tälern? Ach, Clairant, mein Herz pocht vor Freude, wenn ich mir dachte, ich ginge an Deinem Arme unter den lichten Bäumen. Da stand eine Hütte, man sah von oben den Rauch, der wie eine Säule aus den Bäumen hervorragte. Unten entdeckte man, hinten in einer Beugung des Tals, an einen grünen Berg gelehnt, in Bäumen versteckt, erst die Hütte. Zwei Kinder tummelten sich vor der Hütte auf dem weichen, lieblichen Grase. Vor der Tür saß ein junges Weib und arbeitete. So würde ich sitzen, dachte ich: Clairant an meiner Seite. Noch eine einsamere Hütte wollten wir suchen; wir wollten wie gescheuchte Rehe durch die Schluften dringen, weit von der Landstraße, hinter jenen ungeheuren Bergen. Da, da, verborgen, getrennt von Menschen und ihren Wohnungen, wollten wir leben und glücklich sein. Wie ich das dachte, vergoß ich einen Strom von Tränen. Ich hatte mich dem Weibe genähert. Die Kinder standen beide in der Ferne und betrachteten mich. Ich teilte ein Stück Biskuit unter sie, das sie mit freundlichen Blicken verzehrten. Hinter der Hütte, den waldigen Berg hinan, führte ein Fußsteig. Ich wies auf denselben und fragte mehr mit Bewegungen als Worten, ob man ihn gehen könnte. Die Frau schüttelte mit dem Kopfe; sie zeigte mir die dicken Wälder, als ob sie sagen wollte: der Fußpfad führt in dicke Wälder. Ich gab ihr zu verstehen, ob hinter dem Berge ein Tal wäre und auch eine Hütte. Sie zeigte mit der Hand, daß der Weg wieder hinabführte in ein Tal; dann zeigte sie auf die Hütte, schüttelte den Kopf, zeigte auf Felsen und Bäume, die das Tal füllten.

Einzelne Worte verstand ich, als Tal, Haus, Felsen, Wildnis. Ich fragte die Frau, so gut ich konnte, ob sie hier glücklich sei. Ein paar Worte Deutsch habe ich von meines Wirts Tochter gelernt. Sie antwortete, und ich verstand nichts. Sie merkte das, weil ich meine Frage wiederholte. Sie lächelte mir zu, nahm eins ihrer Kinder, drückte es, dabei mich lächelnd ansehend, an ihre Brust. Ich konnte mich nicht enthalten, ich nahm das schmutzige Kind, das sie umarmt hatte, auf meine Arme und küßte es. Jetzt rief mein Bruder. Ich gab der Frau eine Kleinigkeit und ging.

›Oh!‹ dacht ich im Gehen, ›was ist doch das menschliche Glück?‹ Die Frau, Clairant, sie drückte das Kind mit einem Gesicht, auf dem das Glück und das hellste Vergnügen leuchtete, an ihre Brust. O man konnte sie nicht mißverstehen. Ach, ich wandte mich noch einmal nach dem Fußpfade zurück, der in ein Tal voll Wald, in eine Wildnis von Felsen führt. Clairant, dahin wollen wir fliehen, in das Tal, wohin noch kein menschlicher Fußtritt gekommen ist. Da sollst du mir und Dir eine Hütte bauen. Die einzigen Menschen, die wir dann sehen, sollen dies Weib und ihre Kinder sein. Da werden wir wohnen; und fragt mich ein Reisender, den der Zufall oder die Verzweiflung zu uns führt, ob wir glücklich sind, o Clairant, wenn ich dann Dich an meine Brust drücke, meinst du nicht, daß er dann mein Gesicht voll Entzücken verstehen werde?

Mit Widerwillen dacht ich daran, daß ich nun diese schöne Wildnis mit einer geräuschvollen Stadt vertauschen sollte; aber wie angenehm ward ich überrascht, da wir den Berg hinabfuhren und Ems unten im Tale liegen sahen. Ein kleines Städtchen auf dem schmalen Ufer der Lahn längs am Flusse hinab gebaut. Eine einzige Gasse Häuser zwischen den ungeheuren Felsen, die mit dem Flusse in gerader Linie fortgehen, und zwischen dem Flusse. Die Gegend umher ist schauerlich, so wild, so angenehm finster, daß hier der Gram zu einer Wollust wird. Auf die Allee komme ich selten. Ich stehle mich an dem Flusse hinab, verliere mich zwischen Felsen und Gebüsch in ein langes Tal, in dem ein kleiner Bach fortrauscht. An diesem gehe ich hinauf, bis zu einer Silberschmelze. Hier sitze ich auf einem Hügel im Gebüsch verborgen, mit meiner Luzie. Hier lese ich Deine Briefe. Hier träume ich mich nach Châtillon, oder ich hole Dich auf den Flügeln meiner Liebe zu mir. Dann verschließe ich das Tal mit ungeheuren Felsen, zaubere eine Hütte an den Rücken des Berges, einen Garten, Lauben. Ach, ich springe oft mitten in diesen Träumen auf, fasse meiner Luzie Hand und tanze fröhlich umher; und mein süßer Traum verfliegt erst, wenn mir nahe vor Ems Menschen aus meinem Stande begegnen.

Überall, überall ist es hier voll von Ausgewanderten. Ach, Clairant, ich zittre oft für Dich, wenn ich höre, welche Rache sie an der Nation nehmen wollen. Und, laß mich das mit Zittern hinzusetzen: es sind nicht bloß Worte. Nein, Clairant, nein! Ach, Du kennst den fürchterlichen Haß nicht, mit dem sie sich einander selbst verfolgen. Neulich war ich bei einer solchen fürchterlichen Szene zugegen. Man sprach über die Rechte des Adels. Einer von der Gesellschaft glaubte, daß einige von diesen Rechten wohl aufgehoben werden müßten, und führte die mi-lods, die trousses, die gélinage* und andere an, die doch den Bauernstand sehr bedrückt hätten. Ein Edelmann aus Bretagne war gegenwärtig. Er fuhr auf wie ein Wütender. Er nannte den ersten einen Jakobiner, einen elenden Volksschmeichler. Dieser führte die Cahiers des trois ordres de Bretagne an, um sich zu verteidigen. Das machte jenen noch wütender. Man zog die Degen, und nur das Geschrei und die Bitten der Frauenzimmer konnten die Ruhe wiederherstellen. Am andren Tage schon mußte der erste Koblenz verlassen; denn der Bretagner Adel hatte seinen Untergang geschworen. Wer nur im mindesten an der ersten Revolution teilgenommen hat, ist mit dem Hasse aller Parteien hier, mit ihrer Verfolgung geächtet. Ach, Du glaubst nicht, wieweit die gegenseitige Erbitterung geht. Der junge Pressy war mit einem reizenden Mädchen hier versprochen. Sie liebten sich so zärtlich. Unbedachtsam sagte Pressy einmal, daß die Capitainerien eine Ungerechtigkeit gewesen wären, über deren Druck Adel und Volk Ursach gehabt habe sich zu beschweren. Man sagte diese Unbesonnenheit an einem gefährlichen Orte wieder, und der Vater von Pressys Geliebten muß dem jungen Manne die Hand seiner Tochter versagen. Er ist voll

* Ich weiß nicht, was das heißt. Trousses soll das Recht des Adels sein, die Bauern zum Treiben bei der Jagd gebrauchen zu können.

Kummer in die Schweiz gegangen, und das Mädchen stirbt aus Gram nach und nach hin. Sieh, so bitter, so wütend ist ihr Haß gegeneinander; ach, wie fürchterlich wird er nicht erst gegen Euch sein! Clairant, ich zittre für Dich. Man zweifelt hier nicht mehr an der Rückkehr nach Frankreich. Man spottet Eurer Armeen ohne Anführer. Man brennt hier vor Eifer, den Tag erst zu sehen, da der vereinigte Adel gegen Frankreich anrückt. Man hat noch andre Hoffnungen, man stützt sich auf die Hülfe der Deutschen Höfe. Clairant, Clairant, Gott, wenn ich hörte, daß Du – O Clairant, Clairant, überlege Du selbst. Die tapfersten, die edelsten Männer des ganzen Königreichs sind hier; die meisten Generale, die meisten Offiziere. Im Königreiche selbst sind zwei Drittel der Einwohner, die von dem Adel lebten, auf unserer Seite. Es kann nicht fehlen, Clairant.

O Clairant, ich überlege so oft unser Schicksal. Wenn wir zurückkehrten, was würde aus Dir werden? Mein Vater? ach, ich fürchte, er denkt jetzt über Dich ganz anders als sonst. Clairant, ich bitte Dich; ich beschwöre Dich, verlaß das unglückliche Land, das bald nicht einmal mehr unserer Liebe Schutz geben kann! Verlaß das Land, das Dich gegen den Haß meines Vaters nicht schützen kann. Komm hieher, hieher, Clairant; dieses Land baute die Vorsehung für eine schutzlose, unglückliche Liebe. Hier in diesem Felsenwalde, wo ein reißender Strom sich allein eine Bahn brechen konnte, kann allein auch die Liebe wohnen. Ach, was kümmert's uns, wer von diesen wilden Parteien recht hat? was geht's uns an, ob das Volk oder der Adel regieren muß? Komm, komm hieher, Clairant. Ein Tal soll unser Reich werden, die heiligste, die stillste Liebe soll uns beherrschen, und fröhlich, unschuldig wollen wir ihren sanften Gesetzen folgen. Clairant, folge mir, folge mir. Du triffst mich auf dem Wege von Embs nach der Silberhütte gewiß, jeden Abend, wenn das Wetter nur erträglich ist. Ach, wenn ich an unser Geschick denke, ich möchte mit einer Bärin die Höhle teilen, um Dich verbergen zu können, gegen alles, alles, das Dir droht. Clairant, schreib, schreib bald. Ich habe schon lange nicht eine Zeile von Dir.

Clairant an Claren

So gewiß, meine Clara, so gewiß Du mich liebst, so gewiß würde ich mich, jetzt ohne zu überlegen und nach einem Jahre Überlegung, für Dich mit Freuden in einen Flammenstrudel stürzen. Ich habe meine

Phantasie gemartert, Clara, um eine Probe aufzufinden, die ich nicht für Dich bestände; ein Unglück, vor dem ich zurückfahren würde, wenn Dich es retten könnte. Ich bin von jetzt an so gewiß Dein, als du selbst Dein bist. So wenig Du Dich selbst je verlassen kannst, so wenig kann Dich je Clairant verlassen. Gefühlt habe ich das lange, Clara; denn wer könnte Dich lieben und von Dir geliebt sein, ohne das zu fühlen? Aber was den Unterschied macht? Jetzt weiß ich es, was ich nur sonst fühlte. Was nur sonst in den Augenblicken, da ich in Deinen Armen lag, da meine Brust an Deiner pochte, oder wenn ich Deine Briefe las oder mich Deiner und unsers Glücks erinnerte; was ich dann nur als Wahrheit fühlte, was weiß ich, das seh ich, das fühl ich jetzt in jedem Augenblick meines Daseins, in den kältesten Augenblicken der unbedeutendsten Geschäfte so gut als in der Leidenschaft. Und das Seltsame dabei: meine Liebe hat an Stärke verloren. An Stärke, sage ich: ich denke nicht mehr mit der strebenden Unruhe an Dich; ich zittre nicht mehr für Dein Herz; ich erschrecke nicht mehr vor Zufällen. Meine Liebe ist ein ruhiger Selbstgenuß geworden. Ich bin jetzt Deiner Liebe, Deiner Treue, Deiner ewigen Treue gegen mich so sicher, als ob ich Deine Seele in meiner Brust trüge. Ich denke an Dich mit der Empfindung, womit der Heilige an den Himmel denkt: mit einer so sichern, ruhevollen Gewißheit, als ob der Ewige unsre Liebe, unsre Verbindung zum Ziele zur Bestimmung seiner Schöpfung gemacht hätte. Ich bin Dein, Clara!

Laß mich über das, was ich tun wollte, hinwegeilen. Wer könnte Deinen Verlust überleben? Der Himmel stellte uns beide vielleicht darum so gefährlich, Dich mit Deinem Herzen an den Rand der Untreue, mich an den Rand der Verzweiflung und des Grabes, um unsre Liebe gegen alle Verfolgungen in diesem Feuermeer der Angst zu härten, um unser Vertrauen auf uns selbst, um unsere Dankbarkeit, um jede schöne, edle, freie und feine Empfindung gegeneinander so zu verstärken, daß wir beide mitten in den Flammen eines Scheiterhaufens einer an des andren Brust noch glücklich sein könnten. Nein, Clara, die Welt hat aufgehört, für mich etwas anders zu sein als der Raum, worin ich atme. Du bist meine Welt geworden. Meine Empfindungen, meine Gedanken gehen alle, alle von Dir aus und kehren alle zu Dir zurück; und wenn ich jetzt an den Altar träte und ich sähe Dich an der Hand eines Mannes dastehen, den Brautkranz auf Deinen Locken, der Priester spräche den Ehesegen über Euch: ich würde lächeln, ich würde es einen Traum heißen, und selbst wenn es Wirklichkeit wäre; ich glaube, ich würde dennoch glücklich in Deiner Liebe bleiben, die mir keine Ehe, kein Brautkranz, keine Hände geben, die mir die Allmacht nicht rauben kann.

Nein, Clara, die Liebe, die wahre Liebe, unsre Liebe ist die Allmacht, welche alle Träumereien der Philosophen würklich macht. Der Raum, der uns trennt, ist verschwunden. Wir berühren uns in unsrer Liebe, wir sehen uns, ich höre Dich, ich fühle Dich; Du bist mein, in dem Augenblick, da Deines Vaters Arme Dich halten. Ich lese Deine Briefe, Clara, und Du bist wahrhaftig mein; und säße ich an Deinem Grabe, und hätten meine Tränen das letzte Wort in Deinen Briefen verlöscht, und hätte der Wind das letzte Stäubchen Deiner Asche zerstreut, so habe ich Dich dennoch, solange mein Herz vermögend ist, eine Empfindung zu schaffen. Ich würde weinen; allein meine Tränen müßten den Neid der Welt rege machen, wenn sie dieselben kennte. Nein, Clara, Du bist mein!

Da liegt der Atlas vor mir aufgeschlagen. Ich folge Dir auf allen Deinen Wegen. Ich gehe Dir nach in Deine verschlossenen Täler. Ich sitze mit Dir auf dem Hügel an der Silberschmelze. Ich reise auf der Karte den Weg von Koblenz nach Ems tausendmal. Ich bestimme die Stelle, wo Du die Frau mit ihren Kindern fandest; ich sehe Deine Tränen fließen, ich küsse sie von Deinen Wangen. Wahrlich, Clara, ich bedarf Deines Bildes nicht mehr. Es hängt auf meiner Brust ruhig, unbetrachtet; das Bild in meinem Herzen ist lebendig, jenes ist tot. Was bedarf die Liebe? Nur sich selbst.

Und ist es Dir nicht auch so, Clara? Bin ich nicht bei Dir? leb ich nicht mit Dir? Sieh, Deines Vaters Grausamkeit konnte uns trennen, aber nicht unglücklich machen. Du zitterst ohne Ursach für mich, meine teure Clara; bedenke doch nur den Haß der Ausgewanderten, mit dem sie sich untereinander verfolgen, und Du wirst ja leicht begreifen, daß Frankreich nicht zu zittern nötig hat. Der erste glückliche Erfolg würde sie über ihre Beute entzweien. Laß das, laß das, Clara! Wir sind beide parteiisch: Du für die Tränen, die Du fließen siehst, und ich für die ruhige Glückseligkeit, die ich täglich feiern sehe. Ja, Clara, ich fange an zu glauben, daß unser Vaterland die Beute einiger Ehrgeizigen ist, daß – laß das, es tut meinem Herzen weh, wenn ich die Mordszenen Dir wiederholen soll, die mein Vaterland und alle edle Bürger mit Grauen erfüllen. Allein wirf Deine Augen von der blutenden, wütenden Hauptstadt, von dem haßerfüllten Koblenz nach Châtillon, nach Mangienne, nach Pillon, auf ein jedes Dorf, das entfernt von der Hauptstadt liegt. Sieh, alles, was sonst eine Plage war, ist eine Wohltat geworden. Die verhaßte Quintaine* ist nun ein Fest, auf das die Kinder wie die Alten sich freuen. Den Fehlschlag bezahlt jetzt ein fröhliches Gelächter der Umstehenden und nicht mehr, vielleicht der ersparte Tagelohn mehrerer Wochen, für die Schwangerschaft des geliebten Weibes bestimmt. Ein Tanz beschließt den fröhlichen Tag, den sonst die Tränen derer endigten, welche ihre Stange zerbrachen. Fröhlich geht jeder nach Hause, da sonst allein der Scherge mit den Strafgeldern fröhlich nach Hause ging. Dahin wirf Deine Augen, Clara. Die Vorsehung wird den großen Streit unter den beiden wütenden Parteien endigen. Beide zeigen sie durch ihren Haß, daß ihre Absicht nicht Wohltun ist; allein die Vorsehung bereitet aus giftigen Pflanzen wohltätige Arzneien. Laß sie machen, Clara, und zittre nicht!

Und warum selbst dann zittern, selbst wenn Du Recht hättest? Der Tod ist eine ebenso sichere Zuflucht für den Glücklichen wie für den Unglücklichen. Und das, das eben ist mein Glück, Clara, daß ich der Ewigkeit mit ebendem sichern Mute entgegensehe wie dem Leben; daß ich Dich überall habe, überall finde, wohin ich blicke, wohin meine kühnste Phantasie den Flug richtet. Meine Clara, ich zittre für meines Vaterlandes Glückseligkeit nicht, sowenig wie für die meine. Was hat Deinem Vater der Sturm geholfen, den er über unsere Liebe führte? Fester schlangen wir uns ineinander, wie zwei Stämme nahe endlich ineinander verwachsen, von einem Safte genährt, zu einem Baume werden, miteinander blühen, Früchte tragen und auch miteinander sterben. Und wird es nicht ebenso mit unserm Vaterlande sein?

Die Anmaßungen beider Parteien müssen endlich die Nation lehren, die goldne Mittelstraße finden und in ihr die Glückseligkeit, welche der Himmel den Nationen bestimmte. Der gegenseitige Haß des Adels und der herrschenden Partei wird ein stilles, unbekanntes Bündnis alles Guten und Edlen in Frankreich gegen beide hervorzaubern, an dessen verborgenem, unscheinbaren Felsen ihr Haß und ihre Grausamkeit zertrümmert werden. Laß uns mit dem Himmel nicht hadern, daß er es nicht anders machte; aber laß uns auch nicht glauben, daß er ein Königreich zertrümmern werde, um die schwa-

* Quintaine, kein Dictionnaire gibt darüber Auskunft. Es muß doch eine Abgabe der Landleute gewesen sein, und wie es scheint, bei einem Spiele.

chen Menschen zum Zittern vor seiner Allmacht zu bringen. Wenn die Vorsehung nicht immer reichen Segen für das Menschengeschlecht in ihren Händen trüge, welcher Mensch würde denn so feig sein, vor ihrer Allmacht zu zittern? Nein, Clara, ich zittere nicht; und wenn ich nur das Maß der Liebe in meiner Brust messe, so zittere ich nicht; und ich sollte vor der unendlichen Liebe zittern? Ich bin gutes Muts. Ich kann in diesem wilden Kampfe erdrückt werden; wer will das leugnen? Aber die Menschheit muß aus diesem Kampfe siegreich zurückkehren, und sollte auch nur ihr Sieg eine lebendige Lehre für die kommenden Jahrhunderte sein. Nein, Clara, ich zittere nicht. Ich bitte Dich, sei gutes Muts!

Ach, Clara, wenn ich bedenke, daß es nur auf mich ankommt, nur auf die Zeit von zwei Tagen, um bei Dir zu sein, um Dich in meine verlangenden Arme zu schließen, um an Deinen Lippen vor Wollust zu sterben; ach, Clara, wenn ich bedenke, ich trete nun hinter dem Hügel hervor, auf dem Du sitzest, Du hörst meine Stimme, springst auf, ich stürze zu Deinen Füßen, Du in meine Arme; mit Gewalt muß ich denn meine Phantasie fesseln, das Verlangen meines Herzens wird oft meiner Vernunft zu stark, ich springe auf, um zu Dir zu eilen, und dann kehre ich doch zurück und bringe Dir das schwerste Opfer, das je ein Mann gebracht hat.

Nein, Clara, überlege Du selbst. Denke nach, die beiden Liebenden fliehen, sie verbergen sich in das Labyrinth von Tälern, sie suchen das heimlichste Tal, den verschlossensten Schlund auf, sie beschränken sich bis auf die einfachsten Bedürfnisse des Lebens, auf eine armselige Hütte, auf ein Lager von Stroh, auf eine Schüssel mit Milch oder Früchten! Aber, wo die Hütte steht, wohnen Menschen; wo die Kuh weidet, die uns mit ihrer Milch erhält, sind Wege. Clara ist entflohen. Die ganze Gegend ist voll von Ausgewanderten. Verkleide Dich, Clara, in eine grobe Bäuerin; Deine Schönheit, und wenn auch die nicht, Deine Sprache wird Dich verraten! Man wird Dich aus meinen Armen reißen, und mich? – hast Du das gesehen, Clara?

Nein, Clara, nein! Noch vor Monaten hätte ich mit wilder, verzweiflungsvoller Gewalt das gefährliche Spiel mit der Zukunft gespielt. Ich würde mich mit Dir in einen Feuerstrudel gestürzt haben; denn, Clara, ich zweifelte an Deiner Treue, an Deiner standhaften Liebe. Ich hätte mich mit einer freudigen Verzweiflung in Deine Arme gestürzt; ich wagte mein Leben, mein ganzes Glück an diesen wollustvollen Augenblick. Ich zweifelte, ob er je wieder erscheinen würde. Aber jetzt? Du bist mein, Clara, bis an Deinen, bis an meinen Tod mein! Warum soll ich mein ganzes Glück, das ganze Glück eines ruhigen Lebens in dem schönen Kreise Deiner Umarmung, an einen ungewissen Zufall setzen? Nein, Clara. Laß den ersten Sturm, der unser Vaterland zerfleischt, vorübergehen: laß erst geschehen, was geschehen soll. Nein, ich kann nicht, ich darf die Hoffnung nicht aufgeben: mein Vaterland, mein glückliches Vaterland ist die Freistätte unserer Liebe. Nein, Clara, ich kann durch eine feige Flucht mir die Hoffnung nicht versagen, zu dem Glück unserer Liebe auch das Glück und den Mitgenuß des Glücks eines ganzen Volks hinzuzutun. Nein, Clara, hier lieg ich auf den Knien und bete zum Himmel, daß er mich lehre, mit Deinem Glück haushälterisch umzugehen. Nein, Clara, ich werde Dich noch einmal einführen auf den geliebten Boden, den unsere Liebe heiligte, auf den Boden, an dem die Hälfte unsers Glücks gefesselt ist. Hier, Clara, wo Deine Tugenden gekannt sind, wo aller Herzen Dich lieben, hier sollen noch neue Tugenden, die zärtliche Liebe des Weibes und der Mutter, der Edelmut der Bürgerin, Dir die Verehrung aller Herzen geben. Du sollst hier wieder durch Deine Güte, Deine Liebe, Deine Einfalt, Deine Unschuld herrschen, wie Du ehmals durch Deines Vaters Rang herrschtest. Nein, Clara, Du sollst eine französische Bürgerin sein, weil Du so am glücklichsten sein wirst. Ich lasse Deinem Glücke nichts nehmen, am wenigsten das stolze Gefühl, was Du einst mit mir teilen mußt, mein Vaterland durch eine feige, eigennützige Flucht nicht verraten zu haben.

Dann aber, Clara, wenn auf den Tafeln der Vorsehung Frankreichs Untergang gezeichnet ist; wenn es wahr würde, was Du zu sehr fürchtest, wenn die Ausgewanderten ihr Vaterland angreifen sollten; wenn es ihnen glückte, die Freistatt unserer Liebe und den Thron, auf dem Deine Bürgertugenden leuchten sollten, zu zerstören: dann, dann, Clara, ist es Zeit; dann laß uns fliehen; dann ist es eins, wo wir wohnen, wo wir uns lieben; dann ist der Ort, wo unsre Liebe am sichersten ist, unser Vaterland; dann ist die einsamste Verborgenheit der Thron Deiner Tugenden, Liebe Deine einzige Tugend, Umarmungen unsre edelsten Taten und das Grab der Ort, wohin wir alle unsre Zweifel, alle mit unserm Vaterlande zertrümmerten Wünsche niederlegen. Dann, Clara, bist Du meine Welt. Dein Vater wird über seine neue Hoheit Claren vergessen. Wo soll er uns suchen? Wo sind die tausend Gehülfen, die er jetzt hat? Dann, Clara, ist es Zeit, das Tal aufzusuchen, wo die Mutter ihr Kind umfaßte und in der Umarmung glücklich war. Doch, Clara, wird das die Vorsehung zugeben?

Nein, Clara, Du mußt noch Zeugin sein von dem Glück, von der Zufriedenheit, die jetzt auf unsern Fluren wohnt. Laß sie sich dort streiten, ob es recht ist, wenn der Bauer unter den Lasten seiner Pflichten erliegt. Wir kennen sie nicht mehr. Die einzige, die wir noch kennen, ist die corvée à miséricorde, und die befiehlt unser Herz. Die Natur hat jetzt den ban d'août und den ban de vendange,* nicht mehr der Herr des Dorfs. Jeder feiert jetzt seine Weinlese an seiner eigenen Presse** und empfängt seinen Wein mit Liedern statt mit Tränen wie sonst. Nein, ich rede nicht von Paris, nicht von Koblenz; ich rede von den fröhlichen Tagen, die jetzt die elendesten Hütten besuchen. Das Glück wird Verjährung auf dem Lande; laß eine Partei siegen, welche Du willst, sie wird es nicht wagen, das verjährte Glück zu zertrümmern. Selbst mein Oheim vergißt oft seine Seufzer, wenn er die Freudengesänge hört. Und zu diesem Glück, Clara, werd ich Dich führen; in dieser fröhlichen Runde soll Dein Leben verfließen, Dein Leben, das Liebe und Menschlichkeit erheitern und verlängern werden. Habe Geduld, Clara, es wird alles gut gehen!

O Clara, wirf Deinen Blick auf die Zeit, da wir beide hier glücklich sind. Sieh, da kommen die fröhlichen Haufen unsrer Schnitter vom Felde: »Seine Clara im Arm, empfängt der glückliche Clairant auf seinem Hofe den singenden, fröhlichen Haufen. Mit ihnen feiert er nun den Erntemonat; seine Kinder, seine geliebte Clara, er selbst tanzen mit den Schnittern bis zu der fröhlichen Mahlzeit. Dann geht der Becher mit roten, reinen Wein fröhlich um den Tisch her. Clairant, neben Claren, sitzt mitten unter dem Haufen und erneuert das goldne Zeitalter, wo kein Herr und kein Knecht war.«

(Sa Claire dans ses bras, le fortuné Clairant
La troupe reçoit dans sa cour au doux bruit de leur chant,
Et pour fêter comme eux le mois de l'abondance,
Suivi de ses enfants, il se mêle à la danse:
Son épouse l'imite et vole sur ses pas.

* vielleicht Bestimmungen der Erntezeit und der Weinlese.

** Vielleicht mußte der Wein sonst auf des Edelmanns Presse gekeltert werden.

A la danse bientôt succède un long repas.
Là chacun d'un vin pur rougit sa large coupe;
Clairant près de sa Claire au milieu de la troupe,
Fait revivre pour eux les jours du siècle d'or,
Siècle où l'orgeuil des rangs n'existait pas encore.)

Clara, betrachte dieses Bild, und Du wirst nicht mehr anstehen, was Du wünschen sollst. Ach, Clara, wenn sich endlich unsre Wünsche in diese vollendete Glückseligkeit auflösten, und Clara, wer weiß, wie bald! Ich bin nicht untätig, Clara; ich hoffe Dich bald in Triumph und mit Sicherheit wieder in Dein Vaterland einführen zu können, in Dein Vaterland, Clara, das uns allein glücklich machen kann.

Clara an Clairant

War ich vergnügt, wie ich Deinen Brief las, oder war ich traurig? Ich weiß es nicht, Clairant. Ich weiß nicht, wie es kam, mir traten die Tränen bei allen Deinen schönen Hoffnungen in die Augen; und Hoffnungen sollte man nicht mit nassen Augen empfangen. Die Versicherungen Deiner Liebe, bester Clairant, haben meinem armen Herzen wohl getan; aber andere Hoffnungen als Deine Liebe, Hoffnungen auf die Zukunft, wollen nicht recht mehr für mein Herz passen. Es ist, als ob eine weissagende Kraft in meiner Seele alle Hoffnungen von meinem Herzen zurückstieße. Auf was soll ich hoffen? Sag, auf was soll ich Arme hoffen? Wenn ich Deinen Brief lese, und ich muß ihn fast immer in den Händen haben, wenn ich nicht unruhig werden soll: so scheint es mir so wahr, was Du sagst, daß es nicht geht, daß es unmöglich ist, uns hier zu verbergen. Und seh ich wieder hier die hohen Felsen an, an denen die Häuser angelehnt sind und die hoch über alle Gebäude wegragen, und denke mir mitten auf diesen steilen Felsen eine Höhle, wo wir leben könnten; ach! ich halte es nicht für unmöglich, jede Nacht den Fels herabzuklettern, Lebensmittel auf einige Tage einzukaufen und, ehe der Morgen anbräche, zurückzuschlüpfen in unsern glücklichen Winkel. Ich weiß nicht, Clairant, wie es kommt; aber allemal fällt mir eine Geschichte ein, die Du mir einmal vorlasest, wo eine Geliebte mit ihrem Geliebten, ich glaube, mehr als acht Jahre, unter der Erde in einem dunkeln Felsengewölbe zubrachte. Ich glaube, sie hieß Eponine. Die Geschichte fällt mir dann ein. Vergib mir, Clairant, wenn ich unrecht tue; ich mag vielleicht krank sein. Sieh, dann schlag ich die Hände geduldig zusammen und jammere darüber, daß es uns nicht möglich ist. Ich denke dann immer, mir sollt es wohl möglich sein, mein ganzes Leben mit Dir unter der Erde zuzubringen, wenn Du einwilligen wolltest. Ich frage dann, warum es nicht geht. Mir fällt denn wohl ein, daß Du nicht willst, weil ich nicht glücklicher werden soll; aber, aber das Glück, ach, das liebe Glück, Clairant. Man sollte ja das kleinste Glück annehmen, das einem sich darbietet: man kann ja doch nicht wissen, ob der Augenblick je wiederkommt.

Pressys Braut ist auch hier. Sie soll baden. »Ach«, sagt sie oft zu mir, »geben Sie acht, man begräbt mich hier«. Dann erzählt sie mir, daß sie längst hätte Pressys Frau sein können, und setzt mit einem Seufzer hinzu: »Aber ich wollte noch glücklicher sein, ich wollte an einem Tage mit meiner Schwester heiraten. Wir verschoben beide den Tag unsres Glücks, und nun ist er verschwunden.« Das arme, bleiche, kranke Mädchen ist mein einziger Umgang. Sie verschob den Tag ihres Glücks und muß nun darüber sterben! Sieh, Clairant, das mag's denn auch wohl sein, was mich so bange macht. Wenn ich Deinen Brief lese, da werde ich wieder ganz heiter; nur dauert's nicht lange. Ich fürchte immer, Clairant, keines Deiner schönen Bilder möchte erfüllt werden.

Wie fängst Du es an, Clairant, Dein Vaterland so heiß zu lieben? Ach, ich verstehe nichts, gar nichts auf der weiten Welt zu lieben als Dich, als Dich, Clairant. Nimm mir's nicht übel, Clairant, wenn ich so lese, wie zärtlich Du Dein Vaterland liebst, mit welcher Liebe Du von ihm redest, so komme ich allemal auf die Worte in meiner Rolle:

»Dein Vaterland, Grausamer? Ach, hast du eins ohne mich?«
(Ta patrie! ah barbare! en est-il donc sans moi?)

Ich tadle mich selbst, daß ich Dir den Vorwurf mache, und in demselben Augenblicke öffnen sich meine Lippen wieder und flüstern den Vers: »Dein Vaterland, Grausamer?« Ach, Clairant, es ist wohl schön, sein Vaterland lieben; aber ich bin gar zu traurig. Ich liebe nur Dich, und Du bist entfernt. Clairant, Du weißt nicht alles. Ich wollte nicht gern klagen, um Dein Glück nicht zu stören. Mein Vater wird mit jedem Tage kälter gegen mich. Meine Mutter nimmt mich allein in ihren Schutz, und sie muß dafür den Zorn, den Unwillen meines Vaters tragen, der mir gehört. Mein Bruder ist wieder in Koblenz. Ach, ich bin jetzt sehr verlassen; Luzie ist der einzige Mensch, der sich meiner annimmt, und was kann sie anders, als mit mir weinen? Ich werde von Tage zu Tage furchtsamer. Deine Versicherungen haben mich nicht mutiger gemacht; denn unser Vaterland – ach, Clairant, meines ist in Deinen Armen. Leb wohl und glücklich. ›Clairant neben Claren!‹, ach, wenn der erste Augenblick, da Du mich wiedersiehst, auch mein letzter wäre; wenn das sein sollte, so sei es nur bald. Deine Clara, mein Clairant, ist ein sterbliches Wesen: Dein Busen oder ihr Grab ist ihr Zufluchtsort!

(Ta Claire, cher Clairant! est un être fragile:
Ton sein ou mon tombeau, voilà mon seul asyle!)

Clairant erhielt diesen Brief Clarens. Er las ihn, und der Gram, der ihn geschrieben hatte, steckte ihn an. Er drückte ihn an seine beklemmte Brust, las ihn wieder. Clarens sanfte Vorwürfe gingen ihm durchs Herz. Die beiden letzten Verse drückten sich mit Feuerflammen in seine Seele. Sein Vaterland verschwand; er sah nur seine Clara, totenbleich, abgezehrt, dem Grabe zusinken. Er zitterte vor Furcht, sie nicht wiederzusehen. Alle die Empfindungen stürmten sogleich in seine Seele. Er steckte Geld ein und nahm mit ein paar Worten von seinem Vater Abschied auf einige Tage oder Wochen. Er ging Nebenwege durch Gehölz und Feld und kam glücklich und unentdeckt über die Grenze. Kein Gedanke an sein Vaterland, keine Überlegung hielt ihn auf. Er flog den Weg nach Trier. Dort blieb er nur so lange, um wieder einige Kräfte zu bekommen, und dann ging er den Weg nach Koblenz. Im Martinstal fand er die Stelle, wo Clara gesessen hatte. Hier saß er auch einige Zeit. Er war hier gleichsam wieder mit Claren vereinigt. Hier las er ihre Briefe noch einmal. Er kam nach Koblenz. Am Rhein stand er vor dem Hause still, wo Klara gewohnt hatte. Noch jetzt befanden sich die Blumentöpfe, das ehemalige Zeichen ihrer Gegenwart, vor dem Fenster. Er setzte sich gegenüber auf die Mauer, die den Rhein einfaßt, und betrachtete das Fenster. Lebendig ward ihm nun die Nacht, da er Claren abholen sollte. Sie kam herab, flog in seine Arme, er führte sie in seinen Armen fort. Jetzt verwünschte er seine damaligen Bedenklichkeiten, die seine Clara krank gemacht hatten. Der Vers ›ton sein ou mon tombeau, voilà mon seul asyle!‹ fiel mit Gewalt auf sein Herz. Langsam hob er seine Hände zu Clarens Fenster auf, als ob er sie da stehen sähe. Er murmelte leise den Vers: »ta patrie? ah barbare! en est-il donc sans moi?« »Nein! nein!« rief er laut, »es ist verloren! Du, du bist allein meine einzige Hoffnung!« Bei den letzten Worten war er rasch aufgesprungen. Er wandte seine Blicke und seine ausgestreckten Arme über den Rhein nach Claren zu.

In dem Augenblick aber stürzte ein junges Frauenzimmer aus dem Hause und ergriff Clairants Hand mit Heftigkeit. »Unglücklicher!« rief sie französisch; »was wollen Sie machen?« Es war die Tochter von Plessis' Wirt. Sie stand am Fenster; sie sah den hübschen, jungen Menschen vor dem Hause stillstehen, es mit wilden Blicken betrachten und mit Bewegungen, die sie aufmerksam machten. Sie sahe den jungen Menschen sich auf den Rand der Mauer setzen, sah ihn Tränen vergießen, in sich versinken mit den Zeichen des tiefsten Kummers; dann sah sie ihn rasch aufspringen, die Hände dem Rhein entgegenbreiten und hörte ihn rufen: »Du, du bist meine einzige Hoffnung!« Natürlich dachte das Mädchen, es sei auf einen Sprung in den Rhein abgesehen. Sie flog zu Hülfe und zog mit aller Kraft, die sie hatte, Clairant vom Ufer weg und in das Haus.

Clairant wußte nicht, wie ihm geschah. Er sah das Mädchen an, das ihn fortschleppte, Clara war es nicht, das setzte ihn in Erstaunen. Auf der Hausflur sagte das Mädchen noch einmal: »Um Gottes willen, unglücklicher Mann, besinnen Sie sich!« – »Clairant! Clairant!« schrie Plessis in diesem Augenblicke und stürzte in Clairants Arme. Clairant konnte sich kaum besinnen. Das Mädchen sagte dem jungen Plessis: »Sie kennen ihn? Er wollte sich eben ermorden!« – »Ermorden?« rief Plessis, »Clairant, du wolltest dich ermorden? Unglücklicher, hast du Claren vergessen?« Clairant sah seinen Freund, sah das Mädchen mit Erstaunen an und fragte langsam: »Ermorden? ich weiß von nichts!« Das Mädchen erzählte, was sie gesehen und gehört hatte, und setzte hinzu: »Nun sagen Sie selbst, Herr du Plessis?«

»Ah, Mamsell«, antwortete Plessis lachend, »glauben Sie mir, nicht ein Sprung in den Rhein, nein!, sondern über den Rhein ist seine einzige Hoffnung.« Das Mädchen verbeugte sich und sagte: »Das ist ganz unmöglich!« – »Freilich«, antwortete Plessis, »gebe der Himmel, daß ich ihn davon überrede.« Dann nahm er Clairant mit sich auf sein Zimmer. Er fragte ihn über die Absicht seiner Reise. Clairant sah ihn starr und bedenklich an. Er schwieg und schüttelte lächelnd den Kopf. Plessis stand auf, schlang seinen Arm um ihn und sagte zärtlich: »So, Clairant, so mit dir fürcht ich den Bettelstab nicht, und Clairant hat Mißtrauen gegen Plessis?« – Clairant sah ihn ernst an und reichte ihm Clarens letzen Brief. Plessis las ihn, las ihn zweimal und sagte: »Nicht wahr, Clairant, dein Busen soll ihr Zufluchtsort sein?« Clairant seufzte. »Seufze nicht, Clairant«, sagte Plessis mit seiner alten Herzlichkeit, die der Anblick seines Jugendfreundes wieder mit aller Heftigkeit erweckt hatte, »das soll er! Du sollst Claren sehen! Ich will sie in deine Arme führen.«

Eine Stunde darauf saßen sie schon im Wagen auf dem Wege nach Ems. Vor diesem Orte mußte Clairant aussteigen. Plessis bezeichnete ihm im Gebüsch eine Stelle, wo er auf ihn warten sollte, und nun fuhr er nach Ems hinab. Da saß Clairant nun wieder nahe bei Claren. Diese Vorstellung setzte sein ganzes Wesen in Aufruhr. Die Minuten gingen unerträglich langsam vorüber. Plessis bat seine Schwester um einen Spaziergang. Er führte sie durch Ems den Berg hinan. Stumm ging sie neben ihm her. Er fing mehrere Gespräche an: sie antwortete halb. Was sie sagte, zeigte dem Bruder den stillen Gram, der an ihrem Herzen nagte; es waren traurige, bedeutende Bemerkungen über das Absterben der Natur; über die Herbstfarbe der fallenden Blätter. Plessis zitterte vor der heftigen Freude, die sie ergreifen sollte, und er fing an, sie auf Clairants Gegenwart vorzubereiten. Anfangs gab Clara nicht acht darauf; wie sie es aber merkte, so flog eine hohe Röte auf ihr Gesicht; ihre Augen funkelten, ihr Arm zitterte, ihr Fuß eilte den steilen Berg ungestüm heran. »Clairant«, sagte Plessis, »Clairant kann vielleicht in einigen Tagen hier sein, vielleicht noch früher.« – »Wo, wo ist er?« schrie Clara und faßte ihren Bruder gewaltig an, »wo ist er?« – »Liebste Clara –« – »Wo ist er, Plessis?« rief Clara mit hochklopfendem Busen, »wo ist er? Clairant! Clairant!«

Clairant hörte die Stimme. Er stürzte aus dem Gebüsch hervor, er eilte die Höhe hinab. Clara sah ihn, breitete die Arme aus; sie wollte fort und blieb vor Ohnmacht, an ihrem Bruder gelehnt, stehen. Auch Clairants Schritte stockten. »Das ist sie!« sagte er leise vor sich, Tränen rollten aus seinen Augen, und seine Schritte wurden noch langsamer. »Clairant!« rief jetzt Clara mit einem seelenvollen, seelenzerschmetternden Tone. Entgegen flogen sich beide, als ob dies Wort sie entzaubert hätte. »Clara, Clairant!« riefen sie zugleich, und da standen sie in bewegungsloser Umarmung. Plessis sah gar keine Bewegung an ihnen als allein die beiden Ströme von Tränen, die aus ihren Augen rollten und sich auf ihren Wangen mischten. Nach und nach kamen dann Seufzer aus den Lippen hervor, dann halbe Worte. Endlich ließ die Freude nach, das Entzücken ward weniger stürmisch. Clairant sank an einen Baum, Clara auf seinen Schoß. »Sieh! sieh!« rief Clara und zeigte auf die Gegend umher. »Du bist nun da! ach, Clairant! da bist du! und Clara ist nun gerettet! Clairant, ich hatte recht. Ach, ich will dir Täler zeigen, wohin keine menschliche Macht reicht als allein unsere Liebe. Wie glücklich wollen wir sein! Verborgen der ganzen Welt, glücklich! Clairant, nun nie wieder getrennt!«

Clairants Augen folgten mit schnellen Blitzen dem Finger Clarens, der ihm eine Landkarte seiner Glückseligkeit zeichnete. Leise, mit fröhlichem Zittern sprach er ihre Worte, die sie heftig sagte, alle nach. »Gerettet! Täler! unsre Liebe allein! ja, glücklich! verborgen! glücklich!« Bei jedem Worte drückte er sie heftig an sich. »Ja, Clara!« rief er nun auf einmal, sprang auf und hob Claren in die Höh, legte den Zeigefinger der Hand auf ihre Brust, sah sie mit dunkelglühendem Blick an und sprach eilig, so eilig, als ob der Tod ihm die Worte zu nehmen drohte: »Ja, Clara! recht! wir wollen uns retten! wo ist der Ort? komm! fort!« Er schlang seinen Arm um ihren Leib. Beider Stellung war, als ob sie eben einen Wettlauf anstellen wollten.

»Sie sind rasend«, rief Plessis, der alles angehört hatte, auf einmal, »rasend sind sie!«, und trat ihnen in den Weg. Er faßte Clairant bei beiden Schultern, schüttelte ihn und fragte dann: »Habt ihr beide denn noch soviel Zeit, um mich vorher anzuhören, ehe ihr anfangt zu laufen?« Sie sahen ihn starr an. »Wohin wollt ihr laufen? Da in irgendein Tal, wie ich verstehe: wo keine Menschen wohnen, wohin niemand euch nachkommen kann. Ich ließe das gelten, Kinder, im Sommer, wo es hübsche warme Nächte gibt, zum Spaß einmal. Aber bedenkt doch, daß es Oktober ist, wo ihr, zum Henker!, in einer Nacht erfriert. Wird's November, so liegen die Täler voll Schnee, und wenn ihr den überlebtet, so müßtet ihr doch im Februar, wenn der Schnee schmilzt, ersaufen! Clairant, heißt das Vernunft? Zeig mir doch deine Börse, Clairant, wenn sie so gut versehen ist wie dein Hirnschädel, so erbarm sich Gott eurer. Seid ich denn rasend? Wollt ihr euch diese Nacht aufs nasse Gras legen? Gut! aber was soll denn Clara morgen anziehen, oder meinst du, ihr Vater soll ihr morgen ein andres Kleid bringen?«

Da standen sie beide verdutzt. Man fing an zu überlegen, und trotz der Allmacht der Liebe, auf welche Clairant und Clara sich beriefen, gelang es doch Plessis, ihnen nach und nach deutlich zu machen, daß es heute abend nicht möglich wäre, wegzulaufen, so wenig, als hier in dieser Gegend sich zu verbergen. Clara weinte; denn Clairant überlegte. Sie schmälte mit ihrem Bruder, sie schmälte mit Clairant; allein vergebens! Clairant erhielt Befehl, sich diese Nacht in der Silberschmelze so gut einzuquartieren, als er könnte, und morgen nachmittag Claren und Plessis auf dem Hügel zu erwarten, wo man den einfältigen Handel, so nannte ihn Plessis trotz Clarens Tränen, mit dem Weglaufen in nähere Überlegung ziehen wollte.

Man nahm Abschied, denn Clara zitterte vor Frost wie ein Pappelblatt; sie hatte nur auf einen Spaziergang im Sonnenschein gerechnet und ihren Mantel vergessen. Jetzt war's Abend. Auf dem Heimwege machte sie ihrem Bruder noch tausend Plane, wie sie weglaufen könnte, ohne entdeckt zu werden. »Ja, ja«, rief ihr Bruder bei jedem, »das geht vielleicht«, und sogleich zerstörte ihn ein Einwurf. Clara aber faßte auf einmal ihren Bruder an, drehete ihn zu sich, sah ihn ruhig und lächelnd an und sagte: »Wenn denn nichts geht, Plessis, so flücht ich mit Clairant ins Grab.« Ihr Bruder erschrak vor dem Gesicht und vor dem Tone, mit dem sie das sagte. Nun runzelte er die Stirn und schimpfte in sich auf die verzweifelte Liebe, die trotz Fleisch und Blut immer an das Grab appelliert. Er führte das fröhliche Mädchen nach Hause, überlieferte sie ihrem Bette und einer Nacht ohne Schlummer voll fröhlicher Unruhe.

Plessis brachte seine Nacht sehr unruhig hin; Clarens letzte Worte waren ihm aufgefallen. Aber noch unruhiger wurde er, da er am andren Morgen bei Clairant auf der Silberhütte war, wo er wirklich ein Stübchen gefunden hatte. Er ging mit ihm im Tale auf und nieder. »Ein Glück war es«, sagte er, »daß der Zufall mich zu dir führte; denn ich glaube, Clairant, ohne mich wärest du mit Claren wirklich davongelaufen.«

»O wahrhaftig, das wäre ich! das wäre ich!«

»Und nun sag, um Himmels willen! wohin? wohin? Clairant!«

»Wohin uns Zufall und Liebe gebracht hätten, und wer weiß –«

»Wer weiß? im Oktober? ohne Obdach, ohne Kleidung? Wahrhaftig, heute Morgen hättest du müssen ganz demütig dem Vater die entführte Tochter wieder hinbringen.«

»Was? ich? Nimmermehr! Wäre es geschehen, so wäre es. Ein Dorf oder eine Hütte hätte uns aufgenommen.«

»Und euch auch ebenfalls wieder ausgeliefert. Du kennst Deutschland nicht, Clairant.«

»So führt ja ein Weg nach Frankreich –«

»Und deine Geliebte unter die Guillotine. Mein Gott, Clairant, es gibt jetzt noch keinen Ort, der euch rettet!«

Clairant lächelte und legte die Hand auf Plessis' Schulter. »Doch es gibt einen Weg, der uns rettet.« – »Und der wäre?«

»Ich umfasse Claren, sie umfaßt mich, und so sinken wir beide in den Rhein; der hat noch nie seine Hülfe abgeschlagen.« Schon wieder an dieser verzweifelten Stelle. Plessis schüttelte den Kopf. Er ließ sich alle Briefe Clarens zeigen. Er schüttelte lesend den Kopf. Jetzt sah er wohl, daß sein Vater unrecht hatte, der ihm einmal, bei einer Vorstellung, die er für Klaren wagte, antwortete: »Die Liebe ist so gut sterblich wie alles auf der Erde. Ein Gebäude fällt vom Stehen, die Liebe durch die Zeit.« Er schien die Sache anders angreifen zu müssen. Er versprach Clairant, heute nachmittag Claren zu bringen, und er hielt Wort. Allein sein Plan war ebenfalls gemacht.

Er setzte sich mit den beiden Liebenden auf einen Baumstamm, dann suchte er ihre ohnehin natürliche Fröhlichkeit zur guten Laune zu machen, und es gelang ihm. Auf einmal ergriff er Clarens und Clairants Hand, legte sie ineinander und sagte halb scherzend: »Wenn eure Liebe der Einwilligung eines Menschen bedarf, so habt ihr die meinige. Ich sehe, eure Liebe ist unüberwindlich. Es wäre schändlich, wenn ihr gezwungen sein solltet, die ganze Glückseligkeit eures Lebens dem hartnäckigen Vorurteile eines Mannes aufzuopfern. Nimm, mein Bruder, Clairant, nimm, meine Schwester. Ihr Bruder gibt sie dir, und von Herzen.« Clara sank mit einem Freudengeschrei an ihres Clairants Busen, und mit dem einen Arm hielt sie ihren Bruder umschlungen. »Aber nun«, fing Plessis aufs neue an, »Was wollt ihr, meine Lieben? Glücklich sein! Gut, so laßt euch raten.« Er hatte ihre Herzen jetzt seinem Rate vollkommen geöffnet. Nun zeigte er ihnen die Torheit ihrer Plane, die selbst Clara jetzt einsah, da sie an ihre Stelle eine neue Hoffnung, ein wirkliches Glück zu stellen hatte. »Sieh, Clara, was fehlt dir denn? Clairant bleibt hier, solange wir in dieser Gegend sind. Du siehest ihn alle Tage; was willst du mehr? Kehren wir nach Frankreich zurück oder auch nicht; eine Veränderung muß doch vorgehen, und jede kann euch nur neue Hoffnungen bringen. Entrüste deinen Vater nicht, Clara; die Zeit gibt dir sicherere Erwartungen als eine unbesonnene Flucht, die euch beide unglücklich machen kann!«

Clara und Clairant versprachen feierlich, keine Unbesonnenheit zu begehen, geduldig zu warten; dagegen aber versprach Plessis, sich ihrer, wenn es die Not forderte, sogar öffentlich anzunehmen. Man versiegelte den Bund mit zärtlichen Umarmungen, und nun ließ Plessis die beiden Liebenden allein. Da gingen sie wieder unter dem herabsinkenden Laube der Eichen und Buchen eines deutschen Waldes und waren glücklich; die Stunden verflossen wie Minuten, und Plessis rief immer Claren noch zu früh. Die frischen Jugendrosen lagerten sich wieder auf Clarens runden Wangen; ein heiterer Mutwillen nahm wieder seinen Sitz in ihren Blicken. Ihre Mutter vergoß Freudentränen; der Arzt schob die Veränderung auf die Motion. »Geh, geh, mein Kind!« sagte die Mutter, und Clara ging alle Tage und kam alle Tage heiterer und fröhlicher zurück. War es übel Wetter, so sprach sie Clairant nahe vor dem Flecken unter einer dichten Eiche doch einige Augenblicke. Ihr Auge lernte die ersten Tränen wieder, da ihr Vater den Aufenthalt in Ems zu kalt fand und von der Reise nach Mainz redete.

Diese Reise ward beschlossen. Clara sah Clairant zum letzten Male. Ein Abschied wie alle. Clairant, der dem Verhängnis doch nicht recht traute, gab Claren den Rat, soviel Deutsch zu lernen, als sie könnte. Clara reiste ab nach Mainz, und Clairant kehrte traurig nach Frankreich zurück. Er erzählte von Paris, das er nie gesehen hatte, und niemand ahnete den Ort, wo er gewesen war.

So hatte beider Liebe nun wieder neue Hoffnungen bekommen und also auch neues Leben. Der Vater hielt Claren zum zweitenmal für geheilt von der ihm verhaßten Liebe. Mit einer größeren Heiterkeit besuchte sie in Mainz die Gesellschaften. Sie hoffte einen entscheidenden Schlag entweder von seiten ihres Vaterlandes oder von seiten der Ausgewanderten; weil ihr Bruder auf diesen Zeitpunkt ihre Hoffnungen angewiesen hatte. Die Gesellschaften in Mainz erheiterten sie, weil hier überall von der nahen Entscheidung des großen Streits zwischen Frankreichs Bürgern und seinem ausgewanderten Adel geredet wurde. Wenn jemand sie da sitzen sah, mit der angespanntesten Aufmerksamkeit in Gesicht und Stellung zuhören, sie lächeln sah, wenn von dem nahen Einmarsch in Frankreich die Rede war, man hätte es dem freundlichen Gesichtchen nicht zutrauen sollen, daß sie ihres Titels und Ranges so müde war. Sie konnte selbst den Waffenübungen des Adels mit einer großen Heiterkeit zusehen; sie dienten ihr doch zum Beweis, daß die Entscheidung ihres Schicksals herannahete. Die Augen fingen ihr an naß zu werden, wenn man etwa einmal von Verzögerungen redete.

Diese Teilnahme kam nun nicht allein von ihrem Bruder, sondern von Clairant selbst. Sosehr, wie Clara von dem glücklichen Fortgange der Absichten des Adels überzeugt war, ebensosehr war es Clairant von dem Gegenteil. Natürlich! denn Clara hörte von diesem glücklichen Fortgange mit so vieler Sicherheit von allen, die sie sprach, reden: jeder, der nur den leisesten Zweifel dagegen äußerte, war ein Rasender; man bewies aus Berechnungen, Briefen, Begebenheiten. Clara zweifelte also gar nicht. Wie erstaunte sie, da Clairant diese Hoffnungen verlachte, sie ins Reich der Unmöglichkeiten verwies; gerade alles das, was Clara für diese Hoffnung hatte anführen hören, gegen dieselbe anführte, die Unordnungen im Reiche, die Wut seiner Einwohner, die heftige Parteisucht, die Ausschweifungen aller Köpfe in Frankreich den Felsen nannte, an dem selbst die allervernünftigste Gewalt scheitern müßte, weil sie Gewalt sei. Sie stritt mit Clairant, Clairant mit ihr. »Du kennst Frankreich nicht«, sagte Clairant, »und darum behandelst du es falsch. Geradeso mit uns. Dein Vater kennt die Liebe nicht. Er brauchte alle Mittel, welche ihm sein Ansehen, Gewalt und Macht gab, und er hat unsre Liebe bis zur Verzweiflung gehoben.« Clara begriff das nicht, wie man ihre fromme, gerechte Liebe mit diesem Lande voll Tumult und Mord vergleichen konnte. Kurz, Clara blieb dabei, der Adel würde Frankreich erobern und die neue Verfassung umstoßen. »Und dann, Clairant, was sollen wir –«

»Der Fall kommt nicht, Clara; verlaß dich darauf!«

»So laß doch nur! Aber, Clairant, gesetzt, er käme.« – Das ›Gesetzt, er käme‹ hatte sie so oft gesagt, daß Clairant endlich antwortete: »Gut, dann verkauf ich, was ich habe, und wir gehen nach Deutschland oder England oder Italien. Clara, die in dem andren Falle tausend Schwierigkeiten für eine sah, hoffte wegen ihres Glücks diesen Fall desto heftiger und gewisser, und sie hätte es gern gesehen, daß man jetzt gleich nach Frankreichs Grenzen aufgebrochen wäre. ›Sie brechen auf‹, dachte sie, ›mein Vater läßt mich so lange hier in Sicherheit. Dann kommt Clairant, wir entfliehen, und wir sind glücklich.‹ Und in diesem Falle, meinte sie, hätte ihr Clairant auch den Rat gegeben, Deutsch zu lernen. Diese Hoffnungen erhielten sie heitrer, heitrer als sie selbst vermutete, da nun durch die Aufmerksamkeit an den Grenzen ihr Briefwechsel mit Clairant erschwert wurde, der unter dem Schutze ihres Bruders noch immer seinen Weg ging.

Ich weiß es schon, Clairant, daß mein erster Brief nicht angekommen ist. Ich kann nicht mehr oft, aber desto mehr schreiben. Der Post ist nicht mehr zu trauen. Ich muß warten, bis mein Vater Briefe absendet; und da kostet es dann ebensoviel Kunst, meine Briefe in ein Couvert von Plessis hineinzuschaffen. Plessis hat mir jetzt auf den Fall ein Dutzend Couverts von seiner Hand geschickt. Ich hätte viel Ursachen, traurig zu sein, lieber Clairant; aber, der Himmel mag das Warum wissen, ich bin's nicht. Mein Bruder ist Soldat. Sein Anblick in der Uniform hat uns viel Tränen gekostet. Meine Mutter, die seit einiger Zeit weichherziger ist als sonst, die vielleicht auch schwächer sein mag, als sie sagt, schrie laut auf, wie er in der Uniform in das Zimmer trat, ob sie gleich vorauswußte, daß er so gekleidet kommen würde. Sie bedeckte ihre Augen mit ihrem Taschentuche. Man sah an der heftigen Bewegung ihrer Brust, wie stark ihre Seele bewegt war. Mein Vater sah das an, ohne ein Wort zu sagen. Endlich stand meine Mutter auf. Sie sah ihren Sohn nicht an. Sie ging zu ihrem Manne, ergriff seine Hand und sagte mit einer gebrochenen Stimme: »Gott gebe, daß alles gut geht! Oh, es wäre wahrlich zu viel.« Mein Vater schien doch ein wenig erschüttert. Es war sein Wille, daß Plessis Soldat wurde. Dann wandte sie sich auf einmal zu Plessis, faßte ihn an ihre Brust auf, benetzte die Uniform mit Tränen und sagte dann zu meinem Vater: »Es war doch auch mein Sohn!« Jetzt faßte sie auch meine Hand, führte mich und Plessis vor meinen Vater hin und sagte mit einem unendlich rührenden Tone: »Du hast es gewollt; aber es waren doch beide auch meine Kinder!« Was sollte das, Clairant? warum auch ich? so frag ich mich seitdem. Sie schloß uns beide in ihre Arme und weinte laut und herzlich. Mein Bruder trocknete ihre Tränen von der Uniform. Sie sah das lächelnd an. »Ach«, sagte sie schmerzlich, »Gott gebe, daß nicht einmal Blut das Kleid benetze, dein armer Vater würde sehr leiden.« Sie stand in der Mitte zwischen uns dreien. Sie hob ihre Augen andächtig mit ihren Händen in die Höh: »Oh«, sagte sie, »ich glaubte deinen Willen, heiliger Gott, besser zu kennen, als mein Mann; gib, daß er ihn nicht ganz verkannt hat! Und hat er ihn verkannt, sollten sie –« sie sah mich und meinen Bruder mit Tränen an, ohne zu vollenden; dann hob sie auf einmal Stimme und Auge und Hände und rief: »So gib uns Geduld und allen eine sanfte Reue.« Sie drehete sich schnell um und verließ den Augenblick das Zimmer. Meines Vaters Blick hing ohne Bewegung an der Erde. Mein Bruder sah mich gerührt an. Mir liefen die Tränen von den Wangen. Ich weiß nicht, wie mir war, ich kniete vor meinem Vater, ich weiß selbst nicht warum; mein Bruder kniete neben mir. Mein Vater zitterte. »Um Gottes willen!« rief er, »was macht ihr? Kinder, ihr bringt mich um.« Er verließ das Zimmer, ich und mein Bruder lagen da allein auf den Knien nebeneinander. Wir umarmten uns. Wir wußten nicht, wie uns geschehen war.

Seitdem ist meine Mutter stiller geworden als gewöhnlich; allein mein Vater auch wieder viel gefälliger gegen uns alle wie gewöhnlich; sogar auch gegen mich. Er nannte mich seit Koblenz nie sein Kind, seine Tochter, sondern immer Clara oder Mamsell du Plessis. Meine Mutter nannte mich dann gerade: mein liebstes Kind. Jetzt heiße ich auch so von meinem Vater. Glaub Du mir, Clairant, meine Mutter ist eine heimliche Freundin unserer Liebe. Ach, sie schließt mich oft mit einem so herzlichen Mitleiden in ihre Arme, daß nichts mehr fehlt, als sie nennte Deinen Namen noch.

Sieh, das alles macht mich noch manchmal so heiter, daß ich mich vor Freude und Mutwillen nicht zu lassen weiß; und zu dem allen nun das reizende Frühjahr und die schönen umliegenden Gegenden, die nun nachgerade unter den tausendfachen Schlägen der Lerchen grün werden. Auch lern ich jetzt recht viel Deutsch. Das Lesen ist schwerer als das Sprechen. Wir wohnen bei einem Geistlichen, der seine Nichte, ein junges, munteres Mädchen, bei sich hat. Es reden sehr viele Deutsche französisch, nur reden sie immer, als ob jemand predigt, und dagegen reden sie ihre Sprache so entsetzlich schnell, daß man nicht einmal die Töne genau hört. Ich muß immer laut auflachen, wenn das Mädchen mir den Vorwurf macht, daß ich so schnell französisch rede, und mir den Deutschen zum Beispiel vorhält. Du weißt, wie langsam ich gewöhnlich rede. Sieh, mit dem Mädchen lauf ich nun täglich umher, einen Tag französisch, den andern deutsch. Ich lerne aber, sieh, wie vorsichtig ich bin, auch mit den Bauernweibern reden, und man fängt mich an nachgerade zu verstehen. Man lächelt noch wohl ein wenig; aber man lacht doch nicht mehr. Ich denke, ich rede jetzt ebensogut wie Du, Clairant; und im Elsaß, sagt man mir, soll das Deutsch nicht einmal viel taugen.

Du mußt nur nicht glauben, daß ich gar nichts tue als lachen: nein, manchmal spiel ich auch die Kopfhängerin, und dann holt man

ich bebe vor Angst. Rette Dich, Clairant, rette Dich! Fliehe in Clarens Arme, hier wohnt Friede und Ruhe und Liebe. Ich habe mich hier schon nach einsamen, verschlossenen Gegenden erkundigt. Hier sind keine, sagt mir meine Freundin, und wenn ich wieder die blauen Bergrücken ansehe, die rund um Mainz her liegen, so zweifle ich an ihrer Aussage. Sie kennt nichts um Mainz her als die Spaziergänge, als die Orte, wohin die meisten Menschen gehen; sie wundert sich, daß ich nach einsamen, tiefen Tälern frage. Ach, Clairant, ich denke an die Zeit zurück, da ich um Pillon her auch nichts kannte als den Weg nach Châtillon, nach nichts fragte und glaubte, man dürfte nur jedem Wege folgen, weil jeder Weg nach Pillon auf den Park losgehen müßte. Ach, daß ich es nie nötig gehabt hätte, nach pfadlosen, steilen, abgeschnittenen Einsamkeiten fragen zu dürfen!

Antworte bald, Clairant, und besonders auf die Hauptsache: ob Du bald, sogleich kommen willst, wenn die Armeen in Frankreich einbrechen. Noch ist es nicht gewiß, ob mein Vater die Armee begleiten oder bei uns bleiben wird; noch ist es nicht gewiß, ob wir hier in Mainz bleiben oder nach irgendeinem andern Orte gehen werden. Warte also ja noch einen zweiten Brief von mir ab. Ach, Clairant, wenn nun der Augenblick da ist, da ich in Deine Arme fliege, um ewig drin zu leben, wie wird mir dann sein? Wohl, wohl, hoffe ich; aber auch ein wenig ängstlich, denn meine arme, gute Mutter – aber wird sie nicht vermuten können, wo ihre Clara ist, und wenn sie es weiß, wird sie dann nicht glücklich sein? Nein, mir wird wohl, sehr wohl sein, Clairant. Mein Bruder geht nach Flandern zur Armee. Ich zittere vor der Stunde, da er Abschied nehmen wird. Aber mußt ich doch von dir Abschied nehmen und starb nicht vor Schmerz. Sie wird weinen, meine gute Mutter; aber nicht sterben. Ich bitte Dich Clairant, rette Dich, ehe die Gefahr einbricht.

Clairant an Claren

Clara, ich hatte geschworen, mit unserer Konstitution zu leber
zu sterben. Man rief in unserm Distrikte die jungen Leute zur
digung des Vaterlandes auf. Da standen sie, entschlußlos, zw
viele schlugen die Augen auf mich. Meinen alten schwachen
meinen Vater zählt man unter die Verdächtigen. Ich er
Fahne, ich rief: »Es lebe die Konstitution!« und ward S
jungen Leute folgten mir. Ich rettete meine Verwandter

Verdacht des Aristokratismus. Ich beschämte den Verdacht, der auf uns allen lag, weil wir so nahe an der Grenze wohnen. Ehre, Pflicht, Menschlichkeit, selbst die Liebc, Clara, selbst die Liebe drängten mich zu diesem Schritte; denn habe ich nicht das Gesetz zu verteidigen, das unser Glück dekretiert hat? Nein, Clara, ich darf nicht fürchten, daß Du mir Vorwürfe machen wirst. Tränen wirst Du vergießen; weine sie, weine sie, Clara! Tausend Augen stehen in dieser schweren Zeit voll Tränen; warum wollten wir allein das Recht haben, mit trocknen Augen dem Sturm zuzuschauen, der auch unser Schicksal entscheidet? Wie? ich soll in der Ferne mutlos dastehen und zusehen, wie andere den Baum pflanzen, dessen Blüten mein Haar bekränzen, dessen Frucht mich ernähren soll? Wie? Clara soll glücklich werden, und ich soll nicht sagen können: das tat ich? das tat Dein Clairant? Feigherzig, wenn unsere Glückseligkeit befestigt ist, soll ich Dich über unsere glückliche, freie Grenze herüberstehlen, in der Nacht mich mit Dir herüberschleichen? Weil ich keinen Anteil an der Glückseligkeit genommen habe, die allein für mich dazusein scheint? Nein, Clara, mit Triumph will ich Dich herüberführen, in die Mitte des Tempels der Freiheit will ich Dich hinstellen, und niemand soll es wagen, Dir den Platz zu versagen, den mein Arm Dir errungen hat.

Ich ward Soldat, weil ich Claren liebte, weil ich Claren verdienen wollte, weil ich Sohn, weil ich Mensch, weil ich Bürger bin. Mein Vaterland, seine Verfassung ist angegriffen, die ich beschwor! Nein, Clara, ich habe recht. Ich zittre nicht mehr, Dir zu sagen, daß wir morgen aufbrechen, dem Feind entgegen; ich zittre nicht mehr, Dir zu sagen, daß ich bei der Avantgarde stehe. Clara ist der Preis meiner Tapferkeit, Clara der Lorbeer, den mein Arm erfechten wird.

Meine Mutter vergoß Tränen an meinem Halse, wie ich in der Uniform zurückkam: aber bald waren es Tränen der Freude. Mein Vater segnete mich. Selbst mein kranker Oheim streckte mir beide Arme von seinem Lager entgegen und schloß mich billigend an seine Brust. »Du wirst von jetzt an«, sagte er, »für dein Vaterland fechten, wie ich beständig für sein Wohl gebetet habe. Ich glaube, mein Sohn, du hast dein Vaterland im Sinne gehabt, wie du die Waffen ergriffest, und nichts anders. Nun dann, mein Sohn, so kann auch die Stunde kommen, wo die Waffen niederlegen für das Vaterland kämpfen heißt. Verstehst du mich? Wie? wenn nun der Ehrgeiz Verbrechen zum Gesetz und den Kreis seiner Gewalt zum Vaterlande machen will?« Er sah mich erwartend an. »Dagegen«, sagte ich, »habe ich ja die Waffen ergriffen.« – »So zieh hin«, rief er dann, »so zieh hin! dein Vaterland ruft! Eine fremde Hand mag mein Auge zudrücken; deine Hand fordert dein Vaterland!«

Vor meiner Abreise rief er mich noch allein. Er entdeckte mir den Ort, wohin er sein Vermögen verborgen hätte; er setzte mich darüber zum Erben ein, segnete mich. Seine Stimme brach dabei. Er hieß mich mit Winken gehen. Ich warf mich an seinem Bette nieder, küßte seine wohltätige Hand und ging.

Wir marschierten über Marville an der Maas nach Flandern. Unterwegs stießen noch in den Distrikten junge Leute zu uns. Ich wartete mit Sehnsucht auf den Tag, an dem wir Lafayetten vorgestellt werden sollten. Ich war fest entschlossen, ihm meine Liebe zu Dir zu entdecken und ihn zum Beschützer unsrer Verbindung zu machen. Ich zitterte, daß ich ihn nicht sehen möchte. Der Zufall nahm sich meiner an. Der Deputierte, der uns begleitete, übergab bei unsrer Ankunft die Schriften über uns. Der General, es war Lafayette, durchlief die Briefe von den verschiedenen Distrikten. Wahrscheinlich hatte man mich empfohlen. Nachdem er die Briefe gelesen hatte, sah er uns der Reihe nach an. »Der Bürger Clairant aus Châtillon!« rief er nun. Ich trat vor. »Dein Beispiel«, fing er lächelnd an, »gab dem Vaterlande eine Anzahl Soldaten. Es ist billig, daß dein Vaterland dankbar ist. Du bist der Anführer deiner Landsleute!« Er nahm mich bei der Hand, um mich ihnen vorzustellen. In dem Augenblick, ich hörte kaum, was er sagte, fühlte ich, ich wollte ihm von Dir erzählen, und doch widerstand ich weiß nicht was. Tränen traten in meine Augen. »Hast du mir etwas zu sagen, mein Sohn?« fragte er, mich starr ansehend. »Ja«, rief ich, »ich fordere Gerechtigkeit, ich fordere Menschlichkeit von meinem Vaterlande!« Er sah mich erwartend an. Ich erzählte ihm, so kurz ich konnte, meine Liebe zu Clara du Plessis und meinen Wunsch und meine Gründe, Dich von dem Blutdekrete gegen die Ausgewanderten ausgenommen zu sehen. Er lächelte. »Gut, mein Sohn«, sagte er, »das erstemal, da wir beide siegend auf dem Schlachtfelde stehen, erinnre mich wieder an deine Liebe, und ich stehe dir für die Menschlichkeit deines Vaterlandes.«

Siehst du, Clara, er selbst hat Dich zu dem Preise eines Sieges gemacht, zweifelst Du, daß ich siegen werde? Und wird Deine Hand nicht vor ungewohnter Wollust zittern, wenn sie um meinen Lorbeer die Myrte flicht? Nein, Clara, ich mußte tun, was ich tat. Deine Unruhe ist mein Kummer, aber ich bereue nicht, was ich tat. Sieh, Clara, hier sitze ich in einer verfallenen Hütte in einem Gehölz. Ich habe mich von meinen Gefährten weggestohlen. Hier sitze ich, alle meine kleine Feldhabseligkeiten um mich her ausgepackt, vor einer Tonne, auf der ich schreibe. Da liegen Deine teuren Briefe vor mir; das einzige, was ich schätze von allem, was ich habe. Da liegen sie, voll von den Spuren Deiner Liebe und von den Spuren meiner Tränen, mit denen ich sie oft benetze. Einige Blätter Papier zu Briefen, an Dich bestimmt, liegen neben ihnen. Ach, ich fühl es, ich muß immer haushälterischer werden. Und wie reich bin ich dennoch? Deine Briefe, Dein Bild, ein paar Federn, ein paar Tropfen Tinte, einige Blätter Papier; und dann dies volle, volle, gesättigte, reiche Herz, Clara, das Dich über alles liebt. Wir liegen in einem Walde. Wir haben uns Hütten von Baumzweigen erbauet, denn nur der kleinste Teil der Armee hat Zelte. Jetzt, Clara, fühle ich es, jetzt fühle ich es, daß Deine ahnende Liebe recht hatte. Ach, wenn die Liebe zum Vaterlande lehren kann, die notwendigen Bedürfnisse entbehren, was würde nicht die Liebe zu Claren können? Ach, denk ich oft, wenn ich in die Hütte hineinkrieche, wenn ich nun dasitze, gegen die Kälte durch das Feuer vor der Hütte geschützt, was würde dir hier mit Claren fehlen? was bedarfst du mehr als eines Lichtstrahls, der ihr schönes Gesicht erhellt, als des Raumes, deine Arme um sie zu schlingen? Hier sitz ich, in einer Hütte, welche die Eile für einen Tag nur erbauete, überall noch offen, überall noch schwankend, vor mir die Feinde, die mir keine Stunde anhaltenden Schlaf gönnen; und dennoch bin ich heiter und ruhig.

Ach, Clara, welch ein Zustand müßte das sein, in dem Deine Umarmung, der Ton Deiner Stimme, Dein bloßer Anblick mich nicht fröhlich machen würde! Und nun, die Entscheidung unseres Schicksals ist nahe; vielleicht auf einem andern Wege, als Du glaubst; aber doch nahe. Laß uns auch verschieden darüber denken, Clara, so ist doch Entscheidung das, was wir beide hoffen, an dem unsre Glückseligkeit hängt; und die Entscheidung bringt die Zeit. Ich freue mich, Clara, daß Du so heiter bist. Nein, Clara, ich hoffe, wir wollen nicht in einer pfadlosen, menschenleeren Einsamkeit unser Leben zubringen, nein! Du sollst Châtillon, du sollst Pillon wiedersehen. Menschen sollen unser Glück sehen, und wir wollen sie lehren, daß treue Liebe das süßeste Glück auf Erden ist.

Dein Bruder geht nach Flandern, schreibst Du? Noch wissen wir nichts von einem Korps Ausgewanderter. Was gegen uns steht, sind kaiserliche Truppen. Gut, Clara, er streitet um Ehre, ich um Glück; und würdest Du Tränen vergießen, wenn der Himmel uns vielleicht darum gegeneinander führte, daß einer von uns den andern retten sollte? O Clara, wie würdest Du jauchzen, wenn Dein Clairant den Hieb auffinge, der Deines Bruders Leben rauben sollte! Er kommt nach Flandern? Seltsames Geschick, das meinen Freund mir gegenüber stellt! Vielleicht ist das Geschick gerade Wohltat, Barmherzigkeit. Clara, ich bin ein Kind; aber was meinst Du, wenn ich Deinem Bruder das Leben rettete, was würde Dein Vater sagen? Würde er den Retter seines Sohnes Sohn nennen? Ach, warum sieht er dies Herz nicht, dies Herz, das ihm so gern mit Liebe seine Einwilligung abdränge? Warum muß der Mensch Taten tun, die der Zufall gibt, wenn er ein Herz hat, das mehr wert ist als eine solche Tat? Ich habe das Herz, mich tausendmal für Plessis in die fliegenden Kugeln zu stürzen; warum muß es dem Menschen an Kraft gebrechen, dem Glück eine solche Tat abzudringen? Warum rührt uns eine zweideutige Handlung und das Herz nicht, das jeder Handlung erst den Stempel geben muß? Sieh, so schwärmt meine Phantasie, bezieht alles auf Dich, leitet mit der Allmacht des Himmels den blindesten Zufall, und – doch was nicht Zufall ist, was nicht unter der Herrschaft der Vergänglichkeit steht, das bist Du, Clara, Dein Herz, Deine Treue. Warum sollt ich Fremden etwas danken, was eine so große Wollust ist, wenn ich es Dir allein danken kann? Mein Glück, meine Ruhe, mein Leben, mein alles!

Mein Vater hat versprochen, meine Briefe richtig nach Mainz zu schaffen oder wohin Ihr geht. Ich sende diesen unter der Adresse Deiner Luzie. Meine Briefe sende an meinen Vater.

Clara an Clairant

Noch immer hab ich keine Antwort von Dir. Wir sind wieder in Koblenz, lieber Clairant, und wir wohnen wieder in unserm alten Logis am Rhein. O wie freute ich mich, Clairant, daß ich wieder bei den Menschen wohnen darf, die ich schon kenne, die mich und jetzt auch Dich lieb haben. Ach, Clairant, wie unendlich groß war meine Freude, wie mir das Mädchen im Hause erzählte, daß sie Dich kannte. Ich habe lange nicht eine so reine Freude gehabt. Sieh, gleich den andern Tag kam sie zu mir auf mein Zimmer. Sie fing mir an zu erzählen, ohne mir aber Deinen Namen zu nennen, was sie mit Dir erlebt hatte. Sie erzählte mir, daß Du da auf dem Steine gesessen, nach meinem Fenster mit Tränen in den Augen hinaufgesehen hättest. »Ein junger Mensch?« fragte ich, »nach meinem Fenster?« Nun sagte sie mir, daß Du dann auf einmal aufgesprungen wärest und hättest Dich wollen in den Rhein stürzen. Sieh, noch wußte ich immer nicht, vom wem die Rede war. Nun aber sah sie mich starr an und sagte: »Und dieser junge Mensch hieß Clairant!«

»Clairant?« schrie ich, »Clairant?« In dem Augenblick war mir alles deutlich. Ich faßte das Mädchen beim Kopfe, umarmte sie voll Entzücken, tanzte mit ihr umher. Die Freude machte mich wirbelnd. »Clairant hieß er!« rief sie, und ich antwortete: »Ja, Clairant ist es!« Nun aber fing ich an, mich nach den näheren Umständen zu erkundigen, und so wie sie erzählte, kamen mir denn doch Tränen in die Augen. Ich danke Dir, Clairant, für Deine Liebe, für Deine treue Liebe. Ach, mich hat es sehr gerührt. Oh, ich kann mir's sehr deutlich denken, wie Du da gesessen hast auf dem Steine und an mich gedacht. Jetzt sitze ich alle Abende auf Deinem Steine und denke dafür an Dich, und dann hüpft das Mädchen aus dem Hause und zischelt mir ins Ohr: »Der junge Mensch hieß Clairant, der hier auf dem Steine saß!« Sie neckt mich unaufhörlich mit Dir. Bald hat sie noch Tränenspuren auf dem Stein gefunden; dann zeigt sie mir ein Blatt Papier, das Du verloren hast. Ich Närrin weiß, daß es Possen sind, und dennoch hasch ich wie ein Kind nach dem Papiere und suche auf dem Stein umher nach einer Tränenspur. Ach, und wenn sie sich nun hinsetzt und Dich zu loben anfängt; anfangs tue ich, als ob mir's gleichgültig ist; dann aber, denn sie hört nicht auf, muß ich denn doch aufstehen und sie für Dein Lob umarmen. Mir dringt das Lob ins innerste Herz. Sie weiß das, und wenn sie will, so verfehlt sie meine Liebe nicht.

Sieh, und welchen Vorteil ich schon von meinem Deutschreden habe. Ist mein Vater oder meine Mutter gegenwärtig, husch, ein paar Worte Deutsch über den jungen Menschen und über sein interessantes Gesicht! Mein Vater sieht es gern, wenn ich deutsch rede. Das erste Mal, da er mich so reden hörte, geriet er in ein lebhaftes Erstaunen. Ich redete mit dem Schiffer auf unserer Rheinfahrt deutsch. Er mußte mir die Orte nennen, an denen wir wegfuhren. Sieh da, bald hätte ich unsere reizende Wasserreise vergessen. Wir fuhren von Mainz zu Wagen ab. Auf der ersten Station aber ward meiner Mutter übel. Sie hatte das Stoßen des Wagens nicht vertragen können. Wir haben keinen eigenen Wagen mehr. Mein Vater war in Verlegenheit, bis die Wirtin, wo wir abgetreten waren, eine Reise auf dem Rhein vorschlug. Mir ward angst und bange bei dem Vorschlage; allein die Wirtin, die ich nachher noch einmal allein nahm, versicherte, daß nicht die kleinste Gefahr bei dieser Reise sei.

Wir nahmen einen Nachen, eine Art bequemer Gondel, in der wohl zwanzig Personen bequem bleiben können. Mama bekam einen Lehnstuhl; wir übrigen (es waren unserer ungefähr zwölfe) setzten uns auf Bänke, welche an der Seite des Nachens festgemacht sind. Wie wir an den Hafen gingen, sagte ein Bekannter zu mir: »Sie werden es nicht bereuen, die Reise gemacht zu haben.« Und er hatte recht! Zu wiederholen, Clairant, was ich gesehen, was ich empfunden habe, das ist nicht möglich. Der Gegenstände waren zuviel. Sieh, da fährst du hinab, so schnell, als ob dich sechs Pferde in vollem Galopp zögen, und noch schneller! denn man macht alle Stunden zwei Meilen.* Oh, man möchte ganz Auge sein, um alle die reizenden Gegenstände zu verschlingen. Man fährt nicht fünf Minuten, so sieht man auf den Felsen, die den Rhein wie eine Wand einschließen, eine alte verfallene Burg, und dann wieder eine, und so ohne Aufhören. »Ist es nicht«, fragte ein junger Franzose, der mit auf dem Nachen war, und zeigte auf eine Menge verfallener Schlösser, »ist es nicht, als ob hier auch eine Revolution gewesen wäre?« Niemand antwortete. Unser alter Jakob, den er ebenfalls in der Reihe herum bei der Frage mit ansah, nickte treuherzig mit dem Kopfe und sagte: »Ja, ja! denn es sollen auch lauter Raubschlösser gewesen sein, wie –« Ich glaube, er hätte ganz treuherzig hinzugesetzt: »wie in Frankreich!«, wenn der junge Mensch bei dem Wort Raubschlösser nicht aufgefahren wäre. Mein Vater stellte die Ruhe wieder her, und der Revolution wurde nicht weiter gedacht.

Du glaubst nicht, wie schön die Ufer sind. Ungeheure Felsenhöhen, alle mit Wein oder Wald besetzt, und von tausendfachen Formen, pressen den Rhein wie in einer Rinne zusammen. Zwischen dieser Felsenhöhle strömt er schnell dahin, in lauter Krümmen, die den schärfsten Blick, die selbst die Gewißheit, daß er fortgeht, täuschen. Sieh, vor dir scheint die Felsenwand den Rhein zu schließen. Er hat keinen Ausgang; er scheint ein ungeheurer Teich, den Felsen umge-

* Lieues.

ben. Die Täuschung ist so ganz vollendet, daß man darauf schwören sollte, man müsse umkehren; man glaubt nicht eher, daß ein Weg durch die Felsen geht,* als bis man nahe an dem letzten ist und man nun den Strom vor sich zwischen neuen Felsen sieht. Oft ist der Strom bei einer neuen Krümme so schnell, daß man befürchtet, an den gegenüberstehenden zerschmettert zu werden; eben zieht man die Brust voll Atem aus Angst, man streckt die Arme dem gefährlichen Felsen entgegen, auf den der Nachen unwiderstehlich zufliegt, man will aufschreien; und dahin fliegt der Nachen um den Felsen hin, und der breite Strom liegt wieder wie ein neuer ungeheurer Spiegel vor dem Auge da.

Und nun betrachte wiederum die schmalen Ufer. Da liegt Dorf an Dorf, Stadt an Stadt, jedes nur eine Reihe Häuser mit einem schmalen Gange vor sich hin. Vor sich den ungeheuren Strom, hinter sich die unersteiglichen Felsenmassen, die steil und schrecklich herabdrohen. Oben auf den Felsen alte Ruinen oder gar neue Dörfer oder Städte terrassenweise übereinander. Der Anblick war einzig, Menschen in diesen dem Auge so unfruchtbaren Felsen so nahe aufeinander wohnen zu sehen, so fröhlich, so glücklich. Kinder, die vor den Hütten spielten, begleiteten mit Geschrei und Händeklatschen den vorüberfliegenden Nachen.

An einem Städtchen oder Festung,** oder an beiden, eins schien unter dem andern zu liegen, ersuchte ein rechtlicher Mann meinen Vater um die Erlaubnis, mitfahren zu dürfen. Mir war es lieb; denn nun durft ich mir nicht mehr die Fabeln der Schiffer, die uns ruderten, aufbinden lassen. So stand ein Turm mitten im Rhein. Der Schiffer erzählte davon, daß sich hieher ein Fürst gerettet hätte, um einer Menge Mäuse zu entfliehen, die ihn, ich weiß nicht warum, verfolgt haben. Von einem niedlich gebauten Schlosse, das ebenfalls im Rhein zu schwimmen scheint und auf dem ich tausendmal gewünscht habe, mit Dir wohnen zu können, behauptete er, hieher wären ehedem die Kurfürstinnen von der Pfalz gebracht, um hier ihr Wochenbett zu halten. Von jeder Burg wußte er ein Märchen zu erzählen, das grotesk genug war. Ich lächelte zu seinen Gespenstergeschichten, und nun fing er an, wie die Weise dieser Leute ist, mich mit den gefährlichen Stellen im Rhein schrecken zu wollen; und

* Il faut se convaincre par soi-même, qu'il y a une route.

** wahrscheinlich St. Goar und die Festung Rheinfels.

wirklich kamen ein paar, wo der Rhein seine Rolle übernahm, und mit einem heftigen Gebrause ein Märchen von ehemaligen Gefahren an diesen Stellen erzählte.

Die ganze Gegend mit den ungeheuren Felsen auf beiden Seiten, mit den alten, zerfallenen, schauerlichen Burgen, half doch seinen Fabeln so viel, daß sie eine feierliche Stimmung hervorbrachten, und so war der Seele jede Täuschung, wenn sie auch noch so wunderbar war, willkommen; die seltsamsten Erzählungen, die märchenhaftesten Wundererzählungen erhielten hier von den Wundern, welche die Natur gebauet hatte, eine Art von Wahrheit. Alles, was man hier sah, war ungeheuer; und so paßten die Erzählungen zu dem gegenwärtigen Anblick. Selbst mein Vater, der von dem ganzen Geschwätz nicht ein Wort verstand, sagte, indem er auf eine alte Ruine zeigte: »Hier müßte man die Geschichte von Karls des Großen Zeiten lesen!«

Du kannst leicht denken, was ich glaubte hier tun zu müssen. Brach ein Tal durch die Felswand hervor, und das war oft, sieh, so wünscht ich mich hinaus in diese Kluft. Da stand eine Hütte, eine einzelne Hütte, in der Schluft des Felsens; da standen ein paar blühende Bäume, dort eine ganze Gruppe; dann dacht ich an Dich, Clairant, und wünschte, wünschte mich hinaus mit Dir unter die blühenden Bäume. Ach, Clairant, Clairant, die Zeit sollte bei uns vorüberfliegen, wie der Nachen, auf dem ich saß und wünschte. Mit Freudengeschrei, mit Händeklatschen wollten wir sie begleiten, jede Minute mit Freude beladen und glücklich sein! An dem Felsen hingen einzelne Menschen, welche ihre Reben behackten. Sie kehrten sich zu uns, sahen uns einen Augenblick an, und dann gingen sie wieder ruhig an ihre Arbeit, und wir waren vergessen. So, so wollten wir den Kummer ruhig vorübergehen lassen; einen Augenblick wollten wir ihn ansehen, dann wieder zu unsrer Glückseligkeit ruhig zurückkehren, um sie desto reizender zu finden. Ja, Clairant, so ist es! Denn ist nicht unsre Liebe unser Glück, und würde nicht der Kummer nur in der Ferne bei uns vorüberfliegen? Clairant! Clairant! wann wird die Zeit kommen! wann wird das sein!

Die zweite Hälfte der Reise lernte ich dann mehr von den Gegenständen kennen. Der Schiffer fing seine Märchen aufs neue an, und der Reisende, den wir aufgenommen hatten, führte jetzt den Faden fort, den der Schiffer ungern fahren ließ. Zuerst machte er mich aufmerksam auf die Ähnlichkeit der Felsen, die gegeneinander über standen. Das war wirklich seltsam. Es schien, als ob das eine Ufer nur eine Kopie von dem andren wäre. Wichen hier die Felsen von dem einen Ufer zurück, so taten sie es am andren auch. Hier stand ein Felsen wie ein Kegel; gegenüber stand gewiß sein Bruder. Da lief der Felsen in einem langen Rücken hin und hier ebenfalls. Daher stand beinahe Dorf gegen Dorf, Stadt gegen Stadt über. Er sagt mir nun, daß der Strom wahrscheinlich sich sein Bett in diesen Felsen selbst gebrochen habe. ›Ist es möglich?‹ dachte ich. Ich saß und sann der Idee nach. Ich dachte mir lebhaft den Augenblick, da der Strom in die Felsen, die ihn von allen Seiten umgeben, die seinen Weg hemmen, eingepreßt ist. Er wächst, braust, schäumt; Welle an Welle schlägt, schmetternd, an den Felsen, der ihm im Wege liegt. Er steigt höher, dringt endlich in eine Spalte hinein; er zerreißt den Felsen bis auf seinen Fuß hinab, wühlt seinen Grund empor; der Felsen, der himmelhohe Felsen zittert, schwankt; der Strom stößt, schlägt, zerschmettert, wütet, der Felsen stürzt. Schäumend springt der Rhein mit Felsstücken empor. Dahin rollt er in wilder Zerstörung: entwurzelte Eichen, Felsstücke schleudert er mit sich fort auf seiner neuen Bahn. Der übrige Rhein stürzt ihm nach. Wütend schießt der Strom fort, zerreißt mit der Gewalt seines Sieges den Weg, den er nehmen will, schleudert den zerbrochenen Felsen vor sich her und schafft mit seinem Überwundenen neue Siege. Das dacht ich, Clairant; ich möchte es so gemalt haben, als mein Auge es sah; ich denke, es würde ein erhabenes Gemälde werden. Um mir es glaublich zu machen, erzählte mir der Mann von den Wirkungen des Flusses im Frühjahr. Die Erzählungen waren fürchterlich, und doch wohnen Menschen an seinen Ufern und sind glücklich! Mein Vater sah meine Bewegung. Er fragte mich, was mich gerührt habe. Ich erzählte ihm, was ich gehört und, noch mehr, wie ich mir es vorgestellt hatte. Man redete allgemein von der fürchterlichen Gewalt der Naturbegebenheiten. »Dem ist doch keine Gewalt unter den Menschen zu vergleichen!« sagte meine Mutter. Jeder nickte mit dem Kopfe, als ob er diese Anmerkung bestätigte. Ein alter, hagerer Mann, den bis jetzt niemand bemerkt hatte, sagte allein: »Warum nicht? Mich dünkt, der Ehrgeiz und die Liebe brechen sich mit noch zerstörenderer Gewalt Bahnen.« Jeder wandte den Kopf in den Winkel hin, woher die Anmerkung kam. »Wenn«, fuhr er fort, »wenn ein Mitglied aus der Nationalversammlung, oder« – er schien sich selbst zu unterbrechen – »hier auf dem Schiffe wäre, der würde den Satz wegen des

Ehrgeizes bestätigen; und Sie, Mamsell – damit wandte er sich an mich – übernehmen wohl die Verteidigung der Liebe.« Ich errötete über und über. Mein Vater unterbrach das Gespräch mit einer finstern Stirn. Ich aber konnte mich doch nicht enthalten, von Zeit zu Zeit einen dankbaren Blick auf den alten hagern Mann in dem Winkel zu werfen. Und findest Du nicht auch, daß er recht hatte? Sonderbar, daß ich nicht selbst auf die Bemerkung kam! Ich saß wohl eine halbe Stunde und sann darüber nach und fühlte immer mehr, daß der Rhein, der sich in Felsen ein Bette bricht, das wahre Bild unsrer Liebe ist, Clairant.

Näher nach Koblenz zu werden die Ufer immer sanfter und sanfter. Dahin läuft schon ein Tal voll Bäume landein. Zwischen sanften Hügeln bricht schon ein kleiner Bach heraus und versinkt in den Rhein. Die großen Naturszenen haben nun aufgehört; aber noch immer bleiben die Ufer merkwürdig. Rechts am Ufer liegt ein Städtchen, wo ein deutscher Kaiser von den versammelten Fürsten des Reichs entsetzt ist, und gerade gegenüber in einem Kreise sehr schöner Bäume steht der Königsstuhl, worauf ehedem alle deutsche Kaiser gekrönt wurden. Es ist ein Saal, der ganz frei auf acht Säulen ruht; und nun stürzte für mich, für Deine Klara, ganz nah bei diesen beiden feierlich großen Gegenständen, die Lahn aus ihren Gebirgen heraus in den Rhein. Die Lahn, Clairant, an deren Ufern, in deren schönen Tälern ich Dich zuerst wiedersah. »Das ist die Lahn!« sagte mein Lehrer. »Die Lahn?« rief ich mit gewiß vor Freude leuchtenden Augen. Ich schlug die Decke, die über das Schiff herhängt, ganz in die Höhe. Ich stellte mich an das ganz offne Schiff und sah die demütige Lahn, ach, die sich so recht mit ihrem sanften, spiegelhellen Laufe zu meinem Herzen schickt, daherkommen. Ich empfing sie mit fröhlicher Dankbarkeit. Ach, Clairant, wie glücklich war ich an ihren Ufern! Ach, wenn ich nun mit meinen fröhlich eilenden Füßen sonst an ihrem Ufer wegging, um in Deine Arme zu eilen. Ach, wie ich einmal in einem so schmalen Fischerkahne mich mit Plessis übersetzen ließ, ich sah Dich schon gegenüber hinter einer Eiche stehen. Ich zitterte so heftig, daß der Kahn schwankte. Ich wollte aufspringen, und ich wäre in die Lahn gestürzt, wenn Plessis mich nicht ergriffen hätte. Ach, warum soll ich die Lahn nicht lieben, an deren stillem Ufer ich so glückliche Tage lebte! Wann, wann, Clairant, werden sie wieder zurückkehren, diese Tage, da Du hinter dem Busche stehst, zitternd auf mich hoffst; da ich Dich erblicke, zittre und dennoch,

dennoch still an dem Baum weggehe, der Dich verbirgt, weil wir noch zu nahe an der Stadt sind, da ich den steilsten Hügel heranklettere, meine Hände in die Dornen schlage, um mir hinaufzuhelfen um nur einen Pulsschlag eher an Deine Brust zu fliegen und Dir zu sagen, was ich nicht müde werde zu sagen und zu hören: Clairant, wir lieben uns! Ach, weißt Du, Clairant, wie Du meine blutende Hand erblicktest, die Dornen herauszogest, das Blut mit Deinen Tränen, mit Deinen Küssen abwuschest, die Hand zärtlich drücktest; oh, ich ärgerte mich, daß ich nicht noch einen Tropfen Blut hervordrücken konnte, um noch einmal das alles zu hören. Ich hätte gern noch einmal meine Hände in die Dornen geschlagen. Weißt Du noch, wie Du Dich, den Abend, wo es so regnete, vor unser Haus stahlest. Ach, ich hatte den Tag über getrauert. Du fingest unser Lied an, ich hörte es. Eben kleidete ich mich aus. Ich entschlüpfte meiner Luzie aus den Händen, lief ans Fenster, öffnete es und sah Dich. Ich flog die Treppe hinab, öffnete leise die Haustür. Ich schloß Dich an meine Brust. Da standen wir ein paar Minuten im Regen. Wie ich wieder hinaufkam und Luzie nichts sagte und ich also merkte, daß sie alles gesehen hatte; o wie glühete ich da vor Scham. Ich war halb entkleidet. Das sah ich erst jetzt. Ich errötete den andern Tag, wie ich Dich wiedersah; aber du hattest es nicht gemerkt, wie ich gekleidet war.

Sieh, des allen erinnere ich mich noch oft so lebhaft, und dann traure ich, daß die Tage vorüber sind, diese schönen Tage. Und nun jetzt? Sonst konnte ich mich doch allein auf mein Zimmer hinsetzen und darüber grübeln und nachsinnen; und dann vergaß ich es, wie weit Du von mir entfernt bist. Jetzt aber, wir haben nur ein einziges Zimmer, meine Eltern und ich; sieh, da kann ich nicht einen Augenblick ungestört an Dich denken. Stütze ich den Kopf, so sagt meine Mutter: »Clara, dir fehlt doch nichts?« und das sagt sie mit einem so freundlich mitleidigen Blicke, daß es unverantwortlich wäre, wenn ich mich nicht zwingen wollte, freundlich auszusehen; und ich weiß nicht warum, aber sehe ich freundlich aus, so kann ich nicht an Dich denken und eine freundliche Miene behalten. Wenn unsers Wirts Tochter heraufkommt, so geht's dann eher. Da schwatzen wir von dem jungen Menschen, der sich in den Rhein stürzen wollte. Wir schleichen in ein vier Fuß großes Kabinett, das ich jetzt mein Zimmer nenne und wo Luzie sitzt und arbeitet, da plaudern wir von unsern Liebhabern und lachen und schäkern, bis ich denn endlich schlafen gehe. Da leg ich mich denn doch recht auf mein Kopfkissen zurecht, um an Dich zu denken, und so schlaf ich gewöhnlich in Deinen Armen ein.

Mein Bruder kommt aus Flandern zurück; er wird vielleicht unter Condé Dienste nehmen. Mein Vater ist jetzt unruhiger als je; allein ich bin seine Unruhe nicht mehr. Sind es unseres Vaterlandes Umstände, unsere Hoffnungen, die ihn beunruhigen; oder wäre es gar – ach, Clairant! wäre es Mangel? Das könnte wohl sein. Unser Nancyer Wagen ist verkauft, unsere Füchse auch. Wir essen jetzt nur drei Gerichte. Überall seh ich Einschränkungen, in der Wohnung, in der Kleidung, im Tisch. Doch wir haben ja noch immer vier Domestiken und meine Mutter noch ihren Schmuck. Kein Mangel kann es nicht sein; es ist Vorsorge, Behutsamkeit; denn wenn es Mangel wäre, o Clairant! ich wäre die Unglücklichste von allen; denn ich hätte – doch ich will nicht daran gedenken. Nein, Clairant, werde Du nur nicht unglücklich. Ach, manchmal bin ich so besorgt um Euch alle, daß mir das Herz vor Traurigkeit brechen möchte. Und wenn's auch Mangel ist, Clairant; nun, mein Vater erhält ja seine Güter wieder. Sein Park wird ihn schmerzen; aber er wird ja wieder so reich, daß er seinen Park und auch mich vergessen kann. Denn, Clairant, wenn er Mangel hätte, o Gott!, meinst Du, daß ich ihn auch dann verlassen müßte? Manchmal zittre ich und beb ich, wenn ich Dinge denke, die – nein, Clairant, es wird alles gut gehen! Brach doch der Rhein sich einen Weg durch ungeheure Felsen, und unserer Liebe sollte es an Bahnen fehlen? Nein! nein!

Clara an Clairant

Unglücklicher, Du zitterst nicht, mir zu sagen, daß Du morgen gegen den Feind aufbrichst? Du triumphierst, daß Du bei der Avantgarde stehst? Und ich liege, bleich, von Gespenstern gequält, von tausend wimmernden Stimmen eines blutigen Schlachtfeldes verfolgt, verzweifelnd auf den Knien, mitten in der Nacht, und jammre dem Himmel nur einen Strahl der allerkleinsten Hoffnung ab, den er mir versagt! »Morgen! morgen!« ruf ich, »geht er dem Feinde entgegen!«, und ich bedenke nicht, daß dieser schreckliche Morgen schon vorüber ist, daß Du vielleicht schon jetzt, da ich für Dich bete, zittre, erschrecke, verzweifle, daß Du schon jetzt vielleicht daliegst, starr – o ich Unglückliche! ich Unglückliche!

Clairant! wie war es möglich! O Clairant, warum schriebst Du nicht schon lange, Du wolltest Soldat werden; meine Tränen, meine Angst hätten Dich längst wieder nach Châtillon zurückgebracht! Dieses schreckliche Wort, ›Morgen‹, hätte nicht mein Gehirn zerrüttet, mein Herz zerschmettert, mein Wesen zerstört. Warum behieltest Du nicht den Brief wenigstens noch einige Stunden und schriebst mit ein paar Worten: ›Der schreckliche Morgen ist vorbei, ich bin gesund!‹ Warum sendest Du mir, Clairant!, dieses folternde Gift, diese entsetzliche Angst? Sieh, mein Herz schlägt laut, schmerzlich an meine Brust, wenn jemand die Lippen öffnet. Ich zittre, er wird sagen: »Clairant ist tot!« Sieht jemand mich an, so erbleiche ich. Jetzt, glaub ich, will er mir Deinen Tod ankündigen. Die Zeitung setzt mich in ein Fieber. Ich finde mich oft mit Angstschweiß begossen, dann sind meine Hände tot vor Todeskälte. Kein Bissen Essen will hinab. Es ist, als ob der Schmerz mich sättigte! Eine marternde Unruhe jagt mich unablässig hin und her.

Nein, es ist nicht Liebe, es ist ein törichter Ehrgeiz, der Dich treibt, ein törichter, grausamer Ehrgeiz, der mich noch töten wird. Laß mich Dir den Preis sagen, den Du erkämpfen wirst. Die Angst um Dich wird den zarten Faden meines Lebens noch aufreiben; Du wirst den Lorbeer, den Du ersiegen willst, unter die Blumen mischen, die eine mitleidige Hand in meinen Sarg streut, und Deine Verzweiflung wird der Preis sein, um den Du jetzt kämpfst! Mit Triumph willst Du mich hinüber in Dein freies Vaterland führen? O Du Unglücklicher! Triumph? Laß mich in Schande gehüllt mit Dir lieber an die Enden der Erde fliehen, als mit diesem Triumphe, den meine unsägliche Angst, den meine Verzweiflung bezahlen muß, die Stufen eines Thrones betreten! Du glaubst, mit freudigem Zittern werde meine Hand die Myrte um Deinen Lorbeer schlingen? O hüte Dich, Clairant, daß Deine zu rasche Hand die Myrte nicht zerreißt, die Du hoffst, und daß sie nicht gezwungen ist, einen Kranz von Zypressen um meine Urne zu flechten. Bedenke, Clairant, bedenke, welche Erschütterungen mein Herz schon ertragen hat. Ich fühle mich matter, als Du glaubst. Denke, daß ich jetzt bei meinen Eltern bin; daß ich jede Träne in mein Herz zurückdrängen muß, daß ich die Angst meines Herzens wie ein Verbrechen zu verbergen gezwungen bin. Ich muß lächeln, ach! ich fühle es, mit jedem Lächeln reißt ein Faden meines Lebens. Bedenke das, Clairant, o ich bitte Dich, bedenke das!

Ich bitte Dich mit aller Kraft meiner Liebe, schreib mir bald, und schreib mir Trost, Trost, Trost, daß Deine Clara nicht durch Dich verzweifeln muß. Clairant, was hat meine Liebe mit Schlachten, mit Blut zu schaffen? Clairant, Clairant, jetzt rufe ich Dir im Ernst mit einem im Innersten aufgereizten Herzen zu, mir meine Liebe zu vergelten, die Waffen niederzulegen, die Du nie erheben kannst, ohne nicht jedesmal mein Herz zu treffen. Jetzt rufe ich ernstlich; Deine Geliebte, Deine Clara, welche Eltern, Glück, Rang, alles, was Menschen teuer ist, Dir aufopferte, ruft Dir zu:

»Kennst du ein Vaterland, Grausamer! ohne mich?«

Antworte, Clairant, bist Du mir nicht alles, alles schuldig? Mußt Du mir nicht alles, alles aufopfern? O Clairant, soll ich mit Dir rechnen? Ist es dahin gekommen, soll Clara auf den Knien Dich bitten, sie nicht zu ermorden? Clairant, mußt Du mich täuschen, wie man ein Kind täuscht? Du könntest meinen Bruder retten? Gut! aber kannst Du ihn nicht ebensogut ermorden? Und willst Du noch eine neue Scheidewand zwischen meinem und Deinem Herzen errichten, das Blut meines Bruders und Deines Freundes? Soll ich endlich, wenn ich nun in Deine Arme falle, mit Verzweiflung hineinstürzen, weil es die Arme des Mörders meines Bruders sind? Ach, Gott! mein Vater betrachtet mich mit Mitleiden, meine Mutter ist von meiner Liebe gerührt, Luzie vergießt Tränen um mich. Alles, alles beklagt mich; soll ich Dir allein zurufen »Clairant! Du allein hast kein Gefühl?« (et crier à Clairant, toi seul n'a pas un cœur.)

Soll ich Dir meine Lage beschreiben, Clairant? Meinen Sinnen ist jeder Gegenstand verlorengegangen; ich sehe das, was mich umringt, meinen Blicken zerrinnen wie Gespenster, die nach und nach verschwinden, und meine gedankenlose, verirrte Seele wohnt ganz allein auf dem Schlachtfelde, wo Du liegst, und beschäftigt sich mit Deinen Seufzern, mit Deinem Röcheln und mit den Blutstropfen, die aus Deinen Wunden dringen. Das ist mein Bild! Wenn Du kannst, so denke Dir auch meine Empfindungen. Ich gehe die Nächte umher im Zimmer; denn meine seidne Decke scheint mir schwer wie ein Fels zu sein. Ich erschrecke, wenn ich meinen Blick in den Spiegel werfe. Meine Augen sind hohl, meine Wangen bleich. Ach, Clairant, der Tod dürfte nicht viel mehr tun, um mich zu seiner Beute zu machen.

Das bedenke, Clairant. Weiter habe ich Dir nichts zu sagen. Ich strecke meine Arme nach Dir aus, ich bete für Dich; und wie ich für Dich gelebt habe, Clairant, für Dich allein, so werde ich auch für

Dich sterben können, und meine sterbenden Lippen werden noch sagen: »Ich liebe Dich Clairant!« O Clairant, schreib, schreib und leg die Waffen nieder, oder soll ich endlich mit brechendem Herzen sagen: »Nur im Grabe wohnt Fricden für mich!«
(O mort, la paix du cœur n'est donc que dans tes bras!)

Clairant an Claren

Ein Gefangener, der heute zurückgeht, will Dir diesen Zettel senden. Noch immer habe ich keine Antwort von Dir, Clara. Dein Brief wäre eine stärkende Erquickung in diesen Mühseligkeiten. Die Armee ist unzufrieden mit den Stellvertretern des Volks. Wir haben an allem Mangel. Lafayette ist nach Paris, um, wie er selbst gesagt hat, um der Armee die Unterstützung des Vaterlandes, für das sie kämpft, zu bringen oder seine Stelle aufzugeben. Die Armee betet ihn an. Wir stehen hier müßig an der Schelde, ohne Zelte, ohne Lebensmittel, selbst ohne Waffen. Man sagt sich ins Ohr, man will erst Lafayette, dann den König stürzen, um die Konstitution über den Haufen zu werfen. Wofür hätte ich dann die Waffen ergriffen? Für einen Haufen Mörder! Hierher flog ich triumphierend, jauchzend, und nun steh ich da und mag mein Auge nicht aufheben vor grimmiger Scham. Wenn mich ein Mann fragt: »Für wen fichst du?«, bei Gott, ich habe nichts zu antworten. Mit stummen Vorwürfen betrachten mich meine Waffenbrüder, die mein Beispiel verführte. Ich wage es nicht, sie zu trösten; allein stürzen jene die Verfassung, für die ich Soldat ward, so werf ich die Waffen von mir, die dann die Hand jedes Mannes entehren, und ergreife sie nicht eher wieder, als bis Lafayette uns gegen Paris führt, die Schwüre zu erfüllen, die wir getan haben.

Ich bin gesund, Clara; eine leichte Wunde hat nicht einmal so viel Spur nachgelassen, daß ich sie Dir werde zeigen können. Ein Fluß trennt uns von dem Feinde, der ebensowenig Lust zum Fechten zu haben scheint als wir. Ach, wenn ich die Heere gegen uns bedenke, die Tausende unsrer Feinde an den Grenzen unsers Vaterlandes; die ehrgeizigen Bösewichter in Paris, wie sie alle verbunden sind, das bißchen Freiheit uns zu nehmen, das uns das Schicksal gab; wenn ich bedenke, Clara, wie schwer es hält, glücklich werden, wieviel mir noch zu tun, zu leiden bevorsteht, ehe das Glück, das mir Natur, Liebe, Vernunft, Jugend mit allen Stimmen zuspricht, das Glück,

Dich mein zu nennen, mein ist; oh! so möchte man sogleich mit einem raschen Sprunge sich aus dem ekelhaften Gedränge retten, den Tumult endigen, seine Hoffnungen alle über sein Grab hinüberwerfen und ihnen dann nachspringen. Und was ist denn die Freiheit, um die sie streiten? Ich nähme meine Hacke, behackte einen Weinberg, zehn, zwölf Stunden täglich, arbeitete in den Feierstunden für Clarens Bedürfnisse, ruhete in ihren Armen zur morgenden Arbeit und hätte doch jede Woche einen Tag, den ich an Clarens Seite wie ein freier Mann zubringen könnte. Ist der Sklav, der seinen liebsten Wunsch erreicht hat, im Sonnenscheine seiner überschwenglichen Liebe seine Kette fortträgt, nicht glücklicher als der Mann auf dem Throne, der seinen liebsten Wunsch sich versagen muß, weil er unmöglich ist? Nein, bei Gott! meine Arme kann man binden; aber nicht meine Seele. Ich wollte mit Dir, Clara, glücklich sein am Fuß des Thrones eines Bassas, und könnt ich nur alle Tage mein Auge einmal heben, um einen Deiner Blicke aufzufangen.

Ach, Clara, sie kämpfen, sie toben, sie streiten gegeneinander um Güter, die sie nicht kennen, um Schattenbilder, die sie Glück nennen. Unsre einfachen Herzen kannten das Glück. Ach, wir waren geboren, um uns irgendwo auf einer Flur oder an einem Brunnen zu begegnen, uns zu lieben, in den Schatten eines Baums uns eine Hütte zu bauen, da in den einfachen Sitten eines Naturvolkes zu leben und zu sterben. Weh uns beiden, daß wir uns in diesem wütenden Gedränge von Unmenschen trafen, die den Rang anbeten und Gold Glück nennen, die Tugend auf das Theater und die Liebe in die Romanen verbannen und keiner Klage ein mitleidiges Ohr gönnen, als die der Dichter singt! Und ist es nicht so, Clara, ist es nicht so?

Ich habe diesen Zettel an Bureau François in Koblenz adressiert; Dein Bruder sagte mir, daß dort Deine Briefe am sichersten gingen. O ich bitte Dich, Clara, schreib mir. Dein Brief ist mir, was dem Unglücklichen, den ein langer Sturm umhergeschleudert hat, der Anblick einer grünen Küste ist; und was, was, Clara, wird uns aus diesem Sturme retten? Schreib bald, Clara! Ich bitte Dich!

Clairant an Claren

Ich bin wieder in Châtillon, Clara. Deine Liebe ist befriedigt, und der Schutzgeist unsers Vaterlandes auch. Ich habe die Waffen von mir geworfen, weil ich kein Vaterland mehr zu verteidigen habe. Der zehnte August hat mein Schicksal entschieden. Dillon selbst erklärte den zehnten August für einen Tag der Schande Frankreichs; er selbst, von der Ehrfurcht gegen seinen Eid, von seinem Gewissen überwältigt, schwor, der Feind der Feinde unserer Verfassung zu sein. Er hat sich besonnen, sagt man. O mag er, mag er! Gold, Ansehen, Macht mögen ihn locken, die Furcht vor der übermächtigen, siegenden Partei mag ihn treiben, wie man sagt. Genug, ich habe die Waffen niedergelegt, um meinem Herzen genugzutun. Oh, es ist schändlich, es ist schändlich! Ich bin zurückgegangen nach Châtillon, um dort den Pflug zu treiben. »Woher kommst du, Clairant?« fragte mein Oheim. »Von dem Schauplatz der Schande!« sagte ich. Sie haben freie Menschen an die Galeere geschmiedet, um ihr Gold, um ihre Wollüste in einen sichern Hafen zu rudern. Sie verwirren die Erde, sie machen die Grenzen Frankreichs zu einem blutigen Schauspiel, um die Blicke der Nation dahin zu ziehen, damit sie ihre Beute desto unbemerkter verzehren können!

Ach, Clara, Clara! und dieser blödsinnige Haufen verdient nichts anders, als die Sklaven jenes tollen, ehrsüchtigen Haufens in Paris zu sein! Mit *einer* Stimme, mit *einem* frohen Jauchzen empfangen sie den Commissaire, der ihnen befiehlt, eidbrüchige Sklaven zu sein, wie sie ehemals den edlen Lafayette empfingen. Sie fallen einander in die Arme, sie vergießen Freudentränen, sie taumeln vor Entzücken, sie sind außer sich vor Freude, wenn das Dekret verlesen wird, das ihre Schande und den Untergang ihres Vaterlandes verewigt. O der seltsame, der abscheuliche Widerspruch: Heute heißt der Rebell und Verräter, vor dem gestern noch der tolle Haufen auf den Knien lag. Die ganze moralische Welt ist heute nacht verrückt. Laster heißt heute, was gestern Tugend war. Der Aberwitz ist so groß, daß sie heute noch das, was sie Laster nennen, Tugend nennen würden, sobald ihre Herren winken. In zahmer Geschmeidigkeit kriechen sie um den Thron her, der sie nach und nach zerschmettert. Sie haben nicht Witz genug, zu sehen, daß sie in einem Sumpfe liegen. Sie schworen der Konstitution, dem Könige, der Nation; sie schworen dem dreizehnten August, der Schande, der Sklaverei, der Willkür; sie würden morgen der Raserei schwören, wenn ein Mann mit einer Nationalschärpe sie dazu aufforderte! Wie Kinder laufen sie der bunten Seifenblase nach, heben die Hände empor, verfolgen sie mit entzückten Blicken, rufen »Schade!«, wenn sie zerplatzt, und schreien: »Mehr! mehr!«

Nein, Clara! Es ist vorbei! Wie ich wieder die Pappeln von Châtillon erblickte, ich streckte meine Arme mit einer unaussprechlichen Rührung nach ihnen aus. »O seid mir willkommen!« rief ich, »unter eurem Schatten ist mein Vaterland und nirgend anders.« Hier, wo ich meine Jugend durchlebte, hier, wo ich Claren liebte, wo ich allein glücklich war, hier wohnt meine Freiheit, hier wohnt meine Tugend, mein Dasein, die Quelle meiner Kräfte! »Nein; nur allein glücklich ist der Hirt, der hier ruhig und entfernt von den grausamen Menschen lebt; er allein entgeht der Wut ihrer blutgierigen Herzen, womit ihr Neid treulose Hände bewaffnet!«

(Trop heureux le berger, ou le sage mortel
Qui vit tranquillement loin d'un monde cruel!
Il échappe aux fureurs de ces cœurs homicides,
Dont la haine jalouse arme les mains perfides.)

Nie, Clara, habe ich mit *der* Wollust mein geliebtes Châtillon wiedergesehen als den Tag. Eine schönere, eine balsamischere Luft duftete mir entgegen. Der Himmel war hier blauer, der Boden grüner, die Quelle frischer als dort. Eine lebendige Ruhe goß sich in mein Herz mit dem ersten Schritte, den ich in den Schatten der Pappeln tat. Ich zog mit Wollust die Luft in meine Brust, die heimische Luft, diese liebliche Luft. Es war, als ob ich tausend Jahre abwesend gewesen wäre. Ich durchlief jeden Winkel, ich setzte mich in jeden Schatten, ich kostete die reine Quelle. Mir war, als ob ich jahrelang in einem finstern Gefängnisse zugebracht hätte, und dies wäre der erste Augenblick meiner Freiheit gewesen.

Ach, wenn ich hier nun im Schatten von ein paar Ulmen liege, über Welt und Menschen nachsinne, immer gewisser, immer fester wird mir's dann, daß die Vorsehung für Frankreich, für die Menschheit das Los nicht warf, worauf die Philosophen so stolz sind, die Verbindung von ganzen Millionen Menschen zu *einem* Volk. Der tollkühnste Ehrgeiz faßte die Idee zuerst, mehr Menschen zu beherrschen, als sein Blick übersehen konnte; er traute sich der Vorsehung allsehendes Auge zu, oder er beredete die treuherzigen Sterblichen, die er seinem Zepter unterwarf, dazu. Dadurch eben wird allgemeines Glück eine Unmöglichkeit. Ehrgeiz und Geldgier treiben ohne Vorwürfe ihr Spiel, schlagen alle Tage der stillen, einfachen Tugend, der Menschlichkeit neue Wunden, gewöhnen des Menschen Blicke an das Laster, welches der Ehrgeiz mit allen Schätzen der Kunst ausschmückt. Die häusliche Tugend zerrinnt, das einfache Glück, das Liebe und Ruhe gibt, wird unter dem vollen Gejauchze der frohlokkenden Ehrgeizigen schmacklos. Man rennt in das Gedränge, man will mit genießen, man taumelt den Weg des Lasters, der Verbrechen, weil diese zum Tempel des Glücks führen. O wenn ich bedenke, daß die Dörfer, von dem Ufer dieses Flusses bis an jenen Bach, von dem Gebüsche hier im Tale bis an jenen Berg, zusammengehörten; Arbeit und Glück, Ruhe und Zufriedenheit würden sich in schöner Eintracht über das Völkchen verbreiten. Die Oper wäre nicht erfunden; die Bildhauerkunst würde noch in ihrem rohesten Anfange liegen; kein Marmorbruch würde geöffnet werden: aber die Liebe, die Natur, das Glück würde sie Spiele, würde sie Vergnügungen lehren, die keine Angst vergällte, keine Sorge und keine Reue vergiftete. Ach, Clara, unter diesem Völkchen hätte ich Dich gesehen, ich hätte Dich geliebt; leichte, einfache Beweise meiner Liebe würden Dein Auge auf mich gezogen haben. Ich hätte Deine Türe mit Blumen bekränzt, meine schönsten Lieder hätte ich an Deinem Fenster gesungen, auf Deinem Lieblingsplatze hätte ich Dir eine Laube gebauet, einen Strohhut hätte ich Dir geflochten, einen Stab geschnitzt oder einen Becher zum Trinken. Sieh, das alles hätte ich getan, um Dir zu sagen: »Ich liebe Dich.« Meine Treue, meine Redlichkeit, meine stille Zärtlichkeit würden Dein Herz gerührt haben. Du hättest mir zugelächelt, hättest mir die Hand gedrückt und endlich mir gesagt: »Ich bin Dein!« Triumphierend hätte ich Dich dann in meine Hütte geführt, und an meinem Freudenjauchzen hätte es denn das Dorf gehört, daß Du mein wärst. Kein Vater würde dann fragen, wie hieß dein Eltervater, wie hieß deine Stamm-Mutter? Mein Adel war meine Gesundheit, meine Jugend, meine Stärke; und Dein Adel Dein Liebreiz, Deine Unschuld und Deine Sanftmut.

Nenne das nicht Ideal, Clara; nenne es nicht einen täuschenden Traum, meine Geliebte. Kannst Du mir nicht beweisen, daß diese Vorstellung der Natur des Menschen, seiner moralischen Natur widerspricht, kannst Du nicht beweisen, daß dieser Zustand ein unmenschlicher oder ein elenderer Zustand für den Menschen ist als der jetzige; so ist es kein unerreichbares Ideal, oder die menschliche

Weisheit müßte weiser sein als die Gottheit oder gütiger und wohltätiger als die ewige Güte. Dann hätte ja der Mensch einen weiseren Plan für des Menschen Tugenden und für sein Glück gezeichnet als die Vorsehung selbst. Nein, ist dieser Zustand begreiflich, enthält die Vorstellung dieses einfachen Glücks nichts Unmögliches, ist es menschliches Glück; so hat es die Vorsehung uns bestimmt, so muß es erreicht werden, so wird es erreicht. O der Glücklichen, die den Zeitpunkt erleben! –

Was ist denn Göttlicheres in unserer Natur als Liebe, Wohlwollen, Freundschaft? Und welchen andern Schauplatz sucht die Liebe, die innige Freundschaft, als die Unschuld dieser verlachten Schäferwelt? Soll die Vernunft, sollen die Wünsche, die Ahnungen der Unschuld, der Liebe weniger beweisen als die schlaue Berechnung des Lasters, das seinen Wirkungskreis zu dem Schauplatz macht, den die Vorsehung dem Menschen bestimmte? Erlebt nicht jeder Mensch eine Epoche in seinem Leben, und gerade, wenn er das Gefühl aller seiner erwachten Kräfte hat, wenn alle Hoffnungen leben und fordern; erlebt er nicht einen Zeitpunkt, wo ihn alle Kräfte, alle Hoffnungen in den engsten Kreis der Liebe, der Freundschaft, der Einsamkeit und in den Genuß einer Unschuldswelt mit Gewalt hineindrängen? Und soll dieses lebendige Gefühl, dieser allgemeine Instinkt, dem keiner an Stärke gleichkommt, nicht soviel Recht genießen als die Sophisterei einer Beredsamkeit, die erfunden zu sein scheint, um den Menschen für den Verlust seines schönsten Glückes mit der Notwendigkeit nicht zu trösten, sondern nur vor der Verzweiflung zu bewahren? – Nein, Clara, es ist kein Traum, den ich träume. Es ist Wahrheit. Es ist ein Gott, sagte ein Philosoph, denn ich kann ihn denken. Ebenso wahr ist es, wenn ich sage: es ist ein menschliches Glück, was ich denke, weil ich es denken kann! Laß mir einen Philosophen diesen Satz umwerfen! Ihm sprechen alle meine Gefühle, meine Wünsche, meine Hoffnungen, meine Vorstellungen von Glück und Tugend zu. In diesem Kreise könnte die Menschlichkeit, die Tugend gedeihen! Hier allein fingen Tugend und Glück an, Blüten und Früchte *eines* Baumes zu sein, und wir dürften nicht erst ein trostloses Auge auf die dunkle Ewigkeit werfen, um Tugend die Quelle des Glücks zu nennen, wie es doch sein muß, Clara, sein muß, wenn wir an die Gottheit glauben sollen.

Oh, daß Laster die Kraft hat, mir, mir und Dir, Clara, dies Paradies zu zertrümmern, das wir sehen, das wir wünschen, nach dem wir ringen! Das Paradies, das wir jetzt allein in einer menschenleeren, also auch in einer tugendleeren Wüste suchen müssen. Und wenn wir es nur fänden, Clara, oh, es sollte uns dennoch nicht an Gegenständen unseres Wohlwollens, unserer Menschlichkeit fehlen. Mit den Tieren umher wollten wir den Bund machen, den die Menschen verspotten: den Bund der Liebe, des Wohltuns, der Hülfe. Sicher um uns her sollten die Vögel nisten; wir wollten ihnen Futter sammlen; wir wollten sie schützen vor den Raubtieren; wir wollten die Götter unserer Wüste, aber auch die Schutzgötter aller empfindenden Wesen werden!

Mir stehen Tränen bei dieser Vorstellung im Auge, Clara; ein Beweis, wieweit ich noch entfernt von der Wirklichkeit bin! Und Du, Clara, Du fühlst ebendas. Ach, Dein Herz wird sich in diesem Briefe wiederfinden. Je öfter ich Deine Briefe lese, Clara, je mehr sehe ich, daß uns die Vorsehung füreinander schuf und daß es die abscheulichste Tyrannei ist, mir mein Gut vorzuenthalten. Sieh, da stehst Du an den Tälern der Lahn und bauest Dir ebendas Paradies, das ich hier für uns unter den Bäumen zu Pillon aufbaue. O Clara, wir würden es an jeden Ort der Welt mit uns hintragen; denn es ist unser Herz, unsere Unschuld, unsere Einfalt, denen wir überall auf der Erde jeden Wohnplatz gerecht finden. Ein Baum, ein Hügel, eine Hütte, einfache Menschen, denen wir Gutes tun könnten: das ist alles, was wir bedürfen; und das ist unser Elend, daß jeder glaubt, wir bedürften mehr, und uns hindert, glücklich zu sein.

Ich lebe jetzt ruhig und in der Stille. Das preußische Heer steht, sagt man, bei Luxemburg. Ich bin resigniert. Man flüchtet von allen Seiten. Auch mein Vater ist entflohn. Mein Oheim bleibt noch immer krank. Die Mönche sind alle fort. Er lebt noch allein auf der Abtei. Ich bin sein Krankenwärter. »Clairant«, sagte er neulich, »fliehe, fliehe!« Ich lächelte: »Und wer sollte Ihrer pflegen?« Auch wenn er nicht krank wäre, ich würde nicht einen Schritt weichen. Und so ist es besser; ich tue meine Pflicht! Truppen sind nicht hier. Dumouriez steht bei Le Chèsne, jenseits der Maas. Alles ist voll Erwartung, voll Furcht, voll Hoffnung, nach jedes Vorstellungen von den Absichten der Feinde und der Nation oder ihrer Stellvertreter. Man zittert vor dem Verluste der Freiheit. Ich lächle dazu. Was kann ein ganzes Heer mir nehmen? Ruhig gehe ich unter dem dicken Laubdache meiner Pappeln auf und nieder, denke an Dich und vergesse, daß es Heere gibt, die an der Grenze stehen.

»Die Schwester und Mutter der Freude, die Freihcit, wohnt mit mir unter meinem Laubdach«,

(La liberté, compagne et mère de la joie
Sous ces sombres berceaux àl'envi se déploie)

und es bedarf keines Dekrets der Nation, um das Gefühl in meiner Brust zu erhalten, sowenig, wie es Heere zerstören können. Ach, wenn ich so glücklich wäre, Clara, als ich frei bin, ach! ich wollte nicht mehr klagen. Ich siegele zwar den Brief, Clara; allein alle Wege sind jetzt abgeschnitten. Doch ich traue dem Glücke. Er geht über Saarlouis. Ich hoffe, Clara; ich hoffe! die Entscheidung ist nahe! Ich hoffe.

Clara an Clairant

Deinen Zettel durch den Gefangenen habe ich richtig erhalten; allein sonst nicht eine Zeile. Adressiere nichts mehr an das Bureau François für mich. Es hat aufgehört, seit preußische Truppen hier liegen. Ach, Clairant, ich wäre hundertmal vor Unruhe und Sorge um Dich gestorben, wenn wir nicht von Pillon Nachricht erhalten hätten, die auch Deiner als des Wärters an Deines Oheims Sterbebette erwähnten. Du hast also meinen Brief erhalten, Clairant; und ich danke Dir, mein treuer Geliebter, daß Du meine Bitte befolgtest und wieder nach Châtillon gingest.

Jetzt les ich Deinen Brief noch hundertmal, und nun ich Dich außer Gefahr weiß, nun gefällt mir Dein Heldenmut so wohl; wenn es nun geschehen wäre, ich wollte, Du wärest aus zehn Schlachten als Sieger zurückgekehrt. Sieh, nun kann ich mich herzhaft an den Weg stellen, den Du aus der Schlacht mit Deinen Waffenbrüdern zurückkommst: ich jauchze Dir entgegen, ich bringe Dir den Lorbeer für Deine Stirn; sogar eine kleine, ganz kleine, schmerzlose Wunde kann ich ertragen. Ich setze mich zu Dir, ich wische Dir das Blut ab, ich verbinde Dich selbst, und dabei erzählst Du mir deine Taten. Gottlob, liebster Clairant, daß Du wieder in Châtillon bist. Sieh, jetzt danke ich Dir, daß Du Soldat wurdest, weil Du Claren liebtest. O nun ist es gut, sehr gut! Sieh, jetzt setze ich mich nun hin und lese meiner Freundin, unsrer Wirtin, die Stellen vor, aus denen Dein Mut, Deine Tapferkeit, Deine Unerschrockenheit so bestimmt hervorleuchten, und nun solltest Du sehen, wie stolz ich dabei aussehe. Noch mehr, ich habe ihr nicht gesagt, daß Du schon wieder in Châtillon bist. Nicht ein Wort laß ich mich davon merken, und sie bewundert meinen Mut und meine Standhaftigkeit. Sieh, da les ich denn alle die Stellen, bei denen ich sonst bleich wurde vor Angst, bei denen ich sonst so zitterte, daß ich das Blatt nicht halten konnte, alle die Stellen les ich ihr jetzt mit lauter pathetischer Stimme vor.

Aber nun darf sie auch einmal sagen: wenn er nun so bliebe! sieh, dann wird mir doch so bange, ob ich Dich gleich sicher weiß, daß ich gern gestände, wenn ich mich nicht schämte. Ich halte es für Vermessenheit, so zu tun, und ich bin so abergläubisch furchtsam, daß ich es ihr doch noch gestehen werde, daß Du sicher bist. Ich weiß, sie neckt mich damit, sooft sie mich sieht. Lafayette, mein lieber Clairant, hat bei mir wieder einen Stein im Brette, sosehr man ihn hier auch haßt. Man haßt ihn hier mehr als Pétion, als Robespierre, als Marat, als alle andere. »Er wäre der Mann gewesen«, sagte mein Vater neulich, »um unser Unglück, um unsere Erniedrigung zu verewigen!« Überall hört man seltsame Urteile über den Zustand der Dinge. Man leugnet nicht, man bejaht es, daß Lafayette den König gerettet hat, und das scheint den Haß gegen ihn zu entflammen. Neulich sagte einer: »Noch einige Marats, und wir siegen!« Man sagt, er soll etwas Einnehmendes haben; jetzt kann ich ihn mir denken, mit welcher Miene er Dich anhörte, mit welchem Tone er Dir antwortete. Und doch, trotz dem allen, Clairant, bin ich nicht unzufrieden, daß er der Schutzengel unserer Liebe nicht sein kann. Ist es eine Folge des Hasses, den auch ich gegen ihn einsog, oder denk ich wie Du, daß ich nicht gern einem Fremden es danken möchte, was ich so gern Dir allein danken möchte, unser Glück? Ich weiß es nicht.

Die Beschreibung Deiner kleinen Wirtschaft macht mir jetzt viel Freude. Anfangs hat sie mir manche Träne gekostet. Jetzt aber, Clairant, möchte ich um vieles nicht wissen, daß Du das nicht alles erlebt hättest. Nun weißt Du doch, wie leicht es ist, sein Leben zu erhalten, und brauchen wir mehr? Ich zeichne jetzt wieder. Sieh, nun sitz ich da und zeichne Dich in der Hütte im Walde, an der Tonne, wie Du an mich schreibst. Ich führe mit Wollust das Blei, das Dich darstellt. Da sitzest Du, den Kopf in die Hand gestützt, die Augen in die Wolken geschlagen, in der andern Hand mein Bild; an der Hütte steht Deine Büchse, die mir so viele Angst gemacht hat. Daran arbeite ich jetzt ganze Tage, und mein Lehrer findet die Zeichnung gut.

Dein Billett, mein Freund, ist in einer melancholischen Stimmung geschrieben. Mir gefällt der Verdruß gar nicht; denn man sieht es ihm zu deutlich an, daß nicht die Trennung von mir, sondern die

Schurkereien in Paris seine Quelle sind. Lieber Clairant, habe ich einen Kummer, außer dem, nicht bei Dir zu sein? Nein! Ich lebe allein in Dir. Du aber, Clairant, teilst Dich unter Deiner Geliebten und unter Deinem Vaterlande; ach, und es ist noch die Frage, wer Deinen Blick öfter auf sich zieht, Deine trauernde Geliebte oder Dein zerstörtes Vaterland? Denn, leugne es nicht, Clairant, in das Gedränge, in den Tumult der Ehrgeizigen, welche die Freiheit Dir raubten, stößest Du mich nur von ungefähr mit hinein, um über beide mit einer Stimme klagen zu können. Da klagst Du, daß man Dir Deine Geliebte verweigert, drohst, mit einem Sprunge Deine Hoffnungen über das Grab hin zu retten, und nun fährst Du fort: (man denkt, wie Du nun Deine Clara in den Gefilden der Ewigkeit wieder finden wirst), nein, Du fährst fort: »Was ist denn die Freiheit, um die sie streiten?« Sollte man nicht glauben, daß Du den Sprung eigentlich der Freiheit wegen wagen willst und daß Du mich nur so mitnimmst, weil man sich gern doppelt versorgt. Dann sitz ich da wieder unten am Throne eines Bassen; was hab ich denn immer mit der Freiheit zu schaffen? und immer nur als die zweite Figur im Gemälde? Ich will mehr als das, Clairant.

Das Ende hat mir gefallen, liebster Clairant; ach, ich weiß es sogleich, was für mich ist. Mein Herz fängt denn an, so sanft zu klopfen, wenn ich lese, mein Auge lächelt so wollüstig in den Tränen, die das Entzücken hervorzieht. Sieh, da bin ich's ganz, und allein. Das versteh ich. Ich begegne Dir wie eine Patriarchentochter an einem Brunnen, der von zwei Linden beschattet ist. Ich führe Dich von da in meines Vaters Hütte, ich werde Dein Weib, wir wohnen in dem Schatten schöner Bäume, ein paar glückliche Hirten. Sieh, da hattest du allein an mich gedacht, Clairant. Ja, Clairant, wie glücklich wollt ich sein, wenn wir so gelebt hätten oder, noch besser, so noch leben könnten! Oh, die Vorstellung hattest Du aus meiner Seele gestohlen.

Ach, so gern ich mich dem Zuge dieser reizend unschuldigen Vorstellungen überlasse, so gern ich mir einbilden mag, es ist so; ebensooft weckt der fürchterliche Anblick des Krieges, der täglich gewaltsamer und gehäufter sich vor meine Blicke drängt, mich aus diesem Traume. Da stand ich am Fenster, wie die ersten preußischen Regimenter über den Rhein kamen. Das ganze gegenseitige Ufer war mit Menschen und Pferden bedeckt. Der Anblick der blitzenden Waffen, das Lärmen der Musik, das Trommeln und diese schreckliche, furchtbare, lautlose Ordnung der Regimenter, die selbst unsere ältesten Soldaten bewunderten, drang sich gewaltig auf mein Herz. Ich sah sie einmarschieren. Ich verstehe mich nicht darauf.Unsere Herren bewunderten den militärischen Geist der Preußen. Mir schien es furchtbar und schrecklich, dieses starre Leben, diese einförmige Bewegung der großen Maschine. So kamen nach und nach alle Tausende der Preußen über den Rhein, und sie bezogen nicht weit von der Stadt ein Lager.

Wir haben es besehen. Der Anblick ist reizend, Clairant; die langen Reihen der Zelte und zwischen den Zelten und hinter und vor den Zelten das fröhliche Gewimmel der Menschen in den allerseltsamsten Stellungen gruppiert. Wahrlich, ich habe den Männern dieses Leben der Natur beneidet. Zwar, wenn ich meine Blicke dann wieder ganz vorne hin warf, die Menge der tödlichen Waffen, die Menge der Kanonen betrachtete, die da aufgepflanzt standen; so verging meine Freude, welche mir der Anblick dieser wandelnden Stadt machte. Und dieses Heer zieht nach Frankreich, gegen meine Mitbürger, gegen Clairant! Es ist Musterung gewesen, ich sollte mit hinfahren. Ich schlug es aus. Was sollte mir dieser Anblick? Nachher bereuete ich es; denn mein Vater und mein Bruder konnten nicht fertigwerden, von der Schönheit dieser Truppen zu reden, die sogar die französischen Linientruppen übertreffen. Indes, sosehr man auch von den Truppen zufrieden ist, so ist man es dennoch nicht ganz von ihren Offizieren. Es soll eine Kälte, sagte mir meine Mutter, zwischen ihnen und unsern Herrn herrschen, die bei der genauen Verbindung, worin beide stehen, unerklärbar ist. Ich habe nur einen preußischen Offizier auf ein paar Stunden bei dem hiesigen Gouverneur, dem General W**, wo wir zu Mittage aßen, gesprochen. Ein artiger Mann. Er war sehr zurückhaltend, still, nicht vorlaut. Man macht ihnen allen das zum Vorwurf, man schiebt es auf eine Nationalträgheit oder Phlegma. Ich kann nicht darüber urteilen. Dem, den ich sah, ließ es wie Bescheidenheit; doch diese Tugend ist unsern jungen Herrn abscheulich*. Mein Vater hat die Erlaubnis erhalten, in Koblenz wohnen zu bleiben. Die meisten Familien haben die Stadt verlassen. Ach, Clairant, ich habe das nicht ungern gesehen. Mein Vater war in Verbindungen, die sehr kostbar waren, vielleicht für unsern Zustand zu kostbar. Man wollte nicht gestehen, daß man nicht

* Mais cette vertu est la bête d'aversion de nos muscadins.

mehr könnte, daß man für die Zukunft besorgt sei, man schämte sich. So haben sich hier schon viele Familien ruiniert. Die Gräfin Beaujaulais machte anfangs einen ungeheuren Aufwand, und jetzt leben sie von dem Verkauf ihrer Kleider. So geht es mehreren Familien. Jeder fängt an, die Last eines mehrjährigen Lebens in der Fremde zu fühlen, und hier, wo es so teuer ist wie selbst nicht in Paris, ohne daß man, wie dort, den Vorteil hat, sich ehrenvoll zurückziehen* zu können. Man wohnt in dem Kreise einer halben Stunde beieinander. Jeder bewacht den andern. Eine Schüssel weniger, ein Ring weniger, ein Domestik weniger, und die ganze Stadt weiß es. So geht der Aufwand fort, bis auf einmal eine ganze Familie in dem Abgrunde der Armut versinkt.

Du kannst leicht denken, mit welchen Augen voll Liebe und Zutrauen man die braven Truppen betrachtet, die nun dieses gefährliche Spiel gewinnen sollen. Oh, ich zittre, Clairant, ich zittre vor dem Anfange des Elendes, wenn ich nur einmal den Gedanken ganz leicht denke, es könnte mißlingen; und Deine Briefe scheinen das nicht nur möglich, sie scheinen es für wahrscheinlich zu halten. Clairant, Clairant, was würde selbst aus uns werden, wenn es wäre? Ach, ich fürchte, ich fürchte, wir haben ebenfalls unsere Hoffnungen mit auf dieses Kartenblatt gesetzt, auf dem die Hoffnung aller Emigrierten steht.

Ich mag mich nicht erinnern; ich mag nicht zusammenreimen, ich gehe den Gedanken aus dem Wege, die sich mir aufdrängen, von dem Zustande meiner Eltern. Ich zittre vor Angst. Da tret ich neulich durch die Schlafstube von hinten leise ins Kabinett, das an unser Zimmer stößt. Ich setze mich und zeichne ein wenig. Nach und nach macht ein halblautes Gespräch meiner Eltern mich aufmerksam. »Nein, nimmermehr!« ruft mein Vater in außerordentlicher Bewegung, »lieber will ich –« Meine Mutter fiel ein. »Nun dann«, sagte sie, »ich kannte deine Delikatesse. Es ist geschehen. Er ist verkauft!« – »Wie?« rief mein Vater: »Verkauft? ist es möglich?« – »Sind nicht«, sagte meine Mutter (erinnere Dich ihrer rührenden Stimme, wenn sie einem etwas Angenehmes sagen wollte), »sind nicht«, sagte sie mit dieser Stimme, »diese beiden Tränen der Dankbarkeit in meines Mannes Augen mir mehr wert als alle Steine der Welt? Soll ich nicht lieber wollen, daß mein Sohn glücklich lebt, als

* d'une rétraite honorable.

daß ich alle Jahr einmal meinen unnützen Putz trage?« – »O Gott!« rief mein Vater. Ich hörte ein Geräusch. Ich sah durch die halboffne Tür. Mein Vater sank vor meiner Mutter auf die Knie und sie in seine Arme. Schnell flog ich zum Kabinett heraus, durch das Schlafzimmer in den Garten. Das Schauspiel war zu heilig. Mein ehrwürdiger Vater auf den Knien! das konnte ich nicht sehen. Ich verbarg mich in einen Winkel des Gartenhauses. Und nun seit diesem Augenblick bin ich so sparsam, so vorsichtig. Tausend kleine Listen gebrauche ich, um ein leinenes oder ein baumwollenes Kleid den ganzen Tag über anzubehalten und meine seidenen zu schonen. Ich betrachte seitdem meine Mutter mit Ehrfurcht. Sie verkauft heimlich ihren Schmuck, um ihrem Manne eine bittere Stunde zu ersparen. Clairant, Clairant, welche Eltern hab ich! O wie unsäglich glücklich würde ich sein, wenn mein Vater es mir und Dir erlaubte, für ihn zu arbeiten! Wie gern wollt ich mir den Schlaf entziehen, wie gern selbst Deinen Anblick, um ihn zu nähren! Wie glücklich könnt ich sein, wenn mein Vater wüßte, was Liebe wäre!

Nein, Clairant, das weiß er nicht. Seltsam! mein Vater ist ein gütiger Herr, ein Mann von Ehre, ein sanfter, ein mitleidiger Vater, ein zärtlicher Ehemann, ein treuer Freund, ein guter Untertan, ein anständiger Gesellschafter; aber, wie soll ich das nennen? alles das nur in gewiser Rücksicht. Sein Grundsatz ist die Ehre, das Verhältnis seines Standes. Er ist alles, was man von ihm verlangen kann, nur kein Mensch! Er handelt so, daß man oft glauben sollte, sein Herz sei vor Empfindung zerrissen. Er unterstützt einen Armen mit einer Tätigkeit, mit einer zuvorkommenden Feinheit. Er hört das langweiligste, ja, das ekelhafteste Detail von einem Unglücklichen an. Er tröstet ihn; er hilft ihm mit Rat, mit Geld, mit seinem Ansehen. Man denkt, er wird, wenn der Arme geht, nicht aufhören davon zu reden. Nichts weniger als das. Mitleiden war es nicht, was ihm Hülfe ablockt, sein Herz war kalt geblieben. »Ich war es meinem Stande schuldig, ihm zu helfen!« sagt er ganz kalt. Ach, wenn ich diese Seite von dem Charakter meines Vaters bedenke, so gebe ich die Hoffnung ganz auf, daß er je in unsre Verbindung einwilligen wird. Nein, Clairant, ich schwärme mit meiner Einbildungskraft in der ganzen Natur umher, um die seltsamsten Begebenheiten aufzufinden, sie zusammenzureihen, ob nicht eine meinen Vater vermögen könnte, Dir meine Hand zu geben; ich finde keine. Rette meinem Bruder, rette mir, rette ihm selbst das Leben: er teilt sein Vermögen mit Dir, er verwendet den ganzen Einfluß, den er hat, für Dich; er wird nie glauben, dankbar genug gewesen zu sein; aber seiner Tochter Hand? Das ist unmöglich! Höre das Gespräch zwischen ihm und dem Parlamentsrat, seinem jetzigen Freunde, über die Aufhebung der Nonnenklöster.

»Setzen Sie den Fall«, sagt mein Vater, »ich habe eine Tochter, deren Hand niemand verlangt?«

»Niemand? Sie setzen da einen seltsamen Fall, Herr Vicomte. Ein Mädchen wird immer einen Mann finden, dem sie gefällt und der ihr gefällt, wenn nur die Eltern nicht zu ekel sind.«

»Ekel? ich verlange nichts als einen ehrlichen Mann, der von meinem Stande ist. Und wenn sich der nicht findet?«

»Nun, so findet sich ein Mann, dessen Bedienung –«

»Nein! die Bedienung würde meinen Ekel nicht adeln. Auf den Fall, sag ich, sind Klöster nötig.«

»Und Sie wollen lieber Ihre Tochter in ein freudenloses Kloster vergraben, als –«

»Was kann ich machen? bin ich allmächtig? Ich sorge wie ein Mann von Ehre für sie.«

»Und wenn Ihre Tochter liebte, wenn Sie voraussehen könnte, daß sie unglücklich werden würde –«

»Mein Gott, was kann ich machen? Ich sehe, meine Tochter ist krank. Ich gebrauche die gehörigen Mittel, ich bezahle den Arzt; kann das sie nicht heilen, so ist das ein Unglück, aber nicht meine Schuld.«

»Sonderbar! Sie können ja Ihre Tochter dem Manne geben, den sie liebt.«

»Das könnt ich? Ich sage Ihnen nein! Das dünkt mich ebenso unmöglich als sie vom Tode retten, wenn ihr Körper zerstört ist. Ich würde ihr Unglück bedauern; allein sie müßte den Schleier nehmen, wenn nicht ein Mann von meinem Range ihre Hand wollte. Da ist kein dritter Fall möglich.«

So wurde das Gespräch eine Zeitlang fortgesetzt; meine Mutter mischte sich hinein. Sie schien meine Liebe im Sinne zu haben. Allein nichts half. Mein Vater blieb ganz kalt und gleich fest bei seinem Satze, daß er nie einwilligen würde, mich glücklich zu sehen. Ich saß im Kabinett. Man merkte mich nicht. Sieh, Clairant, das ist unser Schicksal, das sind unsre Hoffnungen. Mich machte zwar das Gespräch traurig; allein eine bittere Empfindung behielt doch die Oberhand. »Nun dann«, sagt ich leise für mich, »wenn dann Ihre Tochter

Ihnen nicht mehr ist, so mag sie dann noch weniger sein! Ich will aufhören, Ihren Namen zu führen. Nie soll der Name du Plessis über meine Lippen kommen. Wenn jemand mich fragt: ›Wer war dein Vater?‹, so will ich antworten: ›Ich hatte nie einen Vater!‹, oder ich will sagen, mein Vater war der geringste Mann in Frankreich, ein Hirt, ein Tagelöhner. Ich will aufhören, meines Vaters Tochter zu sein, damit ich aufhören darf, unglücklich zu sein.« Sieh, Clairant, ich will abrechnen mit meinem Vater. Ich will ihm den Namen zurückgeben, der ihn so stolz macht, an den mein Unglück gebunden ist. Nein, Clairant, von jetzt an bin ich ganz Dein. Meiner Mutter eine Träne des Abschieds, sobald Du kommst, und dann flieg ich ohne Unruhe in Deine Arme; denn jetzt muß selbst das zarteste Gewissen meine Verteidigung übernehmen und sagen: sie tat recht! Unsere Rechnung ist abgetan mit der Ablegung seines Namens; und so unterschreibe ich mich zum erstenmal, und nun mein Leben hindurch, Clara Clairant.

Clara an Clairant

Ich habe Deinen letzten Brief, Clairant, und meine unbeschreibliche Ruhe, die jetzt meine ganze Seele füllt, dankt Dir dafür. Ja, Clairant, mein Herz hat sich in Deinem Briefe wiedergefunden. O Clairant, wie kannst Du mir sagen, es nicht für einen Wahn, für einen Traum zu halten, was ich so lebendig fühle! Nein, ich fühle es, wie ich mich selbst fühle, daß wir zu diesem Glück und zu keinem andern geboren sind. Und ebendies Gefühl, diese Liebe zur Natur, zur Einsamkeit, zu einem Leben voll der harmlosesten Unschuld, voll der einfachsten Freuden; dies Herz, das so empfindlich für anderer Freude und Schmerz ist, das, Clairant, macht unsre Liebe so unüberwindlich. Oh, mein Vater hätte längst über unsre Liebe gesiegt, wenn sie etwas anders als Unschuld, als Tugend wäre. Diesen Brief les ich unaufhörlich. Ja, Clairant, es ist wahr, unaufhörlich bau ich in den Lahntälern, die ich so liebe, ein Paradies für Dich und mich. Und auch das fühl ich dabei, Clairant, daß unsre Liebe uns nie wird ganz unglücklich sein lassen. Ich bin oft so ruhig, ja oft, wenn ich Deine Briefe lese, so fröhlich, daß ich hüpfe. Die Entscheidung ist nahe, Clairant? Ist das, ist das? Mein Herz würde jauchzen; so entschlossen ich auch bin, unser Glück mit Geduld abzuwarten. Ich bin Dein, Clairant! Frag mich nicht, handle; was Du auch von mir verlangst, wenn Du es verlangst, wie Du es von mir verlangst, ich bin Dein!

Longwy ist über. Ach, Clairant, an der Angst meiner Mutter sah ich, was ich würde gelitten haben, wenn Du Soldat geblieben wärest. Da steht meine Mutter; kommt ein Brief, so wird sie bleich wie ein Tuch. Sie will eine Frage tun, und die Worte ersterben ihr auf den Lippen. Da steht sie, betrachtet meinen Vater während des Lesens mit Blicken, die sich nicht beschreiben lassen, in denen Furcht, Verzweiflung mit Hoffnung ringen. Kommt ein Brief von meinem Bruder selbst, so lacht der ganze Himmel in ihren Augen. Sie zittert vor Freuden, wenn sie hört, daß er gesund ist.

Du glaubst nicht, welch eine Szene das war, wie er zur Armee abging. Meine Mutter hielt ihn lange, lange in ihren Armen, sie benetzte ihn mit heißen Tränen. Endlich sagte sie, was sie gewiß nicht fühlte: »Sei brav, mein Sohn!« Und in dem Augenblick schien ihre Empfindung die einmal geöffneten Lippen zu überwältigen. Sei schrie laut auf und bat den Himmel um Erbarmen. Meines Vaters gerunzelte Stirn schien sie zu sich selbst zu bringen. »Leb wohl«, sagte sie, »ach, denke, mein Sohn, daß du eine Mutter am Leben hast.« Sie ging, und nach einigen Augenblicken war sie wieder da. Sie hatte ihm noch immer etwas zu sagen, um ihn nur noch einmal umarmen zu können. Wie er ging, um zu Pferde zu steigen, da umarmte sie mich, drückte mich so heftig, so seltsam an sich, als ob sie sich betäuben wollte. Mein Vater umarmte Plessis; er sagte ihm, daß seine Ehre ihn aufgefordert habe, Soldat zu werden, so wie ihn jetzt nun die Ehre auffordere, ein Mann zu sein und sein Leben nicht zu achten. Mein Bruder schien für seine Lage unempfindlich. Er schien die ganze Szene gern abbrechen zu wollen. Er flog in vollem Galopp dahin. Sicher aber hat er es empfunden, was er uns allen ist. Noch den Abend vorher traf ich ihn in einem Lehnstuhl sitzend an. Helle Tränen rollten über seine Wangen und drangen zwischen den Fingern hervor, mit welchen er die Augen bedeckte.

»Plessis«, sagte ich, »laß die Tränen nicht deine Mutter sehen!« – »Oh«, sagte er, »laß sie die ganze Welt sehen! Ich schäme mich nicht ein Mensch zu sein!« – Was ich dabei gelitten habe, kannst Du leicht denken. Wir haben Briefe von ihm aus Longwy. Er ist gesund. Wie es kommt, weiß ich nicht; aber ich nehme nicht mehr den Teil an der allgemeinen Freude, welche der glückliche Anfang des Feldzugs hier verursacht hat. Die Freude ist unbeschreiblich. Was mich am meisten wundert, waren die ungeheuren Projekte von Aufwand und Verschwendung, die man sogleich wieder machte. Mein Vater meint, diese lange Verbannung würde den größten Teil des Adels gebessert haben; ich glaube nicht so; die Verbannung ist ihnen nicht als eine Zeit der Entbehrung, die sie mit einem desto stärkern Genuß wieder einbringen wollen. Als die Nachricht von der Eroberung von Longwy ankam – gerade waren wir in einer großen Gesellschaft, wie die Tochter des Marschalls von V** die Nachricht erhielt. Sie las den Brief. Man sah, sie las etwas Angenehmes. Man drängte sich um sie her. »Ha!« rief sie mit einem unbeschreiblichen Entzücken und umarmte die Marquise von C**, »es ist richtig! freuen Sie sich, wir werden wieder die Pariser Opera sehen.« Ein Händeklatschen erhob sich, ein lautes Freudengeschrei, unter dem man nur die Worte »Opera, Theater, Ball, Boulevard« verstand; und fast alle haben sie Verwandte in den Gefängnissen sitzen und Verwandte bei der Armee, die geblieben sein konnten. »Und ohne Blut ist die Festung übergegangen!« las man weiter. »Gottlob!« seufzten ein paar Mütter, die menschlich genug waren, ihre Söhne nicht über Paris zu vergessen, das hier alle andere Gedanken, alle andere Empfindungen verschlingt.

Nein, Clairant, ich konnte keinen Teil an dieser Freude nehmen. Ich blieb kalt bei der Nachricht. Bleibt man doch kalt und ungerührt bei meinem Zustande. Da ist niemand – doch meine Mutter will ich ausnehmen. – Gestern sah sie, wie ich mir Papier und Feder holte. An wen ich schreiben wollte, fragte sie. Ich nannte Plessis. Sie lächelte. »Er wird sich freuen«, sagte sie, »seine alten Freunde wiederzusehen, besonders den Freund seiner Jugend. Grüße ihn vom mir«, setzte sie zweideutig hinzu. Ich küßte ihr die Hand. »O mein Kind«, sagte sie, »ich konnte dein Schicksal nicht bestimmen. Grüße ihn!« – »Den Freund seiner Jugend oder Plessis?« Ihre Miene war, als ob sie sich freuete, daß es auf beide gehen konnte. Es kann nicht lange mehr dauren, meint man, und man ist zu Paris. Die Beaujaulais haben einen prächtigen Wagen gekauft, ich glaube für das letzte Silberzeug, das sie hatten, um ihren Einzug in Frankreich feierlich halten zu können. In Longwy soll die Freude des Volks über die Wiederherstellung der Ordnung unbeschreiblich gewesen sein. Wohin es nun geht, weiß noch niemand; man meint, gerade nach Paris.

Clairant, darf ich die einzige furchtsame Bitte noch hinzusetzen, Dich der Gefahr zu entziehen, die Dir drohen könnte? Vielleicht bist Du schon fort; vielleicht ist meine Angst vergeblich, die ich noch so lange tragen muß, bis ich Briefe von Dir habe. Ich kenne einen Ort,

Clairant, in dem für Dich Sicherheit und Glück wohnt, den Busen Deiner Clara. Ich zittere für Dich, Clairant, ich zittere für Dich; denn Du kannst nicht schweigen. Laß sie, laß sie doch ihre ausgedehnten Ansprüche, selbst ihre ungerechten Forderungen ausführen! Was geht das uns an? Laß sie alle Macht, alle Gewalt wieder an sich reißen! Solange sie die Kunst nicht verstehen, uns unsere Liebe zu nehmen, solange können sie nicht ungerecht gegen uns sein. Ich bitte Dich, Clairant, geh ihnen aus dem Wege und schweig!

Clairant an Claren

Ich sitze noch immer an dem Krankenbette meines Oheims, und um mich her tobt der Krieg. Ich danke Gott für die Stimmung meines Gemüts; denn, sei es, wie es sei: es ist doch mein Vaterland. Châtillon ist leer, in Pillon und Mangienne sind nur noch Mädchen und Greise. Die jungen Leute liegen in den Wäldern. Wie die ersten Truppen sich sehen ließen (ich hatte es untersagt, es meinen kranken Oheim merken zu lassen), so öffnete sich die Türe; eine alte Frau, die einzige in der Abtei, trat mit einem totenbleichen Gesicht, mit großen offnen Augen voll Angst und mit schlotternden Knien in das Zimmer. Ich ging hinaus. Der Hof war voll Husaren. »Meine Herren«, sagte ich deutsch, »ich ersuche Sie, hier auf dem Hofe doch so menschlich zu sein, das Lärmen zu vermeiden. Mein Oheim, der Prior dieser Abtei, liegt auf den Tod krank. Alles, was sonst zu Ihrer Bequemlichkeit steht, nehmen Sie sich. Dort an der Chaussee das große Haus ist das meinige; sein Sie so gütig, dem den Vorzug zu gönnen. Sie werden keinen Menschen finden. Die Furcht hat sie verjagt.« Das alte Weib stand hinter mir. Ich gab ihr den Schlüssel zu meinem Hause. »Meine Mutter ist auf der Abtei. Schließe sie den Herrn auf. Ich werde selbst zu Ihnen kommen, sobald ich meinen kranken Oheim besorgt habe.« So ging alles gut. Ich bin fertig mit ihnen geworden. Die Hauptarmee bezog den Tag darauf ein Lager bei Pillon. Ich saß ruhig bei meinem Oheim. Meine Mutter hatte auf mein Zureden ihr Haus wieder bezogen. Ich ging ab und zu. Überall war es voll. Es geschahen keine Unordnungen, als die der Krieg unvermeidlich macht. Ich mußte sogar einige Offiziere in der Kirche der Abtei umherführen. Man besah die Bibliothek. Man schwatzte über unsre Konstitution, die nicht mehr ist. Man schimpfte auf die Ausgewanderten. Ich schwieg zu allem. So ging der Tag hin. Am an-

dern Morgen kam denn endlich Dein Bruder; Plessis kam, und mit ihm ein Haufen Ausgewanderter. Meine Mutter rief mich. Ich flog ihm entgegen. Ich verbeugte mich gegen ihn; denn man hatte ihn umringt. »Herr du Plessis«, hob ich an.

»Nicht so, Clairant, nicht so!« Er schlang seine Arme um mich. »Meine Herren«, rief er, »dies ist der Freund meiner Jugend, und soll ich Ihnen noch mehr sagen? Dieser Mann hat den größten Teil meines Vermögens gerettet.« Sie traten mit mir ein. Ich fragte, ob er in Pillon gewesen sei. Er schüttelte den Kopf. »Ich werd es noch oft genug sehen, wenn alles gut geht, und«, das flüsterte er mir zu, »geht es nicht, so hab ich es schon viel zuviel gesehen.« Ich brachte meinen letzten Wein, den ich hatte. Sie tranken auch Deine Gesundheit, Clara. Er ging einen Augenblick zu meinem Oheim. Dann war er ein halbes Stündchen mit mir allein im Klostergarten. Wir vergossen beide Tränen. Ich fragte ihn auf sein Gewissen über seine Hoffnungen. »So, so!« sagte er, »mich dünkt, man hat zu sehr auf die Linientruppen gerechnet! Hoffnungen! Hoffnungen, Freund! Sie sind das Glück des menschlichen Herzens; allein bei wichtigen Dingen sollte man tun, als ob keine Hoffnung in der Welt wäre. Sie machen verwegen und dann, unerfüllt, mißtrauisch. Ich kenne Dumouriez nicht; allein man sollte doch einem Manne nie alle seine Hoffnungen anvertrauen.« Dann sprachen wir von Dir, Clara. Er schloß mich herzlich in seine Arme. »Oh«, sagte er, und mit Innigkeit: »Und wenn mich mein Schicksal nichts gelehrt hat, so habe ich doch das gelernt, daß Freundschaft mehr ist, mehr tut, mehr gibt als Politik. Ich ehre eure Liebe; denn Clara war vielleicht die einzige in Koblenz, die das allgemeine Unglück unsers Standes mit Gleichgültigkeit ertrug. Und selbst ihre Tränen, die sie um dich vergoß, waren ihr süßer als unsere allersüßesten Hoffnungen. Wenn, wenn« setzte er gerührt hinzu, »wenn mein Schicksal mit mir versöhnt ist, dann, Clairant, ist dein und meiner Schwester Glück meine erste Tat!«

Du kannst leicht denken, Clara, wie mich das alles rührte. Er ging mit mir auf mein Zimmer. Wie er alle Deine Möblen erblickte, lächelte er mir zu. »Jetzt weiß ich«, sagte er, »was dich so an Châtillon fesselt.« Ich sah ihn ungern von mir scheiden. Ja, schon einmal habe ich ihn im Lager aufgesucht, so ungern ich auch unter den Menschen bin, die mit Entzücken von dem Untergange ihres eigenen Vaterlandes reden. Man belagert Verdun. Auch Verdun wird übergehen, meinet Dein Bruder. Ich habe eine sehr ernsthafte Unterredung mit ihm gehabt, die denn freilich, wie alle Unterredungen der Art, uns erhitzten, ohne zu helfen. Er hofft noch immer, ob ich gleich ihn mit dem Geiste der Nation, den er wahrlich nicht kannte, bekannt machte. Er will seine Hoffnungen nicht aufgeben und erbittert sich gegen seinen Freund, der ihn gern von dem Abgrunde losreißen möchte, auf den er zutaumelt.

»Dieser Feldzug kostet dir und deinen Eltern?« fragte ich. »Viel, sehr viel!« antwortete er. »O bei Gott, Plessis! Ihr solltet an unmöglichen Hoffnungen nicht die letzten Trümmer eures Glückes verschwenden. Wie? wenn dieser Feldzug mißrät und du selbst benutztest die Möglichkeit nicht – wie? –« – »Dann«, sagte er bitter und spottend, »dann setzen wir unsere Hoffnung auf dich.« – »Oh«, rief ich und schlug gerührt die Hände zusammen, »o bei Gott, diese Hoffnung würde euch nicht betrügen! Plessis, Plessis, ich würde mein Leben mir dir teilen.« – »Soweit«, sagte er kalt und fremd, »soweit sind wir noch nicht.« Sieh, Clara, so ist es, so ist es selbst mit Plessis! Er verstand mich nicht; er verwarf dieses Herz, das ihm entgegenkam, mit allem Stolze seines Standes. Sieh, Clara, auch in seinem Herzen liegt dieser Stolz verborgen, ihm selbst unbewußt vielleicht. Die leichteste Berührung macht ihn lebendig. Und wie? frag ich nun: wie? wenn er auch dann lebendig würde, wenn wir ihm alle unsere Hoffnungen anvertraut hätten? Nein, Clara, wir dürfen nichts hoffen als von uns selbst. Und wie, Clara, wie hast Du es selbst angefangen, mich so zu lieben? so, so? Denn welch ein Unterschied zwischen Plessis und Dir. Er sagt jedem, wenn ich bei ihm bin: »Dies ist der Freund meiner Jugend!« Allein in dem Tone der Worte, in seinem Blicke dabei, liegt ich weiß nicht was. ›Sieh, das tue ich für dich!‹, das sagt sein Ton und seine Miene. Ich soll es empfinden, was er tut, daß er mich erkennet. Wie ganz anders, Clara, wenn ich hier in einer Gesellschaft Dir erscheine, würdest Du rufen: »Mein Clairant! mein Geliebter!« Es würde Dir Überwindung kosten, nicht so zu sagen. Nein, Clara, er versteht mich nicht, wie das meistenteils bei Menschen der Fall ist.

Verdun ist über, und die Armee ist über die Maas gegangen. Ich habe Deinem Bruder Lebewohl gesagt. Er hofft noch länger in dieser Gegend zu bleiben; denn das Corps, bei dem er steht, glaubt er, soll den Paß bei Besné beobachten. Die Hauptarmee wird über Bar-le-Duc vordringen. Meinen Oheim habe ich, so krank er war, nach Pillon bringen lassen, wo ich mich ebenfalls jetzt aufhalte. Man hatte in

die Kirche der Abtei ein Heumagazin gebracht. Unvorsichtigkeit zündete es an. Die Kirche brannte ab. Die Abtei ist zwar gerettet; allein meinem Oheim kann der Schrecken das Leben kosten. Es waren hessische und österreichische Truppen, die hier lagen. Ich bin ruhig, Clara, soviel Mühe mir es kostet. »Ist Ihnen etwas?« fragte mich ein Offizier, wie ich meinen Oheim von der Abtei herabtragen ließ. »Eine Kleinigkeit«, sagte ich lächelnd, »der Brand wird einem alten ehrlichen Manne wahrscheinlich das Leben kosten!« Der Offizier war so gefällig, mir einen Wagen anzubieten, um ihn transportieren zu können. Nun wohne ich zu Pillon. Deine arme Madame Drouet ist auch in großer Gefahr gewesen, indes, sie ist glücklich gerettet. Husaren kommen einen Morgen ganz früh nach St. Michel, um ihren Mann abzuholen. Er ist nicht da. Man will es nicht glauben. Man droht. Madame Drouet verliert die Besinnung, sie hält sich und ihre Töchter für verloren. Sie verläßt das Zimmer, und stürzt sich in den Brunnen auf ihrem Hofe. Man hat sie glücklich gerettet, und sie soll wieder auf der Besserung sein. Ach, die unvermeidlichen Grausamkeiten des Krieges machen den Krieg zu einem entsetzlichen Ungeheuer. Wehe dem Herzen, das diese Grausamkeiten noch durch ein hartes Wort vermehren kann! Und nun dieser Krieg, den nicht Ehrgeiz, nicht Eroberungssucht, den die Rache führt! Oft schlage ich mitten in einem Geschäfte die Hand an die Stirn und frage mich selbst, ob ich wache, ob ich unter Menschen bin? Die jüngste Tochter der Madame Drouet war hier. Wenn sie den Unfall ihrer Mutter erzählte, so wurde sie noch jedesmal bleich wie Kalk. »Und mein Vater war wahrhaftig, wahrhaftig nicht im Hause!« Sie beschwor es noch mit soviel Eifer, als ob sie noch von den Husaren umringt gewesen wäre.

Ich höre das an, lächle, als ob mich's nicht angeht, antworte kein Wort; und meine Brust liegt so voll Schmerz, so voll, daß sie zerspringen möchte. Was sind doch alle menschliche Hoffnungen?

Die Armee steht in Grandpré. Alle Dörfer sind beinahe leer, wenigstens die über der Maas. Die Wälder liegen alle voll Bauern, die bewaffnet sind. Man hofft nur auf einen entscheidenden Schlag, um von allen Seiten loszubrechen. Es sind abscheuliche Wege. Ich habe Plessis einige Lebensmittel gebracht. Sie fehlen ganz. Einige Flaschen Wein waren ihm am willkommensten. Er begleitete mich nach Romagne, wo ich wegen des abscheulichen Wetters bleiben mußte. Ich bat ihn, mit mir nach Châtillon zu gehen. Er schlug es ab. So zieht jeden sein Schicksal. Da stehen sie beide. Dumouriez und die feindlichen Armeen an den Felsen und an den Höhen von Grandpré, wie zwei feindselige Geister. Sie verlangen den Sieg, um Frankreich verderben zu können. Wer wird siegen? Ich danke dem Himmel, daß ich nicht mehr in Châtillon bin. Meine Mutter ist auch hierher geflohen. Mein Vater läßt nichts von sich wissen. Unzählbare Wagen gehen durch Châtillon zur Armee. Alles flieht nach Clermont in die Wälder. Ist es doch, als ob der Himmel selbst Frankreich mit einer Wasserflut verderben will, ehe es die höllische Rotte in Paris oder der Feind tut.

Dumouriez ist geschlagen, Grandpré genommen. Ich habe einen Zettel von Deinem Bruder und einen Brief an Deinen Vater. Er verwünscht sein Leben. Er nennt Dumouriez einen Verräter. Ich habe ihm Lebensmittel gesandt. Er ist gesund, schrieb er mir. Ein halbes Wunder; denn zwei Drittel der Armee sind krank. Es sind Bauern zurückgekommen, die entflohen waren. Dumouriez' Armee verstärkt sich mit jeder Stunde. Er zieht sich gegen Châlons. Einige sagen auch, er zöge sich nach Flandern, um dort einen Einfall zu tun. Alles ist voll Bestürzung über das Vorrücken der Feinde. Auch Thionville ist genommen, Lille und Landau. Eine Nachricht widerspricht der andern. Alles verwünscht die Ausgewanderten. Das Mitleiden gegen ihr Geschick, das sich hin und wieder zu regen anfing, verwandelt sich in glühenden Haß. O Clara, es ist mir, als ob ich oft den Allmächtigen sehe, wie er die Welt in Trümmern schlägt. Es ist mein Vaterland! Ach, Clara, soll ich gelassen zusehn, wie der Feind – entsetzlich! Ich lächle, wenn ich von Übergabe unserer ersten Festungen höre, wie ein Rasender. Nein, es ist mein Vaterland! Und nun, da les ich den Zettel Deines Bruders. Auch er klagt über sein unglückliches Geschick. Sind wir denn alle unglücklich, oder ist in dem entsetzlichen Sturze aller Dinge das Erlangen seiner Hoffnungen kein Glück mehr? Ich muß schließen. Ich schließe unter dem Donner der Kanonen, der mit dem Geplätscher des schrecklichen Regens und mit meiner Empfindung eine so entsetzliche Harmonie macht, daß ich – daß ich – Leb wohl, Clara! Weine über den Fall Deines Vaterlandes, Clara! Und mitten unter dem Schmerze fühle ich dennoch, daß ich, wie sehr ich Dich liebe! Clara, warum lebten wir beide zu einer Zeit, da ich, von Deinem Arm umschlungen, ganz Dein, ganz glücklich, dennoch, dennoch seufzen muß? Warum muß ich meine Arme mitten unter den fallenden Trümmern meines Vaterlandes um Dich schlagen? Warum muß ich klagen, da Du mein bist? Leb wohl!

Clairant an Claren

Unser Schicksal, Clara, ist entschieden. Der König ist gefangen, die Tugend geächtet; die Vaterlandsliebe wird eingekerkert, der Königsmord ist beschlossen. Das Glück, das sonst die Rache sanfter macht, die Wut beruhigt, selbst den rasendsten Zorn besänftigt, hat ihn noch stärker entflammt und treibt jetzt zu Verbrechen, welche die Menschheit erschrecken. Die feindliche Armee, von Elend ausgemergelt, zieht sich von allen Seiten zurück. Verdun ist schon wieder in den Händen der wilden Republikaner. Die Kanonade an den Ufern der Marne hat entschieden. Seit drei Tagen steht die Armee der Deutschen in unserm Walde längs der Chaussee, die der unaufhörliche Regen zu einem See gemacht hat, in welchem Wagen, Kanonen, mit elenden Pferden bespannt, schwimmen. Da stehen sie, die Unglücklichen, ohne Zelte, ohne Lager, den Schlägen des Himmels ausgesetzt, der taub gegen alles Bitten noch beständig mit Wasserfluten das unglückliche Land überschwemmt, das jetzt der Schauplatz der Zerstörung und wahrscheinlich des blutigsten Bürgerkrieges werden wird. O Clara, Clara, Du solltest sie jetzt sehen, die Menschen, die ich zu gewissem Siege mit Hoffnungen, die noch größer waren als ihre Stärke, hinziehen sah. An diesem zärtlichen Mitleiden fühle ich, daß ich dennoch mehr Mensch als Franzose bin.

Auch Dein Bruder kam, Clara. Ach, Clara, nie mag ich den Augenblick wieder erleben, einen Menschen in meine Arme zu schließen, der alles, alles, alles, auch die fernste Hoffnung, auch den Mut zur Hoffnung verloren hat. Laß mich darüber hinwegeilen! Ich liebte ihn, und er war Clarens Bruder. Ach, nun bin ich doch wohl vom Elende umringt. Mein Vater ist erschossen, mein Oheim am Rande des Todes, meine Mutter von den wiederholten Schlägen des Schreckens krank, um mich her zehn Hospitäler, wo Tausende hilflos jammern, und endlich in Paris eine Rotte, die sich verschworen hat, ihr Glück zum Sturze meines Vaterlandes zu nützen. Oh, soll ich noch Unglück erleben, so gebe es mir mein Schicksal in dieser Minute! Elender kann ich nicht werden, als ich bin; und mit dem Schmerze, mit dem ich all mein jetziges Elend bezahle, mit dem Schmerze könnte ich eine Welt voll Jammer tragen.

Sieh, Clara, und wenn ich nun meine Hände aufhebe, der Himmel bleibt eisern, meinen Bitten verschlossen. So geht eine Hoffnung nach der andern hin, ein Faden meines Glücks nach dem andern reißt. Alle meine Gedanken rund um mich her kehren traurig wieder. Oh, es ist, als wolle der Himmel alle meine Hoffnungen, Gedanken, Wünsche, Begierden auf Dich richten; alles soll für mich aufhören, damit Du mir alles seist. Was Du meiner Liebe schon bist, das sollst Du allen Kräften meiner Seele werden, mein alles, meine Welt. Gut dann, Clara! Mehr kann ich Dich nicht lieben als sonst; aber jetzt will ich Dich einzig lieben. Alles hat aufgehört für mich zu sein. Kalt und ruhig könnte ich mich jetzt an die Seite des Todes stellen und sehen, wie er die Welt entvölkert, wenn er nur Dich verschonte. Mein Mitleiden hat aufgehört, seit ich alles um mich her elend sehe. Ich fange an zu glauben, daß Schmerz wie das Gesicht ein Sinn des Menschen ist. Der Kampf ist zu Ende, und der Sieg hat mein Vaterland zertreten.

Alles ist ruhig um uns her. Clara, ruhig wie das Grab, wie eine schreckliche Einöde. Ich höre nichts mehr als die Seufzer meines Oheims und die Klagen meiner Mutter. Ich erwarte nichts mehr, Clara, als noch einen Brief von Dir und den letzten Seufzer meines kranken Wohltäters. Meine letzte Träne falle dann in seinen Sarg! Dann fliehe ich mit meinem Vermögen zu Dir, Clara, und in Deinen Armen will ich vergessen, daß ich ein Mensch bin. In tiefste Einsamkeit will ich mit Dir flüchten. Der Raum, den wir bewohnen, soll mein Vaterland sein, Du sein Schutzgeist, Dein Lächeln sein Frieden, Deine Freude sein Reichtum, Clara, ich will, wie einen Traum, mein vergangenes Leben vergessen, ich will tun, als ob der Seufzer unsrer Liebe mein einziges Geschäft, mein einziger Gedanke gewesen wäre. Schreib mir, Clara, schreib mir, wo Du bist. Unser Schicksal ist entschieden. Wir wollen noch glücklich leben, der Rotte zum Trotz, die Deinen Stand und Dich ächtete, und Deinem Stande zum Trotz, der unsere Liebe ächtete. Irgendein Weg wird Deine Briefe zu mir führen, und weißt Du keinen andern Weg, so sende meinen Brief durch einen Entschluß an das Postamt zu Basel, so wie auch dieser ebendenselben Weg nimmt. Ach, Clara, wann werde ich endlich statt der Seufzer der Sterbenden, die mich umringen, den Seufzer der Liebe wieder hören! Wann werd ich, als ein Unglücklicher, aus der Finsternis meines Elendes in den belebenden Sonnenschein Deiner Liebe treten! Dein ist die Entscheidung. Ich erwarte Deine Briefe mit der Ungeduld eines Unglücklichen.

falen zu. Auf der ersten Poststation kam ein junger Bursche zu ihnen. Er näherte sich dem Vicomte beim Aussteigen und bat ihn um Luzien, die er für seine Braut erklärte. Luzie gestand mit Erröten, daß sie ihm ihr Wort und ihr Herz gegeben habe; allein die Liebe zu Claren, sagte sie zögernd »– mein Bräutigam ist ja noch jung, ich auch. Nein, wir beide können noch warten.« Clara sah mit großen Augen Luzien an. Sie nahm sie allein. »Luzie, liebst du den jungen Menschen?« – »Ja!« – »Zärtlich?« – »Ja!« – »Dann, dann«, rief Clara, »dann sollst du fort, sollst mit ihm. Wie?« rief sie und faltete die Hände, »ich sollte einen Augenblick dir das Glück verzögern, das Glück, um das ich allein seufze? Luzie, ich liebe auch. Ach, ich weiß, was es heißt, einen Augenblick zögern. Fort! Fort! du sollst fort!« Und Luzie mußte gehorchen, da ihr Clara noch obenein vorstellte, daß sie ihr als Frau (Luziens Bräutigam war begütert) nützlicher sein könnte als wie Gesellschafterin.

»Ja, ich weiß«, sagte Luzie, »daß Sie meine Dienste nicht annehmen werden!« – »O gewiß, Luzie! daß werd ich!« – »So zeigen Sie es. Hier ist das Geld, was ich mir gespart habe. Nehmen Sie das.« Clara lächelte, küßte Luzien: »Warum nicht, Luzie? gib! und zur Belohnung bestelle diesen Brief. Er ist an meinen Geliebten, einen Bauer mit Namen Clairant. Du findest die ganze Adresse auf dem Briefe.« Clara umarmte das Mädchen, sagte ihr Lebewohl, und nun flog Luzie mit aller heftigen Zärtlichkeit der Liebe ihrem Geliebten in die Arme und hüpfte mit ihm nach Koblenz.

»Das seltsame Mädchen!« sagte der Vicomte, »ich wollte, ich könnte ihre Anhänglichkeit an uns belohnen.« – »Das hab ich getan, Vater!« – »Womit?« – »Ich habe diese Börse mit Geld von ihr genommen.« – Der Vicomte fuhr auf: »Abscheulich! das nennst du Belohnung? He! Himmel! wen send ich nach? ein Domestik! und erzeigt mir eine Wohltat! Das nennst du Belohnung?« – »Für das Herz dieses Mädchens, mein Vater, gewiß. Und ich gäbe diese Börse um viele Reichtümer nicht weg. O mein Vater, glauben Sie denn, daß von nun an in Frankreich kein Herz mehr menschlich fühlen wird, weil der Adel aufgehört hat?« Der Vicomte befahl Claren zu schweigen. Sie schwieg. Eine Schwachheit der Mutter zwang die Familie, schon den Tag in einem kleinen Städtchen liegenzubleiben. Von hier aus schrieb Clara noch ein paarmal an Clairant; oh, was sagte sie ihm nicht! und erhielt keine Antwort. Sie schrieb an die Rosière und legte einen Brief an Clairant ein. Das arme Mädchen erhielt von der Rosière Antwort, das Clairant gesund und munter sei, daß sie ihm Clarens Brief gegeben habe und daß er längst würde geantwortet haben, wenn er nicht eine unglaubliche Menge Geschäfte durch den Tod seiner Mutter sich auf den Hals geladen hätte. Das war wieder so ein gutherziger Betrug der Rosière.

Clairant, der arme Clairant hoffte mit immer wachsender Ungeduld auf einen Brief von Claren. Seine Mutter war gestorben. Er verkaufte seine Besitzungen, seine Gerätschaften, unter dem Vorwande, sich in einem andern Departement anzukaufen. Nun war er bereit, mit dem, was er zu Gelde gemacht hatte, und mit dem Nachlasse seines Oheims, sobald dieser tot wäre und Clarens Brief ihn riefe, nach Deutschland abzureisen. Er erhielt von Claren nicht eine Zeile seit Ende des Augusts, da sie ihm zuletzt geschrieben hatte. Drei Monate hindurch hoffte er von Tag zu Tag. Er schrieb. Die Briefe gingen bei der Unordnung, in welcher die Posten am Rhein sich damals befanden, bei den ganz seltsamen Wegen, die sie laufen mußten, verloren. Seine Unruhe ward unerträglich. Er belud sich mit einem Teile seines Vermögens und nahm auf ein paar Tage von seinem Oheim Abschied. Dann ging er durch Wald und in unwegsamen Gegenden an die Grenze und kam glücklich nach Trier. Von da flog er nach Koblenz. Hier hörte er, daß die Plessissche Familie nicht mehr in dieser Stadt sei. Niemand wußte, wohin sie war. Selbst Plessis' Wirt hatte Koblenz aus Furcht verlassen. Er hinterließ hier einen Brief an Plessis bei des Vicomte ehemaligem Wirte, worin er ihn bat, ihm sobald als möglich von dem Aufenthalte Clarens Nachricht zu geben. Der Brief fiel erst später in Plessis' Hände, und Plessis beantwortete ihn ebensowenig, als er Claren davon etwas merken ließ.

Gerade um diese Zeit, da Clairant in Deutschland war, kam Clarens Brief an die Rosière. Was sollte die arme Rosière machen? Die arme Clara jammerte in ihrem Briefe gegen die Rosière über Clairants unbegreifliches Schweigen. Sie bat sie, Clairant zu sagen, er möchte schreiben, wenn er nicht bald hören wollte, daß seine Clara vor Gram gestorben sei. Und nun war Clairant gar fort, und alles, was die Rosière in Erfahrung bringen konnte, war, er sei nach Paris gereist, um sich dort die Erlaubnis auszuwirken, sich in einem andern Departement ankaufen zu dürfen. Durfte sie das der trostlosen Clara schreiben? Sie schrieb also, was wir wissen, in der Hoffnung, daß Clairant entweder wiederkommen oder von seinem neuen Wohnorte aus schreiben würde. Clairant kam zurück. Die Rosière er-

Ach, Clairant, Mitleiden sollst du mit Claren haben, wenn auch meine Liebe ganz vergessen ist. Ich will weitererzählen. Da lag meine Mutter am Boden. Da stand mein Bruder; ach! die schreckliche Gestalt! frierend, daß man das Stoßen der Zähne hörte, auf einer Stelle, ohne aufzublicken. Er zitterte entsetzlich. Ich schleppte mich auf meinen Knien zu ihm. »Plessis!« schrie ich, da kam er zu sich. »Ich wollte«, sagte er in langen Absätzen, »ich wollte euch – noch einmal – sehen – ehe ich sterbe!« Da sah er seine Mutter, er stürzte sich an ihrer Seite auf seine Knie und küßte ihre Hand und fragte mich: »Wann ist sie gestorben?« Clairant, das alles war so schrecklich, so schrecklich, daß ich es nicht mehr aushalten konnte. Ich sprang in das Zimmer, fiel da vor einem Kruzifixe nieder und rief: »O erbarme dich und nimm mir meinen Verstand.« Da lag ich. Mir war es, als ob ich die Besinnung verlöre. Da brachte mein Vater und Plessis meine Mutter in das Zimmer und aufs Bette. Nun befahl mein Vater mir, meinem Bruder Zeug von dem seinige zu geben. Ich hörte nichts. Er gab es ihm selbst.

Meine Mutter kam wieder zu sich, wie mein Bruder schon angekleidet war. Er lächelte, mein Vater auch, um meine Mutter zu täuschen. Ich mußte fort; denn ich hätte jetzt nicht lächeln können, und wenn mir jemand gesagt hätte, Du liebst mich noch.

Nun erzählte dann mein Bruder sein Schicksal. Ach, Clairant, Clairant! wir hatten dagegen gar nichts gelitten. Sieh, meine Mutter durfte von allem diesem nichts erfahren. Nun saßen wir da und hielten Rat, wie es nun werden sollte. Ach, Clairant, unser Elend ist unbeschreiblich groß. Luzie hat mir schon mehrere Male Geld geschickt. Wir hätten verhungern müssen, wenn wir nicht ein paarmal Summen von unbekannter Hand erhalten hätten. Mein Vater nahm sie, soviel Überwindung es ihm auch kostete.

Ach, sogar von dem letzten Andenken von Dir habe ich mich trennen müssen. Ich benetzte den Ring erst lange mit meinen heißen Tränen, ehe ich ihn hingab, um meiner Mutter einen Wagen zu schaffen, auf dem sie fortgeführt werden konnte. Wir haben wieder eine kleine Summe Geld erhalten, ich glaube von meiner Luzie aus Koblenz. Das Geld ist in Papier gewickelt, auf dem noch ein paar Worte stehen, ach, ich wollte schwören, es wäre ihre Hand, ihre wohltätige Hand, die diese Worte geschrieben hat. Von dieser Summe ist Plessis ausgestattet, und er hat uns verlassen. Er steht am Rhein bei Condé. Wie er ging, Clairant, so erzählte er mir von Dir, von Dir: wie er ebenso gekleidet, ohne Schuhe, ohne Wäsche zu Dir nach Châtillon gekommen, wie Du ihm Dein einziges Paar Schuhe gegeben, wie Du mit ihm Deine Wäsche geteilt, wie Du ihm Geld aufgedrungen, wie Du an seinem Halse geweint, gejammert hast. Das erzählte er mir mit Tränen in den Augen. Ach, Clairant, ich erkannte Dich an dieser zärtlichen Empfindung, an diesem schönen Mitleiden!

O Clairant, da schreib ich an Dich, als ob, als ob – o Gott! ich kann es nicht ausschreiben! Ach, Clairant, wie oft, wie oft hat Dich mein Herz verteidigt! Wie oft hat Dich meine ganze Seele unschuldig genannt! Und doch – Dein Schweigen – mein Bruder selbst will nicht mit der Sprache heraus. Ach! Clairant, zuweilen fürcht ich, daß Du unglücklich bist und daß man mir es verschweigt und mit Deiner Untreue Dein Unglück beschönigt. Nein, Clairant, sei mir lieber untreu als – untreu? ach, nein, Clairant!

Da will ich meine lange Verzweiflung noch einmal mit einem süßen Wahne besänftigen. Sei, was sei, bist Du unschuldig, Clairant, so bist Du unglücklicher wie ich; und bist Du mir untreu, so – dieser Brief soll Dich nicht an Deine Schwüre mahnen; er soll Dich an nichts erinnern, nicht einmal an das Elend, worein Clara versunken ist; denn bist Du untreu, so kennst Du mein Elend ohne meine Klage. Nein, Clairant, dieser Brief ist mein eigenes Bedürfnis. Ich habe schon oft an Dich geschrieben, ich fühle mich zuweilen während des Schreibens ruhig. Wenn meine Hand oft den Namen Clairant malt, so täuscht sich meine Seele selbst mit dem Traume voriger Zeiten. Ich habe die Briefe wieder zerrissen. Auch hat vielleicht dieser dasselbe Schicksal. Bist Du unschuldig, so würde mein Schreiben Dich sehr unglücklich machen, und wärst Du schuldig – o Clairant, ich habe Dich zu lieb, als daß ich eine spottende Miene, mit der Du den Brief etwa läsest, auf Dein Herz laden möchte. Sieh, so schreib ich an Dich, tröste mich, täusche mich und zerreiße die Briefe wieder, um minder unglücklich zu sein und um Dich nicht unglücklicher zu machen.

Nein, Clairant, ich will Dir nichts als Lebewohl sagen. Wir gehen von hier über Heidelberg, wir wissen nicht wohin. Ich sitze hier in Weinheim, in einem elenden Stübchen und schreibe an Dich. Sieh, wie ich an Dich erinnert wurde. Hier gerade am Wirtshause über einen Bach hinüber und an demselben weg führt ein Weg in den Odenwald: nach der Beschreibung des Wirts die rauheste, die unbesuchteste, die wildeste Gegend in ganz Deutschland. Ich ging dann ein halb Stündchen ins Gebirge hinauf. Der Weg ging auf lauter Fels immer neben dem Bache in den dicken Wald hinauf. Endlich setzte ich mich ermüdet auf einen Stein. Die ganze Gegend war tot um mich her. Überall war ich von Fels und Gebirge eingeschlossen. »Oh«, sagte ich, »könnte ich um mich her durch unergründliche Schlünde die ganze Welt von mir absondern! Könnte ich allein –«, bei dem Worte allein schob mein schwaches Herz mir Dein Bild unter. Ich verlor mich in jenen süßen Träumen, die ehedem mein Glück ausmachten und deren Wirklichkeit ich mit so vieler Gewißheit hoffte. Ach, noch heute machten sie mich glücklich, Clairant. Denn o was wäre der Liebe nicht möglich zu glauben? Er ist unschuldig! rief mein Herz. Er hatte Geschäfte! Seine Briefe gingen verloren! Er hat dich gesucht! Er hat meine Briefe nicht bekommen! Ich vergoß Freudentränen über mein Gefühl, in dem der Schmerz doch einmal nicht die Hauptempfindung war.

Nun ich zu Hause bin, nun ist es wieder dahin; ich bin wieder die verlassene Unglückliche, die getäuschte Liebende. Oh, ich möchte jetzt den Brief zerreißen!

Nein, Clairant! Du sollst ihn haben. Er enthält meinen Abschied, mein Lebewohl auf immer von Dir. Auf immer nicht! Es ist eine Zeit, es kommt der Augenblick, wo die Welle der menschlichen Allmacht sich bricht und wo auch das Herz, das wankelmütige Herz Treue lernen wird und verzeihen! Clairant, verzeihen lernt ein gebrochenes Herz. Ach, Clairant, ich wollte, die ganze Welt hätte mich beleidigt, um die Freude zu haben, ihr verzeihen zu können. Daß ich Dir verzeihen soll, daß ich Clairant mein Elend zu verzeihen habe, ach! das tut mir allein weh! Ach, wenn man so bleich ist, so matt, so hohläugig, so sanft wie ich, da ist Verzeihen nicht schwer. Das Grab besänftigt alle Leidenschaften, nur die Liebe nicht. Denn ach! die fühlt mein Herz dann am meisten, wenn es bricht. So leb wohl, Clairant. Ich gebe diesem Brief meinen Segen, meinen Abschiedskuß mit. Von nun an sollst du nichts wieder von mir hören. Mein letzter Seufzer soll noch Deinen Namen nennen.

Der Postmeister hier hat meinen Tränen versprochen, diesen Brief auf jeden Fall in Deine Hände zu bringen. »Glauben Sie mir«, sagte ich ihm mit tränenden Augen, wie ich ihn fragte, ob er den Brief sicher zu Dir schaffen könnte, »an diesem Briefe hängt mein Leben, der Segen eines Sterbenden, die letzte ruhige Minute eines Menschen.« Er sah mich an, er schwor mir, den Brief in Deine Hände zu bringen. Also, Clairant, leb wohl! Deine Clara sagt Dir: Leb wohl! Sieh, jetzt falt ich meine Hände und bete für Dich, Clairant!

Mein Clairant, leb wohl! Gott segne Dich!

Dieser Brief kam denn endlich in Clairants Hände. Der Postmeister hatte Clarens Tränen Wort gehalten. Clairant lebte bis dahin in einer Unruhe ohnegleichen. Nicht eine Zeile von Claren. Er hatte mehreremal an des Vicomte Wirt nach Koblenz geschrieben. Jetzt schlich er sich selbst mit den Briefen nach Trier, wohin er auch immer einen Teil seines baren Geldes trug und es dort niederlegte. Er bekam Antwort: man wüßte nicht, wo Plessis wären. Seine Unruhe vermehrte sich mit jedem Tage. Zuletzt fing er sogar an, Claren des Wankelmuts zu beschuldigen. Mit Zähneknirschen saß er an dem Bette seines Oheims, der mit jedem Tage schwächer wurde. Längst wäre er nach Deutschland geflohen; sein Oheim war die Kette, die ihn hielt. Endlich erhielt er Clarens Brief. Er erkannte ihre Hand. Seine Brust schlug hoch, sein Auge füllte sich mit ahnenden Tränen. »Ach«, rief er zögernd und betrachtete den Brief, »was wird er enthalten?« Er erbrach, er las. Gleich die ersten Zeilen schmetterten ihn nieder. Seine Angst ward unerträglich. Ein Gewirr von Gedanken, Entschlüssen, Schmerz und Angst ergriff ihn. Seine Seele flog schon längst mit einem zerstörenden Schmerze den Weg nach Claren, da sein Körper noch bewegungslos dastand. Er wußte nicht, wozu er greifen sollte: er wußte bloß, daß er zu Claren wollte. Mechanisch ging er zu seinem Oheim ins Zimmer. Der alte Mann warf einen Blick auf ihn. »Clairant! Clairant! was ist dir? hast du endlich Briefe von Claren? Was macht sie? wie geht's meinem alten Freunde, dem Vicomte?«

Clairant reichte seinem Oheim den Brief. Er lächelte. »Lies mir vor, Clairant!« Clairant las, las schluchzend, unterbrach hundertmal sich selbst mit wütenden Ausrufungen, nannte sich einen Elenden! einen Barbaren! Er kniete im Zimmer, er bat den Himmel, nur so lange Clarens Leben fortzuspinnen, bis er in ihren Armen sterben könnte, um sie zu überzeugen, daß er nichts als sie geliebt hätte.

Der Prior rief ihn endlich ans Bett. »Gib mir einen Kuß, mein Sohn!« sagte er bewegt zu seinem Neffen. Clairant beugte sich über ihn und drückte seinen Mund auf die blassen Lippen des Alten. »Nun reise«, sagte der Prior, »reise nun mit Gott! Ich kann allein sterben und du kannst Claren noch retten!« Kaum war das Wort heraus: retten, da rief er mit Gewalt: »Retten! Clara! retten!« Der Oheim streckte die Arme nach ihm aus. »Clairant!« rief er, »Clairant, leb wohl! wir sehen uns nicht wieder!« Clairant warf einen lächelnden Blick auf ihn, drückte sich in seine Arme, riß sich dann los und flog hinaus nach Châtillon. Er holte das Vermögen seines Oheims aus dem Garten hervor, und so beladen mit Gold, war er am andern Morgen schon über der Grenze. In Trier nahm er den Rest seines Vermögens zu sich. Er adressierte es nach Heidelberg an sich selbst. Dann ging er den kürzeren Weg über dem Hunsrück nach Mannheim zu. Die Leidenschaft gab seinem Körper ungeheure Kräfte. In kurzer Zeit hatte er einen großen Weg zurückgelegt. Er lief mehr, als er ging. Wer ihm begegnete, hätte ihn für verrückt halten können. Seine Blicke starrten vorwärts. Er dankte nicht, wenn er gegrüßt ward; er sah den Vorübergehenden nicht. Endlich war seine Kraft nahe bei Lautern erschöpft. Er sank an einer Tierhüter-Hütte* nieder, die mitten im Walde stand, nahe bei der alten verfallenen Burg Hoheneck. Vergebens suchte er sich wieder aufzuraffen; er sank wieder an der Hütte hin. »Clara!« rief er ängstlich, »Clara!«

Auf das Geschrei kam der Tierhüter aus der Hütte hervor. Er betrachtete Clairant einige Augenblicke. »Mich dürstet!« lallte Clairant. Der Mann brachte ihm einen Trunk Wasser. Clairant trank, und jetzt fühlte er die Erschöpfung aller seiner Kräfte. Mit Hülfe des Tierhüters schwankte er in die Hütte hinein. Hier sank er auf ein Strohlager, und nach einigen Minuten schon schlief er fest und ruhig. Wie er erwachte, klagte er über Schmerz in den Füßen. Der Alte wusch sie ihm, Clairant mußte nun von ihm eine Erzählung anhören, wer er sei, wie die Franzosen ihm die Fenster in seiner Hütte, all sein Hausgerät zerschlagen, wie sie ihn selbst mißhandelt hatten, weil er ihnen keine Lebensmittel hatte schaffen können! »Wo sollt ich sie hernehmen? Ich wohne hier im Walde ganz von allen Menschen abgelegen. Was ich gebrauche, muß ich mir von den benachbarten Dörfern einkaufen.« Clairant gab dem Mann zwei Laubtaler, um den Unfug seiner Landsleute wiedergutzumachen. Jetzt ward sein alter Wirt noch gesprächiger. Er erzählte ihm nun seine Familiengeschich-

* Garde de Gibier.

ten, den Tod seiner Frau, die er sehr liebgehabt habe; »und darum«, setzte er hinzu, »wohne ich hier gern, abgesondert von allen Menschen; hier kann man recht nach Lust traurig sein.«

»Abgesondert von allen Menschen!« wiederholte Clairant. »Hier sollt ich wohnen!« – »Von Herzen gern!« meinte der Alte. Er wäre den Tag über selten zu Hause, und des Nachts könnte er in dem Kämmerchen hinten schlafen, und so hätte der Herr das ganze Häuschen für sich. Natürlich fiel Clairant auf die ehemaligen Vorstellungen, mit Claren abgesondert von allen Menschen zu leben. Er besah sich die Hütte und versprach dem Alten Nachricht zu bringen, ob er hier wohnen wollte oder nicht. Der Hüter begleitete ihn aus dem Walde, unterhielt ihn mit dem Vergnügen, was er in seiner Hütte haben würde. »Find ich mein Weib«, sagte Clairant, »dann komm ich zurück und lebe mit ihm bis an seinen Tod.« Er ging nach Lautern, von da durch die schönen Täler in die Rheinebenen nach Mannheim.

In Mannheim nahm er Postpferde nach Weinheim. Der Postmeister besann sich vergebens auf das schönste Mädchen der Welt, wie sie Clairant nannte, das ihm einen Brief mit Tränen zu bestellen gegeben habe. Allein in dem Wirtshause am Ende des Dorfes erinnerte sich die junge Wirtin desto genauer der unglücklichen Familie. Sie erzählte Clairant eine ganze Stunde lang von dem schönen, blassen, sanften Mädchen, das mit so rührendem Gesicht ihren Mann hätte von den wilden Gegenden im Odenwalde erzählen hören. So, wie sie gehört hätte, wäre die Familie nach Heidelberg gereist, um da einige Zeit zu bleiben. Der alte Herr hätte da auf Nachrichten von seinem Bruder in England warten wollen. Die Wirtin sagte auch Clairant das Wirtshaus, das sie ihnen als das wohlfeilste in Heidelberg empfohlen hätte. Clairant blieb die Nacht in Weinheim. Er ließ sich ein Zimmer geben. Die Wirtin führte ihn auf eins. »Hier in diesem Bette«, sagte sie, »hat das arme Mädchen, von dem Sie reden, geschlafen. Sehen Sie, das Kopfkissen war den andern Morgen noch von ihren Tränen naß.« Clairant schloß die Nacht kein Auge. Er benetzte mit ebenso heißen Tränen das Kissen, auf dem Clarens Tränen getrocknet waren. Am andern Morgen noch vor Sonnenaufgang fuhr er den reizenden Weg nach Heidelberg. Vergebens schlugen die Nachtigallen in den Gebüschen, womit die Stirne der Berge gekränzt sind; vergebens schütteten die Fruchtbäume an der Chaussee, unter denen er wegfuhr, ihre Blüten auf ihn herab. Er hörte, er sah nichts.

Nur vorwärts nach Heidelberg starrte er hin. »Sehen wir es bald, guter Postillon?« Das war seine ewige Frage. »Da liegt es!« rief der Postillon endlich. Clairant stand in der Chaise. Er hing mit starren Augen auf dem alten Schlosse des Kurfürsten von der Pfalz. Dann bog der Wagen um den Berg, da sah er den Neckar, jenseits die Stadt. »O um Gottes willen«, schrie er, da man ihn auf der Brücke wegen des Brückengeldes aufhielt. Er warf ein Stück Geld aus dem Wagen, und der Wagen rollte dahin. »Da! da!« schrie der Postillon und zeigte mit der Peitsche auf die Statue des Kurfürsten, die auf der Brücke steht. »Wo? wo?« rief Clairant und wäre bald aus dem Wagen gesprungen. Er meinte, Clara käme daher. Der Wagen hielt endlich. Clairant berichtigte schnell, fragte nach dem Gasthause, wo der Vicomte logieren sollte. Dahin flog er. Er stürzte in das Haus, öffnete den Mund und konnte kaum reden, so war er außer Atem. Endlich fragte er. Sie wohnten noch da; aber sie waren nicht zu Hause. »Wo sind sie?« – »Spazieren, auf dem Wolfsbrunnen.« Dahin flog er. »He! wo geht man nach dem Wolfsbrunnen?« – »An dem Neckar hinauf, die Gasse links, dann gerade fort.« Er eilte.

Oben aus Heidelberg, am linken Ufer des Neckars, geht ein Weg am Gebirge hin zum Wolfsbrunnen. Dann wendet sich der Weg rechts ins Gebirge, geht in verschlungenen Tälern, im Gebüsch, um Berge hin in die Höhe und führt endlich in das lieblichste aller Täler von ganz Deutschland. Man steigt unmerklich in die Höhe, geht eine Hütte vorüber, kommt an einige Terrassen, zu denen steinerne Stufen in die Höhe führen, endlich auf die letzte Terrasse, wo der Quell, welcher der Wolfsbrunnen heißt, aus einem Felsen hervorsprudelt. Die Seite ist mit einer Mauer eingefaßt, aus der drei Linden hervorkommen, die über den freien gepflasterten Platz herüberhängen. In der Mitte steht eine ungeheure Linde, mit weit umherverbreiteten Zweigen. Das Laubdach dieser vier Linden ist so dicht, daß kein Sonnenstrahl sich durchstehlen kann, und gibt dem Quell eine so erfrischende Kälte, dem ganzen Platze eine so reizende Kühle, daß kein Mensch aus diesem heimlichen, vertrauten Plätzchen tritt, ohne entzückt zu sein. Was den Platz noch lieblicher macht, sind einige ausgemauerte Bassins, in welche der Quell sein durchsichtiges Silber ergießt und in welchem nun Hunderte von Forellen spielen. Die ältesten Dichter haben den Quell und die schattenreiche Linde besungen, und die Sage hat ihn durch liebliche Märchen bezeichnet.

Zu diesem Tale nun eilte Clairant auf den Flügeln der Liebe. Er flog den Weg an dem Flusse hinauf. Ein Mädchen wies ihn ins Gebirge, den Fußpfad, der zu dem Quell führt. Er flog durch Gebüsch und Tal in die Höhe. Sein Auge suchte umher und fand nichts. Der Weg verlor sich. Er flog an die Hütte. Eine Frau zeigte in die Höhe. Er eilte die Stufen hinauf. Da stand Clara am Bassin und teilte mit den Forellen ein Stückchen Milchbrot, ihr Frühstück. Sie hörte jemanden die Stufen heraufstürzen; sie sah sich um. »Clairant!« schrie sie mit einer zerschmetternden Stimme, mit ausgebreiteten Armen. »Clara!« rief er, eilte auf sie ein und sank sprachlos und schluchzend zu ihren Füßen. Er umarmte ihre Knie, sie sank in seinen Armen immer tiefer und endlich ebenfalls vor ihm auf die Knie. Stumme Tränen rollten aus ihren erloschnen Augen die blassen Wangen herab. Sie hatte ihn mit beiden Armen umfaßt, sie sah ihn an, lächelnd, traurig, entzückt, verzweiflungsvoll. Alle Leidenschaften jagten sich auf ihrem Gesichte. »Clairant«, sagte sie endlich leise, doch mit einem halben Vorwurf, den aber ihr seelenvolles Lächeln wieder erlöschte, »bist du endlich da?«

Jetzt näherte sich der Vicomte langsam. Ein bittrer Unmut lag in seinen Blicken, die sich unter den tief niedergezogenen Augenbrauen noch mehr verdunkelten. Seine erste Empfindung hätte ihn auf Clairant losgerissen; allein sein Unglück hatte ihn schon so gedemütigt, daß er den Mut dazu nicht mehr in sich fand. Ein paar Augenblicke sah er dem zärtlichen Ergießen der beiden liebenden Herzen zu. Dann trat er auf Clairant los. Er zwang sich, sein Auge ein wenig zu erheitern. »Sieh da, Clairant«, sagte er mit zweideutiger Stimme, »wie treffen wir uns hier?« Und hätte er mit der Posaune des Weltgerichts geredet, Clairant hätte ihn nicht gehört. Er war in dem Anschauen der Tränen, welche die blassen Wangen herabrollten, ganz verloren. »Clara!« sagte er von Zeit zu Zeit, mit einer Stimme so voll Zärtlichkeit, so voll Mitleiden, daß er hätte den Tod mit *der* Stimme entwaffnen können. Aber den Stolz des Vicomte entwaffnete sie nicht. Er faßte Clairant an die Schulter, schüttelte ihn heftig und wiederholte seine Frage. Da sah Clairant auf, erblickte den Vicomte, sprang auf und zog auch Claren mit in die Höh. Er warf einen Blick voll Bitterkeit und Grimm auf den Vicomte und sagte langsam und fest, indem er auf Claren zeigte: »Dahin, dahin hat es Ihre Grausamkeit gebracht! Aber von jetzt an, bei Gott, bei dem hohen, ewigen, allmächtigen Gott! ist sie mein!« Er schlang seinen Arm um Clarens Leib, und den andern hielt er dem Vicomte entgegen. »Wagen Sie es nicht, Ihre Hand an das Mädchen zu legen; Sie haben es mit mir zu tun, mit der allerentschiedensten Verzweiflung. Mein Leben ist mir nichts, gar nichts, nicht hier des Sandkorns wert, den mein Fuß tritt! Hier, wo die barbarischen Gesetze für Sie sprechen, hier oder unter den Augen aller Fürsten, auf dem Blutgerüst, überall schlag ich meinen Arm um diesen leidenden Engel, den Ihr barbarischer Stolz hingerichtet hat; und wehe dem, der es wagt, meine Hand von ihr loszumachen! Sie ist mein! Clara, du bist mein!«

Das ging über die Erwartung des Vicomte. Dieser feste, dieser entschlossene Ton brachte ihn aus der Fassung. In dem Augenblicke fragte Clara und legte ihren Kopf auf Clairants Schulter: »O Gott, Clairant, du liebst mich? du bist mir treu gewesen?« Er lächelte ihr zu. »Hast du im Ernst daran gezweifelt?« fragte er sanft. »Sieh, Clara, unsere Briefe haben grausame Herzen aufgefangen. Man wollte uns trennen. Deinen letzten Brief erhielt ich endlich. Nun bin ich hier, dich zu retten, Clara, oder mit dir zu sterben.« Clarens Mutter näherte sich jetzt, ihr Auge sanft benetzt. Sie ergriff des Vicomte Hand. »Oh«, sagte sie sanft und bittend, »erlaube doch, teurer Mann, daß *einer* von uns glücklich werde!« Er riß seine Hand los und ging den Platz auf und ab. Clara eilte ihm nach. Sie warf sich vor ihm nieder, sie bat so rührend um seine Einwilligung. Ihre Mutter faßte zum zweiten Male seine Hand. »Nein«, rief er und riß sich los, »werde, was da will! Ihr sollt mich nicht bewegen, in meine Schande zu willigen. Steh auf, Törin! steh auf! Du kniest vergebens!« Da sprang Clairant hinzu und hob Claren auf. »Steh auf, Clara«, sagte er stolz, »und knie vor Gott, der dir dein Herz gab und mir den Mut, dich zu besitzen. Clara, bist du mein? Hier stehen wir alle! dort dein Vater, hier ich. Wähle! bist du mein?« Clara flog in Clairants Arme. Der Vicomte sprang hinzu. Clairant ließ Claren fahren und stellte sich vor den Vicomte. »Jetzt, Herr, ist sie mein! Clara, sag deiner Mutter Lebewohl!« Clara sank vor ihrer Mutter weinend auf die Knie. Die Mutter schloß sie an ihren Busen. »Geh, mein Kind«, sagte sie leise, »mit dir wird mir meine letzte Freude geraubt; allein geh, geh und werde glücklich in den Armen eines Mannes, der dich liebt!«

»O du Tor«, rief der Vicomte laut und bitter lachend, »wohin willst du gehen? Sieh, jedes Gesetz nimmt meine Rechte in Schutz. Und nun schwör ich dir, du Elender, daß ich alles Mögliche tun werde, um dich ganz unglücklich zu machen. Ein Gefängnis bis an deinen Tod soll deinen Schurkereien ein Ende machen!« – »Herr Vicomte, zuerst wäre die Frage, ob die Gesetze nicht auch endlich eine Liebe in Schutz nehmen würden, welche jeder billigt, nur Sie nicht, eine Liebe, die Claren aus einem Abgrunde von Elend und Armut herauszieht? Dann, Herr Vicomte, machen Sie, was Sie wollen! Claren geb ich von jetzt an nicht anders als tot aus meinen Armen. Soll sie geopfert werden, so will ich sie opfern. Sehen Sie, Herr Vicomte, was ich fest zu tun entschlossen bin. Ich gehe mit Claren, ich verteidige sie, solange mein Arm und mein Mut hält; und kann ich sie nicht länger verteidigen, so soll ein Stoß in Clarens Brust von meiner Hand ihrem Leben und ihrem Elende ein Ende machen. Mich schleppe man dann aufs Blutgerüst. Ich will um nichts bitten, als daß Sie auf Ihre ermordete Tochter und dann auf mich, wenn ich in Ketten sitze, einen Blick werfen müssen. Das soll Ihre Strafe sein! Dazu bin ich entschlossen, Herr Vicomte. Haben Sie mich verstanden?« Der Vicomte ging in einem heftigen Kampfe mit sich selbst umher. Clairant warf sich vor Clarens Mutter nieder. Er küßte mit tränenden Augen ihre Hand. Dann sprang er auf, ergriff Clarens Hand; Clara stand, sah ihren Vater an, streckte die Hände nach ihm aus. »O mein Vater!« rief sie mit bitterm Schluchzen.

»Deines Vaters Fluch begleite dich, du Elende!« rief er. »Und mein Segen, meine Tochter!« rief jetzt die Mutter erhitzt, »geht und seid glücklich! Geht, meine Kinder! mein Sohn, Clairant! meine Tochter, Clara! geht.« – »So geh ich mit Segen beladen und endlich glücklich!« rief Clairant, umfaßte Claren, die noch immer weinend dastand, und führte sie die Stufen hinab, zum Tal hinaus. Da ging sie nun wieder an seiner Seite; allein stumm und weinend. Zögernd waren alle ihre Schritte, so langsam auch Clairant neben ihr her ging. In dem Schatten eines Baumes blieb Clairant vor Claren stehen. »Clara«, sagte er, »du zögerst? bereuest du, mir gefolgt zu sein, so ... Clara, ich will nicht auf Kosten deiner Ruhe glücklich werden.« – »Clairant«, sagte sie, »bereuen? Stürze dich da in den Fluß, ohne Zögern spring ich dir nach und finde den Himmel in den Wellen. Aber ach! mein Vater ohne Geld, meine Mutter – beide dem Hunger ausgesetzt. Clairant, Clairant, und in diesen Umständen soll ich sie verlassen? Das tut mir weh!« Da schloß Clairant sie in seine Arme. »Sorge nicht, Clara; wenn das dein Kummer ist, so trockne dein Auge. Ich habe Vermögen genug, deine Eltern gegen den Mangel zu schützen. So komm!«

»Ha! so komm! mein Clairant! so komm! so laß uns eilen!« rief sie voll Entzücken. Sie hing sich in seinen Arm, und nun flog sie leicht wie ein Vogel mit ihm dahin am Flusse hinab nach Heidelberg. Er führte sie in ein Gasthaus, das am Ende der Stadt lag. Dann ging er nach der Post. Er fand dort sein Geld. Die Hälfte siegelte er ein, eine große Summe, und legte sie Claren auf den Schoß mit den Worten: »Für deine Eltern, Clara!« Jetzt entstand die Frage, wie man das Geld in ihre Hände spielen wollte. Clara kam auf den Einfall, es ihrer Mutter selbst zu bringen und nun noch die Absichten ihres Vaters zu erfahren. Clairant kaufte Claren die Kleidung einer Magd, um sie desto besser zu verstellen. Sie schlich so am Abend am Arme Clairants, das schwere Paket Geld in der Schürze, um das Haus her, wo ihre Eltern wohnten. Sie sah die Tochter vom Hause; sie sprach ein paar Worte mit ihr. Nach einigen Minuten ging Clara mit Clairant in das Haus auf ein Hinterstübchen, und da fanden sie ihre Mutter.

Clara sank ihrer Mutter in die Arme. Eine Stunde, eine schöne Stunde voll Rührung blieben sie zusammen. Dann gab Clara ihrer Mutter das Geld. »Clairant«, sagte die Mutter gerührt, »Ihr behaltet doch für Euch? O Clairant, o mein Sohn, laß Claren keine Not leiden!« Clairant setzte ihr seine Umstände auseinander. Er sagte ihr, daß er bei Lautern vorerst mit Claren in einer abgelegenen Hütte wohnen wollte, bis sich die Umstände änderten. Dann nahmen sie alle drei mit Tränen der Freude Abschied. »Schreib mir nicht, mein Kind; denn ich fürchte – aber fragt ihr zuweilen auf der Post in Lautern nach. Ich werde euch Nachricht geben, wie es uns geht.« Sie gingen. »Meine Schwester!« sagte Clairant im Gasthofe. Clara errötete. Man gab ihr ein Stübchen allein. Am andern Morgen packte sie ihre Wäsche ein; sie erschien in einer niedlichen Haube, in einem noch niedlicheren Anzuge, halb Bäuerin, halb Städterin, vor Clairant. Clairant schrie laut vor Entzücken. Er faßte sie in seine Arme, es regnete Küsse auf ihre Lippen, die wieder anfingen zu blühen. Nun wollten sie fort; da kam ein Zettel von Clarens Mutter, worin sie ihre Tochter bat, sie noch einmal in der Messe mit Clairant zu sehen. Sie flogen dahin. Die Mutter führte nach der Messe die beiden Liebenden in das Haus des Geistlichen. Dieser empfing von der Mutter einen Einwilligungsschein. Er segnete die beiden jungen Leute, die vor Entzücken taumelten, ein. »Nun«, sagte die Mutter, »nun geht! Was ich nicht hoffte zu erleben, das hab ich erlebt. Ich bin bei deiner Trauung gegenwärtig gewesen.« Man trennte sich endlich.

Jetzt ging Clairant an der Seite seines jungen Weibes mit einem Gesicht, auf dem der Himmel strahlte, durch die Stadt. Er mußte sich zwingen, nicht laut aufzujauchzen; kaum konnte er sich enthalten, nicht bei jedem Schritte stillzustehen und ihr auf der Gasse liebzukosen. Sie gingen langsam und unter zärtlichem Geschwätz und Liebkosungen nach Mannheim, und hier sah der freundliche Maimorgen den glücklichen Clairant seine Arme um das verschämte junge Weibchen schlagen. O Himmel, jetzt waren alle ihre Wünsche erfüllt! Alle die tausend Hoffnungen ihres Herzens, die sie kaum zu denken wagten, so reichlich, so überschwenglich wirklich. Und nun gingen sie beide endlich ihrem schwärmerischen Ideale, ihrer Einsamkeit, ihrem abgesonderten, von allen Menschen abgesonderten Leben entgegen. O welch eine Reise! Da saßen sie unter einem blühenden Baume, in dem eine Nachtigall schlug; da saßen sie mit lächelnden Blicken nebeneinander, Hand in Hand gefalten, Auge in Auge, Seele in Seele. Sie sahen nicht, daß jemand vorüberging; sie sahen nur sich.

Endlich erreichten sie Lautern. Hier ließ Clairant Claren und ging seinen guten Wildhüter aufzusuchen. Er fand ihn. Der Alte freute sich, ihn wiederzusehen. Schnell, mit dem Aufwande einer Summe Geldes, wurden die notwendigsten Einrichtungen getroffen, und schon am andern Tage führte nun Clairant seine Clara in ihre neue Wohnung ein. Claren lachte der Himmel im Angesichte über die ganze Einrichtung. Der Alte erstaunte nicht wenig, daß seine Hütte, seine kleine Hütte, einem so schönen Paare, und die – das sah er an ihren weißen Händen – es besser gewohnt waren, so gefiel. Clara machte noch den Abend ein kleines Essen, und beide jauchzten wie Kinder über ihr Glück. Mit einer hohen Wollust, die nur das von allen Seiten befriedigte, immer verlangende und immer befriedigte Herz geben kann, warfen sie sich auf ihr kleines Lager. Sie schlummerten – süßer schlummerte nie ein Glücklicher –, bis der Gesang der Vögel von den nahen Bäumen sie erweckte. Da gingen sie wieder, Hand in Hand, heiterer und schöner wie der Frühlingsmorgen, der sie umstrahlte, wie zwei selige Wesen, in dem Gefühl ihrer Unschuld und ihres Glückes, wie die ersten Menschen, ebenso glücklich, ebenso unschuldig, aber noch zärtlicher, unter dem Laubdache der Bäume umher. Dann riß sich Clara gewaltsam aus Clairants Armen. Sie trug einen Tisch aus der Hütte hervor, setzte ein einfaches Frühstück auf, hüpfte geschäftig in die Hütte, aus der Hütte. Clairant

brachte Licht. Der Offizier betrachtete Claren, tat, als ob er sich besänne. »Das Mädchen«, sagte er, »hab ich irgendwo gesehen.« Clara fing an zu reden. »Ha! ha! eine Französin? seltsam!« Er betrachtete sie, besann sich: »Bei Gott!« rief er; »des Vicomte du Plessis Tochter! Wie kommen Sie hierher, in diese Hütte, in diese Kleider, zu diesem Menschen?«

Clara warf sich vor dem Offizier nieder, beschwor ihn mit rührenden Tränen und Klagen, ihr jetziges Glück nicht zu stören. Der Offizier ward gerührt. Er setzte sich zu Claren nieder. Sie und Clairant erzählten ihm ihre Geschichte. »Ich glaube Ihnen«, sagte der Offizier, »allein es tut mir leid. Dort den jungen Menschen, den Sie Ihren Mann nennen, muß ich ins Hauptquartier schicken.« Clara schrie ängstlich auf. »Ich gebe Ihnen mein Ehrenwort«, sagte er dann, Claren beruhigend, »daß ihm nichts geschehen soll. Aber es ist Dienstpflicht. Das dauert einen Tag höchstens. Und Sie werde ich in die Hände Ihrer Mutter liefern, und, wenn Sie wollen, sogar ohne Wissen Ihres Vaters.«

Man bat, man weinte, man flehte. Nichts half. Clara ward in eine Chaise gepackt, die der Offizier zum Glück bei sich hatte. Clairant mußte mit den Herren ins Hauptquartier wandern. »Sehen Sie, lieber junger Mensch«, sagte der Offizier, »Ihre schöne Frau fährt nach Heidelberg zu ihrer Mutter, und wir gehen nach dem Hauptquartier, etwa vier Stunden von Heidelberg nach Philippsburg zu. Das ist fast ein Weg; dann gehen Sie ruhig nach Heidelberg, holen Ihre Frau und gehen, wohin Sie wollen; nur, ich ersuche Sie, nicht wieder hierher so nahe bei der Armee, wenn Sie nicht wollen alle Tage einmal ins Hauptquartier wandern!« Clairant drückte noch einmal Claren an seine Brust, »Clara«, sagte er leise, »habe Mut! hier oder auf dem Wolfsbrunnen findest du mich wieder, wenn man dich etwa wegschleppt! Sobald ich frei bin, suche ich dich auf oder du mich.« Clara schloß ihn fest an sich. Der Offizier gab noch einmal sein Wort, daß Clairant heute abend schon in Heidelberg sein könne.

Hier in dem französischen Hauptquartier lernte ich Clairant kennen. Ob man willens war, ihn wieder freizugeben? Ich weiß es nicht. Seine Begebenheit, die sehr romantisch erzählt ward, machte Aufsehen. Man sprach in Grabe, wo das Hauptquartier war, man sprach im Lager, das am Rhein stand, nichts als von der Begebenheit des jungen Franzosen und der schönen Französin, die im Gebirge wie Wilde gelebt hätten. Meine Neugierde wurde rege. Ich ging in das

Ordonnanzhaus, wo Clairant saß, und fand einen jungen Menschen mit einem sehr interessanten Gesicht. Ein sonderbarer Zug von Schwermut und von hoffender Geduld lag auf seinem Gesicht. Ich redete ihn an. Er antwortete mit einer traurigen Stimme auf meine Fragen. Ich fragte ihn, ob er schon verhört sei. »Ob man überall mich verhören, mich unschuldig finden will?« antwortete er mit Achselzucken. Er bat mich, ihm doch Nachricht von einem Sohn des Vicomte du Plessis oder gar ihn selbst hieherzuschaffen. Ich versprach, mir Mühe darum zu geben, und fand den Sohn des Vicomte. Diesen bat ich, mit mir zu gehen. Ein Arrestant begehre ihn zu sprechen. Da sah ich eine rührende Szene, wie ich wieder zu Clairant kam.

Die beiden jungen Leute waren, als sie sich erblickten, wie vom Blitze gerührt. Sie sahen sich einige Sekunden stumm an, in denen aber, nach ihren Blicken zu urteilen, ihre Seelen sich längst umarmt hatten. Dann schlangen sie sich einander in die Arme und saßen in dieser Stellung, bis sie sich trennten. Das Elend, ein lang ertragenes Elend lag auf des jungen Plessis, Unruhe, Furcht vor Elend auf Clairants Gesichte. So wie sie aber da saßen, leise redeten, so verschwanden nach und nach alle Spuren des Unglücks von ihren Gesichtern. Eine reine Heiterkeit verwandelte den Gram in frohen Mut, den Verdruß in süßen Genuß. Sie mußten sich verlassen; denn der junge Plessis hatte den Dienst. Jetzt nahm Clairants Ungeduld wieder mit vermehrter Stärke zu. Ich versprach mein Möglichstes zu tun, ihn zum Verhör zu bringen, und bat ihn, mir seine Geschichte zu erzählen, damit ich etwas hätte, worauf ich mich stützen könnte. Er erzählte mir seine Geschichte in kurzem.

Wozu sollte ich es leugnen? Ich ging mit dieser Geschichte, mit nassen Wangen und einem warmen Herzen zu dem hübschen Kammermädchen der noch hübschern Frau***. Ich erzählte im Vorzimmer meine Geschichte. »Mein Gott!« sagte das Mädchen mit ein Paar nassen Augen, die ich noch nie so hübsch gesehen hatte, »der arme Junge! und sitzt im Gefängnis, weil er so treu war?« – »Weil er so treu war.« – »Das ist himmelschreiendes Unrecht!« – »Wenn wir ihn nur los hätten!« – »O warten Sie, wir kennen den***. Der soll ihn uns schon losmachen.« Sie ging hinein zur Frau***. Ich mußte hineinkommen und erzählen. Frau*** hörte aufmerksam zu. – »Mein Gott!« sagte sie, wie ich fertig war, »weil er seiner Frau so treu ist?« – »Denken Sie, nur darum.«

Der Friseur mußte warten; ich mußte noch manchen Vorfall weitläufiger erzählen. Sie forderte Feder und Tinte, schrieb ein Billett an den***. Ein Bedienter flog, kam wieder, brachte Antwort. Sie lächelte, die schöne Frau***. »Gottlob!« sagte sie, »wir haben ihn los. Er ist frei! da!« Sie gab mir einen schriftlichen Befehl an den wachhabenden Offizier, Clairant sogleich gehenzulassen, wohin er wolle, und ihm einen sehr gültigen und dringenden Paß mitzugeben. »Hören Sie, ich bin neugierig«, sagte die Frau*** und stand dicht vor mir und faßte meinen Rockknopf, »den jungen Menschen zu sehen.« – »Weil er seiner Geliebten so treu war?!« sagte hier das Kammermädchen, Gott weiß, ob zufällig oder als Frage an ihre Frau gerichtet. Die Frau*** sah das Mädchen an, stieß einen kleinen Seufzer aus, sagte: »Nein, lassen Sie ihn nur reisen. Es ist besser, ich sehe ihn nicht; denn er wird Eile haben.« – »Und ist so treu!« setzte das Kammermädchen hinzu. Ich ging mit meinem Befehl.

Nach einigen Augenblicken war Clairant frei. Ich ging mit ihm nach Heidelberg. Unterwegs erzählte er mir seine Begebenheit ausführlicher. Er zeigte mir Clarens Briefe, die er in einer Brieftasche auf seiner Brust trug. Ich sagte ihm meinen Verdacht, den ich hatte, daß der Vicomte du Plessis ihn habe aufheben lassen, um ihn von seiner Tochter zu trennen. »Das ist sehr möglich«, sagte er seufzend. »Allein gottlob, daß er es nicht früher tat! Oh«, sagte er mit Heftigkeit und schlug die Hände zusammen. »Nur *einen* Augenblick zum Sterben, sagtest du, Clara? und ich bin millionenmal gestorben in diesen drei Tagen.« Sosehr er eilte, so folgte ich ihm doch; ich war neugierig geworden, seine Clara zu sehen, die er mir als das reizendste Geschöpf beschrieb. »Lassen Sie mich gehn«, sagte ich ihm. Er blieb vor der Stadt. Ich ging und erkundigte mich in dem Wirtshause, das er mir nannte, nach der Familie des Vicomte. Man sagte mir, er sei gestern abgereist, eine Stunde nachher, da seine Tochter angekommen wäre. Die Nachricht brachte ich dem armen Jungen. »Ich dachte es!« sagte er seufzend, »oh, ich dachte es: denn war ein solches Glück für dieses Leben? Oh«, sagte er und hob die Hände gen Himmel, »es waren Tage! Tage, Stunden, Minuten; *eine* nur hatte den Wert des Himmels!«, dann sank sein Kopf auf die Brust nieder. Er versank in ein stilles Nachdenken, bei dem ihm Tränenströme über die Wangen schossen. Der Himmel mag entscheiden, ob das Andenken an sein Glück oder sein Kummer die Tränen hervorpreßte. Er lächelte unter diesen Tränen, wie ein Mensch, der einen schönen Traum hat.

Ich versuchte ihn zu trösten. Er lächelte über meine Bemühung. »Oh«, sagte er, »Hoffnung? daran fehlt mir's nicht. Ich muß sie, ich werde sie wiedersehen; das kann nicht fehlen. Aber wie soll ich ihre Abwesenheit ertragen? Wie wird sie meine ertragen?« Er zog die Brieftasche hervor, nahm einen Brief heraus und las mir das Ende eines Schreibens von Claren mit einer leisen, gedämpften, schmerzvollen Stimme vor, nämlich die Worte:

›Ta Claire, cher Clairant, est un être fragile!

Ton sein ou mon tombeau, voilà mon seul asyle!‹

»Das ist es, das ist es!« fuhr er fort, »jeder Augenblick, den ich abwesend von ihr bin, zerreißt einen Faden ihres zarten Lebens. Die Angst um mich, die Härte ihres Vaters, die Tränen ihrer Mutter – ach!« Er stand auf, entfernte sich, und ich sah ihn die Tränen, die häufiger hervorbrachen, mit seinem Taschentuche trocknen. Ich fragte ihn, wohin er wollte. »Hier in der Gegend will ich bleiben. Auf dem Wolfsbrunnen, da sah ich sie zuerst wieder, dort will ich sie auch diesesmal wiederfinden.« Ich begleitete ihn dahin. »Da stand sie«, sagte er und führte mich ans Bassin, »hier stand sie, wie ich herauftrat! Hier sank ich zu ihren Füßen; hier fand ich sie wieder!«

Ich weiß nicht, was mich so sehr an dem Geschick dieser beiden Liebenden interessierte. Er wohnte unten am Neckar in einer von den Hütten, die am Wege stehen. Den Tag über war er auf dem Wolfsbrunnen, oder er schweifte in der Gegend umher und suchte seine Geliebte. Am Abend kam er zurück mit einem traurigen Kopfschütteln. Ich blieb acht Tage bei ihm, dann verließ ich ihn unter herzlichen Umarmungen und mit nassen Augen. Ich fragte ihn, wo ich ihn wiederfinden würde. »Wo?« sagte er lächelnd, »finde ich sie wieder, so verberge ich mich mit ihr, ach! wenn es erlaubt wäre, in den Mittelpunkt der Erde. Finde ich sie nicht, so –« er schlug sein nasses Auge zum Himmel, »so werde ich meine Tage hier oder in der Wildhüterhütte, oder in der Silberschmelze bei Ems noch zubringen. Denn da allein war ich glücklich!« Ich verließ ihn. Noch nach vierzehn Tagen fand ich ihn auf dem Wolfsbrunnen.

Clairant, der arme Clairant hatte nur zu sehr recht, als er Clarens Leben ein zartes Leben nannte, das unter dem leichtesten Kummer erläge. Der französische Offizier brachte Claren nach Heidelberg zu ihren Eltern. Sowie Clara sah, daß ihr Weinen, daß ihre Bitten nicht halfen, so ward sie still und sogar, wie es schien, ruhig. »Sehen Sie«, sagte der Offizier, »es ist so schwer nicht, sich auf einige Tage von einem Geliebten zu scheiden!« Clara lächelte. »Wenn Sie wüßten, mein Herr«, sagte sie sanft, »was Sie eigentlich tun, Sie täten es nicht. Nicht wahr, mein Vater läßt mich holen, und ich werde Clairant nicht wiedersehen? Meinen Vater kenn ich, der ist unbarmherzig genug, mich lieber im Sarge zu sehen als in den Armen der Liebe; aber Sie, mein Herr, Sie? O gäbe der Himmel, daß Sie mein Geschick nie erfahren!« Der Offizier wurde gerührt, allein was war zu machen? Er schwieg und dachte, was man fast immer denkt, wenn ein Zweifel aufsteigt: es wird so arg nicht sein. Clara versank den letzten Teil der Reise in einen stillen Kummer. Sie lächelte sogar, und ihr Führer sagte: »Hm! hm! es geht gut!«

Da hielt der Wagen vor ihres Vaters Türe. Sie fuhr ein wenig zusammen. Der Vicomte empfing sie mit einem kleinen boshaften Lächeln. Sie sah ihn starr, aber ruhig an, stieg neben ihm aus dem Wagen. »Nun?« fragte er, »Clara, bist du es nun müde mit deiner Torheit?« – »Ich bin Clairants Weib«, antwortete sie stolz. – »Weib? wie? Weib? oder Beischläferin?« sagte er heftig. »Sein angetrauetes Weib«, antwortete sie ruhig. »Clara! Clara!« rief er erbittert. Sie gingen beide die Treppe hinauf. Der Offizier, der sie gebracht hatte, folgte ihnen. »Clara, sein Weib? Sprich, sein Weib? sprich!« – »Ich könnte Ihnen den Trauschein zeigen, wenn mir daran gelegen wäre, Sie von etwas zu überzeugen, dessen Wirklichkeit nur mein, und mein allerhöchstes, Glück ist.« – »Clara!« rief er, »du sein Weib? Nun denn, beim allerhöchsten Gott! dann auch bald seine Witwe!« Clara blieb neben ihm auf der Treppe stehen, drehete ihr Gesicht, ihr bleiches Leichengesicht zu ihrem Vater um. Der Vicomte erschrak, als er auf einmal das schöne, blühende, das durch ihren kleinen Zorn so glühende Gesicht seiner Tochter so bleich werden sah. Aber er erschrak noch mehr, da die kalte Blässe auch ihre Lippen überzog, da ihr Auge auf einmal wie erlosch, da sie schwankte und in seine Arme fiel. Er trug sie mit Hülfe des Offiziers auf ein andres Zimmer, um seine Frau nicht zu erschrecken, die von ihrer Tochter Ankunft noch nichts wußte.

Sie lag da auf dem Bette, leichenblaß und hart und kalt wie ein Marmorbild. Ihr Vater rang die Hände. Nach einiger Zeit schlug Clara die Augen auf. Man gab ihr Arznei. Der Vicomte hatte sich auf die Bitte des Offiziers entfernt, und Clara erholte sich völlig. Sie saß da einige Augenblicke, besann sich und bat, man möchte ihren Vater rufen. Er kam. Er sah seine Tochter ruhig auf dem Bette sitzen, ja, eine Art von Heiterkeit strahlte von ihrem Gesicht. Er hielt das für wirkliche Ruhe, für Apathie, was die Folge einer ganz exaltierten Phantasie war. Seine Furcht, die ihm ihre Ohnmacht verursacht hatte, verlor sich. Er setzte sich wieder mit dem spottenden Lächeln an das Bett, auf dem Clara lag. »Vater«, sagte sie, »ich glaube, wir beide sind fest entschlossen, unsern Weg zu gehen; allein haben Sie überlegt, Vater, mit wem Sie diesen Wettlauf anstellen? Mit mir!«, sie schlug heftig die Hand aufs Herz. »Mit mir! Ich habe am Ziele meines Weges alle meine Hoffnungen und hinter mir nichts, nicht die kleinste Bedenklichkeit. Sie sehen also, wieviel Sie wagen, wenn Sie mich aufhalten wollen, und wieviel ich wagen werde, ans Ziel zu gelangen. Sie setzen alles aufs Spiel, alles, mein Vater, und ich spiele das Spiel mit der Verzweiflung, die nur *einen* Weg kennt, den Besitz meines Mannes. Sie sagten, dünkt mich, erst etwas von Witwe, von Clairants Witwe. Glauben Sie mir, Vater«, sagte sie jetzt sehr feierlich, »Clairants Witwe, das ist unmöglich. Sie können Clairant ermorden; aber Clairant kann niemals eine Witwe haben. Was schadet's, Vater, sagen Sie mir, was ist Ihre Absicht mit meinem Manne?«

»Deinem Manne? o du Elende! du niedrige Seele! deinem Manne? Gut dann, Töchterchen! wir spielen jeder unser Spiel; allein deines ist schon verloren. Da, lies!« Er gab ihr einen Brief von einem Großen in der französischen Armee. ›Für den Burschen sorgen Sie nicht weiter. Ihre Tochter soll ihn nicht wiedersehn, sobald ich ihn in meinen Händen habe.‹ Mit einem leichten Zittern schlug Clara den Brief zusammen und gab ihn dem Vicomte mit einem Blicke zurück, in dem jeder, nur der sich selbst betäubende Vater nicht, ein gebrochenes Herz gesehen haben würde. Sie lächelte. »Und kann ihn nichts retten, mein Vater? nicht, wenn ich Ihnen sage, daß sein Tod mein Tod sein muß?« Der Vicomte lachte. »Wir sind hier nicht auf dem Theater, wo die ungehorsamen Töchter ihre störrischen Väter mit solchen Drohungen betrügen. Stirb du, wenn du nicht mit Ehre leben willst!« Clara verhüllte ihr Gesicht in ihre Decke. Der Vater verließ sie.

Am andren Morgen brachte der Vicomte seine Frau zu Claren. Sie erstaunte, sie hier zu sehen. Mit furchtsamen Ahnungen sank sie ihrer Tochter an den Busen. »Weinen Sie nicht, meine gute Mutter, ich bin wahrhaftig glücklich gewesen! Ich habe nichts zu klagen.« Diese Ruhe, diese Zufriedenheit Clarens schien so unverstellt, daß ihre Mutter wirklich beruhigt ward. Clara mußte sich anziehen. Ein

Wagen fuhr vor. Alle drei stiegen ein, und sie fuhren nach Schwetzingen. Hier traten sie in einem kleinen Hause ab, wo schon alles zu ihrem Empfang bereit war. Clara sah aus der Lage ihres Kämmerchens, daß ihr Vater ihre Flucht verhindern wollte. Das Kämmerchen ging durch sein Zimmer, und er blieb stets zu Hause.

Clara, die arme Clara befand sich in einer höchst unglücklichen Gemütslage. Ihre ganze Einbildungskraft war erhöht, alle ihre Nerven angespannt, alle ihre Kräfte der Seele und des Körpers in einer verderblichen Tätigkeit. Sie hielt Clairant für verloren. Gefangen, ermordet! Man denke die fürchterliche Angst, welche diese beiden Vorstellungen bei ihr erregten. Und diese Angst wollte sie ihrem Vater verbergen, um ihm, dem sie jetzt den entschiedensten Haß gegen sich zutrauete, den Triumph darüber nicht zu geben. Ihrer Mutter verbarg sie diese Angst, um sie nicht zu betrüben. Diese entsetzliche Angst und diese Anstrengung, sie zu verbergen, nagten wie zwei grausame Geier an ihrem Leben, trockneten verzehrend die reichsten Quellen ihres Lebens aus. Sie saß da, stumm, halb lächelnd, mit fest ineinandergeschlagenen Händen, mit Augen, die man einem entzückten Heiligen geben könnte. Sie verschluckte Seufzer, Worte, Tränen. Nur von Zeit zu Zeit legte sie die Hand auf ihre Brust mit einer Miene, die deutlich sagte, daß sie Schmerzen fühlte. Man hatte nicht acht auf sie. Die Mutter sah sie wohl zuweilen bedenklich an; allein Clarens Lächeln täuschte sie.

Die feste Überzeugung, daß Clairant gefangen sei, um ermordet zu werden, verhinderte jeden Entschluß, sich ihre Freiheit zu verschaffen. Nein, sie wollte nur sterben. Es war Fanatismus der Liebe, der Treue, einer jugendlichen Phantasie. Sie fühlte ihr Leben schwinden; und sie ward mit diesem Gefühl heiterer, wie der Märtyrer jeder Religion. Wo hatte der Vater die Augen? Schon in ein paar Tagen war sie abgefallen; eine dunkele, heiße Röte lag bald auf dieser Wange, bald auf jener. Ihre Bewegungen waren heftig, ihre Sprache bebend. Sie aß fast gar nichts. Die Mutter sagte: »Clara, du bist krank?« – »Nein, liebe Mutter, mir ist sehr wohl«, antwortete Clara jedesmal freundlich lächelnd. Man ließ den Wurm nagen, weil man ihn nicht sah. Der Vater meinte wohl gar, daß der Sieg sein sei und daß sich alles noch glücklich endigen werde.

Unglücklicher Greis, der du nicht glauben willst, daß es Herzen gibt, die man nicht nach den Regeln der Politik beurteilen soll! Wie streng bestraft die Natur, deren Allmacht du verlachtest, den einzigen Fehler, den du begingest, alles der Ehre zu geben und nichts der Natur!

Nach vierzehn Tagen ungefähr erhielt der Vicomte einen Brief. Er erbrach ihn, las, taumelte. »Gott!« rief er schrecklich, »mein Sohn! mein Sohn!« Er jammerte, klagte, weinte. Seine Frau vergoß nur eine Träne. Sie sank in den Lehnstuhl hintenüber. »Herr! Herr!« rief sie mit gebrochener Stimme, »dein Wille geschehe!« So lag sie. Der Arzt kam. Er schauderte vor dem Anblick. Der Vicomte war zerrüttet, seine Frau im Sterben und Clara auf diesem Schauplatze des Elendes still, lächelnd, heftig, heimlich. Sie küßte, ohne ein Wort zu sagen, ihrer Mutter sterbende Lippen, warf sich vor ihr auf die Knie, drückte ihren Mund auf ihrer Mutter Hand und blieb so liegen, bis die Hand, die sie küßte, starr und kalt war.

Dann setzte sie sich still auf einen Stuhl, dem Leichnam ihrer Mutter gegenüber, sah ihn lächelnd an, rührte die Lippen, als ob sie Gespräche mit ihm führte. Der Vicomte verschloß sie in ein Kabinett, bis seine Frau beerdigt war. Dann kam er wieder zum Vorschein. Er trat zu Claren ins Zimmer. Er ergriff ihre Hand, er umfaßte seine Tochter. »Nun, Clara«, sagte er, »nun hab ich dich noch allein, dich, dich, meine einzige Hoffnung, meine einzige Freude. Clara, bist du mein Kind wieder?« Mit einer sonderbaren, leidenschaftlichen Heftigkeit warf sich Clara in seine Arme. »Ja, mein Vater, ich bin Ihre Clara, ich bin Ihr Kind!« rief sie heftig. »Nun denn, und du versprichst, des Elenden nicht wieder zu gedenken?« – »Wessen?« fragte Clara, »wessen, meines Mannes? meines geliebten Clairants?« – »O geh, Undankbare! geh! geh!« Er stieß sie von sich.

Clara sah ihn an mit einem Blicke, mit einem treffenden Blicke – mein Gott! warum sah ihn der Vater nicht? warum, wenn er ihn sah, verkannte er ihn? Sie sah ihn an, schauderte zusammen und setzte sich in den Stuhl, in dem ihre Mutter gestorben war, schüttelte den Kopf und lächelte. Der Vater verließ sie. Von ungefähr betrachtete der Arzt, der noch einige Male kam, Claren. Er sah die wechselnde Gesichtsfarbe, hörte die abgebrochene Stimme, sah die seltsamen Blicke. Er ging zu Claren, faßte wie im Gespräch ihre Hand und hielt sie einige Zeit. Dann sagte er auf einmal: »Hören Sie, Sie sind sehr krank.« – »So?« sagte Clara gelassen, »das glaub ich wohl!« – »Mein Gott! das sagen Sie so gelassen? Ich sage Ihnen, daß Sie sehr krank sind.« – » Ich weiß das wohl«, sagte Clara ruhig. Der Arzt er-

Wildhüter ein, daß der ohne Zweifel der Dieb gewesen sei. Tränen der allerbittersten Empfindungen rollten von seinen Wangen. Seine Glückseligkeit war nun zertrümmert. Wovon sollte er Claren nun ernähren? Da stand er starr, wie eine Bildsäule des Schreckens, die Hände beide geballt.

Clara kam endlich, um ihn zu holen. Sie schrie auf, wie sie ihn sah. »Gott, Clairant! was ist?« – »Wir sind unglücklich!« rief er und faßte sie zitternd vor Wut und Verdruß in seine Arme. Clara ließ sich den Vorfall erzählen. »Und wie lange«, fragte sie, »wie lange können wir von dem Gelde noch leben? versteht sich, Clairant, wenn wir uns bis auf das Notwendigste einschränken.« – »Höchstens dann«, seufzte er, »zwei oder drei Jahre!« – »O Clairant!« sagte Clara nun mutig und drückte ihn an sich, »noch drei Jahre so glücklich, Clairant! Und wenn ich dann auch vor Hunger in deinen Armen stürbe, ich wollte ohne eine Klage meinen Geist aushauchen!« Sie führte ihn vor die Türe der Hütte. »Clairant, sieh, die Sonne soll noch drei Jahre, dreimal dreihundertfünfundsechzig Tage, uns leuchten, und so lange sollen wir glücklich sein. Zähle die Minuten, Clairant, und wieviel genießen wir nicht in einer Minute? Alle die tausend Minuten hat uns das Schicksal unser Glück gelassen. Willst du es wagen, über das Schicksal zu klagen, das uns Millionen Minuten gab, glücklich zu sein, und nur eine Minute, zu sterben? O Clairant, wir haben Brot, ein Dach und ein Herz voll Liebe; Clairant! sei ruhig, ich bin's!«

»O Clara«, rief er, »bist du ruhig, so gebe der Himmel mir Leiden, ich werde nicht klagen.« Er verbarg das Geld in den Boden der Hütte. Dann warf er seine Kleidung ab, zog des Wildhüters zurückgelassenen Rock an, und so ging er nach Lautern, um Lebensmittel einzukaufen. Clara kam ihm, wie eine Bäuerin, mit einem Tragekorbe schon an der Galgenschanze entgegen. »Clairant!« sagte sie, wie er neben ihr vorübergehen wollte. Sie gingen heiter zurück. Man hätte glauben sollen, sie hätten einen Schatz gefunden, so fröhlich waren sie beide. Der kleine Verlust war ganz vergessen; denn Claren stand der Korb auf dem Kopfe so gut und der kurze Rock und das einzige Mieder. Sie kamen fröhlich nach Hause.

O gebrechliches menschliches Glück! Zwei Monate, die zwei schönsten Monate des Jahres, hatten sie hier gelebt, in undenklicher Glückseligkeit hier gelebt, da der Schlag fiel, der ihr Glück und sie selbst zerschmetterte. Der Vicomte sah an der Ruhe seiner Frau, daß sie den Aufenthalt Clarens wissen mußte. Es verdroß ihn jetzt mehr, daß er von Frau und Tochter überlistet, als daß sein Name beschimpft war. Eigensinn gesellte sich zu dem Stolz, und mürrische Laune über sein Geschick gab seinem Eigensinn die Schärfe des bittersten Hasses. Er war gleichsam im Kampf mit seinem Schicksal, in dem er siegen wollte. Oh, aus welchen seltsamen Fäden sind die Verbrechen des Menschen zusammengedreht! »Nein«, rief er, »nicht immer soll mein feindliches Geschick siegen. Es hat mich arm gemacht, flüchtig; aber es soll mich nicht erniedrigen!« Er belauschte die geringfügigsten Handlungen seiner Frau. Endlich sah er sie heimlich schreiben. Der Brief ging fort. Der Vicomte ging auf die Post, forderte den Brief an Clairant, der eben gebracht war, zurück, erhielt ihn. Der Postmeister war sein Bekannter und dachte nichts Arges dabei. Er erbrach den Brief, las, sah, daß Clairant bei Lautern in einer Hütte mit Claren wohnte. Er schrieb an einen seiner vertrauten Freunde bei der Condéischen Armee, teilte ihm seinen Plan mit, und sein Freund versprach ihn auszuführen.

Wie Clairant auf dem Wolfsbrunnen erschien und Claren entführte, so ertrug es der Vicomte mit einer Fassung, die wahrscheinlich von dem Gefühl herkam, er könne Claren nicht länger ernähren. Den Gedanken entriß ihm gleichsam den Mut, seine Vaterrechte geltend zu machen. Jetzt aber sah er zu seinem Erstaunen bei seiner Frau einen Geldvorrat, der auf lange Zeit ihn gegen allen Mangel sicherte. Zu gleicher Zeit bekamen auch die erstorbenen Hoffnungen, wieder in Frankreich Herr seines Vermögens zu werden, neues Leben. Das gab seiner Begierde, Claren von Clairant zu trennen, einen neuen Sporn. Er harrte mit Ungeduld auf die Entscheidung.

Einen Abend – schon lagen Clara und Clairant auf ihrem glücklichen Lager – pochte man ungestüm an die Tür. Clairant stand auf, öffnete und fragte, wer da sei. Es waren etwa sechs Soldaten, die einen Boten forderten, der sie nach Pirmasens den Weg durch den Wald führen sollte. Clairant sagte, daß er die Wege nicht kenne. »Wer bist du denn?« fragte der Anführer dieser Leute. Clairant wurde um seine Antwort verlegen. Man kam ins Haus; man fing an, den bestürzten Clairant schärfer auszufragen. Er erfand schnell eine Fabel. »Gut«, sagte der Offizier, dafür erkannte ihn Clairant, »du bist ein Franzose und, wie du sagst, nicht Soldat. Was denn? das muß doch genauer untersucht werden. Du mußt mit uns, in ein Hauptquartier.« Bei diesem Worte stürzte Clara mit einem lauten Angstgeschrei aus der Kammer hervor und in Clairants Arme. Ein Soldat

ehemalige Verbindung abgebrochen ist, führt mich aufs neue zu Ihren Füßen«, so fing der Baron an. Clara sah ihn mit starren Augen an. Oh, nun war es gewiß! Ihr Bruder weiß, daß Clarens Verbindung mit Clairant abgebrochen ist. Nun ist alles heraus. Touai steht vor ihr und wartet auf ihre Antwort. Clara steht da, mit den erschrockenen Augen, mit den kalten Wangen. Sie hebt die Hände in die Höhe und ruft: »Es ist abscheulich! oh, es ist entsetzlich. Ach! mein Herz hatte recht! Nun ist es möglich, daß ein Kind seine Mutter mit kaltem Blut ermordet und bei ihrem Röcheln laut jauchzt. O Gott! o Gott!« Ihre Arme sanken nieder, sie selbst auf einen Stuhl, große Tränen drängten sich aus ihren Augen. Sie schien vergessen zu haben, daß Touai vor ihr stand.

Touai zog sich einen Stuhl zu dem ihrigen. Er nahm ihre Hand. »Ist es wahr«, fragte er, »daß Ihre Verbindung abgebrochen ist?« – »O nur zu wahr!« rief Clara aus der Fülle ihres Herzens. Touai tat jetzt seinen Antrag. Clara sah ihn an, ohne ihm zu antworten. In dem Augenblick schwebten ihr tausend Gedanken vor. Eine Verbindung mit Touai rächte sie an dem Unwürdigen, rettete ihre Eltern. Diese beiden Gedanken flogen in tausend verschiedenen Bildern durch ihre Seele. Eine ganz leise Stimme, deren leiser Laut aber wie ein Pfeil sie durchdrang, erhob sich noch immer zu Clairants Vorteil. Es war, als ob Clairant im Inneren ihrer Seele lag und seufzte: ich bin nicht untreu. Sie sah Touai immerfort an, ohne zu antworten. Dieser lächelte über das sonderbare Anschauen. Clara lächelte mit. »Darf ich dieses Lächeln zu meinem Glück deuten?« fragte er. Keine Antwort! Touai drückte Clarens Hand, sie fuhr aus ihrem Traume auf. Er fragte noch einmal, ob Clara ihn glücklich machen wolle. Ein neuer Kampf erhob sich in Clarens Seele, der sich wieder, wie der vorige, mit einem Abscheu gegen jede neue Verbindung endigte. »Nein«, sagte sie und zog ihre Hand aus Touais Händen, »es ist abscheulich, es ist unerhört! Nein, Herr Baron, bin ich betrogen, so bin ich's für mein ganzes Leben hindurch; so ist mein Zutrauen hin, meine Liebe tot, mein Wohlwollen zerstört. Oh«, rief sie mit lauter Stimme, mit allen Zeichen des Abscheues, »so bin ich um alle meine Tugenden betrogen! Nein! nein! so will ich betrogen sein, ohne zu betrügen! nein, so will ich das Denkmal der unmenschlichsten Undankbarkeit, einer barbarischen Untreue sein und zugleich der Beweis der unerschütterlichen Treue! Nein, Herr Baron! mein Vater hat mir gesagt, was Sie von mir wollen. Nein, es ist unmöglich. Muß ich aufhören, den einzigen zu lieben, oh, welcher Mann kann dann je fordern, daß ich ihn lieben soll? Nein! nein! aufhören ihn zu lieben, das würd ich nicht können; aber hassen müßt ich jeden andern Mann, um mich zu rächen. Nein! nein!« Sie versank in einen stillen, stummen, verschlossenen Kummer. Eine Träne nach der andern rollte über ihre Wangen. Touai fing noch einige Male an zu reden; allein sie hörte nicht, und sie saß noch so da, wie der Vater wieder ins Zimmer trat.

Der Baron versicherte nachher dem Vicomte, daß er nicht alle Hoffnung aufgäbe, Clarens Hand zu erhalten. Nach einigen Besuchen aber, da ihm der Vater alle Gelegenheit gab, mit Claren allein zu sein, sah er aus ihren Worten und ihrem Betragen wohl, daß ihre Liebe zu Clairant schlechterdings unbesiegbar war. »Jetzt, Herr Vicomte«, sagte er einen Abend zu dem Vater, da er allein mit ihm war, »dank ich Ihnen für die Güte, die Sie hatten, mir die Hoffnung auf Ihrer Tochter Besitz zu erlauben. Ich gebe nun freiwillig diese Hoffnung auf. Ihre Tochter liebt, und diese Liebe ist die Quelle ihres Lebens, das Rad, das ihr Dasein treibt, geworden. Soviel ich gemerkt habe, Herr Vicomte, so ist ein Mißverständnis zwischen den beiden Liebenden, das ich nicht kenne. Wenn Ihnen das Leben Ihrer Tochter lieb ist –« Der Vicomte lächelte bitter. »Wissen Sie denn, daß der Mensch ein Bauer ist?« – »Das weiß ich!« – »Meinen Sie vielleicht, weil ich jetzt ein Bettler bin, daß ein Bauer –« – »Herr Vicomte«, sagte Touai bestürzt, »ich wollte Sie nicht beleidigen; allein ich glaube, Ihre Tochter ist in Gefahr, ein Opfer einer unüberwindlichen und doch auch einer sehr natürlichen Leidenschaft zu werden.« Der Vicomte lachte bitter. »Natürlich also? Sie halten es für natürlich, daß eine Plessis einen Bauer liebt? Ich nicht, mein Herr; und darum halt ich ebendiese Leidenschaft für eine Posse, die das falsche Mitleiden einer schwachen Mutter, eines törichten Bruders, empfindsamer Kammermädchen und nun wieder auch Ihr Mitleiden, Herr Baron, dem Mädchen als eine Tugend aufschwatzen. Ich weiß, Herr Baron, was einer Plessis natürlich ist.«

»Posse, Herr Vicomte, oder nicht. Diese Posse kann Sie wenigstens um Ihre Tochter bringen.« – »Die Krankheit dauert nun schon drei Jahre ohne Gefahr, Herr von Touai; und Gefahr oder nicht Gefahr! davon ist die Rede nie. Hier ist die Rede davon, was ich meiner Ehre schuldig bin.« – »Die Ehre beurteilt jeder aus seinem eigenen Gesichtspunkte, also auch Sie, Herr Vicomte; aber ob die Ehre Sie am

zu sagen. Wir sind unglücklich geworden, und Deine treue, Deine ehemalige geliebte Clara auch. Wir flohen von Koblenz, wie ich Dir das schrieb. Mein größtes Elend war, daß ich keine Antwort von Dir erhielt. Ach, noch größer ward es, wie mir die Rosière schrieb, Du könntest mir nicht schreiben, wegen Geschäfte, Clairant.

Endlich, endlich, da mir Touai sagte, Du habest deine Treue gebrochen, sieh, Clairant, da zerbrach mein Leben mit Deiner Liebe, mit meinem Herzen, mit meiner letzten einzigen Hoffnung, ach! mit meiner ganzen Seele. Das übrige, was nun noch kam, noch kommen sollte, vielleicht noch kommt, ach! Clairant! wenn ich es überlege, so sind es doch nur Kleinigkeiten, die ich mit Tränen bezahlt haben würde.

Touai reiste ab, Clairant, und wir wurden immer ärmer. Mein Vater mußte zuletzt eine Börse mit Geld angreifen, die mir meine Luzie gegeben hatte. Ich arbeitete heimlich, soviel ich konnte. Viel war es nicht; aber es freute mich doch, sowenig es war. Da kam endlich, endlich, Clairant!, der Tag, der unglückliche Tag. Ach, Clairant, ich dachte, ich hätte keine Tränen mehr, ich hätte keinen Ort in meiner Seele mehr, wo ich Schmerzen fühlen könnte, und doch! –

Wir sitzen einen Tag, wir drei, gegeneinander über und seufzten. Ich stricke und denke an Dich, ach! wie es möglich gewesen war, daß Du Deiner Clara untreu werden konntest. Da pocht's an unser Stübchen. Ein Bursche bringt meinem Vater ein Billett. Er liest, schüttelt ängstlich mit dem Kopfe, geht hinaus, schreit auf. Meine Mutter eilt hinaus, ich fliege hinterher. Da steht – ach, Clairant, Clairant! es muß doch eine Ewigkeit geben, wo Du mich wieder lieben wirst und wo meine Mutter ihre Kinder glücklich sehen muß! ja, es muß eine geben! – da steht – mein Bruder, barfuß, in einem zerrissenen Rocke, bleich, gelb, mit hohlen Augen, blauen Lippen, zitternd vor Frost, ohne Strümpfe, ohne Hut, mit niedergeschlagenen Augen. Meine Mutter war zu Boden gesunken. Ich stürze mich neben sie auf die Erde, verberge mein Gesicht in ihrem Schoß; ach! herzlicher hat niemand um Leben gebetet als ich um den Tod.

Mein Vater weinte laut. Ach, diese Stimme, diese weinende Stimme meines Vaters, die ich noch nie gehört hatte, sie zerschnitt meine Seele in tausend Stücken. Wäre Touai da gewesen, oh, auf meinen Knien hätte ich um seine Hand, um die Stelle seiner Beischläferin gebeten. Ach, ich sprang auf, stürzte zu den Füßen meines Vaters, klammerte mich um seine Knie; ich schrie laut, um nur diese schreckliche Stimme des Weinens nicht mehr zu hören!

Sarge Ihrer Tochter trösten wird, das, dünkt mich, wäre die Hauptfrage. Besonders jetzt, Herr Vicomte, da Ihr Rang, wenigstens jetzt, von Ihrer Nation nicht anerkannt wird, das Glück einer Tochter diesem –« – »Herr Baron, es ist grausam, eines Unglücklichen spotten, ihm das letzte Gut verkümmern, das ihm das Schicksal gelassen hat, meine Ehre.« – »Nein, Herr Vicomte, das Schicksal hat Ihnen mehr als das gelassen: zwei Kinder, deren Glück Sie über jeden Verlust trösten sollte und die Sie also glücklich machen sollten, um glücklich zu sein; und dann, Herr Vicomte, erlauben Sie, daß ich auch von mir ein Wort rede, dann hat Ihnen das Geschick einen Freund gelassen, der Sie anbeten würde, wenn Sie ihm erlaubten, das Elendeste, was er hat, sein Vermögen, mit Ihnen zu teilen, da es das Schicksal ihm verbietet, Sie Vater zu nennen.« Der Vicomte sprang auf: »Kein Wort mehr davon, Herr Baron. Ich bin noch nicht arm genug, um mich beschimpfen zu lassen. Was ich Ihnen verspreche«, setzte er bitter hinzu, »ist das: wenn ich Almosen suche, sollen Sie der Erste sein, bei dem ich anfange, dies schändliche Handwerk zu treiben.«

Der Baron verbeugte sich und ging. Er machte noch einige feine Versuche, den Vicomte mit Geld zu unterstützen. Sie schlugen fehl; und Touai, nachdem er einem Bekannten in diesem Städtchen den Auftrag gegeben hatte, ihm von Zeit zu Zeit Nachricht von dem Zustande der Familie zu geben, reiste ab. Wirklich fing der Vicomte an, den Mangel zu fürchten. Seine meisten Kostbarkeiten waren verschwunden; kleine Summen Geldes, die ihm allein noch übriggeblieben, reichten nach seiner Rechnung kaum noch einige Monate zu dem Unterhalte seiner Familie. So groß der Kummer des Vicomte auch war, so ließ er sich dennoch mit Clarens Gram nicht vergleichen. Verlassen von Clairant, voll Vorwürfe über den Kummer ihrer Eltern, die sie hätte retten können, verfloß ihr Leben unter einem unbeschreiblich bittern Grame. Da kam endlich der unglücklichste Tag – doch wir wollen nicht wiederholen, was Clara selbst schreibt.

Clara an Clairant

Mit einer schwachen Hand, Clairant, Clairant, den ich immer noch liebe! ergreife ich die Feder. Nein, Clairant, ich will nicht um Deine Liebe bitten – ach, es wäre doch zu spät. Der Gram hat die besten Fäden meines Lebens schon zernagt – nein, ich will noch einmal den Trost haben, an Dich zu schreiben, um Dir, ehe ich sterbe, Lebewohl

Seufzern, mit ihren Liebkosungen, mit ihren Spielen, mit ihren einfachen Genüssen selbst genug; ja, sie hatten noch Überfluß, sie waren noch reich. »O wie wenig bedarf der Mensch!« rief Clara hundertmal im Tage. Wie jauchzten sie, da ein Brief von ihrer Mutter ihnen die tiefste Verborgenheit noch zur Pflicht machte. ›Der Vicomte‹, schrieb sie, ›der Vicomte hat an alle seine Bekannten geschrieben, Euren Aufenthalt auszuforschen, hütet Euch, meine Geliebten! Ein Verhaftsbefehl gegen Clairant ist in den jetzigen Zeiten eine Kleinigkeit. Hütet Euch. Euer Unglück wäre gewiß und unaussprechlich.‹ So schrieb die Mutter. Sie gingen von jetzt an weniger aus. Sogar den Lieblingsort Clarens, die alte Burg, vermieden sie, oder sie schlichen sich doch heran, ohne das Dorf, das an dem Fuße des Berges lag, zu berühren. Schon war Clarens reizende Gestalt einmal dem Forstmeister, der in dem Dorf wohnte, aufgefallen. Der einzige Mensch, den sie jetzt sahen, war ihr alter Wildhüter, der nach und nach immer vertrauter mit ihnen ward und der gutherzigen Clara, die zuweilen ins Plaudern kam, einen Teil ihrer Begebenheiten abfragte. Der Alte war so treu und ehrlich. Sie liebten ihn beide.

Clara glaubte sich hier in ihrer Hütte so sicher, als ob ein Meer sie von den Menschen trennte. Clairant bei weitem nicht so. Er schrieb nach Châtillon an seinen Oheim, wenn der etwa noch lebte, nach Verdun an einen Verwandten, um zu erfahren, ob er mit Sicherheit sein Weib in sein Vaterland zurückbringen dürfte. Er war willens, die Antwort hier abzuwarten und dann, wenn es nicht gelänge, sich mit seinem Vermögen in den nördlichen Teil von Deutschland vor den Nachstellungen des erbitterten Vicomte zu flüchten. Hier der Schauplatz des Krieges schien ihm bald, nachdem der erste Traum seines Glücks vorübergerauscht war, überall zu unsicher. Er schwieg gegen Claren noch ganz davon; denn ihr war es gleich, wo sie mit ihm lebte.

Einen Abend kam ihr ehrlicher Wildhüter nicht zu Hause. Sie hofften auf ihn bis Mitternacht. Er kam nicht. Auch den andern Morgen, den andern Abend blieb er aus. Claren fiel ein, daß er einige Tage vorher schon unruhig gewesen sei. Man riet hin und her. Er kam nicht wieder. Clairant mußte sich jetzt selbst entschließen, nach Lautern zu gehen, um Lebensmittel einzukaufen. Ein unangenehmer Handel. Er wollte gehen und riet Claren, so lange die Hütte verschlossen zu halten. Er ging, um seinen Geldvorrat noch mehr zu verbergen. Statt seiner großen Summe fand er nur noch vielleicht den zehnten Teil davon. Er erschrak, daß er zitterte. Ihm fiel der

stand da, mit lachenden Augen, betrachtete Claren, wie sie ging und kam, schluchzte halb vor Vergnügen, flog dann auf seine Gattin zu; schloß sie an seinen Busen und konnte nicht Worte finden, ihr zu sagen, wie glücklich er wäre.

Dann trug Clara den Tisch wieder hinein. Sie gingen auf das Gartenfleckchen, das an der Hütte lag, und spielten mit einem Spaten an einem Beete eine Zeitlang, wo sie Erbsen hinsäen wollten. Clara sann und sann, ob sie nichts weiter wußte, das zu ihrer glücklichen Haushaltung gehörte. Schweigend machte sie den Nachmittag Feuer an, setzte Wasser bei, streifte ihre Ärmel bis an die Schultern auf und wusch ein paar Tücher ihres Clairants. Da stand er neben ihr, betrachtete die runden weißen geschäftigen Ärmchen seiner Clara, mit Blicken: mit andern Blicken kann kein König seine Huldigung sehen. Er störte sie trotz ihrem Schmälen jeden Augenblick, und seine Lippen waren geschäftiger als die schönen Arme. So kramten sie wie fröhliche Kinder alle ihre Herrlichkeiten auf einmal aus. Mittagessen, Abendessen, Schlafengehen; jedes kleine Geschäft war ein reizendes Fest der Liebe. Hundertmal sangen sie beide noch den Abend:

Sa Claire dans ses bras, le fortuné Clairant etc.

Ein glücklicherer Tag kann nie zwei Sterblichen leuchten als dieser Tag Clairant und seiner Geliebten. Schon lange lag ihr alter Wirt auf seinem Lager, da saßen sie noch, horchten dem Brautgesang der Nachtigall, suchten einer in des andern Augen den Strahl der hellsten Sterne, und nur die kältere Nacht jagte sie auf ihr glückliches Lager.

Schon am andern Tage besuchten die beiden Liebenden die alte verfallene Burg Hoheneck auf dem hohen Berge. Mit welchem seelenvollen Vergnügen saß Clara nicht mit Clairant zwischen den verfallenen Säulen oder stand mit ihm am Abhange, und ihr Blick schweifte in die umliegenden Täler alle ringsumher. Tief verborgen im Gesträuch saß sie jetzt da, lehnte ihre Wange an seine Brust, und Tränen rollten über ihre Wangen. »Ach, hier«, flüsterte sie leise, »wohnten auch sonst glückliche Liebende. Ach, Clairant, daß das Leben so vergänglich ist!«

So vergingen Clairants und Clarens Tage unter Freude, unter Genuß. Sie hätten mit keinem Könige der Erde ihre glückliche Hütte vertauscht. Menschen? ach, sie konnten nicht begreifen, wie Menschen, wie Gesellschaft Bedürfnis sein kann. Sie waren sich mit ihren

schichten. Touai fragt nach dem Vicomte, nach Claren. Eine hohe Röte bedeckt seine Wangen, als er den geliebten Namen nennt. Mit Zittern fragt er, ob sie verheiratet ist. Sein Auge funkelt vor Freude, wie er hört: »Nein!« Freudig schließt er den jungen Mann in seine Arme. Man verläßt sich; man sieht sich wieder, und das Gespräch kommt wieder auf Claren. Touai fragt, ob Clara noch in Verbindung mit dem jungen Menschen sei, dessen Briefe er gelesen habe. Plessis, von seinem Elende niedergedrückt, vergißt seines Freundes, denkt nur an seine Eltern und sagt: »Ich glaube, die Verbindung ist aufgehoben.« Touai schreit auf vor Freude, bittet um Plessis' Beistand, entdeckt ihm seine noch immer heiße Neigung gegen Claren, bietet ihm sein Vermögen an. Plessis schlägt alle Unterstützung aus. »Wenn Clara Ihnen ihre Hand gibt, Touai, dann will ich mit Vergnügen Ihr Schuldner werden. Jetzt aber – reisen Sie, ich wünsche Ihnen Glück; ich hoffe bald von Ihnen Nachrichten zu hören.«

Touai kommt bei dem Vicomte an. Er bringt Briefe von Plessis. Man setzt sich, man plaudert. Clara tritt ins Zimmer. Touai geht ihr entgegen, küßt ihre Hand. Clara erbleicht, zittert. Er wünscht mit ihr allein zu sein. Vergebens! Der Vicomte bleibt. Er wünscht eine Anspielung auf seine alte Neigung. Vergebens. Der Vicomte behandelt ihn gerade wie einen Fremden, den man ein paarmal gesehen hat. Er war zu stolz, um ihm nur den leisesten Verdacht zu geben, er wünschte jetzt eine Verbindung mit dem reichen Touai. Clara ist einige Augenblicke da und verschwindet. Touai, der wissen will, wie er mit dem Vater daran ist, gesteht dem Vicomte offenherzig die Absicht seiner Reise.

»Meine Umstände, Herr Baron«, sagt dieser, »sind jetzt von der Art, daß ich überall auf Bedenklichkeiten stoße, die ich sonst nirgend sah. Ich wünschte ehedem unsere Verbindung mit Ihnen. Damals war ich, wenigstens noch in der Hoffnung, sehr reich. Jetzt bin ich ein Bettler! Ich weiß nicht, soll ich sagen, ich wünsche eine Verbindung mit Ihnen oder nicht? Unterstützen, mein Herr, werd ich Sie jetzt auf keinen Fall, so ehrenvoll auch Ihr Antrag für meine Familie ist. Meine Tochter ist frei.«

Touai verbeugte sich. »Darf ich Ihre Tochter allein sehen?« Das setzte den Vicomte in Verlegenheit. Er hatte nur ein Zimmer. Er stand auf, ging, und nach einigen Augenblicken erschien Clara, zitternd wie eine Verbrecherin. Der Anblick versprach Touai nichts Gutes. »Eine Versicherung Ihres Bruders, meine Freundin, daß Ihre

schrak nicht wenig, da der Brief an ihn von Claren indes verlorengegangen war. Sie schwieg also ganz, und Clairant konnte nicht schreiben, weil er nicht wußte, wo Clara sich aufhielt.

Clara erhielt der Rosière Antwort. »Gesund? munter? kann nicht schreiben wegen Geschäfte?« Ihr fror bei diesem Briefe das Blut in den Adern. Sie erblaßte. »Es ist nicht möglich!« rief sie. Sie las. Da stand es in dürren Worten. Er ist gesund, munter und so weiter. Da setzte sie sich hin, die Hände gefalten über dem Briefe, der in ihrem Schoße lag, den Kopf hintenüber gelehnt, die großen Augen an die Decke des kleinen Kämmerchens gerichtet, in dem sie saß und fror, und dachte darüber nach, bis sich ihre Gedanken verwirrten, bis ihr Nachsinnen in eine dumpfe Gefühllosigkeit überging, die sich dann in einen Strom Tränen auflöste. Sie ergriff die Feder, schrieb, schrieb, o man hätte können Steinen mit diesen Klagen Tränen abpressen, und sie zerriß den Brief wieder, weil sie wiederum rief: »Es ist nicht möglich!« Sie harrte von Posttag zu Posttag. Mit jedem Tage mehr schlich sich auch ein Zweifel mehr ein, daß es dennoch wohl möglich sein könnte. Diese Zweifel gruben sich mit einer giftigen Spitze in ihr Herz. Diese Treue so belohnt! Diese liebevolle himmlische Treue! – abscheulich! entsetzlich!

Sie schrieb zwanzig Briefe. Nicht einer ging ab. Das war ihr zu bitter; denn es war doch nicht möglich. Jenes war ihr zu demütig. Soll ich um Liebe betteln, die er mir entzogen hat? Nach einigen Wochen schon war ihre Verzweiflung ein stiller Gram geworden, der aber in ihrem Herzen mächtig um sich fraß. Noch immer erhielt sie keinen Brief. Diese ungeheure Undankbarkeit machte eine seltsame Wirkung auf ihr Herz. Sie glaubte mit ihrem Gram der Spott ihres Vaters zu werden. Deshalb verschloß sie ihn. Nun ward sie kalt und teilnahmlos. Eine Art von Menschenhaß setzte sich in ihrer Seele fest, der sich aber durch nichts anders äußerte als durch ihre Kälte. Sie ward nicht bitter, vielmehr tat sie noch zärtlicher, was sie zu tun hatte, und mit einer immer gleichen Gefälligkeit. Nur in den einsamen Stunden der Nacht weinte sie dem Undankbaren noch Tränen eines zärtlichen Andenkens und eines zerstörenden Grams.

Auf einmal erschien Touai wieder mit einem Briefe von Plessis. Ganz von ungefähr traf Touai den unglücklichen Franzosen in Holland. Er redete ihn an. Plessis will ihm entwischen. Jener umarmt ihn, hält ihn fest, drängt sich an ihn, und das mit so viel Schonung, daß es ihm gelingt. Man redet vom Kriege, von Koblenz, von alten Ge-

kundigte sich nach ihrem Zustande. Clara erzählte ihm sehr ruhig. Der Arzt schüttelte den Kopf. Er erzählte dem Vater Clarens Gefahr. Dieser sah ihn mit durchdringenden Blicken an. »Nicht wahr«, fragte der Vicomte beißend, »ich soll davon überredet werden? Geben Sie ihr Arznei, wenn Sie krank ist.« Der Arzt ging und kam am Abend wieder. Er besuchte Claren. Er verschrieb ihr Arznei. Clara sagte sehr ernst: »Mein Herr, mein Vater braucht noch nach meinem Tode Geld. Ich kann die Arzneien nicht nehmen, und sie können mir auch nicht helfen.« – »Aber, mein Gott, Mamsell du Plessis« – »Aber, mein Gott, bemühen Sie sich nicht. Ich fühle mich so am wohlsten!« Der Arzt ging zum Vater. »Herr Vicomte, ich versichere Sie bei Gott, bei allem, was mir heilig ist, Ihre Tochter ist in großer Lebensgefahr. Ich begreife sowenig Ihre als Ihrer Tochter Gleichgültigkeit gegen diese Nachricht. Sie hat ein heftiges Fieber, dessen Quelle ein Zustand ihres Gemüts sein muß, der schrecklich ist.« – »Herr, was ist das?« rief der Vicomte und wurde blaß. »Sie werden es in ein paar Tagen sehen. Ich begreife schlechterdings nicht, wie Ihre Tochter außer Bette sein kann. Ihr Zustand ist äußerst seltsam. Aber die Natur wird nicht lange mehr diesem Kampfe der äußersten Kraft und der äußersten Zerstörung widerstehen können.«

»Nicht widerstehen können, lieber Arzt? Aber doch nicht sterben? doch nicht sterben? um Gottes willen doch nicht sterben, liebster Freund?« – Der Arzt verlangte alle dahingehörigen Umstände zu wissen. Der Vater erzählte und erblaßte jedesmal, wenn der Arzt den Kopf schüttelte. »Sie haben ein gefährliches, ein sehr gefährliches Spiel gespielt, Herr Vicomte! Sie stirbt, sie stirbt, wenn Sie so fortfahren, Herr Vicomte, Sie haben wahrhaftig keine andre Wahl, als Ihrer Tochter nachzugeben, oder ihren Tod mit Mut zu ertragen; und wer weiß, ob es jetzt nicht zu spät ist?« – »Nein, das wird's ja nicht«, sagte der Vater zitternd, »das wird's ja nicht, lieber Arzt!« Er ging zu seiner Tochter.

»Clara«, rief er, »Clara, liebe Clara, mein teuerstes Kind!« Er faßte zitternd ihre Hand. »Sei ruhig, sei ruhig! du sollst deinen Willen haben. Von jetzt an, Clara, soll Clairant dein sein, mit meiner Bewilligung. Der Arzt – nicht wahr? du bist so krank nicht? nicht wahr, mein Kind?« Clara sah ihren Vater an. »Oh, ist es wahr«, fragte sie bestürzt, »Clairant soll mein sein? Wo ist er? wo ist er?« – »Er ist schon längst in Freiheit. Clara, du sollst ihn sehen. Er ist in Freiheit. Ich selbst will ihn aufsuchen. Er wird zu finden sein.«

Er überzeugte Claren durch einen Brief, den er aus dem Hauptquartiere erhalten hatte, daß Clairant frei war. »Oh«, rief Clara jetzt laut und schlug die Hände zusammen, »er ist auf dem Wolfsbrunnen oder bei Lautern. Lassen Sie uns hin, mein Vater! lassen Sie uns hin!« Die Reise wurde auf morgen verabredet. Allein – o die menschlichen Hoffnungen! – Clara hatte ihren Zustand nicht gefühlt, und in diesem Augenblicke, da ihr Glück ihr so nahe lag, fühlte sie sich schwach, krank und elend. Die Kraft, die Verzweiflung, dieser fanatische Wunsch des Todes, welche der Stärke der Krankheit sich entgegengesetzt hatte, verschwand, und auf einmal brach die Stärke der Krankheit hervor. Selbst der Übergang ohne Stufen von der Verzweiflung zur schönsten Hoffnung, von dem Elende zum höchsten Glück, zerriß ihre letzte Kraft. Sie mußte sich zu Bett legen. Das Fieber vermehrte sich. Sie wollte sich stark stellen, um ihren Clairant zu finden; allein die angestrengte Natur erlag endlich. Sie wurde ohnmächtig, wie man sie ankleiden wollte. Sie schrieb ein paar Zeilen an Clairant, und ihr Vater flog damit nach Heidelberg und, ohne einen Augenblick zu verziehen, auf den Wolfsbrunnen.

Er fand den Jüngling unter der Linde sitzen. »Clairant!« rief er, »Clairant! o ich bitte dich, komm, Clara erwartet dich.« Clairant fragte nicht. Er flog mit dem Alten nach Schwetzingen. Sie stiegen aus. Sie kamen ans Zimmer. Die Tür ging auf. Der Vicomte führte den jungen Mann in seinen Armen an der Tochter Bett. Clara streckte ihrem Clairant die Arme entgegen. Welch eine Szene! Der Arzt verbarg sein Gesicht in sein Taschentuch. Ein reiner Strahl der Freude brach aus Clarens Augen hervor; ihre blasse Wange kleidete sich in eine schöne Rosenfarbe. Der Vater hoffte wieder, sogar der Arzt hoffte; allein der lange Gram, die heftige Leidenschaft, die mannigfaltigen Stürme waren zu stark für Clarens Leben gewesen. Das neue Leben, das Clairant mit sich brachte, das seine Liebkosungen in ihre Seele hauchte, dauerte nicht lange. Es war bloß ein heller Blick ihres Lebenslichtes vor dem Verlöschen.

Sie ward schwächer und schwächer. Sie floh den Schlaf, der sie noch allein erquicken konnte, um einige Augenblicke länger bei Clairant zu sein. Je schwächer sie wurde, desto stärker wurde die Verzweiflung des Vicomte. Clairant trug mit einem unbeschreiblichen Mute das Elend seiner Geliebten. Nur zuweilen ging er eine halbe Stunde aus ihrem Zimmer in ein anderes, und da saß er, weinte, knirschte mit den Zähnen und überließ sich seinem Schmerze.

Endlich wurde sie so schwach, daß sie selbst ihren nahen Tod ahnete. »Clairant«, sagte sie, »siehst du! Wieviel tausend Minuten zum Glück und nur *eine* zum Sterben! O Vater«, sagte sie den Abend zu dem Vicomte, wie er wegging, »wie glücklich haben Sie mich gemacht!« Am andern Morgen fand man Clairant in einer tiefen Ohnmacht auf dem Leichnam seiner Clara.

Ich kam den Tag nach Clarens Tod nach Schwetzingen. Man hatte mich von dem Wolfsbrunnen, wo ich Clairant suchte, dahin gewiesen. Ich fand ihn in einer stillen, verzehrenden, stummen Verzweiflung. »Sie ist hin«, sagte er, wie ich ihn fragte, was ihm fehle. »Sie ist hin«, wiederholte er mit einem Blicke gen Himmel, der unbeschreiblich rührend war. – Ich habe ihre Leiche gesehen. Sie war noch im Tode schön. Clairant zeigte sie mir. Ich sagte ihm, daß ich sie noch schön fände. »Oh«, sagte er und zeigte gen Himmel, »und ihr Herz! o ihr Herz!« Er legte beide Hände auf seine Brust. Dann warf er sich an dem Leichnam nieder, küßte ihre Stirn, ihre Hand und ihren Busen. Der Vater kam. Es war eine rührende Szene. Er kniete an dem Leichnam nieder und bat seine Clara, ihm zu verzeihen.

Clairant stand mitten im Zimmer, sah dem allen zu und sagte halb mir, halb dem alten Vicomte: »Ihr Herz konnte nichts als verzeihen; aber, aber sie töten? oh, das kann, das kann die ewige Barmherzigkeit nicht verzeihen!« Der Alte fühlte das ohne Zweifel. Er hob die beiden Hände seiner Clara, wie betend, in die Höh. War's seine Idee, daß sie für ihn beten sollte? Endlich ward sie begraben. Ich und Clairant folgten der Leiche; der Vater war zu elend dazu. Als wir von dem Kirchhofe zurückkamen, so führte er mich in den kurfürstlichen Garten. Wir kamen an den Tempel des Merkurs. Hier setzte er sich auf die Ruinen. Ich redete mit ihm von Claren, von ihren Vollkommenheiten. Er zog ihre Briefe hervor, ihr Bild, ihren Ring. Er küßte alles, er benetzte alles mit Tränen. Er las mir Clarens Briefe vor. Ich fragte ihn, ob er seine Briefe wiederhätte. Er zog sie hervor. Clara hatte sie in einer seidenen Brieftasche getragen. Ich bat ihn, mich sie lesen zu lassen. Er gab mir beide Pakete. Ich fing an zu lesen. Er stand auf, ging umher, kam wieder. Auf einmal sagte er, als ob er aus einem Traume käme: »Wo ist Clarens Mutter?« Er hatte es vergessen, daß der Arzt ihm ihren Tod erzählt hatte. Ich sagte ihm, daß ein Schlagfluß sie getötet habe, wie die Nachricht gekommen sei, daß Plessis niedergehauen war.

Er lächelte: »Clara, ihre Mutter, Plessis! O Gott!« rief er, »was soll ich denn noch allein hier?« Er küßte Clarens Bild und ging an dem Teiche weg der Moschee zu. Da sah ich ihn noch lang in den Arkaden der Moschee umhergehen, reden, mit den Händen Bewegungen machen. Ich las noch immer der beiden Unglücklichen Briefe. Ich vertiefte mich. Endlich war ich fertig. Ich ging ihn aufzusuchen. Ich fand ihn im Garten nicht. Ich suchte ihn zu Hause. Da war er gewesen. Stumm hatte er den Vicomte in seinen Arm geschlossen, dann war er weggegangen. Er kam nicht wieder. Auf dem Kirchhofe war er noch gewesen. Auf das Grab seiner Clara hatte er sich niedergeworfen. Dann war er gelassen gegangen.

Ich hoffte noch einige Tage auf ihn. Er kam nicht wieder. Seine beiden Brieftaschen nahm ich zu mir, sie sind mir ein heiliges Depot. Aber ich fürchte, der Unglückliche wird die Briefe nicht wiedersehen. Ich habe nach Lautern geschrieben, ob er da etwa in der Wildhüterhütte gewesen sei. Er ist einige Tage dagewesen, und dann ist er verschwunden. Ich bin nach Ems gereist; allein ich habe nichts von ihm gehört. Nein, der Kummer war seinem Leben zu schwer. Er ist wohl tot, der arme Clairant. Zuweilen besuche ich noch den alten Vicomte, der in einen finstern Trübsinn versunken ist, aus dem ihn wohl nichts als das Grab reißen wird.

Lieber Gott! was sind doch des Menschen Schicksale! Da sitz ich jetzt oft auf Clarens Grabe, lese die Briefe, die sie und der arme Clairant geschrieben haben, und lerne hier Geduld und Ergebung in die Führung des Geschicks, und wenn ich denn wieder bedenke, daß, obgleich ihr Herz und ihre Liebe sie in dieses Elend verwickelte, ihr Herz und ihre Liebe sie doch unendlich glücklich machte, so kann ich mich nicht erwehren, wiederum der Vorsehung zu danken, die uns so machte, die einigen Menschen diese unendliche Empfindung zu ihrem Lose gab; ach, wenn nur härtere Menschen diese Art Herzen nicht für eine Fabel halten wollten! Ich sage dann, was Clarens und Clairants Trost war:

Des destins la chaîne redoutable
Nous entraîne à d'éternels malheurs:
Mais l'espoir àjamais secourable
De ses mains viendra sécher nos pleurs.
Dans nos maux il sera des délices,
Nous aurons des charmantes erreurs,
bous serons au bord des précipices,
Mais l'amour les couvrira de fleurs.

NACHWORT

I

›Ich lese jetzo ‚Klara du Plessis und Klairant‘ [...]. Mir scheint es in vielen Betracht ein sehr vollkommenes, vollendetes Produkt der Kunst. – Diese Kenntnis des Herzens – echte Charakteristik einzelner Wesen aus dieser Zeit des Vicomtes – treue Verwendung der Sitten und Begebenheiten. – Der schönste Strahl des Gefühls belebte in diesen Liebenden den Keim der Liebe [...]. Diese Übergänge zu immer erhabnern Gesinnungen, ist, wie mich dünkt, vortrefflich! ich weiß nicht, wie mir ward, ich vergaß Clairon und Klaire – ich sah nur den Sieg der göttlichen Liebe [...].‹

Charlotte von Kalb, die dies am 22. März 1795 an Schiller schrieb, war nicht die einzige, die August Lafontaines Romane bewunderte. Betroffenheit und tiefe Befriedigung, so teilt Karl August Böttiger in den Erinnerungen an ›Literarische Zustände und Zeitgenossen‹ mit, herrschten ebenso im Herderschen Hause: ›Wieland las den ‚Wilhelm Meister‘ vor [...]. Herder klagte darüber, daß Goethe so oft bloß Sophisterei treibe [...] und in Szenen wie in der Erzählung von Philine [...] seine eigene laxe Moral predigt. [...] ‚Man mag unter allen diesen Menschen nicht leben‘, sagte Herder ferner, ‚nichts spricht uns an. Wie ganz anders ist es in Lafontaines Romanen.‘ Als der Herr von Knebel bei der Herzogin ‚Klara du Plessis‘ vorgelesen hatte, glaubte Herder die Töne noch zwei Tage darauf um sich zu hören [...]. Wieland hatte soeben den dritten Teil von ‚Flaming‘ gelesen und hielt ihm eine große Lobrede. Das Großherzige des Helden, wo die Gutmütigkeit immer seinen Verstandesgrillen den Vorrang abläuft, tut ihm so unaussprechlich wohl. ‚Aber‘, setzte Wieland hinzu, ‚Angst ist mir's, daß meine Töchter über diese Leserei geraten. Es ist in diesem dritten Teile wieder eine Liebesepisode mit einer Glut, mit einer ergreifenden Wahrheit geschildert, die gerade dadurch einem jungen Mädchen mit gesunder Phantasie doppelt gefährlich wird, daß sie in moralischer Hinsicht untadelhaft ist.‘‹ In einem treffen sich die zitierten Stimmen: Von ausgeprägt stofflichem Interesse erregt, erlebt man die Schilderung von Gefühl und Moral als wohltuende Bestätigung eigener Ansichten. Ob nun Lafontaines ›Quinctius Heymeran von Flaming‹ oder ›Clara du Plessis und Clairant‹ besprochen wird, nahezu mühelos nehmen unterschiedlichste Leser das Geschehen auf; Hingabe an die ausgebreiteten Gefühle und Leidenschaften herrscht vor: Sowohl Charlotte von Kalbs Ergriffensein als auch Herders Nachsinnen oder Wielands Sorge um die Töchter zeigen ein Leseerleben, das weitgehend von Gefühlsüberschwang getragen ist.

Daß hier keineswegs ungewöhnliche, vom Durchschnitt weit abliegende Erwartungen ausgesprochen worden sind, wie stark vielmehr die Zeitgenossenschaft auf Sentimentalität eingestimmt war, eben weil sich das Individuum seiner innersten Regungen gewahr werden wollte, lassen Äußerungen Schillers und August Wilhelm Schlegels erahnen. Ebenso wie jener, der 1795 in dem Aufsatz ›Über naive und sentimentalische Dichtung‹ das ›Übel der Empfindelei und weinerliche Wesen‹ ablehnte, da ›ein fortgesetzter Hang zu dieser Empfindungsweise‹ letztlich den ›Charakter entnerven und in einen Zustand der Passivität versenken‹ müsse, sah Schlegel drei Jahre später besonders durch die ›Moderomane‹ August Lafontaines den ›schon so mächtigen Hang zur Erschlaffung und Passivität befördert‹. Weniger ästhetische Grundsätze bewegten Schlegel zu solchem Urteil als die Beobachtung, daß mittlerweile ein neuer Zweig der Schriftstellerei entstanden war, ernst zu nehmen immerhin, was die Beliebtheit im Publikum anlangte. Nicht ohne eine gewisse Anerkennung hebt er in dem bereits zitierten Athenäumsaufsatz Lafontaines Bücher von der Masse der Unterhaltungsliteratur, den gängigen Abenteuer- und Gespenstergeschichten, ab: ›Wer Romane fertigen kann, ohne Gespenster zu zitieren und die Riesengestalten einer chimärischen Vorzeit aufzurufen, wer sich ohne Geheimnisse mit simpeln Leidenschaften behilft, der hält schon etwas auf sich und sein Publikum. Macht er sich denn auch mit Charakteren nicht viel zu schaffen, wenn ihm nur jene in einer gewissen Fülle zu Gebote stehn, so kann er gewiß sein, den mittleren Durchschnitt der Lesewelt für sich zu gewinnen, der für das grobe Abenteuerliche schon zu gesittet, für die heitern ruhigen Ansichten echter Kunst noch nicht empfänglich, starke Bedürfnisse der Sentimentalität hat.‹ Der Lieblingsautor mittelständischer Leserschichten galt den Zeitgenossen wenigstens so viel, daß seine Romane mit denen Goethes verglichen wurden, wie Böttigers Bericht belegt. Und noch Madame de Staël erwähnte Lafontaines empfindsame Romane, ›die jeder wenigstens einmal mit nicht geringem Vergnügen liest‹, neben denen Goethes und Jean Pauls.

II

Das Frühwerk vor allem begründete Lafontaines Ruhm: ›Clara du Plessis und Clairant. Eine Familiengeschichte französischer Emigrierten‹, die von 1794 bis 1801 vier Auflagen erreichte, der großangelegte Erziehungsroman ›Leben und Taten des Freiherrn Quinctius Heymeran von Flaming‹ (1795/96, 4 Bände), ›Die Familie von Halden‹ (1797, 2 Bände), ›St. Julien und seine Familie‹ (1797) und ›Leben eines armen Landpredigers‹ (1800, 2 Bände). Schon die Themen – Liebe über Standesgrenzen hinweg, die Unnatur adliger Erziehung und der moralische Wert bürgerlicher Häuslichkeit – zeigen die Vertrautheit des Schriftstellers mit den Ideen der Aufklärung, die er durchaus zu verbreiten suchte, wenn auch in der Pose des biederen Sittenlehrers: ›Der Roman ist der Spiegel des wirklichen Lebens, eine bürgerliche Epopee‹, sagte er in der Einleitung zur Erzählungssammlung ›Die Gewalt der Liebe‹ (1791/94, 4 Bände), ›eine Fabel, wo Menschen reden und handeln mit der hinzugefügten Moral, ein lebendiger Unterricht über das menschliche Leben, über die Leidenschaften, die es treiben, über die Schwierigkeiten, die jedes Geschlecht, jedes Alter, jeder Stand in den tausendfachen Verwickelungen vorfindet, eine Schule der Selbstkenntnis, eine Moral in Beispielen, und wie die Sachen jetzt liegen, beinahe die einzige Schule wenigstens für das weibliche Geschlecht.‹ Schilderung der Alltagswirklichkeit, moralische Exempel und lebenspraktische Orientierung soll der Roman, wie ihn Lafontaine in seiner frühen Phase verstand, bieten. Von solch aufklärerischem Programm, das in manchem an Gellert oder den jungen Lessing erinnert, löste sich Lafontaine indessen gegen Ende der neunziger Jahre, als er, die Möglichkeiten des literarischen Marktes nutzend, freier Schriftsteller und nachgerade ein Vielschreiber wurde. Reißerischer als zuvor klangen nun die Titel und lockten Leser, die mit geheimnisvollen Geschichten unterhalten sein wollten: ›Das Bekenntnis am Grabe‹ (1811, 3 Bände), ›Walter oder Das Kind vom Schlachtfelde‹ (1813, 3 Bände), ›Eugenie oder Der Sieg über die Liebe‹ (1814), ›Ida von Kyburg oder Das Verhängnis‹ (1816), ›Agathe oder Das Grabgewölbe‹ (1817, 3 Bände), ›Das heimliche Gericht des Schicksals oder Rosaura‹ (1817, 2 Bände). Da Lafontaine zwar ungern, aber sehr schnell geschrieben haben soll, brachte er es schließlich auf ungefähr 150 Bände. Anekdoten berichten, daß ihn seine Berliner Verleger mitunter für eine gewisse Zeit festhielten, damit er rasch wieder eines der umfangreichen Bücher zu Ende führe. Auch soll ihm seine Frau zuweilen die Kleider weggenommen haben, bis er, im Bett sitzend, sein Schreibpensum erfüllt hatte. Wenn in der Hast dann Unstimmigkeiten im Handlungsgefüge unterliefen, besserte der geschäftstüchtige Verleger kurzerhand selbst nach. Der Autor produzierte im wahrsten Sinne des Wortes; in späteren Jahren überlegte er sich vorsichtshalber immer gleich zwei Titel je Roman, denn er mußte befürchten, daß er einen womöglich schon früher verwandt hatte.

Lafontaines Werdegang, nachdem er 1800 sein Predigtamt niedergelegt hatte, ist signifikant für eine Differenzierung der Literaturverhältnisse, die im letzten Viertel des Jahrhunderts parallel zur Entstehung des Buchmarktes einsetzte: Um 1780 bemerkte ein Betrachter des Leipziger Messekatalogs im ›Deutschen Museum‹, daß ›Bücher für Erziehung, Journale, Romanen, Komödien und alle Bücher zur angenehmen Lektüre‹ die größten Verkaufschancen besäßen und ›die Verleger nicht so eigentlich mehr für Gelehrte‹, wie dies noch vor 60 Jahren der Fall gewesen sei, drucken ließen. Von je acht Büchern würden jetzt fünf verlegt, ›ohne auf die Wichtigkeit des Inhalts zu sehen‹. Denn diese ›Modeschriften‹, ›das Eigentum unserer Zeiten‹, richteten sich an ein anderes, vielschichtiger gewordenes Publikum: ›heutigestages ist nicht leicht ein Frauenzimmer von einiger Erziehung, das nicht läse; der lesende Teil findet sich jetzt unter allen Ständen, in Städten und auf dem Lande, sogar die Musketiere in großen Städten lassen sich aus der Leihbibliothek Bücher auf die Hauptwache holen.‹ Und geradezu sprichwörtlich steht Lafontaines Name für die ›Modeschriften‹, den neuen, auf die Unterhaltungsbedürfnisse zielenden Bereich der Literatur, wenngleich Kritiker seiner frühen Romane wie Wieland und Herder anfangs noch keinen Unterschied zu anspruchsvollerer Literatur sahen.

Vertraut zwar mit den literarischen Strömungen der Zeit, schloß sich Lafontaine doch keiner an. Weder nahm er an ästhetischen Debatten teil, noch hielt er sich überhaupt für einen ›Dichter‹. Literaturprogrammatische Überlegungen notierte er allenfalls nebenher, poetologisches Denken war für ihn minderbedeutend. Unmittelbares Erleben hingegen regte ihn an, vom Schicksal seiner Figuren wurde der Schriftsteller mitgerissen: ›Kaltblütig zu bleiben war ihm unmöglich; er mußte herzlich lachen bei seinen komischen Szenen, und nicht ohne Tränen im Auge schrieb er die rührenden‹, berichtet Johann Gottfried Gruber, der Freund und Biograph. Imagination, geschichtsphilosophische Spekulation, Idealisierung waren seine Sache nicht; er eilte nicht im Schillerschen Sinne dem Zeitalter gedanklich voraus oder verdichtete wie Goethe das in der Realität Geschaute zum Symbol. Nicht romantische Gegenwelten oder Jean Paulsche Idealfiguren ersann er, in denen die Ideen des Jahrhunderts Gestalt geworden wären, sondern die Formen des Lebens zeichnete Lafontaine nach, wie sie sich ihm darboten. Deshalb wohl betonte Schlegel ›die im Ganzen so herabziehende Tendenz seiner Produkte, denen es an Poesie, an Geist, ja sogar an romantischem Schwunge‹ fehle. Gleichwohl waren Sittengemälde entstanden, die biographische Reminiszenzen, unterschiedlichste Bildungseinflüsse und moralische Absicht in unterhaltsamer Handlung verbanden.

III

Welche Lebensumstände und geistigen Einflüsse Lafontaine hauptsächlich prägten, mag kurz ein Blick in die Biographie zeigen. 1758 als Sohn eines Hofmalers in Braunschweig geboren, wuchs er in unbeschwerter und musisch anregender Atmosphäre heran; im väterlichen Hause verkehrten Lessing und die als ›Bremer Beiträger‹ in die Literaturgeschichte eingegangenen Schriftsteller Gärtner, Ebert, Zachariae, die einst gegen Gottscheds absolutes Vernunftpostulat gestritten hatten. Interessant ist Grubers Deutung der Kindheitsjahre, insofern sie in ihrem idyllisierenden Grundzug auf die spätere literarische Bearbeitung dieser Erlebniswelt verweist: ›In dem Kreise seiner Familie lernte der Knabe, was er als Mann so oft lehrte, [...] wie alle Tugenden in dem Familienleben, als in ihrem natürlichen Boden, wie lauter Freuden blüheten und fast alle Verbrechen außer dem Hause geboren würden.‹ Was das Kind im Elternhaus erfuhr, scheint der Schriftsteller schlicht in seine Romane übertragen zu haben.

Den Wunsch der Mutter erfüllend, studierte Lafontaine, nachdem er die Gymnasien in Braunschweig und Schöningen besucht hatte, von 1777 bis 1780 Theologie, nebenbei auch Geschichte, Anatomie und Mathematik, verließ jedoch die Universität Helmstedt ohne Examen und nahm wie viele mittellose bürgerliche Intellektuelle eine Hauslehrerstelle bei einem Amtmann an. Auch dieser Lebensabschnitt verlief – dem Zeugnis Grubers zufolge – glücklich. Von seinen Zöglingen verehrt, fand er reichlich Zeit, literarische Studien zu treiben. In der frühen Jugend hatte er Plutarch und die Romane des Herzogs Anton Ulrich gelesen, nun studierte er Klopstock, Lessing, Shakespeare, befaßte sich zudem mit Millers ›Siegwart‹, war von Goethes ›Werther‹ ergriffen, reagierte aber auf alles, was er aufnahm, nicht weiter differenziert, so daß Gruber nicht umhin kam, einen gewissen Gleichmut festzustellen: ›Seiner gesunden Natur zufolge konnte er weder das Werthersche hitzige, noch das Siegwartsche kalte Fieber bekommen.‹ Während er 1785 vergeblich versuchte, als Hilfslehrer an Braunschweiger Schulen Fuß zu fassen, wirkte er an Eschenburgs Ausgabe der ›Beispielsammlung zur Theorie der schönen Wissenschaften‹ mit und las die englischen empfindsamen und humoristischen Romane, so von Sterne, Fielding, Smollett. Und zu gleicher Zeit entstand der erste eigene Roman, der verschollen ist und an dessen Titel er sich später nicht einmal mehr erinnern konnte.

Die zweite Hofmeisterstelle, die er 1786 in Halle bei der Familie des preußischen Obersten von Thadden antrat, führte dann die entscheidende Wende in seinem Leben herbei. Angeregt von dem neuen Dienstherrn, holte er drei Jahre später das theologische Examen nach, so daß er Feldprediger in dessen Regiment werden konnte. Wieder blieb Zeit zu literarischer Arbeit; außerdem referierte der Feldprediger regelmäßig in einem wissenschaftlich-geselligen Zirkel über englische, französische sowie italienische Literatur und unterrichtete die Offiziere in Geschichte. Als 1792 die koalierten Armeen Preußens und Österreichs gegen das revolutionäre Frankreich zogen, begleitete er das Regiment von Thadden auf dem Marsch in die Champagne. Nach der legendären Kanonade von Valmy erlebte Lafontaine den Rückzug bei Dauerregen und Lebensmittelmangel. Im Rheinland, wo das Regiment 1793 Quartier genommen hatte, konnte er den emigrierten französischen Adel beobachten und fand dabei Personen wie Ideen zu dem Roman, der seinen Ruhm begründen sollte.

IV

›Clara du Plessis und Clairant‹ entstand, der Biograph stellt es so dar, unter dem Eindruck der Kriegswirren fast von selbst, so daß ›dieser Roman gewissermaßen als Tagebuch Lafontaines aus den Feldzügen [...] dienen kann. Das Treiben der Emigrierten in Koblenz hatte ihn angelegentlich beschäftigt, besonders interessiert aber die Familie eines Vicomte, die er aus seiner Wohnung beobachten konnte. [...] Die Eingezogenheit, in welcher sie lebte, und die Beschränkung [...] machten mit den silbernen Armleuchtern [...] einen seltsamen Kontrast, der ihm jedoch erst durch einen zweiten recht auffallend wurde, durch den nämlich, welchen die stolze Haltung [...] des Vicomte mit der anspruchslosen Bescheidenheit seiner Tochter machte, deren schönes aber bleiches Gesicht er am Fenster sah [...]. Als er nun eines Tages auf dem Ehrenbreitstein Koblenz zu seinen Füßen und die Mosel sich in den Rhein ergießen sah und sein Auge den Lauf derselben rückwärts verfolgte, fand er sich plötzlich von dem Gedanken überrascht, welche Empfindungen wohl jenes liebenswürdige Mädchen hier an dieser Stelle bei einem solchen Rückblick haben würde. Es bedurfte nur eines Blickes auf die Verhältnisse der Zeit, und die Hauptidee zu diesem Roman war ihm gegeben. [...] und da er inzwischen die Gegend von Châtillon genau hatte kennen lernen, so verlegte er in sie seine ersten Szenen [...]. Hier ließ er die Fäden einer Liebe sich knüpfen, welche, wenn sie von Hoffnung genährt werden sollte, gerade die damalige Lage Frankreichs und die Verhältnisse des Adels zu dem Dritten Stande, wie sie eingetreten waren, erfoderte. [...] Bei der ganzen Erzählung hatte Lafontaine alle Örtlichkeiten aufs genaueste beobachtet und zugleich manche Vorfälle, die sich hie und da zugetragen hatten, für die Geschichte seiner Liebenden benutzt [...]. Eine junge Französin war an diesem Orte [Schwetzingen] kurz vor seiner ersten Anwesenheit daselbst gestorben, unter Umständen, die das, was er von Claren erzählte, beglaubigten. [...] Man glaubte an die Wahrheit der Begebenheit, und es war eine nicht unangenehme Überraschung für Lafontaine, als bei einem nachmaligen Besuche von Schwetzingen einige Knaben ihn fragten, ob sie ihm nicht Clarens Grab zeigen sollten. Aber auch an andern Orten hielt man diesen Roman für wirkliche Geschichte [...]. Übrigens konnte doch auch der Dichter sich dessen erfreuen, denn es mußte ihm ein Beweis sein, daß er seine Wirkungen auf das menschliche Herz nicht verfehle.‹

Unmittelbarer Bezug zur Zeitgeschichte, Bericht einer vorgeblich wahren Begebenheit, ›Wirkungen auf das menschliche Herz‹ – damit führt Gruber gewichtige Gründe für die Popularität des Romans an. Denn der Leser wird nicht wie bei anderen Spielarten der Unterhaltungsliteratur in eine Phantasiewelt entführt, die die Konflikte des

Lebens vergessen macht. In der Fiktion des Herausgebers wirklicher Dokumente, einer Erzählhaltung, die ebenso wie die Technik des Briefwechsels in Rousseaus ›Nouvelle Héloise‹ (1761) vorgeprägt war, tritt Lafontaine dem Leser entgegen und vermittelt dadurch das Gefühl, er gewinne gemeinsam mit dem Autor Überblick und Orientierung in einer verwirrenden Fülle privater und politischer Vorgänge. Gerade das Verfahren, Liebeshandlung und epochales Geschehen miteinander zu verknüpfen – umspannt werden die Ereignisse von der zweiten Notabelnversammlung 1788 bis zum Sturz des Königs 1792 –, hebt Lafontaine aus der Menge der Unterhaltungsschriftsteller heraus. Anknüpfend an die Tradition des englischen empfindsamen Familienromans und seinen deutschen Nachahmer Johann Timotheus Hermes, erweiterte er das Genre um neue Stoffbereiche. Wechselten bei Richardson die Personen nur lange, gefühlvolle Briefe und drangen dabei zu feinsten seelischen Regungen vor, so vergewissern sich Clara und Clairant ihrer Gefühle inmitten eines geschichtlichen Umbruchs. Zwar bildet die Liebe zwischen dem lothringischen Pächterssohn und der Aristokratin das Zentrum des Romans, auch wird die Handlung immer wieder durch gefühlvolle briefliche Ergüsse, rührselige Szenen fast unerträglich verzögert, so daß der geschichtliche Hintergrund bisweilen zur Kulisse gerät, doch gelingt es Lafontaine an den Schnittpunkten der Handlung, den Standort wie die Motive seiner Figuren der historischen Entwicklung adäquat zu charakterisieren. Freilich vermochte er der fortschreitenden Radikalisierung der Revolution nicht zu folgen und ließ das Geschehen 1792 nach dem Sieg der girondistischen Bourgeoisie enden. Enttäuscht wendet sich Clairant an diesem Punkt der historischen Entwicklung von jedweder öffentlich-politischen Wirksamkeit ab und reist nach Deutschland, Clara zu suchen. Vorher konnte er, Vertreter des Dritten Standes und Soldat der Revolution, nicht nach Koblenz, dem Sammelpunkt des emigrierten französischen Adels gehen, um die Geliebte wiederzufinden; zu stark fühlte er sich an das neue Vaterland gebunden. Inzwischen hat Clara Distanz zu ihrem adelsstolzen Vater gewonnen und folgt Clairant in eine einsame Waldhütte, wo sie ein naturnahes Dasein zu finden hoffen. Doch das adlige Standesvorurteil bricht in die Idylle ein: Der Vater trennt das Paar ein zweites Mal. Clara stirbt an gebrochenem Herzen. Von Clairant aber verliert sich jede Spur, nachdem er dem Autor die Briefe zu literarischer Verarbeitung übergeben hat. Dem Kommentator des

Geschehens bleiben nur gerührte Rückschau und der Trost, daß das Paar doch einige Zeit gemeinsamen Glücks genießen durfte. ›So privatisiert sich Lafontaines Roman am Ende, Gefühl und Denken entfernen sich voneinander, und die Tragik, die sich aus dem Zusammenprall historischer Kräfte und persönlicher Neigungen ergeben hatte, zerschmilzt in sentimentaler Klage und erbaulicher Mahnung.‹ (Gerhard Schulz) Trotz der kritischen Einwände – sie könnten, folgte man August Wilhelm Schlegels eingangs zitiertem Athenäumsaufsatz, leicht um eine Aufstellung gestalterischer Mängel erweitert werden – ist ›Clara du Plessis und Clairant‹ nicht nur das bekannteste, sondern auch das bedeutendste Beispiel für die Spiegelung der Französischen Revolution im unterhaltsamen Roman.

Als Lafontaine 1796 nach Halle zurückkehrte – Preußen war mit dem Friedensschluß von Basel aus der feudalen Koalition gegen Frankreich ausgeschieden –, wuchs sein Ruhm als Romanautor und Kanzelredner, so daß zum Beispiel Brautpaare von weither kamen, damit der Verfasser von ›Clara du Plessis und Clairant‹ sie traue. Doch auch höheren Orts war man angetan; Friedrich Wilhelm III. verlieh dem Autor auf Drängen der Königin Luise ein Kanonikat am Domstift zu Magdeburg. Und in Halle, wo er bis zu seinem Tode 1831 lebte, gehörte er ohnedies zu den Honoratioren, ausgezeichnet mit der Ehrendoktorwürde der Universität. – Wiewohl solche Ehrung der Person heute übertrieben scheinen mag, steht August Lafontaines Roman in der ›Bibliothek des 18. Jahrhunderts‹ als Beispiel jener in den Leihbibliotheken aufbewahrten zerlesenen Bücher, die, mit Arno Schmidt zu sprechen, ›an=sich weniger hochgradig gemeißelt sind; dafür aber stellvertretend für 1=2=3 Dezennien des Alltags einer Nation stehen‹.

Leipzig, Mai 1985 *Evi Rietzschel*

Zu dieser Ausgabe

Der Text folgt, in Orthographie und Interpunktion behutsam modernisiert, der anonym erschienenenAusgabe *Klara du Plessis und Klairant. Eine Familiengeschichte Französischer Emigrirten. Von dem Verfasser des Rudolphs von Werdenberg, Berlin, in der Vossischen Buchhandlung, 1795*. Sie erschien, in der Auflagenzählung nicht berücksichtigt, ein Jahr nach dem Erstdruck.

Frontispiz und Vignette (Schutzumschlag), die Daniel Chodowiecki anfertigte, sind ebenfalls dieser Ausgabe entnommen.

Französischsprachige Stellen wurden, sofern Lafontaine selbst keine deutsche Übertragung in den Text einfügte, innerhalb der Erläuterungen übersetzt. Zur Erklärung französischer Begriffe wurden die entsprechenden Fußnoten der Ausgabe *August Lafontaine: Klara du Plessis und Klairant. Geschichte zweier Liebenden, 3., verbesserte Auflage, Berlin, in der Vossischen Buchhandlung, 1801*, genutzt.

Erläuterungen

6 *römische Dekretalen:* die 1582 unter der Autorität des Papstes Gregor XIII. publizierte sogenannte römische Ausgabe des kanonischen Rechtsbuches (Corpus juris canonici), das päpstliche Dekrete über Kirchenzucht, die Gewalt des Papstes, die Rechte des Klerus und die heiligen Gnadenhandlungen enthielt.

7 *›Émile‹ von Rousseau:* Jean-Jacques Rousseaus (1712–1778) Briefroman ›Emile oder Über die Erziehung‹ (1762) entwarf ein Erziehungsprogramm, das dem Heranwachsenden eine natürliche und freie Entwicklung ermöglichen sollte, damit er Träger einer neuen Gesellschaft werden könne.

10 *Physiokrat:* hier: Verfechter einer natürlichen Lebensordnung.

26 *Dekretalen Gregors:* Siehe Anm. zu S. 6.

40 *Charaden:* Wort- und Silbenrätsel.

Le doux ...: Die im Roman verstreuten französischen Liedverse hat Lafontaine wohl selbst geschrieben; vgl. Johann Gottfried Gruber: August Lafontaine's Leben und Wirken, Halle 1833, S. 232.

45 *Taffent:* Taft.

63 *Versammlung der Notabeln:* Versammlung von Mitgliedern der oberen Stände, die der Finanzminister angesichts des Staatsbankrotts vom 6. 11. bis 12. 12. 1788 einberufen hatte, um über die Zusammensetzung der Generalstände (der mittelalterlichen Ständevertretung) und die Wahl ihrer Mitglieder zu beraten. Da die Notabeln jedoch für den bevorstehenden Zusammentritt der Generalstände eine Verdoppelung der Kopfzahl des Dritten Standes ablehnten, bestimmte schließlich eine königliche Erklärung vom 27. 12., daß der Dritte Stand ebensoviel Abgeordnete benennen sollte wie Adel und Klerus zusammengenommen. Damit beschleunigte die Regierung selbst den Ausbruch der Revolution.

65 *Ciel! que ...:* Himmel! welch Lobpreis schulde ich deiner gnädigen Güte! / Meine Tränen haben dich besänftigt: alles ist gewandelt, und die Gerechtigkeit / Gibt dem Feuer, das mich rötet, seine Reinheit wieder / Und schenkt ihm, indem sie es belohnt, die Freiheit. – Dieses und die bis S. 69 folgenden französischen Zitate entstammen Voltaires Tragödie ›Brutus‹ (1730; III, 4, 5, 8; IV, 1, 3, 4).

66 *Va le chercher ...:* Geh ihn zu holen, geh, lauf! Gott, er entkommt mir wieder, / Sollte er glücklich sein, ach! und nichts wissen?

je suis ...: ich bin der Unglücklichste unter den Sterblichen!

67 *Je sais ...:* Ich weiß, was es ist um einen Vater und seine unbestrittenen Rechte / Ich weiß ... daß ich Euch liebe ... und kenne mich nicht mehr.

O Dieu ...: O Gott, dring ein in dieses Herz, dessen Schande dich beleidigte, / Und das tugendhaft geblieben wäre, hätte es nicht geliebt!

68 *Laissez-moi ...:* Laß mir meine Tugend, laß mir meine Leiden! / Niemals werde ich sie wiedersehen!

Tu es mon meurtrier ...: Mein Mörder bist du oder mein Gemahl.

69 *Tu l'emportes enfin:* Endlich wirst du es erlangen!

70 *Deshoulières:* Antoinette du Ligier de la Garde, Madame Deshoulières (1638–1694), französische Schriftstellerin, bekannt durch ihre Schäferdichtungen.

Estelle: der Schäferroman ›Estelle et Némorin‹ (1788) des französischen Schriftstellers Jean-Pierre Claris de Florian (1755–1794).

Nous souffrirons ...: Gemeinsam werden wir leiden, / und also leiden wir nicht.

71 *Versammlung der Notabeln:* Siehe Anm. zu S. 63.

72 *das physiokratische System:* in der zweiten Jahrhunderthälfte in Frankreich entstandenes ökonomisches System, das den Boden als Quelle allen Reichtums auffaßte und der Landwirtschaft als einzigem produktiven Wirtschaftszweig (im Unterschied zum Handel) eine zentrale Bedeutung beimaß. Das wirtschaftspolitische Programm der Physiokraten sah eine auf der Grundlage der Pacht organisierte und von staatlichen Interventionen freie Landwirtschaft vor.

73 *Einnahme der Bastille:* am 14.7.1789.

74 *Schritte der ersten Nationalversammlung:* wohl die Dekrete vom 5. bis 11.8.1789, hervorgegangen aus der legendären Nachtsitzung des 4. August; sie verfügten die Abschaffung der gesetzlichen Standesunterschiede, Steuerprivilegien, Frondienste, des Ämterkaufs, des Zehnten sowie der Sonderrechte der Stände, Provinzen und Städte. Das zeitliche Nacheinander der Revolutionsereignisse erscheint hier stark gerafft; den Augustdekreten gingen unmittelbar folgende Schritte voraus: Da die Finanzreform am Widerstand des Adels gescheitert war, hatte der König Anfang 1789 die Generalstände erstmals wieder seit 1614 einberufen und gleichzeitig die Zahl der Vertreter des Dritten Standes verdoppelt. Dieser verwarf am 17. 6. die alte Ständeordnung und proklamierte sich zur Nationalversammlung, der sich liberale Adlige und Geistliche anschlossen. Am 9. 7. erklärte sich dann die Nationalversammlung zur Konstituante.

Nationalversammlung ... dekretiert: die am 26.8.1789 angenommene ›Erklärung der Menschen- und Bürgerrechte‹.

das Dekret: das den Augustdekreten des Jahres 1789 folgende Ausführungsgesetz vom 15. 3. 1790. Es unterschied zwischen entschädigungslos abgeschafften Feudalrechten und anderen Rechten, von denen sich Landwirte, Pächter und Bürger loskaufen konnten. Der Zehnt war ebenfalls in eine Geldabgabe verwandelt worden. In der Umwandlung feudaler Rechte in ›bürgerliche Abgaben‹ erblickt der Vicomte seinen physiokratischen Grundsätzen gemäß die Voraussetzung für eine freie Entfaltung der Landwirtschaft.

75 *Dekret der Besteurung des Adels:* Am 23. 11. 1790 wurde die Einführung einer allgemeinen Grundsteuer verfügt.

Adel ... aufgehoben: die Abschaffung des erblichen Adels und aller damit verbundenen Titel und Wappen am 19.6.1790.

76 *Echo ...:* Echo, irrende Stimme, / Luftige Bewohnerin / Dieses schönen Ortes, / Echo, Denkmal der Liebe, / Sprich von meiner Schwachheit zu dem Heros, der mich entzückt! / Liebling des Frühlings, der Liebe und der Lüfte, / Ihr Vögel, deren Konzerten ich lausche, / Teure Vertraute meiner inbrünstigen Zärtlichkeit! / Sanftes Gezwitscher der Vögel, / Treue Stimme der Echos, / Wiederholt es für alle Zeiten: ich liebe ihn, ich liebe ihn.

83 *Lafayette:* Marie-Joseph Motier, Marquis de Lafayette (1757–1834), General und Politiker; nahm als Freiwilliger am amerikanischen Unabhängigkeitskrieg teil. Nachdem er als Abgeordneter des Adels in die Generalstände berufen worden war, ging er 1789 zum Dritten Stand über, schloß sich aber bald dem konservativen Klub der Feuillants (Anhänger der konstitutionellen Monarchie und Vertreter des Großbürgertums) an und schlug am 17.7.1791 eine Volksdemonstration für die Republik blutig nieder. Am 19.8.1792 floh er zu den Österreichern.

93 *Munizipalität:* Gemeindeausschuß; die im Zuge der ›Munizipalrevolution‹ nach dem Sturm auf die Bastille (1789) entstandene örtliche Selbstverwaltung.

94 *Dekrete gegen den geistlichen Stand:* Am 27. 11. 1790 forderte die Konstituierende Versammlung alle Priester auf, den Eid auf die Verfassung zu schwören. Den Geistlichen, die den Eid verweigerten, drohte Amtsenthebung.

96 *Koblenz:* neben Mainz und Worms wichtigstes Zentrum des emigrierten französischen Adels.

Chevalier Boufflers: Catherine-Stanislas-Jean, Chevalier, dann Marquis de Boufflers (1738–1815), französischer Dichter; schrieb seit 1788 Gedichte für den ›Almanach des Muses‹ in Paris.

103 *Heureux ...:* Glücklich der, der sein ganzes Leben fernab verbrachte, auf eignem Grund, / Im Gleichmaß, ohne Furcht, ohne Begierde, ohne Aufruhr, ohne Langeweile / Und der im selben Haus lebt als Kind und als Greis.

108 *petit air presque ingénu:* natürliches, beinahe naives Aussehen.

petit minois fin: kleines, zartes Gesichtchen.

d'arranger ...: eine kleine Herzensaffäre zwischen uns zu arrangieren.
étalage: Ausbreitung.

109 *agrément:* Vergnügen.

112 *Etourderien:* Unbesonnenheiten.

113 *Abreuvoir:* Wasserspiel.

123 *Lafayette:* Siehe Anm. zu S. 83.

134 *Das Gesetz:* Ein Dekret vom 9. 11. 1791 forderte alle Emigranten auf, binnen einer Frist von zwei Monaten nach Frankreich zurückzukehren. Im Weigerungsfalle würden sie als Verschwörer angesehen und ihre Güter zum Nutzen der Nation beschlagnahmt.

169 *Titus in der Tragödie:* Clairants Rolle in der Liebhaberaufführung von Voltaires Tragödie ›Brutus‹, vgl. S. 65–69.

170 *August dem Cinna sagt ...:* Situation und sententiöser Ausspruch in Corneilles Tragödie ›Cinna ou la Clémence d' Auguste‹ (1640).

173 *mi-lods:* ›Kontraktgebühren bei dem Verkaufe von Immobilien‹ (Fußnote in der Ausgabe des Romans von 1801, S. 338).

173 *trousses:* eigentlich: Treiber; steht für: ›Treibpflicht, das Recht des Adels, die Bauern zum Treiben bei der Jagd gebrauchen zu können‹ (ebenda).
gélinage: ›eine Steuer, welche der Adel in Bretagne auf die Hühner seiner Untertanen gelegt hatte‹ (ebenda).
Cahiers ...: ›Die Deputierten zu den états généraux, der nachmaligen ersten National-Versammlung, bekamen von ihren Committenten Instruktionen, welche man Cahiers, Hefte, nannte‹ (ebenda).
Capitainerien: ›Unter dem Worte Capitaineries verstand man in Frankreich ein oberherrliches Recht über gewisse Distrikte, welches der König den Prinzen vom Geblüt erteilte und wodurch sie das Eigentum alles Wildes in diesem Bezirk erhielten [...]. Wenn von Hegung des Wildes in solchen Distrikten die Rede ist, so werden darunter ganze Heerden wilder Schweine, Hirsche und Rehe verstanden [...]. Die unglücklichen Bauern, welche in Verdacht kamen, daß sie das Wild totschlügen, um das Getreide zu retten, welches zur Nahrung ihrer hülflosen Kinder bestimmt war, mußten dann die Galeeren bevölkern‹ (ebenda, S. 339).

176 *Mordszenen:* Bauernunruhen von Februar bis März 1792.

177 *Quintaine:* ›Im Pfingstfeste ward etwas auf einen hohen Grenzpfahl gesteckt. Müller und andere Dorfbewohner mußten mit langen Stangen darnach schlagen. Wer fehlschlug und die Stange zerbrach, bezahlte dem Gutsherrn 60 Sous (18 Groschen) Strafe‹ (ebenda, S. 347).

180 *corvée à miséricorde:* Pflicht zur Barmherzigkeit; ›Krüppel- und Bettlerfuhren‹ (ebenda, S. 353).

182 *in meiner Rolle:* Clara spielt auf ihre Rolle in der Aufführung von Voltaires Tragödie ›Brutus‹ an.

183 *ta patrie ...:* Siehe S. 182.

193 *der Krieg mit dem ... Kaiser:* Nachdem im Februar 1792 am preußischen

Hof der Offensivplan für eine Sommerkampagne abgestimmt worden war und Preußen mit Österreich ein Verteidigungsbündnis geschlossen hatte, erklärte die französische Nationalversammlung am 20. 4. Österreich den Krieg.

194 *Verteidigung des Vaterlandes:* Als die preußische Armee unter dem Herzog von Braunschweig und ein Emigrantenkorps unter Condé den Kriegsschauplatz betreten hatten, erklärte die Nationalversammlung am 11. 7. 1792 das ›Vaterland in Gefahr‹. Die Nationalgarden wurden zu den Waffen gerufen und neue Freiwilligenbataillone gebildet.

196 *Lafayette:* Siehe Anm. zu S. 83.

206 *Condé:* Louis-Joseph Prinz von Condé (1736–1818) stellte im Rheinland ein Emigrantenheer auf, das von 1792 bis 1796 unter österreichischem Befehl gegen Frankreich kämpfte.

209 *Lafayette:* Siehe Anm. zu S. 83.

210 *Bassa:* Pascha, türkischer Titel.

211 *zehnte August:* Am 10. 8. 1792 stürmte das Volk unter Führung der revolutionären Commune die Tuilerien. Im Gefolge des Aufstandes gelangte die gemäßigte republikanische Fraktion der Girondisten (nach dem Departement Gironde benannt), Interessenvertreter der Handels- und Industriebourgeoisie, an die Macht. Ludwig XVI. wurde abgesetzt und die Monarchie beseitigt (21. 9. 1792). Damit begann die zweite, die bürgerlich-demokratische Phase der Revolution.

Dillon: Arthur Dillon (1750–1794), girondistischer General in der Nordarmee.

Commissaire: Die Nationalversammlung entsandte noch am 10. 8. 1792 Vertreter, um die Armee für den politischen Umschwung zu gewinnen.

dem dreizehnten August: wohl irrtümlich statt 10. August (1792).

215 *Dumouriez:* Charles-François Dumouriez (1739–1823); 1792 unter dem Einfluß der Girondisten zum Außenminister ernannt; Oberbefehlshaber der Nordarmee. Nach den französischen Siegen bei Valmy und Jemappes (1792) versuchte er die konstitutionelle Monarchie wiederherzustellen und ging am 4. 4. 1793 zu den Österreichern über.

217 *Lafayette:* Siehe Anm. zu S. 83.

Pétion: Jérôme Pétion de Villeneuve (1756–1794), Advokat, Girondist, Mitglied der Nationalversammlung und des Konvents, Bürgermeister von Paris.

Robespierre: Maximilien Robespierre (1758–1807), Advokat, 1789 Abgeordneter der Nationalversammlung, seit 1792 Führer der kleinbürgerlich-demokratischen Bergpartei und des Jakobinerklubs; 1793 Präsident des Wohlfahrtsausschusses, des Machtorgans der Jakobinerdiktatur; Verhaftung am 27. 7. (dem 9. Thermidor) 1794 und Hinrichtung am folgenden Tag.

Marat: Jean Paul Marat (1743–1793), Gelehrter und Politiker, seit 1789

Herausgeber des populären ›Ami du peuple‹ (›Der Volksfreund‹); nahm Partei für die Politik der Jakobiner; auf Anstiften der Girondisten am 13. Juli 1793 von Charlotte Corday ermordet.

220 *Schüssel:* hier: Speisegang.

224 *Longwy:* Am 20.8.1792 wurde die Festung Longwy von den Preußen eingeschlossen und kapitulierte vier Tage später.

227 *Dumouriez:* Siehe Anm. zu S. 215.

228 *Verdun:* Am 2.9.1795 nahm das preußische Heer die Festung Verdun ein; damit war der Weg nach Paris frei.

229 *Grandpré:* In dieser Stellung im Zentrum des Argonner Waldes gedachte Dumouriez das vorrückende preußische Heer aufzuhalten.

231 *König ... gefangen:* Seit dem gescheiterten Fluchtversuch am 20. und 21.6.1791 hielt die Pariser Commune Ludwig XVI. und die königliche Familie im Turm des Temple gefangen.

Verbrechen ... erschrecken: Anspielung auf die Septembrisaden vom 2. bis 5. 9. 1792. Als die Kapitulation der Festungen Longwy und Verdun bekannt wurde und die Gefahr eines konterrevolutionären Putsches zunahm, ermordete das Volk von Paris Kriminelle und Revolutionsgegner.

Kanonade an den Ufern der Marne: Am 20. 9. 1792 griff das preußische Heer, das dem Rückzug Dumouriez' nach Châlons gefolgt war, die Franzosen bei Valmy an. Die berühmte Kanonade endete mit dem Sieg des Revolutionsheeres; Dauerregen und Lebensmittelmangel zwangen außerdem die Preußen zum Rückzug.

233 *Custine:* Adam-Philippe Comte de Custine (1740–1793), 1788 Deputierter der Generalstände, 1792 General der Truppen am Mittelrhein; nahm am 25.9. Speyer, am 5.10. Worms, am 21.10. Mainz und am 23.10. Frankfurt am Main.

243 *Condé:* Siehe Anm. zu S. 206.

255 *Sa Claire ...:* Siehe S. 180.

258 *Condéische Armee:* Siehe Anm. zu S. 206.

262 *Ta Claire ...:* Siehe S. 183.

270 *Des destins ...:* Siehe S. 127.

Literaturhinweise

Marion Beaujean: Der Trivialroman in der zweiten Hälfte des 18. Jahrhunderts. Die Ursprünge des modernen Unterhaltungsromans, Bonn 1969 (= Abhandlungen zur Kunst-, Musik- und Literaturwissenschaft 22).

Christa und Peter Bürger und Jochen Schulte-Sasse (Hg.): Zur Dichotomisierung von hoher und niederer Literatur, Frankfurt a. M. 1982.

Hans-Friedrich Foltin: Vorwort zu: August Heinrich Julius Lafontaine: Klara du Plessis und Klairant. Eine Familiengeschichte Französischer Emigrirten, Hildesheim und New York 1976 (Reprint).

J[ohann] G[ottfried] Gruber: August Lafontaine's Leben und Wirken, Halle 1833.

Hermann Mitgau: August Lafontaine, in: Niedersächsische Lebensbilder, hg. von Otto Heinrich May, Bd. 4, Hildesheim 1960, S. 172–183.

Dietrich Naumann: Das Werk August Lafontaines und das Problem der Trivialität, in: Studien zur Trivialliteratur, hg. von Heinz Otto Burger, Frankfurt a. M. 1968, S. 82–100.

Hainer Plaul: Illustrierte Geschichte der Trivialliteratur, Leipzig 1983, S. 120–142.

Olaf Reincke (Hg.): O Lust, allen alles zu sein. Deutsche Modelektüre um 1800, Leipzig 1978.

Franz Rummelt: August Heinrich Julius Lafontaine von den Anfängen bis zur Höhe seines Schaffens 1785–1800. Diss. Halle 1914 (Bibliographie der Romane und Erzählungen, S. 128–138).

Arno Schmidt: Eine Schuld wird beglichen: Quinctius Heymeran von Flaming, in: Arno Schmidt: ... denn ›wallflower‹ heißt ›Goldlack‹. Drei Dialoge, Zürich 1984, S. 9–35.

Gerhard Schulz: Deutsche Literatur zwischen Französischer Revolution und Restauration, Teil 1: Das Zeitalter der Französischen Revolution 1789–1806, München 1983, S. 143–145 (= Geschichte der Deutschen Literatur von den Anfängen bis zur Gegenwart, begr. von Helmut de Boor und Richard Newald, Bd. 7/1).

Inhalt